★国家社会科学基金重点课题：防范和化解地方政府隐性债务风险治理体系优化研究（19AJL005）
★河北省科技金融协同创新中心、河北省科技金融重点实验室开放基金项目：河北省大数据技术金融应用问题研究（STFCIC202101）
★河北金融学院金融创新与风险管理研究中心资助项目：河北省金融机构金融产品创新情况（JDKF2021003）
★河北金融学院科研基金资助项目：疫情防控的财政金融支持政策研究（JY202110）
★2021年度保定市哲学社会科学规划课题：保定市经济发展战略中金融支持研究（2021030）
★河北省社会科学基金项目：疫情影响下财政金融政策服务民营企业效果评估（HB20YJ046）

中国地方政府投融资平台转型发展研究

2021

产业投资与资本运营视角下的城投转型

胡恒松　刘　政　薛晓辉　邓　枫◎著

★　★　★

经济管理出版社

ECONOMY & MANAGEMENT PUBLISHING HOUSE

图书在版编目（CIP）数据

中国地方政府投融资平台转型发展研究.2021：产业投资与资本运营视角下的城投转型/胡恒松等著.—北京：经济管理出版社，2022.1（2023.2重印）

ISBN 978 - 7 - 5096 - 8300 - 2

Ⅰ.①中… Ⅱ.①胡… Ⅲ.①地方政府—投融资体制—研究—中国—2021 Ⅳ.①F832.7

中国版本图书馆 CIP 数据核字（2022）第 012386 号

组稿编辑：申桂萍
责任编辑：李光萌
责任印制：黄章平
责任校对：董杉珊

出版发行：经济管理出版社
　　　　　（北京市海淀区北蜂窝 8 号中雅大厦 A 座 11 层　100038）
网　　址：www. E - mp. com. cn
电　　话：（010）51915602
印　　刷：唐山昊达印刷有限公司
经　　销：新华书店
开　　本：720mm×1000mm/16
印　　张：21
字　　数：388 千字
版　　次：2022 年 1 月第 1 版　2023 年 2 月第 2 次印刷
书　　号：ISBN 978 - 7 - 5096 - 8300 - 2
定　　价：88. 00 元

编委会

专家寄语

　　立足新发展阶段，全面贯彻新发展理念，加快构建新发展格局，对地方政府投融资平台转型发展和规范发展提出了新要求，也带来了新的机遇。面对新形势、新机遇、新挑战，作为地方基础设施投资建设的重要主体，地方政府投融资平台有必要从高度依赖"土地运作"模式跨越至"产业投资＋资本运营""两翼齐飞"。这既是对地方政府投融资模式的重构，也是投融资平台增加自身"造血"机制、防范债务风险乃至实现可持续发展的必由之路。本书从产业投资和资本运营视角出发，对新发展阶段地方政府投融资平台转型的方向和重点进行了深入思考，提出了一些建设性观点，具有较强的现实意义，对地方政府投融资平台具有重要参考价值。

吴亚平

国家发展改革委投资研究所体制政策室主任、研究员

　　在 2020 年城投融资环境经历了一轮宽松后，2021 年城投政策迎来了新一轮收紧。在此背景下，地方政府投融资平台更需要转型。但是怎么转、向哪里转，是多数平台公司面临的首要问题。2021 年 5 月，"城投之家"成立，目的是汇集平台公司进行转型的交流与学习。本书尝试从产业投资与资本运营两个新的方向展开探讨，对平台公司加强市场化、实体化转型，提高国有资本运营效率具有一定的参考价值。

刘永东

曹妃甸国控投资集团有限公司董事长

　　2021 年以来，城投公司信用评级仍存在多数下调的情况。一方面，信用评级政策呈现收紧态势；另一方面，城投债务违约、区域经济环境、内部治理等因

素也成为了主要原因。面临信用评级下调的风险,城投公司应当以"防风险"和"谋发展"并重,积极谋求市场化转型,整合区域内的优质资源,提升自身的经营实力和财务水平,以强化自身信用。本书作者从理论、评价、案例三个方向,对城投公司的转型发展进行了研究,将理论与实际案例结合,具有较强的可读性。

张建军

承德市国控投资集团有限责任公司董事长

一直以来,地方政府投融资平台在我国地方经济建设中起着重要的作用。随着地方经济的快速发展,地方政府债务问题逐渐凸显,隐性债务风险也越发突出。近期银保监会出台的"15号文"中明确提出,各银行保险机构要严格执行地方政府融资相关政策要求,打消财政兜底幻觉,从金融监管的角度杜绝流动资金贷款融资造成隐性债务新增的现象,这也无疑加强了对投融资平台公司的新增融资管理。在此背景下,城投公司的市场化业务开拓尤为重要,地方政府投融资平台的转型发展之路需要更深研究。

宋任飞

衡阳市城市建设投资有限公司党委书记、董事长

2021年上半年,关于地方政府隐性债务的监管政策频出,核心观点在于,对于存量隐性债务要妥善处置和化解,增量隐性债务要坚决遏制。在监管政策趋严的背景下,城投公司亟须谋求转型发展,转变融资思路,提升自身市场化运营能力,增强"造血"能力,从而实现健康稳定的发展。本书作者通过理论的阐述,同时结合城投公司的实际情况,重点分析了城投公司转型发展的典型案例,提出了具有建设性的建议,具有重要的理论意义和现实意义。

王卫君

乌鲁木齐经济技术开发区高铁枢纽综合投资(集团)有限公司总经理

地方政府投融资平台作为地方政府投融资的主体,自创建以来一直致力于地方建设,为地方经济发展做出了巨大的贡献。近年来,地方政府债务压力逐年增加,债务问题逐渐显现,一度引起市场的担忧。在此情形下,地方政府投融资平台应当积极作为,推动市场化转型,提升自身的盈利能力、偿债能力以及市场生存能力。2021年,本系列书籍开始立足产业投资与资本运营进行讨论,更加触

及城投转型的核心问题。本书对优秀投融资平台公司的转型路径以及面临的问题进行了深入分析，提出了有针对性的发展建议，值得读者深入思考。

张顺发

伊犁哈萨克自治州财通国有资产经营有限责任公司总经理

进入"十四五"开局之年，地方政府投融资平台面临着诸多内外部挑战，但同时也迎来了多种发展机遇。平台公司有着服务城市基础设施建设的基础，通过城市更新将自身业务的公益性转向经营性，也是加强自身市场化转型、增强"造血"能力的重要体现。而这些也都将是"十四五"时期投融资平台转型可能的新方向。本书作者通过对理论的阐述、转型发展的评价以及案例的分析，系统地介绍了产业投资与资本运营理念下的城投转型，相信对投融资平台探索自身的转型发展方向有所启示。

刘尧猛

江苏润城资产经营集团有限公司董事长

近年来，地方政府投融资平台通过资源整合、产业集聚、资本运作进而成功转型并且做强、做优、做大的案例越来越丰富，资产整合对于投融资平台公司市场化转型有着重要意义，不但是扩大资产规模的有效方式，也是优化业务结构的重要手段。在此基础上，才能更好地实现集团化的基本运作以及现代管理制度的市场化提升。本书包含了较为全面的地方政府投融资平台资产整合与转型发展过程中遇到的实际问题与解决办法，通过案例的形式展现，对投融资平台公司实操有一定的参考价值。

张金楼

青岛军民融合发展集团有限公司董事长

序 一

地方政府投融资平台在我国地方政府融资体系中发挥着重要作用。自 2010 年"19 号文"出台以来，平台公司的转型之路已走过 11 年之久，部分平台公司转型已取得可喜成绩，而有些平台公司的转型工作受制于各方面因素而尚未完成，制约因素中不乏区域财政的影响，也有平台自身经营情况的局限。2014 年以来，国家对地方政府投融资平台的监管政策不断调整，不仅体现在对地方政府债务问题的强监管上，而且体现在剥离平台公司政府融资职能、规范融资行为上。

基于此背景，"十四五"期间地方政府投融资平台必须形成源自自身、市场化的动能因素，通过市场化的方式，在承担准公益性、准经营性项目建设任务时，构建来自项目经营性收入、政策性补助的现金流，并满足市场化模式下资金筹措、还本付息的有关要求。但是，地方政府投融资平台转型发展目前仍存在几方面问题有待解决：一是存量债务规模较大，开始普遍面临偿债压力，债务化解存在难点；二是市场化能力较弱，平台公司缺乏"造血"能力；三是转型方向不明确，对于新业务领域的投资和风险缺乏明确的了解；四是专业人才严重缺乏；五是薪酬体系和融资体系需进一步合理完善。面对以上问题，平台公司之间有必要开展横向交流，相互借鉴成功经验。

2021 年 5 月，为了给地方国有企业与地方政府投融资平台相互间的深入沟通提供平台，中国经济改革研究基金会联合地方政府投融资研究中心与全国经济地理研究会雄安新区投融资专业委员会，共同成立了"城投之家"，在全国范围内持续邀请有一定影响力的平台公司加入，以平台转型、国有企业改革、政府债务化解、政府产业基金咨询等为主要交流方向，组织一大批国家级智库机构负责人和具有丰富地方政府投融资平台转型、国企改革、金融与基金业务经验的专家，为广大城投公司转型升级提供专业性指导，为地方政府的经济建设提供智力保证。

展望"十四五",地方政府投融资平台依然会得到政府的重视、市场的关注,国内日趋复杂的发展环境也将为地方政府投融资平台的发展带来新一轮的机遇与挑战。在"十四五"的"潮头",出版《中国地方政府投融资平台转型发展研究 2021——产业投资与资本运营视角下的城投转型》,恰逢其时。本书通过理论篇、评价篇、案例篇三个部分,对地方政府投融资平台转型可能的新方向进行了研究。理论篇分析了产业投资与资本运营助力平台转型的思路及要点,为平台转型提出了建设性的建议,并通过对评级提升案例及收购上市公司案例的分析为其他平台转型发展提供了借鉴。评价篇延续地方政府投融资平台转型发展评价指标体系,对省、直辖市、地市、区县平台公司转型发展情况进行分析评价。案例篇选取了较为成功的地方政府投融资平台转型案例进行深入研究,对平台公司主营业务、财务状况和转型发展过程进行了分析。本书的意义在于通过案例引发平台公司思考,思考未来的趋势,逐步成为市场化、实体化的公司。

石明磊

中国经济改革研究基金会秘书长

2021 年 11 月

序 二

近年来，随着我国投融资体制改革推进、政府债务管理日趋规范，地方政府投融资平台的信用质量也在转型发展中呈现分化进一步加剧的态势。一般来说，高层级、发达地区的投融资平台往往具备较强的资产整合能力以及良好的外部转型条件，此类平台更易取得信用质量的提升。但在防风险压力加大的大背景下，投融资平台依然面临信用质量下降的压力。驱动因素包括区域财力较弱以及平台基础信用恶化，如偿债压力加大、营收情况恶化、资产质量转差等。理论上看，投融资平台信用上限为对应层级政府的信用级别。若成功转型，对于原省属平台，转型后的新平台信用资质得到提升，或能达到省级政府信用级别；对于原市属或区县平台，整合成为投控集团或产业类国企后，则可能换用行业类或投控类的评级视角来看待其信用质量转变。

2020年四季度以来，大型国企违约事件频发，"国企信仰"冲击使市场对平台的信用担忧也阶段性升温。但随着相关债务危机的妥善处置，信用风险对债券市场情绪的影响逐步弱化。但同时，国家对风险管控力度开始加大，地方政府债务管控回归常态，隐性债务开始重提，对于城投监管逐渐严格。地方政府投融资平台作为隐性债务的主要载体，刚刚从"国企违约"的阴影下走出来，又面临新一轮的"严监管"约束。

在此背景下，地方政府投融资平台有必要通过自身的积极转型提升基础信用，逆流而上，在行业中脱颖而出。平台转型成功后，其传统业务模式向多元化拓展，收益性业务占比或将上升；财务表现也将随之改善，资产规模与质量或趋于平衡，经营性现金流好转，政府应收款项占比下降，经营性业务带来的收入更趋稳定。此外，从中长期来看，平台转型将逐步降低对政府的依赖：一方面，厘清与政府的债务关系，逐渐淡化政府融资职能；另一方面，落实政企"管理分开、项目分开、资金分开"，合并重组后的集团对下属子公司具有直接管理、资金调度和人事安排的实际控制力，公司治理也将更加有效。

需要注意的是，转型中的平台公司势必将逐步剥离政府融资职能，业务模式也将向多元化演变，地位将有所弱化。从资产重组角度看，平台整合的同时承接大量原平台债务，短期偿债压力或上升，且大多数公益类项目期限长、规模大，须考虑项目平稳过渡问题；此外，整合后的平台业务范围扩大，可能面临管控能力有限、经营效率低下的困境。相信该书可以针对以上问题给出一定解决方向。

该书是"中国地方政府投融资平台转型发展系列研究"的第五本，是胡恒松博士等人深厚的理论功底和多年实践经验相结合的产物。该书与时俱进，立足地方政府投融资平台自身问题，结合发展现状、聚焦新矛盾，将热点问题与重要问题结合讨论，能够很好地引发读者思考，对平台公司在当前严监管的背景下进行"突围"，具有重要的理论价值和现实意义。

闫衍

中诚信国际信用评级有限责任公司董事长、总裁

中国人民大学经济研究所联席副所长

2021 年 11 月

序　三

防范化解地方政府隐性债务风险是党中央、国务院作出的重大决策部署，是坚决打好防范化解重大风险攻坚战的重要内容，也是一项严肃的政治纪律和政治规矩。2017 年以来，中央陆续出台了一系列整肃文件来严控隐性债务，取得了较为显著的成绩。尤其是 2018 年全面推进隐性债务整改以来，隐性债务规模由升到降、风险由高到缓、行为由乱到治，取得了阶段性成功。但与此同时，《关于 2020 年中央和地方预算执行情况与 2021 年中央和地方预算草案的审查结果报告》也提到，违法违规新增地方政府隐性债务情况仍然存在，有的地方政府债务负担较重。为此，《国务院关于进一步深化预算管理制度改革的意见》指出，"把防范化解地方政府隐性债务风险作为重要的政治纪律和政治规矩，坚决遏制隐性债务增量，妥善处置和化解隐性债务存量"。

在隐性债务治理的过程中，要着重关注地方政府投融资平台。地方政府投融资平台承担着大量公益性项目的融资建设工作，成为地方政府隐性债务的重要载体。因此防范化解隐性债务风险，地方政府投融资平台转型必然是重中之重。但是，转型又是难点，向哪里转、怎么转是不可回避的难点。尤其是，当前地方财政紧平衡，并进一步加强财政金融协同监管，更使得部分平台运作雪上加霜，转型面临更大压力。

实际上，化解隐性债务最好的方式为依托项目经营现金流或者企业市场化偿付。但是，这样一来具有稳定收益和现金流的项目相对较少，多数基础设施或公共服务项目均需要财政补贴；二来很多平台公司"造血"能力较差，自身债务消化能力偏弱，能盘活的资产规模有限。平台公司转型仍任重道远。

基于以上背景，本书提出了两个重要的方向，即本书的主题产业投资与资本运营。研究把握好两大方向，可以极大地改善目前平台公司存在的资产质量差、运营能力弱、业务单一匮乏的局面。本书作者对投融资平台转型进行了充分的案例分析，对平台转型的成功经验进行了探索和总结，也为其他平台公司提供了转型方向和思路，具有一定的借鉴意义。

吉富星

中国社会科学院大学教授，博士生导师

国家金融与发展实验室中国政府债务研究中心执行主任

2021 年 11 月

前　言

地方政府投融资平台是我国城市发展的见证者、参与者、贡献者！分税制改革是中央和地方财政分配结构的再调整，地方政府投融资是本级政府在政策约束条件下解决资金问题的重要渠道。自 2014 年国务院下发的《国务院关于加强地方政府性债务管理的意见》（国发〔2014〕43 号）（以下简称"43 号文"）提出"剥离融资平台公司政府融资职能"以来，我国各级政府及监管部门相继出台了一系列政策措施，严格规范地方政府债务并力促地方政府投融资平台转型发展。但因各地经济发展水平不同，以及各平台公司业务领域、组织结构、发展阶段等方面存在较大差异，转型发展效果也大有不同。2021 年 7 月，银保监会发布《银行保险机构进一步做好地方政府隐性债务风险防范化解工作的指导意见》（银保监发〔2021〕15 号）（以下简称"15 号文"），强调"各银行保险机构要严格执行地方政府融资相关政策要求，打消财政兜底幻觉"，"不得以任何形式新增地方政府隐性债务"。"15 号文"延续了"43 号文"的思想，严监管使得地方政府投融资平台转型迫在眉睫。

本书认为，进入"十四五"时期，地方政府投融资平台面临着诸多机遇与挑战。平台公司要具备"产业投资"与"资本运营"的思维，必须形成源自自身、市场化的动能因素，通过市场化的方式，在承担准公益性、准经营性项目建设任务时，构建来自项目经营性收入、政策性补助的现金流，并满足市场化模式下资金筹措、还本付息的有关要求。地方政府投融资平台的发展质量与资本运作水平、市场与金融资源、市场化项目资源、区域高质量发展息息相关。与此同时，在逐渐推进市场化的过程中，地方政府投融资平台的企业制度、运作逻辑将进行新一轮的改革；与政府的合作也将继续坚持市场化的原则、进行市场化的运作，最终实现市场化管理的目标。

本书基于理论、评价、案例三个视角，结合产业投资与资本运营模式，对地方政府投融资平台转型进行了系统性研究。理论篇在充分把握地方政府投融资平台转型发展现状、发展阶段和发展政策环境的基础上，对地方政府投融资平台转型发展提出了切实可行的建议；评价篇通过科学构建平台转型发展评价指标体系，分析省、直辖市、地市、县四级地方政府投融资平台转型发展情况并进行评价；案例篇则根据不同的转型思路，对当前转型较为成功的投融资平台进行深度研究，分析转型发展过程，总结转型发展经验。

　　本书为"中国地方政府投融资平台转型发展系列研究"的新成果，相较之前著作，创新之处体现在三个方面：第一，在省、市、县三级地方政府投融资平台评价体系的基础上加入直辖市的分析评价，形成省、直辖市、市、县地方政府投融资平台评价体系，体系更为完善合理；第二，优化评价篇结构，设置热点专题，选取安徽、河南、上海、粤港澳大湾区开展分析，充分结合市场现状与国家战略，可读性强；第三，转型案例选取多样化，与本书主题相契合，可操作性强，可以为广大平台公司提供有价值的参考。

本书作者

2021 年 10 月

目　录

【评价篇】

【案例篇】

【理论篇】

第一章　新形势下地方政府投融资平台转型发展研究

第一节　地方政府投融资平台主要矛盾演变

地方政府投融资平台是分税制改革和旧预算法规制下的产物，是地方政府为突破融资瓶颈、促进地方经济建设所创造的新型融资工具。建立初期，地方政府投融资平台在帮助地方政府融通资金、推动基础设施建设、带动区域经济发展方面发挥了重大的作用。但是，财权与事权不匹配这一根本矛盾的存在，以及地方官员晋升对政绩的要求，使得通过平台公司无序融资，建设低效率工程的现象不断出现，政府隐性担保问题突出，为区域经济平稳运行埋下了隐患。由此，监管机构逐步介入，规范投融资平台的投融资行为，明确地方政府与投融资平台之间的关系，投融资平台转型发展的议题也因此进入平台公司的未来规划中。

通过对监管政策的梳理，能清晰地探明投融资平台的主要矛盾是在不断变化的，本节将投融资平台发展逻辑矛盾演变大致分为五个阶段。

一、2009～2013 年：日益增长的投资需求与财政资金不足的矛盾

2008 年全球金融危机之后，我国为缓冲危机对经济造成的负面影响，推出了"四万亿"财政刺激计划，大力发展基础设施建设。2009 年 3 月，《人民银行　银监会关于进一步加强信贷结构调整促进国民经济平稳较快发展的指导意见》强调要支持有条件的地方政府组建投融资平台，发行企业债、中期票据等融资工具。在市场条件及政策引导的双重支撑下，各级地方政府纷纷组建投融资平台，开展大规模的基础设施项目建设，刺激区域经济的复苏与增长。此轮投融资平台数量扩张，呈现出增长速度快、波及范围广的特点，粗放式的增长使大多数

投融资平台存在组织管理混乱、公司治理不科学、营利性业务单一、政府性融资特征鲜明等弊病。但由于行业尚处于快速增长初期，各种问题处于萌发阶段，无论是在官方文件还是具体实践的需求中，平台公司都是作为地方政府融资工具的角色而存在，融资平台的转型并无现实需求，在当时的经济大环境背景下，融资平台转型是个伪命题。

经过一段时期的"野蛮生长"，平台公司前期无序扩张、管理不善所带来的问题逐步显现，各地出现城投债延期兑付、地方政府违规担保等现象。2010年，国务院常务会议要求加强平台公司管理，核实公司债务，分类规范清理已成立的平台公司，制止地方政府违规担保行为；《国务院关于加强地方政府融资平台公司管理有关问题的通知》对常务会议内容进行具体细化，约束平台公司的风险行为。此段政策小幅紧缩时期，平台公司首次经历了监管所带来的压力。然而，无论是从政策意图还是市场反应来看，此时平台公司转型仍无较大的现实需求且相关概念也未得到明确，发挥自身融资功能、推动区域经济建设发展仍是此时平台公司的主要职能所在。

二、2014~2016年：剥离政府融资职能，开启市场化运作

随着隐性债务规模不断扩张，为防范重大金融经济风险，监管开始逐步发力。2014年《国务院关于加强地方政府性债务管理的意见》这一里程碑意义文件的出台，不仅从政策规范上倒逼平台公司进行转型开启市场化运作，还从政策道路上奠定了未来平台公司严监管的总基调。该意见建立了"借、用、还"相统一的地方政府性债务管理机制，要求明确举债主体，控制举债规模，划清债务责任，剥离平台公司的政府融资职能，结合2014年《中华人民共和国预算法》关于放开地方政府举借债务的规定，以"修明渠、堵暗道"的方式，直接对平台公司传统的运作模式予以否定，转型发展道路由此开启。

考虑多数投融资平台缺乏除基础设施建设外其他产业的经营能力，而凭借多年行业经验积淀，投融资平台作为社会资本方继续参与基础设施项目，既不违反《国务院关于加强地方政府性债务管理的意见》规定，又可为开启市场化运作提供缓冲。所以在此阶段，有关政府与社会资本合作以及基础设施和公用事业特许经营的文件规范相继出台，推动投融资平台以市场运营主体的角色参与区域基础设施与公用事业的建设与运营，相关的文件有《国家发展改革委关于切实做好〈基础设施和公用事业特许经营管理办法〉贯彻实施工作的通知》《财政部　发展改革委关于进一步共同做好政府和社会资本合作（PPP）有关工作的通知》等。投融资平台凭借自身在基础设施领域多年的建设经验以及深厚的政府背景，以社会资本方的身份参与PPP及特许经营项目建设，能够最大限度地降低成本，提升效率。规范的 PPP 及特许经营项目运作是政策赋予平台转型起步阶段的推动器，为平台公司市场化经营打下基础。

三、2017～2019 年：能"活下去"，不违约成为主题

2017～2019 年，面临着外部政策环境的变化以及内部自身问题的不断暴露，投融资平台经历了一段异常艰辛的发展历程，"如何活下去"成为此时摆在众多投融资平台面前的主要问题。

从外部政策环境来看，2016 年 11 月《国务院办公厅关于印发地方政府性债务风险应急处置预案的通知》标志着 2015 年下半年以来的平台宽松监管周期正式结束，此后平台监管政策迎来了大幅度收紧的一段时期。一方面，在"开前门"上，继续推进地方政府债券的同时陆续推出土地储备专项债务、收费公路专项债券等试点，《财政部关于规范政府和社会资本合作（PPP）综合信息平台项目库管理的通知》以及《关于加强中央企业 PPP 业务风险管控的通知》对 PPP 项目中走偏的问题进行规范。另一方面，在"堵偏门"上，颁布《关于进一步规范地方政府举债融资行为的通知》《关于坚决制止地方以政府购买服务名义违法违规融资的通知》《关于进一步增强企业债券服务实体经济能力严格防范地方债务风险的通知》《关于规范金融企业对地方政府和国有企业投融资行为有关问题的通知》等重磅文件，要求各地对融资平台违规融资和担保行为进行摸底排查和清理整改，严禁各地以政府购买服务名义违规举债，对牵涉投融资平台的地方政府以及金融机构施加更为严格的限制。

从投融资平台内部情况来看，由于长久以来内部管理体制的问题，投融资平台的债务负担持续加重，再加上外部融资环境的恶化，投融资平台现金流趋紧，违约风险不断。据统计，2018 年至少有 23 类与平台公司相关的产品违约，违约品种包括信托、券商资管、期货资管、债券等，违约地域涉及西南、华中、东北、西北、华北地区，此外，还有两家省级平台公司牵涉违约案件。此时的平台公司考虑更多的是如何更快速且不惜代价地拿到融资缓解到期债务压力，而原本就进展缓慢的平台转型在现实背景下更加趋于停滞。

四、2020 年：疫情与经济下行带来宽松环境

2020 年，新型冠状病毒肺炎疫情（以下简称新冠肺炎疫情）的突然袭击，打破了经济原有的运行节奏，实现"六稳""六保"，保证经济平稳运行成为当年的宏观大背景。地方政府投融资平台作为地方重要的国资企业，一方面，配合地方政府新冠肺炎疫情防控工作，参与紧急采购、应急工程的任务；另一方面，按照 2020 年 2 月中央政治局会议关于加快推动一批重大项目建设，积极扩大内

需、稳定外需的要求，投融资平台在参与新一轮基础设施建设项目的同时，也迎来了新一轮政策宽松周期。在货币政策方面，呈现出精准滴灌、政策节奏加快、逆周期调节力度加大的特点。为对冲新冠肺炎疫情冲击，原先一些结构性货币政策工具扩大了普及范围，对抗击新冠肺炎疫情发挥关键作用的市场主体给予了特别关注。另外，如降息、降准这类边际宽松措施突破市场预期提前实施并加大了实施力度。地方政府投融资平台作为抗击新冠肺炎疫情中的重要力量，受惠于一系列逆周期操作，资金面得到一定程度的宽松。2020年1月末，央行会同财政部、银保监会、证监会和国家外汇管理局联合印发《关于进一步强化金融支持防控新型冠状病毒感染肺炎疫情的通知》，提出新冠肺炎疫情防控工作的"金融30条"。一是在信贷方面加大对企业主体的支持。央行下发《关于发放专项再贷款、支持防控新型冠状病毒感染的肺炎疫情有关事项的通知》，安排专项优惠贷款，向新冠肺炎疫情防控重点企业提供支持；银保监会下发《关于加强银行业保险业金融服务配合做好新型冠状病毒感染的肺炎疫情防控工作的通知》，要求以银行为主的金融服务企业，对受新冠肺炎疫情影响严重且有发展前景的企业提供持续的信贷支持，不得盲目抽贷、断贷、压贷，通过展期、续贷、提供优惠利率贷款等方式支持企业抗击新冠肺炎疫情，渡过难关；财政部印发《关于支持金融强化服务做好新型冠状病毒感染肺炎疫情防控工作的通知》，要求从普惠金融发展专项资金中安排款项，为新冠肺炎疫情防控重点企业提供贴息支持。二是在资本市场上保证债券发行顺畅，支持重点抗疫企业的借新还旧。其中，央行等五部门要求对疫情较重地区金融机构和企业的债券发行开通"绿色通道"，优化发行流程，灵活应对因新冠肺炎疫情阻碍债券发行的各种不可抗因素；中国银行间市场交易商协会发布了《关于进一步做好债务融资工具市场服务疫情防控工作的通知》，加强受新冠肺炎疫情影响较重地区企业的借新还旧服务，对企业通过资本市场维持疫情期间的运行稳定提供支持；《国家发展改革委办公厅关于疫情防控期间做好企业债券工作的通知》放宽债券募集条件，拓宽债券募集用途，全力保障新冠肺炎疫情重点地区企业的流动性安全。

在上述政策的惠及下，投融资平台成为"新冠肺炎疫情防控债"的重要发行主体，仅国内新冠肺炎疫情暴发后的两个月，就有投融资平台发行"新冠肺炎疫情防控债"48只，由于新冠肺炎疫情防控信用债资金用途较为宽松，并未严格限制在新冠肺炎疫情防控方面，所以利用其进行借新还旧的情况仍占大多数，投融资平台的资金面在前两年的严监管后获得了一定的缓冲时期。

五、2020年末至今：隐性债务及违约问题推升监管强度

2020年10月永煤控股及华晨汽车的债券违约为市场投下了一枚"惊雷"，

在"国企信仰"破灭的背景下，市场转而担心"城投信仰"何时会迎来摧毁的一天。其实，2020年城投债市场风险案例远超往年。投融资平台非标违约已成"常态"，而且区域投融资平台互保频繁，进一步放大了风险。所以，2020年末至今，投融资平台相关监管政策在遵循以往路线的基础上，迎来了新一轮"紧周期"，主要体现在以下几个方面：

第一，经济恢复常态化运行之后，总体政策再度趋向宏观稳杠杆，逐步降低政府杠杆。全国人大财经委在《关于2020年中央和地方预算执行情况与2021年中央和地方预算草案的报告》的审查中提到要对可能存在风险的专项债项目进行排查，制定处置方案，进行风险防范，并且强调地方政府债务负担过重，隐性债务风险仍然存在。2021年4月，《国务院关于进一步深化预算管理制度改革的意见》就完善预算管理、强化财政硬约束提出相关要求，并着重强调了防范地方政府隐性债务的任务与举措。上述政策传达出在政府杠杆上行、隐性债务存在新增且经济恢复常态化运行背景下，需要进行防风险、去杠杆。

第二，投融资平台的发债政策发生新变化，展现出"扶优限劣"的态度、规范化融资的趋势。2021年4月《国家发展改革委关于印发〈2021年新型城镇化和城乡融合发展重点任务〉的通知》，要求在把控债务风险的前提下，加大财政性资金统筹支持力度，有序发行县城新型城镇化建设专项企业债券。在交易所方面，2021年1月，沪深交易所发布"红黄绿"发债政策：对于有隐性债务的城投，所属区县债务率为红色的区县，只能借券还券；所属区县债务率为黄色的区县，可以借债券还有息债务；所属区县债务率为绿色的区县，可以新增融资。2021年4月，上海证券交易所《关于发布〈上海证券交易所公司债券发行上市审核规则适用指引第3号——审核重点关注事项〉的通知》（以下简称《上交所指引》）和深圳证券交易所《关于发布〈深圳证券交易所公司债券发行上市审核业务指引第1号——公司债券审核重点关注事项〉的通知》，文件中多次出现"审慎"字样，对债券申报规模、资金募集用途和信息披露方面提出了多项定性和定量的要求。中国银行间市场交易商协会于2021年3月推出乡村振兴票据，募集资金主要流向农村建设中的多个领域。由此可见，在扶持优质重点企业，规范债券融资的趋势下，对于大多数资产规模较小和资质较低的投融资平台而言，其再融资环境不容乐观。2021年7月，银保监会下发了《银行保险机构进一步做好地方政府隐性债务风险防范化解工作的指导意见》，要求明确打消财政兜底幻觉，严禁新增或虚假化解地方政府隐性债务，明确不得提供以预期土地出让收入作为企业偿债资金来源的融资，明确对承担地方政府隐性债务的客户，银行保险机构不得新提供流动性贷款或流动资金贷款性质的融资，不得为其参与的专项债券项目提供配套融资，这也标志着投融资平台融资政策进入新一轮收紧时期。

近期关于融资平台监管的重要文件及会议如表1-1所示。

表1-1　近期关于融资平台监管的重要文件及会议

时间	名称	内容
2020年12月	中央政治局会议和中央经济工作会议	进一步指出"要抓好各种存量风险化解和增量风险防范，抓实化解地方政府隐性债务风险工作"
2021年1月	《财政部关于印发〈地方政府法定债务风险评估和预警办法〉的通知》（财预〔2020〕118号）	交易所和交易商协会要根据财政部对各地区债务率的红橙黄绿分档，限制红色区域城投发债
2021年4月	《国务院关于进一步深化预算管理制度改革的意见》	清理规范地方融资平台公司，剥离其政府融资功能，对失去清偿能力的要依法实施破产重整或清算
2021年5月	《江苏省政府办公厅关于规范融资平台公司投融资行为的指导意见》	加强融资平台公司融资总量控制，稳步压降非标类融资产品规模，有效管控融资成本，防范化解债务风险等
2021年7月	《银行保险机构进一步做好地方政府隐性债务风险防范化解工作的指导意见》	严禁新增隐性债务和虚假化债，不得以任何形式新增地方隐性债务，加强平台公司新增融资管理，妥善化解存量隐性债务，严禁虚假化债，强化风险管理，定期研究与汇报

<h2 style="text-align:center">第二节　"十四五"时期地方政府投融资
平台的机遇与挑战</h2>

一、"十四五"时期地方政府投融资平台转型的经济背景

"十四五"期间，推进经济高质量增长，"民生"超越"增长"成为主要诉求。继续深化供给侧结构性改革，构建"双循环"新发展格局将成为经济发展的核心与主线，在新冠肺炎疫情持续及贸易保护主义抬头的形势下，为保护产业链供应链的安全，经济发展战略将主要围绕促进国内产业链升级、构建高质量供给体系、扩大国内需求水平等方面展开。经济将进入中速增长平台，要素贡献发

生变化，人口质量红利将逐步凸显。从要素贡献上来看，固定资产投资增速预计保持在7%左右，再难以维持两位数的增长，资本要素贡献下降。随着劳动力质量的上升，劳动力质量红利的贡献将增大，数据将会超越资本、土地与劳动力，成为最为活跃的新要素资源。在居民消费方面，根据国务院发展研究中心的预测，2024年底我国人均国民收入将超过1.4万美元，消费率将由2019年的55.4%增长至2025年的60%左右，投资率将由2019年的43.1%下降至2025年的40%左右。消费率的上升将进一步带动我国经济结构向"消费型"转化，正符合构建"双循环"新发展格局的需求。城市群建设、新型城镇化建设及相关配套基础设施服务会更上一个台阶，为超大规模需求市场构建提供载体。尤其是城市群建设将聚焦以新基建替代老基建，继续推动重大产业链以及重大项目投资，辅之以户籍制度改革与土地供应制度改革，发挥都市圈增长极的作用。此外，"十四五"时期大力推动科技创新，解决"卡脖子"的关键技术，是我国在拥有完整工业体系基础上实现关键新技术、新材料自主可控，维护我国产业链、供应链安全的关键一环。

受经济增速放缓以及各项财政支出增加的影响，"十四五"期间国内财政收支缺口会进一步加大，这必然会导致提高赤字、增加债务的需求，为保证经济平稳发展，不发生系统性金融风险，相关监管政策必将持续处于高压态势，尤其是对隐性债务的敏感性会进一步提高，影响地方政府投融资平台受约束的程度。"可持续性"将成为"十四五"时期我国财政政策的主要着眼点，财政将围绕中央和地方财政体制以及老龄化和人口通缩背景下的财政收支结构这两大方面进行改革。中央杠杆率将持续抬升以对冲居民与企业部门杠杆率的下降。货币金融政策将继续保持稳健性，鼓励中小银行补充资本和优化治理，提升服务于地方经济发展的能力。加强股票和债券市场建设，提升直接融资比重。继续推动金融领域更高水平的对外开放，提升人民币国际化水平。加快以碳达峰碳中和为目标的绿色金融体系建设，鼓励绿色投融资活动。

二、"十四五"时期地方政府投融资平台面临的机遇

构建以国内大循环为主体、国内国际双循环相互促进的新发展格局是我国"十四五"时期经济发展的主线。从单一内循环到单一外循环再到国内国际双循环，反映了我国面对宏观经济环境变化以及经济动能转化所作出的战略调整，也体现了对市场经济主体的总体要求。地方政府投融资平台作为地方公益性项目以及准公益性项目建设的重要国企，在地方经济建设中发挥着至关重要的作用。伴随着新发展格局以及平台公司转型发展的迫切要求，平台公司在推动新发展格局建设的同时，应抓住"双循环"下所孕育的转型发展机会。

（一）国家战略给投融资平台经营带来巨大增长空间

进入"十四五"时期，与投融资平台关系较为紧密的国家战略主要有城市群建设及"两新一重"战略。城市经济圈建设及新型城镇化为投融资平台转型为"城市运营综合服务商"提供机遇。城市经济圈及新型城镇化是扩大内需、促进居民消费、畅通要素资源流动的重要载体。同时，居民消费能力不断提升，消费空间不断拓展，也会为平台公司发展提供更大的市场容量。无论是城市经济圈还是新型城镇化，基础设施建设都是重点所在，因此，投融资平台的作用会得到进一步凸显。城市经济圈的互联互通以完善的基础设施建设为纽带，例如，在成渝经济圈的打造中，为克服当地交通不便对要素资源流动所带来的阻碍，当地投融资平台参与网络型交通重大基础设施项目的建设，推进干线、城际、市郊铁路和城市轨道"四轨融合"发展，打造成渝、成渝至周边城市、成渝地区相邻城市及成渝主城都市区"一小时通达通勤区"，提升通达便利性，增强经济活力。新型城镇化虽然要求实行差别化的区域发展政策，但是在本质上都是对城市基础设施进行更新升级。例如，对于东部发达地区，要求以提高城镇化质量和民众健康状况为重点任务；中西部落后地区则是要在加强道路、交通、管网等城镇基础设施建设基础上发展特色经济。公共基础服务设施建设有一个共同的特点，那就是前期投资大、资金回收期长，市场上的企业一般不愿意也没有能力承担此类项目的建设，唯有投融资平台才能担此重任。虽然建设任务艰巨，但是围绕着新型城镇化提供各项基础设施配套服务，产业经营向城市服务的各个方面进行拓展，这是投融资平台转型为城市综合运营商的一个重要契机及发力点。

"新基建"囊括了5G基建、特高压、城际高速铁路和城市轨道交通、新能源汽车充电桩、大数据中心、人工智能、工业互联网七大领域，为推动平台公司发展创造新的动能。据《中国新基建竞争力指数白皮书（2021年）》预计，在多重政策红利催化下，"十四五"时期中国新基建将驶入快车道，相关领域的投资规模有望达到十万亿元量级，对于在传统基建领域具有天然优势的平台公司来说，"新基建"领域将是一片大蓝海。然而，不可忽略的是，进入"新基建"领域还需具备前沿科技的应用与研发能力，这会是传统投融资平台的一块"短板"，不过投融资平台可借此机会更新人员与技术，改善既有的管理制度，提升公司治理能力，更好地参与高质量供给体系的建设。

（二）国企改革不断深化，为投融资平台治理注入新的活力

地方政府投融资平台作为特殊类型国企，在经营管理体制、集团公司治理以及政企关系划分方面仍存在许多的弊病，投融资平台参照国企改革思路将有助于其转型发展，《国企改革三年行动方案（2020—2022年）》就为投融资平台提供了科学的思想指引。其中未来三年国企改革所要落实的主要任务有完善中国特色

现代企业制度、优化国有资本布局以及深化混合所有制改革。这三项改革任务完美地契合了投融资平台在转型发展中所遇到的难点与痛点，借鉴科学指引及相关国企改革经验，投融资平台能够更好地进行内部改革，为企业经营注入新的活力。

（三）基础设施公募 REITs 为投融资平台拓宽融资渠道

2020 年 8 月 3 日，国家发改委发布《关于做好基础设施领域不动产投资信托基金（REITs）试点项目申报工作的通知》，同年 8 月 6 日，中国证监会出台《公开募集基础设施证券投资基金指引（试行）》，我国公募基础设施 REITs 试点工作正式启动。投融资平台建设的项目往往投资规模大、回收周期长，会造成大量的资金沉淀、资金利用效率低，不仅无法保证自身的持续运营，而且关联的地方政府还承受着巨大的隐性债务压力。未来公募 REITs 这一资产证券化工具有望帮助投融资平台畅通血液循环，盘活沉淀资金，提高平台公司的资金利用效率，从而实现可持续发展。

（四）"双循环"新发展格局推动投融资平台"走出去"

国内国际双循环相互促进推动平台公司"走出去"。构建双循环新发展格局，国际市场也是很重要的一个方面，国家改革开放的格局不变，企业"走出去"、全球化，变成全球企业的战略方向也不能变。各类高资质平台公司经过长期的发展积累，在资源能力获取、风险控制、企业战略组合、市场营销能力等系统能力方面得到有效提升，具有足够的发展韧劲，具备融入经济全球化浪潮的条件，可放眼全球进行布局与扩张以捕获新的发展机遇。

三、"十四五"时期地方政府投融资平台面临的挑战

（一）政策约束与监管趋严带来的挑战

2014 年 10 月，《国务院关于加强地方政府性债务管理的意见》的颁布奠定了对投融资平台进行严监管的总基调，虽然之后监管力度因宏观经济环境变化而出现过周期性变化，但是总的思路却始终没有发生改变。特别是在 2017 ~ 2018 年，平台监管政策多点发力，对投融资平台融资造成了极大的阻碍，以至于"如何活下去"成为当时投融资平台发展聚焦的一个主要问题。2020 年末在新冠肺炎疫情得到控制、经济逐步恢复平稳运行之际，针对投融资平台的监管政策又开始收紧，关于平台转型发展以及隐性债务管理的相关文件密集出台，对平台公司的再融资造成了较大的压力，转型发展也再一次提上议程。在坚决遏制地方政府隐性债务，防范重大金融风险的思想指导下，严监管会一直伴随着未完成转型的平台公司，由此带来的政策压力是平台公司不得不面对的一大挑战。

（二）宏观经济波动所带来的挑战

投融资平台同样也是一个市场主体，也会受宏观经济环境变化的影响。例

如，在 2015 ~ 2020 年的经济下行的阶段，为发挥基础设施建设对经济的拉动作用，关于投融资平台监管的相关政策就有相应放松；在经济相对景气的阶段，为防范隐性债务风险，投融资平台面临的监管政策又会恢复到较严的水平。

（三）多元化经营带来的挑战

在严控地方政府隐性债务风险、收紧投融资平台融资渠道的情况下，要依靠公益性或非公益性基础设施项目的建设撑起投融资平台发展是不切实际的。因此，投融资平台必须从横向及纵向的角度拓宽业务经营范围，提升自我造血能力。但是，在实现横向多元化及纵向多元化的过程中，也存在经营业务选择方面的问题，如果投融资平台贸然踏入并不熟悉的实体行业，非但无法推动平台的转型发展，还可能面临更大的效率损失以及业务经营失败的风险。

（四）转型难度增大带来的挑战

在相关监管政策趋严的背景下，投融资平台转型发展的压力不断增大，而与此同时，投融资平台的转型难度也在提升。"十四五"时期的国企国资改革更加注重顶层设计，改革进入深水期，改革将上升至制度层面，并逐步落实"1 + N"政策体系。因此，投融资平台转型涉及的方面会更多，改革也会更为彻底，难度也会大大提升。此外，投融资平台在"十四五"时期的转型并非是孤立的，需要遵循"三级国资规划体系"。在纵向上，遵从上位规划，包括国家、省、市的国资布局及结构调整规划；在横向上，注意与同位规划的协调性，包括城市群中处于同位次发展的城投公司、本地区其他国资平台的发展现状等。因此，这就更加考验投融资平台在转型中的统筹协调能力以及全局规划能力，无形中又给投融资平台转型增加了一层约束，减少了可选择的路径，增加了转型难度。

（五）追求高质量发展带来的挑战

构建"双循环"新发展格局，必须以扩大内需作为战略基点，而内需的扩大又离不开高质量供给体系的建设。投融资平台作为掌握国有资源优势的企业，理应顺应国家发展趋势，追随高质量发展的步伐。但是，由于其自身缺陷以及后天发展不足，投融资平台缺乏提供高质量产品的技术能力与创新活力。若要在未来引领新技术、新业态、新产业的潮流，还需在组织架构、价值观念、公司治理等方面进行全方位的变革，但这不是投融资平台凭自身就可以完成的，需要统筹多方力量参与变革的进程。

第三节　地方政府投融资平台需要解决的问题

一、功能定位不清晰，法人治理结构不完善

多数投融资平台的主营业务以公益性及半公益性的基础设施建设为主，自身在缺乏其他经营类业务的情况下，存在功能定位不明确、市场发展能力弱的问题。由于投融资平台创立伊始就带有十分鲜明的行政属性，一直以来都是作为地方政府的融资工具而存在，所以产生了政企不分、法人主体不明确、选人用人不科学等经营管理上的弊病。在人事制度方面，投融资平台还未在"三会一层"上建立科学规范的法人治理结构，各类职能部门交叉重复，管理层级复杂、低效，各类管理人员既是投融资平台的负责人，又在地方政府担任一定职务，其职业晋升不是靠竞聘上岗，而是由地方政府进行指定，人事制度混乱。在劳动制度方面，由于投融资平台中很多员工都是地方政府部门的工作人员，所以在岗位设置以及劳动合同签订方面存在很多模糊的地带，无法真正保障员工的合法权益。在分配制度方面，投融资平台按照职级划分的薪酬体系无法反映员工的工作价值，无法有效激励员工的工作热情。人才激励机制的缺位使得投融资平台面临高水平人才流失的风险。

二、债务压力巨大，偿债风险显著

投融资平台自成立以来就承担了大量的区域基础设施建设项目，建设资金的主要来源为金融机构贷款，从而积累了大量的存量债务。但是由于投融资平台承建项目的公益属性，盈利能力缺乏，现金流无法对债务进行覆盖，只能通过借新还旧的方式滚动经营，从而使偿债风险显著增加。由此积累的隐性债务，更是一大隐患，据国际货币基金组织（IMF）预测，2024 年中国地方政府隐性债务规模将达 71.01 万亿元，而目前隐性债务中有七成是投融资平台债务，可见投融资平台的债务不仅会给自身造成巨大压力，而且也会给地方经济与金融发展带来重大隐患。

三、监管政策趋严，融资渠道不畅

地方政府投融资平台作为城市基础设施建设的主要力量，一般承接的都是公益性或者准公益性项目，此类项目前期投资资金量大、创造收益低、资金回收期

长，使投融资平台的资金使用效率非常低，大量资金沉淀在项目中形成隐性成本，巨大的资金缺口需要充足的外部融资来补充。由于投融资平台创造的收益低，盈利不具备可持续性，因而在直接融资上，大部分投融资平台都达不到入市标准，只能寻求背靠地方政府资信，获取地方商业银行贷款，这成为投融资平台主要的融资来源，并且借新还旧已成为投融资平台经营运作的常态。2017 年以来，国家陆续出台了投融资平台管控政策，对城投公司传统的融资渠道和融资模式提出了新的要求，要求商业银行防范存量债务资金链断裂，按照"穿透原则"和"还款能力评估原则"评估城投公司的还款能力和还款来源，防范和化解地方政府债务风险，这使得融资来源进一步缩小。"十四五"期间，伴随防范化解隐性债务工作持续推进，中央与地方层面相继出台关于投融资平台规范的监管文件，惩治违法违规融资行为，融资可操作空间渐小。因此，投融资平台资金来源单一的问题在转型成功之前会一直存在。

四、产业投资低效能，资本运作不规范

开展产业投资与资本运营是地方政府投融资平台转型发展过程中所必需的一个阶段，是最终转型为国有资本投资运营公司的必由之路。但是，目前在优质资产注入、平台整合等方式助力下已经具有一定实力的投融资平台在产业投资以及资本运营方面并没有发挥好自身优势，没有实现资源的优化配置，缺乏一套科学合理的投资绩效评估体系，因此无法实现较好的投资收益率。

在产业投资方面，投融资平台存在自主投资无序扩张的现象。投融资平台如进行自主投资，其中存在特有的投资逻辑：投融资平台以基础设施建设为中心，以产业投资向上下游进行延伸，实现全产业链的成本优势及资源整合优势，或是产业投资横向扩展，打造城市综合运营商。但是，目前部分投融资平台的问题在于将大量资金投入与主业不具有关联性的领域，这不仅无法发挥主副业相互增进的作用，而且可能由于投融资平台对投资业务的不熟悉，缺乏专业认知，从而导致投资失败。投融资平台还可能执行政府指令性投资，由于是政府指令，大部分投融资平台疏于或者不具备能力进行行业研究以及企业尽调的工作，对于其中的潜在风险，投融资平台会以"政府指令"为由采取漠视或者视而不见的态度。在投资协议签订中，没有去争取应有的股东权利，对涉及的"优先认购、反稀释、限制出售、优先出售"等典型条款不加以谈判，对于投后的决策权、分红权和退出方式也常有忽视。这在很大程度上会损害企业的投资效率，拉低投资效果，不利于实现投融资平台的产业投资目标。

在资本运营方面，投融资平台在地方政府信用隐性背书的情况下，存在过度融资的冲动。为完成融资业务，地方政府、投融资平台以及金融机构三方默契一致，因而重复抵押、平台互保、违规放款等违规行为屡屡发生。同时，部分投融资平台一直保留借新还旧的融资方式，使政府债务压力不断加大。除此之外，由于投融资平台融来的资金并不进入财政预算，支出不受控制，一旦权责未划分明确，出现重大风险事件，将会产生连锁反应，对整个区域的经济金融系统造成威胁。

第四节 地方政府投融资平台债务化解实务

一、地方政府投融资平台债务现状

根据 Wind 的统计数据（见图 1-1），2020 年我国城投企业有息债务规模在 35 万亿元左右，较 2019 年增长了约 15%。有息债务规模等于投融资平台短期借款、一年内到期非流动负债、长期借款以及应付债券的总和，是在投融资平台财务报表中反映出来的数据，可以作为投融资平台的显性债务。在投融资平台隐性债务方面，主要通过估计的地方政府隐性债务规模反映其规模，由于隐性债务在技术上是不合规的，无法获得地方政府隐性债务的明确账目，不同机构之间的估计可能有很大差异。较权威的数据是国际货币基金组织测算出 2018 年末我国地方政府隐性债务规模达 30.9 万亿元。此外，标普国际对 2017 年我国隐性债务规模的预估达到了 40 万亿元。

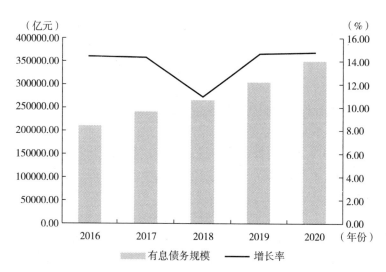

图 1-1 2016~2020 年地方政府投融资平台有息债务规模和增长率变动情况

资料来源：Wind、中泰证券研究所。

从公布数据的投融资平台负债率来看，2020 年负债率在 30% 以下的投融资平台有 107 个，30% ~39. 99% 的有 239 个，40% ~49. 99% 的有 464 个，50% ~50. 99% 的有 751 个，60% ~69. 99% 的有 749 个，70% 以上的有 243 个。与国有企业负债率数据进行对比，2019 年，全国国有企业资产负债率为 63. 9%，中央和地方国有企业资产负债率分别为 67% 和 61%，投融资平台负债率均值基本与国有企业整体均值相当。中共中央办公厅、国务院办公厅于 2018 年 9 月印发《关于加强国有企业资产负债约束的指导意见》，要求到 2020 年末国有企业平均资产负债率比 2017 年末下降 2 个百分点左右，所以在指导意见颁布之后至新冠肺炎疫情暴发之前，投融资平台的融资持续收窄，负债率有所下降。2020 年新冠肺炎疫情暴发之后，社会融资规模扩张，重新推升了企业负债率。为对冲新冠肺炎疫情给经济带来的冲击，基建投资需求增加，货币融资条件放宽，推升了投融资平台负债率。2020 年下半年以来保持强劲的出口以及地产投资仍会成为拉动经济增长的主要力量，经济对基建投资的依赖程度会有所下降，投融资平台面临的融资条件将会有所收紧。

二、投融资平台债务化解的思路

为防范控制地方政府隐性债务风险，对投融资平台的存量债务与新增债务进行化解与合理规划显得尤为重要。目前对于投融资平台债务增量要进行分类管控，严防新增隐性债务；在存量债务方面，通过债务置换等方式为存量债务的化解争取时间与空间。

一是控制投融资平台债务增量。投融资平台债务经过多年的积累，存量十分庞大，要在短期内进行处置不太现实，当前的主要任务是要遏制住债务增长的势头。自 2017 年 7 月以来，虽然在大力度监管下投融资平台的隐性债务增长得到控制，但是经营性债务增量却在 2020 年之后呈上升态势。因此，可以考虑对经营性债务进行分类管控，控制高风险投融资平台的债务增长。

二是以低息债务置换高息债务。一方面，用地方政府债券置换投融资平台的隐性债务，对于 2015 年之前被纳入的隐性债务，政策规定可以利用地方政府债券进行置换。2018 年开启的新一轮隐性债务化解过程中虽然申明"中央政府不救助"的原则，但是永煤事件造成的短期冲击，导致部分地区短期债务化解压力急剧增加，因此可以考虑在一些困难地区动用部分财政资金或者地方债为隐性债务化解提供支持。用企业低成本债券置换非标高成本债券，标准化债券作为企业直接融资的重要工具，和非标准化融资品种相比，具有成本低、期限长、管理规范的优势。通过发行标准化债券产品，置换非标融资，可以降低企业整体融资成本，减少利息支出，控制债务风险。但是，这需要在综合考虑政策协调以及区域市场环境等要素的前提下进行。对于实力强、资信水平高、发债容易的投融资平台，可以考虑进行置换；对于实力较弱、融资渠道较为单一的投融资平台，不应该操之过急地压缩非标融资规模，否则可能引发严重的信用风险。

三是以时间换空间。在永煤事件对信用债市场造成冲击之后，部分投融资平台的短期融资受阻，冲击了其利用长周期化解隐性债务的期望，要解决区域再融资分化的问题，重塑区域融资的声誉和信心，必须要争取时间。对于区域资源禀赋较好的投融资平台，可以充分利用区域丰厚的资源，以时间换空间；一些所处区域经济环境条件较差的投融资平台要实现以时间换空间，就需要尽可能地挖掘当地的资源优势或寻求一定的外部支持，为隐性债务化解换取空间。

四是利用创新产品，稳步降低高杠杆企业负债率。在安全区间内合理控制企业杠杆是企业健康发展的必由之路，稳步降低企业负债率的同时，也应防范杠杆率的快速降低增大企业资金链压力，影响企业正常运营。对于负债率过高的企业，可发挥永续债券及债转股专项债券等创新产品优势，逐步降低企业杠杆水平。永续债券在满足相应条件下可计入企业权益，降低企业负债率；债转股专项债可募集资金专项用于目标企业债转股项目。上述产品在降低企业杠杆率的同时，不会导致企业的资金链紧张而影响企业正常经营。

五是拓宽多元化融资渠道，降低对单一融资产品的过度依赖。对于融资渠道较为单一，主要依赖银行贷款的企业，加大债券市场融资力度，拓宽资本市场直接融资渠道，形成直接融资、间接融资并举的融资格局。对于主要依赖传统银行间债券市场的企业，积极加大对交易所资本市场的融资力度，避免融资渠道单一，提高抵御政策变动的能力，降低融资波动风险。

三、投融资平台债务化解实践

投融资平台债务分为显性债务与隐性债务两部分，显性债务在报表中有明确的披露，易于监管与控制，所以此部分债务一般通过投融资平台自身经营的优化及外部支持进行化解。然而隐性债务化解是投融资平台一直在寻求突破的一个瓶颈，投融资平台隐性债务规模大、隐蔽性强，风险可直接传导至地方政府，一旦增长失速，极易引发区域重大金融经济风险。虽然当前还未有可在全国推广的隐性债务化解范例，但是财政部于 2018 年在《财政部地方全口径债务清查统计填报说明》中提出的六种隐性债务化解方案可以作为各区域在具体落实隐性债务化解任务时的思想指引。

一是安排财政资金进行偿还，但是这会对地方财政造成很大压力。

二是出让部分政府股权以及经营性国有资产权益偿还，但政府可出让的股权与资产有限。从一些市县化债的实际情况来看，通过安排一般公共预算收入、土地财政收入进行偿债的规模较大，这意味着在"十四五"期间地方预算需要预留一部分财力进行隐性债务化解。另外，地方政府通过处置闲置资产或直接以实物抵债，出让部分政府股权的情况也较为常见。例如，内蒙古自治区（简称内蒙古）商都县财政局公开数据显示，2020 年前 7 个月化解隐性债务规模约 3.54 亿元，其中通过一般公共预算收入偿债 1.67 亿元，资产抵押化解 0.9 亿元。

三是企事业单位利用项目结转资金、经营性收入偿还。有些项目运营能够产生收益及现金流，可转为经营性债务，由企业或项目负责偿还或进行再融资。

四是将部分具有稳定现金流的隐性债务合规转换为企业经营债务。目前多地已经开始进行探索，例如，按照市场化方式，通过安排资本金、配置或盘活经营性资产的方式，将政府隐性债务转换为企业经营性债务，通过这样的安排，投融资平台不仅拥有了更强的造血能力，而且对这些债务也有了偿付能力。在建项目转存量 PPP（Public – Private Partnership）就属于此类。如内蒙古自治区新巴尔虎左旗人民政府在《新巴尔虎左旗地方政府债务化解工作实施方案》中就提到："认真梳理债务项目清单，工程尚未完工且可以转为 PPP 项目的，经与合同相对方的协商，按照 PPP 项目操作规范和流程重新履行采购程序。项目主管部门会同财政部门根据项目实施方案，对物有所值评价报告进行审核，进而开展财政承受能力论证。对通过物有所值评价和财政承受能力论证的存量政府性债务项目，纳入 PPP 项目库，做好在建项目转存量 PPP。"

五是企事业单位协商金融机构通过借新还旧、展期等方式偿还，这是目前化解隐性债务的主要途径。投融资平台隐性债务借新还旧最主要的参与主体是各大政策性银行及商业银行。例如，天津、江苏、湖南、贵州的一些市县已经与国家开发银行（国开行）当地分行进行沟通，设想通过国开行发放贷款借新还旧或以长期贷款置换短期贷款的方式进行债务化解。商业银行出于维护投融资平台客户、保持与地方政府良好合作关系、维护自身资产质量、增加信贷规模指标的考虑，也会积极参与投融资平台债务置换的过程。

六是进行破产重组与清算，此种方式过于激进，会严重损害区域信用，一般不会采用。

除了政策部门的方法指引，各地也在结合实际情况开展特色化的化解债务实践，有些也取得了比较不错的效果，形成了区域独有的化解债务模式。例如，镇江模式设想引入国开行，国开行在基准利率附近开出年 200 亿元左右的长期贷款为期十年，利用低成本的借款对镇江区域内高成本的投融资平台负债进行置换；山西模式针对当地还贷公路单位太过分散、各自为政、举债随意、债务成本居高不下、债务规模越滚越大的情况，通过成立山西交通控股集团有限公司（山西交控），对公路类资产的债务进行重组，从分散化的高速公路单位中剥离出 2600 亿元的总债务，实现债务关系的简化，增强整体统筹性；海口模式主要特点在于更加关注债务化解如何具体去落实，通过严控规模，使隐性债务显性化，将化债工作落实到具体的年度与资产上，从而使隐性债务化解得到一一落实。

第二章 地方政府投融资平台与产业投资

第一节 新发展格局下的产业投资

《中共中央关于制定国民经济和社会发展第十四个五年规划和二○三五年远景目标的建议》指出，加快构建以国内大循环为主体、国内国际双循环相互促进的新发展格局。根据刘鹤副总理解读，新发展格局有着三方面的重大意义：第一，这是适应我国经济发展阶段变化的主动选择。改革开放伊始，我国人均收入水平较低，我国依托劳动力等要素成本低的优势，抓住经济全球化机遇迅速找到突破口，利用国际分工机会参与国际经济大循环，推动我国经济高速增长。但是，随着我国人民生活水平不断提升，国内生产体系的需求结构和生产函数发生变化，只有依靠内部创新驱动才能更好地推动高质量发展。第二，这是应对错综复杂的国际环境变化的战略举措。经济全球化逆流、新冠肺炎疫情影响等因素，使得全球产业链、供应链受到极大冲击，提升我国经济发展的自主性、可持续性，增强韧性，是畅通国内大循环的必由之路。第三，这是发挥我国超大规模经济体优势的内在要求。无论从需求还是供给看，我国无疑具备极大发展潜力，改革开放使市场体系、工业体系等方面的建设不断完善，为新发展格局创造了重要条件。

新发展格局对产业的发展提出了更高的要求。畅通国民经济循环就要着力优化供给结构，改善供给质量，优先改造传统产业，发展战略性新兴产业，加快发展现代服务业。2020 年，新冠肺炎疫情的全球大流行叠加国际经贸关系的复杂博弈，给我国产业链供应链稳定带来了较大挑战，维护产业链安全性和稳定性、提升产业链竞争力成为当前产业升级的重要任务。扩大战略性新兴产业投资，加快推进数字经济、智能制造、生命健康、新材料等战略性新兴产业发展，培育壮大新的增长点增长极，无疑是在疫情防控常态化要求下扎实做好"六稳"工作，全面落实"六保"任务的重要抓手，也是加快构建现代产业体系、推动经济高质量发展的必然途径。

为此，2020年9月11日，国家发展改革委、科技部、工业和信息化部、财政部四部门联合印发了《关于扩大战略性新兴产业投资 培育壮大新增长点增长极的指导意见》（发改高技〔2020〕1409号）（以下简称《意见》），从聚焦八大重点产业领域、打造产业集聚发展高地、增强要素保障能力、优化投资服务环境等方面，根据各产业特点及发展状况提出针对性的扬优势、补短板、强弱项指导意见，以加快适应、引领、创造新需求，推动重点产业领域形成规模效应，具有很强的时代性、针对性和指导性。下面将结合《意见》，从四个方面梳理出我国在目前新发展格局下产业投资的重点任务走向。

一、突破瓶颈，补齐短板

我国经济已经从高速增长阶段迈向了高质量发展阶段，但我国制造业与国际先进水平相比仍存在一定差距。虽然我国制造业体量规模已经连续十年位列全球第一，但是在核心基础零部件、重大基础装备、关键基础材料等领域，与发达国家仍有较大差距，部分零部件对外依存度较高，部分核心关键技术受制于人，存在"断链"隐忧。如果不能突破这些"弱势"领域的瓶颈，解决这些领域的工业基础薄弱问题，那么我国的产业升级空间就会在一定程度上被压缩。因此，我国需要增强制造业产业链韧性，进一步提升产业链的现代化水平。《意见》指出，要加快光刻胶、高纯靶材、大尺寸硅片等领域发展，支持工业机器人、高端元器件、关键芯片、航空航天装备等制造与攻关，突破制约我国产业升级的瓶颈，补齐我国制造业领域的短板，提升自主创新能力，完善制造业的产业链供应链，构建强国根基。

二、突出优势，锻造长板

面对竞争日益激烈的外部环境，但我国在补齐短板的同时也应积极发展自己的竞争优势，在新一轮产业变革和科技革命中换道超车，培育壮大若干产品性能优越并且技术水平先进的优势产业，增强产业基础能力，提高产业链现代化水平。《意见》指出，要加快生物产业、新能源产业、智能及新能源汽车产业以及节能环保产业的创新发展步伐，逐步推进工业互联网、人工智能、大数据和区块链等技术的融合应用，在战略性新兴产业领域推动一批支柱性产业茁壮成长。

三、多措并举，建设集群

推动新兴产业集群式发展，不仅有利于发挥各地在产业技术、科技人才、先进制造等方面的资源优势，也有利于推动高端企业资源要素聚集，形成上下游企业共同发展的态势，促进完善产业发展生态，打造区域产业经济增长极，但是目前我国各类主体之间互动性不够，产业链协同性发展还有待提高。《意见》指出，要培育打造 10 个具有全球影响力的战略性新兴产业基地、100 个具备国际竞争力的战略性新兴产业集群，引导和储备 1000 个各具特色的战略性新兴产业生态，综合运用土地、金融、人才等政策，构建产业集群梯次发展体系，形成分工明确、相互衔接的发展格局。

四、创新管理，激发活力

为了更好地适应战略性新兴产业的发展，应该及时改变原有的不合理的管理体制机制，优化创新管理服务，充分激发企业主体的活力。《意见》从以下四个方面做出表述：首先，深化"放管服"改革，推进战略性新兴产业投资项目承诺制审批，全力推动重大项目"物流通、资金通、人员通、政策通"；其次，统筹用地、用水、用能、环保等要素配置，将能耗等指标优先保障符合高质量发展要求的项目以及工程；再次，推动建立适应新发展模式、以信用为基础的新型监管机制，完善包容审慎监管制度；最后，增强企业投资意愿，做好政策咨询及引导工作，激发全社会的投资创新动力和活力。

第二节 "十四五"时期投融资平台开展产业投资的新方向

一、"十四五"与产业投资

"十四五"时期是我国全面建成小康社会、实现第一个百年奋斗目标之后，乘势而上开启全面建设社会主义现代化国家新征程、向第二个百年奋斗目标进军的第一个五年。2021 年 3 月 11 日，十三届全国人大四次会议表决通过了《中华人民共和国国民经济和社会发展第十四个五年规划和 2035 年远景目标纲要》（以下简称《规划纲要》），3 月 12 日《规划纲要》正式发布。《规划纲要》在产业投资领域进行了重点谋篇布局。

第一，在"十三五""实施制造强国战略"的基础上，"十四五"时期要"深入实施制造强国战略"，坚持自主可控、安全高效，推进产业基础高级化、产业链现代化，保持制造业比重基本稳定，增强制造业竞争优势，推动制造业高质量发展。

第二，要着眼于抢占未来产业发展先机，培育先导性和支柱性产业，推动战略性新兴产业融合化、集群化、生态化发展，战略性新兴产业增加值占 GDP 比重由"十三五"规划的"达到15%"，提升至"超过17%"。

第三，要聚焦新一代信息技术、生物技术、新能源、新材料、高端装备、新能源汽车、绿色环保以及航空航天、海洋装备等战略性新兴产业，与"十三五"规划相比，新增航空航天、海洋装备、新能源，数字创意领域调整至数字经济专章。此外，《规划纲要》在构筑产业体系新支柱方面，特别强调了生物经济和北斗产业的发展，预计将成为未来重要产业发展趋势。

第四，《规划纲要》设置独立篇章来阐述数字经济相关内容，高度彰显了数字经济在未来五年的重要发展地位，提出要充分发挥海量数据和丰富应用场景优势，促进数字技术与实体经济深度融合，赋能传统产业转型升级，催生新产业新业态新模式，壮大经济发展新引擎。

第五，要培育新型消费，发展信息消费、数字消费、绿色消费，鼓励定制、体验、智能、时尚消费等新模式新业态发展。发展服务消费，放宽服务消费领域市场准入，推动教育培训、医疗健康、养老托育、文旅体育等消费提质扩容，加快线上线下融合发展。适当增加公共消费，提高公共服务支出效率。

第六，《规划纲要》提出加快发展非化石能源，坚持集中式和分布式并举，大力提升风电、光伏发电规模，加快发展东中部分布式能源，有序发展海上风电，加快西南水电基地建设，安全稳妥推动沿海核电建设，建设一批多能互补的清洁能源基地，非化石能源占能源消费总量的比重提高到20%左右。当前非化石能源占比约为15%，未来非化石能源领域发展空间较大。

今天的中国正处在从旧常态跃迁到新常态、从高速增长向高质量发展转型的攻坚期，深入实施制造强国战略、发展壮大战略性新兴产业投资、促进服务业繁荣发展、建设现代化基础设施体系是"十四五"时期加快发展现代体系，巩固壮大实体经济根基的重要方面。从规划中可以看出，战略性新兴产业投资是"十四五"时期产业投资的重点方向，于是各地针对其地方产业发展的具体情况，结合国家"十四五"规划安排，纷纷提出了"十四五"时期的产业投资规划。上海提出，"十四五"期间，发挥三大产业引领作用，促进六大重点产业集群发展，到2025年战略性新兴产业增加值占全市生产总值比重达到20%左右；江苏提出，将实施重点产业技术攻坚行动，聚焦重点产业集群和标志性产业链，力争

5 年内全省战略性新兴产业产值占规模以上工业比重超 42%；重庆发布 2021 年重大建设项目 894 个，年度计划完成投资 3532 亿元，其中战略性新兴产业项目 34 个，年度计划完成投资 221 亿元。作为引领新一轮科技革命和产业变革的重要领域，"十四五"时期战略性新兴产业投资热度将持续升温。

二、"十四五"时期产业投资新机遇

基于"双循环"重点战略及《规划纲要》，在产业和消费升级双驱动，以及新经济主线下，"十四五"投资应重点关注高科技板块、新能源板块和消费板块。

（一）高科技板块

高科技产业是科技创新的重要载体，发展高科技产业有利于传统产业的改造升级。高科技产业的发展水平不仅是一个国家高端技术产业化程度的体现，也是国家竞争力的重要体现。未来从产业发展出发，高科技板块是城投进行产业投资的一个新机遇，主要有以下几点原因：首先，数字经济投资机会关注技术端和应用端，技术端包括云计算、人工智能等，应用端包括工业互联网、数字货币等，在数字化进程中，二者通过处理海量数据，正进入发展的黄金期，在未来的市场广度深度上都有巨大潜力；其次，借鉴 4G 时代的技术发展和应用，5G 虽然还未有现象级的应用出现，但其中上游的主设备商、芯片半导体，中下游的人工智能、光学和车联网等将迎来最佳发展阶段；最后，从产业链安全角度出发，以芯片为例，我国 2019 年进出口芯片差额超过 2000 亿元。在内需外压之下，高科技产业投资将成为大势，城投平台需要找准方向适时出击。

（二）新能源板块

随着技术的进步和产业的发展，能源资源日趋紧张，能源的可持续发展是各个国家所面临的不可回避的问题，世界各国都立足于本国资源和国情制定自己的能源发展战略，寻求本国资源利用的同时从其他途径和地区来获取能源解决日趋膨胀的能源问题。在资源和能源紧张的现实前提下，建设资源节约型和环境友好型社会，大力发展新能源是我国社会的共同选择，也是我国经济社会可持续发展的战略举措。在国家的推动下，行业加速发展，新能源产业链（包括新能源汽车、化工新材料和光伏锂电等）成为未来产业投资的一个新机遇，主要有以下几方面的原因：第一，新能源汽车自 2012 年起就成为国家级战略产业，其连接着高端先进制造业，新能源汽车的发展将带动其产业链上的整车、动力电池等全产业链发展，中国目前在新能源汽车领域已经实现了比较高的核心部件自有化率，但技术方面仍有较大发展空间；第二，我国化工新材料目前面临着一个大而不强的困境，因此随着新兴产业国替代进程的加快，我国除了传统产业之外，化工行业（包括光刻胶、大硅片、电子气体等）将是我国的一个重点补短板领域；第三，在"十四五"期间，我国不仅将加强在供给侧的产业升级力度，在消费端我国也将通过扩大内需，使供需匹配，新能源汽车作为消费升级的一部分，也将迎来发展机遇；第四，从能源安全和结构的双重维度来看，随着绿色能源推动能源结构的转型，未来光伏和风电的装机量会大幅提升，将利好以光伏和锂电为代表的新能源产业。

（三）消费板块

2020年，中国人均GDP实际已经超过1万元，人均可支配收入超3万元人民币，扣除价格因素，比上年增长2.1%。2021年，随着居民收入持续恢复性增长以及疫情形势不断好转，居民消费需求逐步释放，消费支出延续反弹态势，其中，服务类消费反弹较快，基本生活类消费增长稳定。在国内国外双循环的新发展格局之下，国内消费对我国经济增长的推动作用进一步增强，消费升级呈现新趋势。未来在消费领域城投公司将迎来新机遇：首先，传统消费迎来升级，人们更加偏好健康绿色的饮食习惯，这将促使以食品饮料为代表的传统消费领域升级；小家电和定制家居的流行显示出新消费引领的潮流趋势。其次，我国居民消费水平从2010年的人均1万元提高到2015年的1.9万元，再到2019年的2.7万元，更高的消费水平使居民对服务型消费的需求进一步提高，因此，应该重点关注概念服务型消费，比如旅游、商贸、酒店等，另外新技术下带来的消费模式，比如5G技术叠加下的在线游戏也将越来越受到关注。最后，中国在2020年65岁以上人口比例已经达到13.5%，人口结构的快速老龄化给医药健康行业带来了一定增长空间。

三、城投平台开展产业投资的政策建议

（一）科学决策产业投资项目

在复杂多变的投资市场，任何投资都具有风险。对于地方政府招商引资而言，目前市场上存在众多的投资项目信息，包括新建工厂、企业扩产、产权转让、股权融资等，必须有效识别并解决风险，科学慎重进行项目选择和决策。建议在投资决策之前做好以下几点：第一，要按照国家相关部委印发的产业调整指导目录优选战略性新兴产业项目，或者是符合所在地产业发展规划的项目，并召集组织专家论证会。第二，要科学论证项目的技术水平、行业产能分布以及上下游产业链关系，确保项目的市场竞争力和产业集聚能力。第三，要进行审慎、专业的尽职调查，深入剖析目标企业的业务、财务、法律等方面的运营状况和相关风险，为投资决策提供准确依据。第四，要严格按照法律法规和市场规则进行公平公正的投资谈判，特别要考虑国资管理的相关要求，切忌盲目让渡政府和国资的利益。第五，在研究投资时要全面考虑项目全过程的运作模式，特别是依法合规确定国资退出的方式，切忌只考虑项目落地而忽视了后期的管理，造成项目投资无法收回。

（二）审慎选择投资合作对象

第一，首选国内上市公司扩产能项目。此类公司可以获得较为全面准确的公开信息，并具有较规范的管理体系，便于投资后的合作经营以及国资的合规退出。

第二，审慎选择境外上市公司，需要具有较强的国际市场分析能力和中外合资企业管理能力，可以选择国际化的专业中介机构帮助开展尽职调查。

第三，区别考量非上市公司。对于民营企业，要多渠道、全方位了解企业经营管理情况，深入分析研究企业和项目的市场竞争力。对于国有企业，则需要在投资协议中明确对其经营管理的业绩考核、管理约束等条款，或者通过股权激励、业绩对赌等措施提高管理成效，保障自身利益。如合作的团队并没有成熟的企业管理经验，还需要充分考虑后期经营的难度和风险，并全面加大国资平台参与经营管理的力度。

（三）规范参与项目运营管理

平台公司开展产业投资，需要强化对项目的综合管控，根据国资要求及企业制度进行规范管理。

第一，涉及设立子公司、合资公司的，应充分考虑现代企业制度规范，合理设置集团化管理机构，界定所有权与经营权关系，明确董事会、经营层的职责分工和高管的设定，建立健全涵盖财务审计、资产运营管理、工程开发管理、人力资源乃至法律事务、行政办公等事项的制度管理。

第二，涉及专业技术要求高的项目，投资协议应明确委托经营、业绩对赌、股权回购等条款的项目，可按照财务投资方式参与管理。例如，日常经营管理由技术拥有方负责，国资股东主要对公司"三重一大"事项、日常财务等环节参与管理，形成运转高效、监督有序的机制。

第三，涉及明确以 IPO 为企业发展目标的投资项目，在经过早期的培育期后，要早日形成独立运行管理的体系，既要避免发生同业竞争，还要尽可能清理与股东间的关联交易，以满足上市前信息披露的要求。

第三节　产业投资下的园区建设与 TOD 模式

一、产业投资下的园区建设

（一）产业园区概述

产业园区是以促进一定的产业发展为目标，在一定区域集聚若干企业的一种特殊地理区位环境，是区域经济发展和产业转型升级的重要空间组合形式。产业园区又是一种具有追求公共利益和经济效益双重目标且具有竞争力的开放组织系统，通过集聚共享资源和深化产业关联促进园区快速发展，对聚集和利用创新资源、培育新兴产业、推动城镇化发展等具有重要意义。产业园区依靠政策环境和基础设施，利用土地和劳动力成本的比较优势，吸引特定的投资和经济活动，从而实现地方经济发展。产业园区通常具有产业集聚、总体规划统一、集中管理、政策支持倾斜等特点。各地方根据自身综合优势特点、所处的经济发展阶段及不同产业的运行特点，因地制宜进行产业发展规划和布局，确定主导产业、支柱产业以及基础产业。

我国产业园区经历了初创培育期、高速成长期、稳定调整期及创新发展期四大阶段，正逐步升级为以高新技术、信息科技等知识密集型产业为主的高附加值产业。产业园区可以划分为传统和现代产业园区两大类型：一是以单一、短期的经济增长为目标的传统型产业园区，产业对象多以制造业为主；二是以多元、长期的综合发展为目标的现代产业园区，运营核心是用企业的方式、园区的形态、商业的运作和生态氛围，打造更具创新化、生态化、数字化、服务化的社会企业。产业园区主要以发展地区经济为目标，发挥产业集群效应，提高区域产业关联度，鼓励企业入驻园区参与园区建设发展，为企业提供税费减免等优惠政策，降低企业部分成本，提高资源利用率，加强园区内企业竞争、合作的格局，从而实现生产力的快速发展，引领地方经济繁荣富强。

"十四五"时期，产业园区将在制度创新、科技创新和模式创新方面承担更多任务，促进产业园区更好发展，从而助力我国经济发展动力从资源要素投入向创新驱动转型升级。

（二）产业园区规划

产业园区规划应从长计议，设定一个全面的远景发展计划，从园区的产业规划、建设与建筑规划、招商规划、运营规划及经济指标规划五大方面综合研究分析，勾勒出一幅能够在未来较长时期指导产业园区行稳致远的规划蓝图。产业园区规划包括发展战略、发展定位、产业定位、产业布局、产业升级和经营管理六个方面，既要科学规划园区全局性的发展蓝图、明确发展方向、加快推进园区产业结构优化升级、深度优化园区产业空间布局，又要整合多重优势、挖掘园区发展新潜力、提高园区的运营管理水平。

国家发展改革委《关于扩大战略性新兴产业投资　培育壮大新增长点增长极的指导意见》（发改高技〔2020〕1409号）给出了产业园区规划的方向：我国产业园区建设规划应注重推进国家战略性新兴产业集群发展工程，聚焦产业集群应用场景营造，提高产业集群公共服务能力（见图2-1）。总的来说，产业园区规划要结合政策、经济发展现状因地制宜进行，要注重整体布局，协同发展。

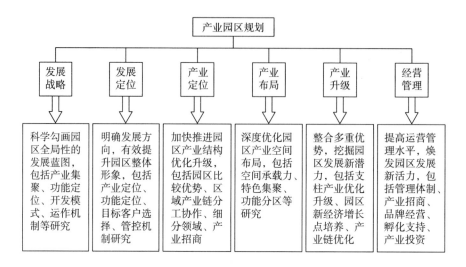

图 2-1 产业园区规划架构

（三）产业园区建设模式

1. 政府主导模式

政府主导模式目前是我国各级地方政府最常使用的产业园区开发模式，即完全由政府主导、由管委会或同等角色的政府机构进行园区建设和管理运营的模式。这种模式的主要特点就是政企一体，由政府管委会负责园区的运营管理，在地方政府主导下，做出园区规划并组成开发机构，制定相关产业支持及税收优惠政策，通过招商引资、土地出让等方式引进符合相关条件的产业发展项目。在该模式下，资金主要来源于财政预算资金、政府举债以及开发公司的融资，社会资本仅负责项目建设。

2. 企业主导模式

企业主导模式通常由一家企业负责，即在某一产业领域具有突出综合优势的企业，自行搭建一个独立的产业园区，作为主导企业先进驻园区，此后凭借自身优秀的综合实力引进其他企业，可选择以项目租售或土地出让等方式引致其他企业入驻，逐步完善园区产业链。该模式下，项目资金主要来源于企业，可将政府投资项目转变为企业投资项目，引导使用财政资金的企业投资项目。

3. 政企合作开发模式

政企合作开发模式介于政府主导和企业主导模式之间，政府在其中作为资源供给者和监督者，企业作为项目建设和运营者。政府和企业对责权利及风险按约定的规则进行分担，发挥了政府和社会资本各自的资源与创新优势，实现了优势互补，最大限度地调动政府和企业的资源，高效率地完成园区的建设和运营，快速实现产业的集聚效应。

4. 地方政府投融资平台模式

政府通过成立地方投融资平台公司，实现政企分离，运用行政手段完成土地资源的划拨，地方平台公司作为园区的建设、运营及管理者，以市场化运作为主，政府会出台相关政策对平台给予一定支持，因此该模式运营成本较低，市场灵活性较高。

5. 市场化运作模式

即政府在其中只负责制定政策和提供土地，企业在获得土地资源后，结合经济发展环境和产业布局特点，进行运营管理。此种模式具有运作效率高、项目周期短的特点。

二、公募不动产投资信托基金与产业园区建设

（一）公募不动产投资信托基金概述

不动产投资信托基金（REITs），是一种在公开市场交易、通过证券化方式将不动产资产或权益转化为具有较好流动性的标准化金融产品。REITs 的收益率通常介于股票和债券的收益率之间，因为其底层资产具有稳定性且收益现金流稳定，因此 REITs 具有稳定性。近年 REITs 不断发展，其基础资产类型覆盖范围进一步扩大，扩充至能够产生稳定租金收益的资产，如办公楼、商场、高速公路、通信设施、电影院、学校乃至林场等自然资源。REITs 对重塑企业再投资能力，化解地方债务，推动金融市场稳健发展，增进政府与社会资本合作，引导社会资本投资方向具有重要的意义。

根据募资方式，REITs 可分为私募型 REITs 和公募型 REITs：私募型 REITs 以非公开方式向特定投资者募集资金，募集对象是特定的，且不允许公开宣传，一般不上市交易；公募型 REITs 以公开发行的方式向社会公众投资者募集信托资金，发行时需要经过监管机构严格的审批，可以进行宣传，但公募型基金的投资者无法参与所投资产的管理及决策。公募 REITs 定价参照 IPO 的询价制度，采取网下询价的方式确定项目份额认购价格。2020 年 4 月 24 日，中国证监会、国家发展改革委联合下发《关于推进基础设施领域不动产投资信托基金（REITs）试点相关工作的通知》，确定公募基金作为公募 REITs 载体，公募 REITs 主要有以下四个特点：首先，80% 以上基金资产投资于基础设施资产支持证券，并持有其全部股权；其次，基金取得基础设施项目完全所有权或经营权利；再次，基金管理人主动运营管理基础设施项目，并从收取费用等方面获得稳定的现金流；最

后，以封闭的形式运作。公募 REITs 交易流程可分为特殊目的载体（SPV）与项目公司反向吸收合并前后两个阶段。我国资本市场上虽已出现了 REITs 的雏形，但是与但是与发达国家资本市场相比在定位、作用等方面仍存在较大的差距。

（二）公募 REITs 的功能

首先，盘活存量资产，形成投资循环。REITs 通过盘活存量资产，将盘活后的资金投入新的基础设施建设项目领域发挥"补短板"的作用，形成高效的投资循环，以支持基础设施建设工程项目。同时，盘活资产后提升了项目的股权融资比例，将进一步吸引养老金、保险等长期权益资金共同参与基础设施建设，丰富的融资方式不仅有助于中国资本市场的繁荣发展，还有利于为基础设施建设项目提供稳定充足的资金流。

其次，降低企业杠杆率，提升资金使用效率。REITs 作为一种连接资产与资金的权益型金融工具，可有效化解持有优质资产与高负债率之间的矛盾，有利于降低企业杠杆率，实现轻资产运营，降低财务风险，有效提升企业再投资、再融资的能力。

再次，促进资管行业服务实体经济。REITs 以具有稳定现金流的经营性资产作为底层资产，是以金融创新促进资产管理行业回归本源、服务实体经济的有效工具，在实现资产盘活、提升经济效益的同时，有助于提高社会资本承接政府职能、服务区域经济及产业发展的能力。

最后，满足投资者资产管理需求。REITs 具有分红率高、收益稳定的投资特性，与其他金融资产类别的相关性较低，可作为分散风险及实施多样化投资的工具。标准化的公募产品大幅降低了投资者门槛，为广泛的投资者提供了一种新的资产配置类别，满足投资者资产管理需求，推动建设多层次的资本市场。

（三）产业园区公募 REITs

产业园区融资模式单一，市场化、创新型金融模式应用较少，且受限于产业物业租金收益率低、空置率高等特点，园区融资渠道单一、融资能力较弱。为有效解决产业园区融资难题，积极探索市场化创新型融资模式，发行公募 REITs 能够盘活存量资产，分散产业园区的开发风险，增加社会资本参与园区建设，解决产业园区开发周期长、资金需求大的问题。产业园区因其底层资产规模体量大、类别丰富、现金流稳定、定价机制清晰，较适合作为我国基础设施公募 REITs 的基础资产，其作为底层资产的核心优势是能够为资金提供退出通道，盘活存量资产，具备适合 REITs 长远发展的环境。园区类资产相比于零售类资产具有更加稳定的表现，反映在 REITs 产品具有较好的分红水平和更高的估值。

地方政府投融资平台面临转型压力，缺乏充足资金持续投入园区开发建设中，而民营企业资金实力较弱，通常资产负债率较高，叠加土地财政问题，政府与企业之间的债务关系较为复杂，园区投融资模式长期受到制约，因此许多产业园区面临融资困境，致使经营不善。通过设立发行产业园区 REITs，可以有效盘活产业园类资产，促进投资良性循环，加快基础设施建设进程，提高园区运营效率，支持实体经济产业发展和补短板行业，实现产业转型，以促进区域高质量发展。

产业园区 REITs 通过对园区的轻资产和重资产进行分离，促进园区运营主体由开发建设者角色向运营管理者角色转变，构建可持续发展的园区生态，促进园区开发全生命周期管理，助力中国产业园区资产管理人才团队建设。此外，产业园区利用公募 REITs 实现整体退出，有利于提高园区运营水平，提升土地利用效率，促进土地集约利用，逐步提高产业园区市场化、专业化程度。

三、产业投资下的 TOD 模式

（一）TOD 模式的定义

TOD（Transit－oriented Development）指的是以公共交通为导向的城市发展模式。其中"T"指公共交通系统，"O"指引导，"D"指开发。TOD 是解决现代城市尤其是超大型城市道路交通问题的理论策略，是新城市主义的主要思想之一，是近 20 年来欧美城市规划设计领域重要理论之一。

TOD 模式主要是指对公共交通进行大容量的发展，对城市交通工具进行重塑，创造出更加紧凑的城市空间，打造更加优质的步行环境，引导城市土地的高效利用，注重交通和土地利用的整合，创造出宜人的环境，遏制城市无序蔓延带来的诸多问题。我国中央政府层面自 2012 年起陆续下达政策文件对 TOD 模式的实施进行"本地化"引导，不断在开发范围、节地模式、融资机制、溢价反哺、站城一体等方面做出规定。TOD 模式通过影响城市轨道交通的特征和战略部署，进而影响城市空间规划，其强调区域的全过程规划统筹发展，以点带面，整体打造。城市应根据当地实际情况、地理环境、文化背景等因地制宜地运用 TOD 模式，从而促使城市科学合理地开发和利用土地。

随着基础建设的高速推进，中国城市化的进程中充满机遇和挑战。我国城市周边地区的特点是城乡二元性，在土地利用规划阶段，周边地区与城市中心分布较为松散，土地利用水平较低，功能多样性显著。因此，应合理运用 TOD 模式对城市周边地区的交通进行规划和建设，以满足周边地区对公共交通的实际需求。TOD 模式具有以公共交通为导向、具备良好的步行条件、周边用地功能复合、与周边居民社区有便捷的联系等特征。此外，发展以公共交通为导向型的项目离不开政府层面的战略支持，特别是 TOD 项目具有体量大、周期长、涉面广的特点，较容易受到现有的体制框架不灵活、职能机构分散、管理层更迭不连续的限制，因此地方政府对 TOD 项目的支持尤为重要。地方政府应持续性完善 TOD 项目投资融资、规划设计及管理运营机制，从不同角度、不同层面对 TOD 发展模式进行实践探究，建立公共交通导向的发展机制与规划模式，从而促进城市高质量和健康发展。

（二）TOD 政策情况

自 2012 年起，国务院及各部委便陆续出台相关规定，其中包括国务院《关于城市优先发展公共交通的指导意见》（国发〔2012〕64 号）、自然资源部《轨道交通地上地下空间综合开发利用节地模式推荐目录》（自然资办函〔2020〕120 号）、国务院办公厅《关于进一步做好铁路规划建设工作的意见》（国办函〔2021〕27 号）等。

相关规定在一定程度上鼓励社会资本，尤其是有一定实力的房地产开发企业参与公共交通建设及涉及的土地开发，政策导向较为清晰。相关意见指出要创新融资体制，全面开放铁路建设运营市场，深化铁路投融资体制改革，分类分步推进铁路企业股份制改造和优质资产上市。同时，要求以深化供给侧改革为主线，科学有序地推进铁路规划建设，防范化解债务风险。

在 TOD 综合开发项目具体适用政策方面，仍需以地方性政策为主要参考。目前在政策层面，我国内地的 TOD 综合开发模式整体仍处于探索阶段。其中，较有特点的广州市、上海市、深圳市、重庆市等地均结合当地的具体情况做出了不同的土地供应、收益反哺相关规定。根据上海市国资委网站消息，2021 年 8 月，上海地铁 1 号线莲花路站 TOD 上盖综合体开始进行改造，建成后，地铁上盖空间的"硬容器"中将融入艺术、创意、体验等"软内容"，释放土地价值，形成轨道交通建设与地区发展相互促进的良性循环。

由于 TOD 开发可以打造复合紧凑的城市空间，实现高效可靠的公交出行和多元便利的生活服务深度融合，同时有利于捕捉轨道建设带来的外部经济效益，并反哺轨道交通运营维护，所以目前国内多地对 TOD 模式持有积极态度。

（三）我国内地常见的 TOD 综合开发模式

TOD 综合开发模式的设计主要考虑四方面因素——密度、多样性、目的地和距离。第一，要考虑"人"的因素，以人为本，要保证多样化、人性化的社区氛围；第二，充分利用交通优势，以站点为中心，实现高效可达性；第三，要适当提高密度增加土地使用效率，保障高效开发。总之，TOD 开发最终的结果便是城市的转型。

根据中伦律师事务所相关研究发现，目前，我国内地 TOD 综合开发尚无成体系的开发模式，针对现有典型 TOD 综合开发项目，从大类上可以分为：单经营性土地开发模式、"公共交通枢纽建设＋经营性土地开发"模式、"公共交通枢纽建设＋公共交通运营＋经营性土地开发"模式这三类。其中，"公共交通枢纽建设＋公共交通运营＋经营性土地开发"模式为TOD综合开发的集大成者，此模式下一般TOD项目由公共交通建设运营主体主导，公共交通枢纽建设、公共交通运营、经营性物业开发三者并驾齐驱，实现"直接捆绑"。

（四）TOD模式开展案例

香港特区是全世界人口密度最高的地区之一，由于香港可建设用地极其有限，高密度的城市人口、快节奏的生活及工作，使香港必须选择一条高效、集约的城市发展之路，所以TOD模式成为香港发展的主要策略之一。20世纪70年代以后，香港大力发展轨道交通，不仅大大提高了中心城区的通勤效率，同时由于轨道交通的建设，在新界沙田等地还形成了一批新的卫星城，缓解了中心城区的城市发展压力。香港成为全球TOD模式运用成功的典范城市之一。

香港TOD模式的成功，高效的运输效率是一方面原因，最为重要的还是因为"港铁"兼具轨道运营者和物业开发者的双重身份，成功地运用了"轨道＋物业"的开发模式。这一先进超前的理念，成功地实现了地铁上盖开发充分利用轨道基础设施，包括对车辆段的上方进行物业开发，并通过销售或长期经营的途径来获得巨大的经济收益，最后用以平衡公共交通系统运营的亏损，甚至还可以提升整个地区的税收。除了运用"轨道＋物业"的发展模式外，拥有便捷完善的步行系统也是促使香港TOD模式获得成功的重要原因之一。步行系统良好的连接可达性，使居民乘坐轨道交通后通过步行就几乎能通达任何一个目的地，良好的步行体验和感受保证了强大的人流聚集效应。完善发达的步行系统将反作用于轨道交通，大大促进地铁及轨道交通的发展和建设。有大量的零售商也愿意投资步行系统沿线的店铺，这将有效刺激周边商业区的经济和站点附近及步行系统沿线的商业发展，从而形成一个良性循环。香港地铁作为TOD案例在发展过程中展现出以下特点：大规模导入人口，带动区域发展；"交通枢纽＋综合物业功能"，最大化提升物业价值；"TOD模式＋高端办公产品"，加速旧区产业转型；开发强度和土地价值会因与轨道站点的距离变远而逐渐降低。

第三章 地方政府投融资平台与资本运营

第一节 地方政府投融资平台资本运营发展现状

一、地方政府投融资平台资本运营的定义及特点

（一）资本运营的定义

资本运营是指国有资本运营主体以实现资本的保值增值而对国有资本实施的运作行为，即资本所有者、管理者等主体为了使资本产生增值，以实现利润最大化为目标，对生产要素进行优化配置的过程。资本运营是以利润最大化和资本增值为目的，以价值管理为特征，将企业的各类资本，不断地与其他企业、部门的资本进行流动与重组，实现生产要素的优化配置和产业结构的动态重组，以达到企业自有资本不断增加的一种长期发展模式。资本运营不仅包括资本的运作过程、监管过程，还应包括对资本运作形成的收益进行分配的过程，是资本运作、监管、收益分配与考核的全过程。随着地方政府投融资平台从资产管理向资本管理转变，资本运营概念进而运用到投融资平台。地方政府投融资平台在进行资本运营时，面向资本市场，以多种融资方式获取资金，保证业务推进过程中有充沛的现金流。

站在地方政府投融资平台的资本运营视角，可将其分为内部资本运营和外部资本运营两部分。内部资本运营就是利用现有资产，通过改变其运营机制，把效益低、盈利能力差的资产盘活，实现资产的增值，获取更大的利润，内部资本运营可以提升企业的资产利用率，实现效益最大化；外部资本运营是真正实现企业资本流动，保证企业焕发青春活力的主要途径，而对融资途径的正确选择是企业

实现有效外部资本运营的关键。全面强化城投类公司的资本运营能力，围绕着"融—投—管"的一体化链条推进，满足融资平台资金来源、资金投向及资金持续支持业务运作的现实需求。

地方政府投融资平台的资本运营与一般企业存在差异：一方面，融资平台在前期主要依靠地方政府注入城市资产资源完成资本积累，再通过多元化方式进行资本运营，而普通企业则通过自身经营来运营资本；另一方面，投融资平台的资本运营取决于对资源的利用程度，通过拓宽资源利用渠道和方式，从而增加资源的利用价值，相比较一般企业，其资本运营在于改善企业的资本结构，从而增加企业的价值。地方政府投融资平台在选择投融资运营模式时，应积极采取将国债资金用作资本金注资的方式，建立规范的程序和客观中性的指标来规范作为投融资平台的地方法人实体的融资行为，加大信息透明程度并提高风险防控水平。

（二）资本运营的特点

1. 流动性

企业通过资本运营盘活存量资本，增加资本的流动性，降低时间成本，将资本转移至可以覆盖成本并获得收益的项目或产业，实现资产增值。

2. 增值性

实现资本增值是投融资平台资本运营的最终目标之一，平台在承接和开展项目时，提前规划布局各项目的资产投入数额，密切追踪洞察资产的产出情况，在实现项目现金流平衡的基础上，以最小的投入实现最大化的产出，达到资本增值、增强核心竞争力的目的。

3. 结构性

资本运营将不断优化企业资本结构，根据企业自身运营情况动态调整、配置资本，向着企业最适宜的资本结构运行。合理的资本结构有助于降低平台公司的融资成本，创造更多的项目收益，减少平台资金的流动性风险。

4. 风险性

资本运营是企业从融资到投资再到管理的过程，过程中的三个阶段均面临风险，其中，融资阶段面临资不抵债的现金流风险，投资阶段面临无法回款甚至损失本金的信用风险，风险与收益始终相匹配，高风险获得高收益，因此，更要求投融资平台做好投资前的尽职调查、前瞻性预测工作，以及投资后的管理和信息披露工作，通过多元化投资，分散风险，优化平台资本结构，同时结合企业自身经营承受能力，做好融资、投资的规划，并提前布局风险预警、风险准备工作。

二、地方政府投融资平台资本运营的模式

（一）资产注入模式

地方政府对地方政府投融资平台进行资产注入是平台公司区别于一般企业的主要特点，也是平台公司主要的运营模式之一。依据资产的变现能力可将其分为四大类：直接具备变现能力的货币资产；变现能力较强且具有较高价值的有价证券、房地产及土地出让资产；不能变现但具有一定价值的划拨地；2010 年起法律法规及政策明令禁止注入投融资平台的公益性资产，此类公益性资产既不具备变现能力，其资产的所有权又不归投融资平台所有。

自 2010 年开始，监管机构发布多条行政法规以规范地方政府的融资行为，其中明确表示地方政府禁止向地方政府投融资平台注入公益性资产及储备用地。此后，地方政府如若注资平台公司，必须严格遵守相关法规，《国务院关于加强地方政府融资平台公司管理有关问题的通知》《财政部　发展改革委　人民银行　银监会关于贯彻〈国务院关于加强地方政府融资平台公司管理有关问题的通知〉相关事项的通知》《国家发展改革委办公厅关于进一步规范地方政府投融资平台公司发行债券行为有关问题的通知》均旨在强调政府不得将医院、学校、公园等公益性资产注入投融资平台；《国家发展改革委办公厅关于进一步强化企业债券风险防范管理有关问题的通知》《关于制止地方政府违法违规融资行为的通知》进一步表示不得把储备土地注入投融资平台，土地资产的注入必须通过法律规定的出让或划拨程序。

（二）整合重组模式

2014 年，《中华人民共和国预算法修正案（草案）》和《国务院关于加强地方政府性债务管理的意见》相继出台，其中明确要求地方政府投融资平台剥离其政府投融资的职能，自此投融资平台走向转型之路，投融资平台整合重组的需求也应运而生，各省份接续发布指引投融资平台整合资产、实现市场化转型的文件，响应中央政策的部署。地方政府投融资平台进行整合重组，一方面积极落实了监管政策；另一方面通过整合优质资源，提高资产质量，增强平台融资能力，进一步做大做强地方平台。

地方政府投融资平台整合主要有三种方式：一是组成大型综合性投融资平台。既可以将地方规模较小、业务分散的投融资平台整合为一个平台公司，又可以另外新成立一个平台公司整合地方各平台资源。二是根据平台不同的业务类型和功能定位进行整合，将相同或相近业务的平台资源整合，减少业务覆盖重叠度，增强平台定位的准确性，明晰平台业务分工，提高地方投融资平台公司的运营效率。三是推广"以强带弱""以市带县"的整合方式，通过将资质较弱的平

台吸收合并至地方资质较强的平台，既可以改善资质弱平台的融资能力，又可以充实强平台的资产规模。鼓励市级平台整合县级平台资源，扩大地方投融资平台资产规模，增进地区平台整体的融资能力。

（三）国企混改模式

2016 年 12 月举行的中央经济工作会议上提出了国有企业混改的总体目标，鼓励企业积极引入民营资本、外资等非公有资本，进而实现产权主体多元化。目前地方政府投融资平台混改的进程较其他央企和国企较为滞后，平台应根据自身发展情况，制定混改阶段性目标，选择合适的实施方案，有序推进混改。

混改的实现路径有整体上市或核心资产分拆上市、引入战略投资者、员工持股、引入基金等。主要介绍三种路径：一是以股权转让、增资扩股、新成立公司的方式引入战略投资者参股或控股公司，优化平台公司的资产结构，提高平台融资能力，拓宽融资渠道，提升平台公司治理水平。然而一般企业引入战略投资者则是为了企业上市做准备，以增强企业资产质量，充实企业资产规模。二是平台整体上市或者将核心资产分拆上市。平台整体上市可以增加平台公司的企业价值，拓宽投融资平台融资渠道，放宽平台融资额度限制。核心资产分拆上市可以增强平台业务质量，提升公司管理效率。三是地方设立产业基金公司或将产业发展基金及国企混改基金投入平台公司混改中，引入基金既可以达到募集资金，助力地方产业转型升级的目的，又可以调整投融资平台资本结构，提高平台的融资能力。

（四）BOT 模式

BOT 运营模式，是国际通用的一种资本运营方式，即基础设施从建设（Build）到经营（Operation）再到移交（Transfer）的全过程。地方政府如何运用 BOT 模式：首先，政府转交一定时期内建设运营某一特定项目的权利给某个企业；其次，企业建设该项目并获得项目经营收益来平衡项目的筹建成本；再次，政府从项目建成后的社会效益中获取收益；最后，在项目权限到期后政府从企业收回项目，因此 BOT 模式结合我国政府运用方式又称为特许权投资融资方式。地方政府投融资平台作为城市基础设施的建设者，助力城市向更美好的方向发展，所以投融资平台可以借鉴 BOT 模式进行资本运营，获取项目融资支持。

（五）地方淡马锡模式

投资主体与决策主体相互分离，划分清楚权利的边界线，是新加坡淡马锡控股（私人）有限公司模式最显著的特点，政府成为股东控股、参股企业展开投融资活动，通过及时查阅企业的财务报告等方式来掌控企业的经营现状及未来发展方向，并考核企业经营绩效。地方政府投融资平台的资本运营可以参考新加坡淡马锡模式，结合我国国情和平台自身经营状况，平台由单一经营管理模式向集团化运作模式转型，整合区域内投融资平台，组建成为国有资本运营公司，平台下属公司根据自身经营性质，构建多元化业务布局的子公司，实现业务聚焦，专业化运作，逐步形成地方政府—国有资本运营公司—子公司的三级运营架构（见图 3 - 1）。淡马锡模式改善了地方政府和平台公司之间的关系，地方政府从管资本向经营资本转变，实现了经营权和所有权的分离，有效提升了投融资平台的资本运营效率，进而助力投融资平台市场化转型。

图 3 - 1　淡马锡模式的三级运营架构

天津市政府深入贯彻落实国企改革，于 2021 年 4 月公开发布《关于推动天津城市基础设施建设投资集团有限公司深化改革转型升级实现高质量发展方案的批复》，力推将天津城市基础设施建设投资集团有限公司（天津城投集团）打造成为国有资本投资公司，定位为城市综合运营服务商，构建天津市淡马锡模式。紧接着 2021 年 7 月天津城市更新建设发展有限公司正式成立，负责城市更新的整体业务实施，由天津城投集团 100% 控股。天津市政府运用淡马锡模式，既响应了中央国资国企改革的大趋势，又提升了天津投融资平台的资本运营能力，以市场化的方式引入社会资本，拓宽平台投融资渠道，助力城市基础设施的建设发展。

（六）资产剥离模式

资产剥离指企业将不符合企业战略规划和发展方向的资产转售给第三方的交易行为。地方政府投融资平台作为城市基础设施建设的承接单位，资产结构中存在与主营业务关联度低、资产盈利能力弱、经营效率差且占用企业资金的资产，影响投融资平台融资能力，进而阻碍平台发展，需要将这类资产从平台中剥离。当平台公司面临以下情形时，可以选择剥离资产：一是平台需要精简资产、压缩规模，聚焦主营业务，提高公司资本运营效率时选择剥离与主营业务不相关资产；二是平台存在不良资产，影响平台资产质量，制约平台融资行为的资产予以剥离；三是该资产对平台主营业务或其他业务产生干扰，影响平台整体经营时应进行剥离。

三、地方政府投融资平台资本运营的现状

（一）资本运营开展的理由

国务院于 2010 年 6 月发布《国务院关于加强地方政府融资平台公司管理有关问题的通知》，就清理规范地方政府投融资平台出台相关政策，自此投融资平台陷入融资渠道收窄及项目融资受阻的两难局面。在此背景下,地方政府投融资平台迫切需要转型升级,从依赖政府注入资产向市场化运作资产转型,从银行借款获取融资向发行债券获取融资转变,从单一经营型企业向集团控股型企业改变,从政府行政干预型企业向市场化资本运营型企业转型。资本运营助力投融资平台改善资本结构,优化资本布局,提高平台自身价值,进而拓宽平台融资渠道,提升平台融资能力,助力投融资平台实现市场化转型升级。因此,地方政府投融资平台应结合地方经济、产业特色、企业主营业务及战略蓝图,探索适合平台自身发展的资本运营模式,逐步转型成为市场化运营的平台公司。

(二)资本运营演变的逻辑

随着企业的发展,其资本运营逻辑相应动态调整,现已将企业资本运营按资本的属性划分为产业资本运营、金融资本运营及无形资本运营,而不同类型的资本运营对企业从宏观和微观层面提出了不同的要求。宏观方面,政治、经济、社会环境皆对企业的资本运营逻辑起着重要作用,企业会选择符合经济环境发展的资本运营模式。如在宏观经济上行阶段,企业借助经济环境赋予的良好机遇,合理运营金融资本。健全的社会法治环境为企业运营资本提供法制保障,助力资本运营顺利进行。政治环境对资本运营产生重要影响,在经济全球化的今天,国际政治局势和国内政策演化对企业开展资本运营起到风向标的作用,顺应政治趋势,抓住政策机遇,才能为企业运营提供持续性动力。微观方面,企业内部管理、盈利模式、风控机制、绩效考核影响着企业资本运营的效率。企业的经营目标已从利润最大化,过渡到股东财富最大化,乃至现在的企业价值最大化,因此无形资本运营已成为企业资本运营效率的重要影响部分,企业资本运营不再仅限于并购重组、上市融资等提升资本价值的行为,而是向不断优化企业内部治理、健全内部考核机制、做好企业风控机制的方向努力。资本运营分析逻辑框架如表3-1所示。

表3-1 资本运营分析逻辑框架

资本运营类型	产业资本运营	金融资本运营	无形资本运营
资本运营动态演变	通过扩大再生产调整产业链布局	通过并购与重组优化资本结构	通过人力、品牌、商誉等无形资本提高运营效率

(三)资本运营存在的问题

1. 平台资本管理效率较低

地方政府投融资平台作为地方政府财权和事权不匹配的产物,在地方政府财政资金不足以支持其举债进行城市建设时,投融资平台承担了基础设施建设和公共服务建设等公益性项目，成为借款主体，公益性项目的建设和运营占据了平台公司的大部分资金，平台负债规模膨胀。同时，平台自身项目管理能力较弱，市场化、专业化运营水平不足，导致资本运营效率低，无法形成现金流，也不能覆盖项目投资成本，偿债压力急剧增加。当前多数地方政府投融资平台，特别是区县级投融资平台的资产负债率较高，接近70%。一方面，较高的资产负债率阻碍平台进一步融资，限制平台融资渠道，从而影响企业项目的投资建设，项目收益难以实现，平台经营利润下滑；另一方面，平台承担较高的偿债利率，面临较高的付息成本，影响其到期贷款的偿还能力。由于绝大多数投融资平台公益性项目占较大比例，经营性项目较少，导致平台缺少经营性现金流，平台的运营大多依赖于政府回款、补贴和借新还旧，面临无法及时收回政府回款的问题，导致应收账款保持高位水平，因此存量债务仍以借新还旧的偿还方式滚动，加大投融资平台债务到期集中偿付的风险。

2. 平台市场化运营能力较弱

地方政府投融资平台是地方政府出资的国有独资企业，长期依赖政府信用背书，享受政府优惠政策生存，与地方政府的建设规划存在较高关联度，导致经营自主性和战略性不强、平台独立经营能力弱、公司治理水平较低、市场化竞争环境适应能力差，同时投融资平台作为城市基础设施的建设者，基础设施建设项目具有投资规模大、建设周期长、公益属性强、公益资产回报率低的特点，可持续经营能力弱，长期发展空间不足。地方政府投融资平台多数未建立现代化企业制度，仍采用计划经济的管理模式处理在建和待建的项目，政府直接参与平台的日常经营活动，存在政企不分、权责不明、产权边界模糊、管理水平不足等多种问题。此外，投融资平台多数拥有较多子公司，业务涉及范围广，由于管理能力欠缺，投融资平台无法做到对子公司因企施策，而是选择统一管理的方式，影响子公司的运营效率及平台的可持续发展。

第二节 地方政府投融资平台资本运营与资产整合

一、地方政府投融资平台资产整合的进程及方式

（一）资产整合的历程

2006年以来，地方政府投融资平台的资产整合工作一直在推进，可将2006以来的资产整合过程依据融资方式的不同分为两个时期：第一个时期是2006～

2014 年,这一时期以获取银行信贷进行融资为显著特征;第二个时期是 2015 ~ 2018 年,以债券融资这一市场化方式为主。2018 年至今,继续以深入市场化改革为企业发展目标,通过提升富有价值的资产来增加企业市场竞争力,进而迎来以强化企业资产价值为特征的投融资平台资产整合新时期。

2006 ~ 2014 年是以银行信贷支持为主的资产整合阶段,在这一时期投融资平台主要向银行申请贷款获得融资,有关投融资平台的监管政策还在构建中,投融资平台的政策松紧度也在调整中,同时地方政府以无偿划转的方式注入公益性资产及拨款财政资金对投融资平台予以支持,投融资平台的信用获得政府背书,进一步助力平台获取更多的银行信贷额度。公益性资产的注入也使投融资平台经营性资产占比较低,市场化经营能力较弱,资产运营能力较差,同时大量的银行贷款加剧平台债务负荷,平台资金到期偿付面临较大的违约风险,企业的资本运营能力面临挑战。银行和政府予以资金支持的资产整合方式如图 3 - 2 所示。

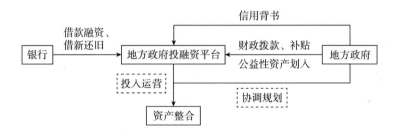

图 3 - 2 银行和政府予以资金支持的资产整合方式

2015 ~ 2019 年是以债券融资为主的市场化资产整合时期。2014 年 9 月,随着《国务院关于加强地方政府性债务管理的意见》出台,以"修明渠,堵暗道"为指引的地方政府性债务治理政策框架已搭建好,投融资平台监管政策架构已清晰,地方各部门接续发布相关文件助力化解地方政府债务。该意见横空出世,对投融资平台资产整合方式提出了更高的要求,不能仅仅依赖公益性资产的注入和财政资金的直接拨付,而是要加强平台自身经营能力,扩大准经营性和经营性资产在平台资产中的比重,向可经营性业务倾斜,如污水处理、燃气供应等可以形成现金流覆盖项目成本的业务。在这一时期,市场化方式融资的需求增加,推动地方政府投融资平台探索借力资本市场的融资模式,通过发行债券进行融资,同时注入更多可经营性资产,提升平台自身造血能力,增强投融资平台资本运营能力。市场化债券融资资产整合模式如图 3 - 3 所示。

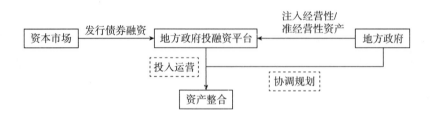

图 3 - 3　市场化债券融资资产整合模式

（二）资产整合的方式

地方政府投融资平台资产整合的方式主要有资产划出、资产划入、资产置换和并购重组。

1. 资产划出

无偿转让和无偿划出是投融资平台资产划出的主要方式。投融资平台的利润、营业收入、总资产及净资产规模等财务指标会受到资产划出带来的消极影响，具体影响情况根据划出资产的质量和规模存在差异。当划出的资产在投融资平台净资产规模中占据较高比重时，且该资产属于平台的核心业务，将对平台的偿债能力及运营效率产生较大的负向效应；当划出的资产拖累平台的运营效率，且具有较差的资质时，反而对投融资平台产生积极影响。

2. 资产划入

无偿划入和增资入股是投融资平台资产划入的主要方式，一般多采用无偿划入。无偿划入将增加平台的资产规模，提高平台的融资能力，增加平台的现金流入量。增资入股以获取公司股权的方式，将持有的资产对该公司予以增资支持。虽然划入资产有助充实企业的资产规模，进而提升企业盈利水平，但是资产注入的质量、资产划入后的运营能力及划入的资产和企业正在经营的项目是否产生协同效应均对资产划入的效果有一定的影响。

3. 资产置换

通常地方政府投融资平台在两家或者多家平台之间置换资产。置换的资产质量、资产规模、营业收入等财务指标，以及该资产同平台其他业务之间是否产生协同效应均影响平台资产置换的效果。当划入的资产质量差且核心资产从平台被划出，将对平台产生消极影响；当把质量较差的资产从平台划出，且置换核心资产进入投融资平台，将优化平台的资产结构，提升平台的营业收入，增强平台核心业务的竞争力，对投融资平台转型发展起到促进作用。

4. 并购重组

股权并购和资产并购是地方平台公司进行并购重组时采取的两种主要方式，具体操作方法有股权转让、吸收合并、增资扩股等。投融资平台实现并购重组的形式有三种：一是合并平台公司和股权，进而组成新的公司；二是上市公司购买投融资平台的股权，具体可分为现金收购和股权收购；三是通过资产划转及资产整合来推动投融资平台上市。

（三）资产整合的步骤

第一步：清查资产。对将要整合的相关资产、资源进行清查，将所查情况汇总、整理、分类、辨析，挑选出优质资产，该资产需符合平台主营业务发展的大方向，并根据拟注资企业的实际需要，形成资产清单，为下一步工作做好铺垫。

第二步：整合重组。地方政府投融资平台在清查资产后开始整合重组资产，也即划入优质资产，剥离不符合平台主营业务构成的资产，在整合重组过程中，主要有资产划出、资产划入、并购重组及资产置换等方式。

第三步：业务重构。根据当前整合重组完成的资产进行业务重构，结合平台自身主营业务性质，对平台战略规划及平台定位进行重构，重新规划发展蓝图。整合具有相似业务性质的资产、股权及子公司，避免同质竞争，提升投融资平台的市场化竞争力。将管理层级重构至三级左右，过多的管理层级不仅加长了管理链，还降低了管理效率，因此管理层级的适度缩短有助于提高投融资平台的公司治理水平。

第四步：优化组织体系。根据平台资产整合重组后的战略规划及定位，对组织架构进程优化升级，保障平台的市场化公司治理水平同步推进。投融资平台的母公司和子公司之间明确职责边界，强化各司其职，搭建市场化公司管理体系，提升平台整体运营效率。

二、地方政府投融资平台资产整合的主要原因

2014 年，《中华人民共和国预算法》和《国务院关于加强地方政府性债务管理的意见》相继出台，其中对地方政府的举债性融资行为进行规范，除了发行地方政府债券获得融资支持外，不可以通过其他形式获得债务融资，不可以借助企业平台举债，对于地方政府投融资平台明确剥离其政府融资职能，倒逼投融资平台实现市场化转型升级，从此拉开平台公司探索转型发展的新局面。资产整合作为平台转型的重要工具，对平台资产质量产生重要影响：一方面通过整合资产优化了平台的资产结构，将优质资产划入平台，剥离非相关业务资产，提升平台运营效率，加强其市场竞争水平；另一方面，资产整合切实贯彻了中央深化国有企业改革的决策部署，助力地方政府投融资平台做大做强做优。

地方政府投融资平台通过资产重组，盘活地方及平台的资本及资源，实现资本高效的运营，充分发挥投融资平台城市运营商的功能定位。投融资平台结合地

方经济和产业特色，向地方优势产业、业务重点倾斜，重新布局业务资产结构，平台根据实际需要提供配套的金融服务，重点支持地方优势产业的建设。资产重组通过清点平台资产，重新进行布局分配，有效降低了投融资平台内部业务部门、子公司之间的交叉成本，避免同质竞争，有效减少平台的成本费用，降低平台的资产负债率，提高平台的盈利水平。

三、地方政府投融资平台资本运营的实现路径

当前地方政府投融资平台普遍缺少有效且可持续的可经营性资产，为有序推动地方政府投融资平台市场化转型，投融资平台应增加经营性资产，改善公益性资产占比过高的资产结构，重组资产，减少资产混合经营带来的低效率问题。投融资平台划入符合企业业务发展方向的优质经营性资产，逐步剥离公益性资产，增强平台现金流入量，逐渐实现现金流入覆盖前期投资成本，为后续市场化融资、专业化运营管理打好基础。

积极以市场化方式注入优质资产，投融资平台公司可以采取的市场化资本运营方式有三种：一是并购战略，通过股权并购或资产并购的方式将符合平台战略发展的相关经营性资产并入，克服市场准入壁垒，在短期内快速增强企业竞争力，扩充经营性资产，实现多元化经营，改善资产结构，进而做大平台资产规模，做强平台资产质量；二是借鉴并引入市场化公司治理机制，健全公司管理架构，建立科学管理团队，统一公司内部管理方针，提升平台公司治理能力，实现平台市场化管理；三是设立产业投资基金，配套实施母子产业投资基金。投融资平台参与产业投资基金的身份既可以是产业投资基金管理人、基金持有人，又可以是被投资者。产业基金的设立一方面有效拓宽了投融资平台的融资渠道；另一方面，借力地方产业优势，优化地方产业布局，促进重点项目落地孵化。

第三节　地方政府投融资平台多元化融资渠道的拓展

地方政府投融资平台在剥离政府信用背书的情况下，需要培育建立多层次、多渠道、持续的市场化融资新机制，同时激励投融资平台深化发展投融资业务模块，不断扩大投融资领域范围，创新融资模式，提高直接融资比重，积极探索使用绿色债券、碳中和债、乡村振兴债、产业投资基金等创新品种，与融资平台传统融资业务联动发展，助力投融资平台可持续发展。

一、股权融资

（一）参与产业投资基金

产业投资基金也被称为私募股权投资基金或风险投资基金，是一种利益共享、风险共担的集合投资模式，一般投向具有高潜力和高成长力的未上市公司或准股权，参与公司的经营活动，待公司成长或上市之后，通过股权转让获取增值收益。当前，产业投资基金已成为地方政府投融资平台股权融资的创新路径之一，作为直接融资方式，对推动平台市场化转型发挥积极作用。产业投资基金的投资过程，首先，寻找和筛选项目；其次，对项目进行详细的评估，评估方案获得认可后，再与被投资者进行谈判，就交易条件达成一致；最后，产业投资基金完成对被投资对象的投资，并进行投后管理。

部分地方政府投融资平台结合财政及自有资金发起设立私募股权投资基金，撬动社会资本参与，布局区域内高新技术产业，增强企业经营性资产规模，提升企业可持续发展力，投融资平台还可以与政府投资基金对接。投融资平台可以作为产业投资基金管理人、基金持有人或是被投资者参与产业投资基金。当平台进行股权融资时将作为产业投资基金被投资者，投融资平台的项目大多为以城市基础设施建设为代表的公益性项目，投资周期长，投资收益率低，因此为降低项目投资风险，产业投资基金以股权方式投入投融资平台后，一般要求政府或所投资企业进行回购，但是财政部《关于进一步规范地方政府举债融资行为的通知》对地方政府举债融资进行规范，规定政府不得以任何方式承诺回购社会资本方的投资本金，因此政府回购数量显著下降，进而投融资平台更多以企业回购为主参与产业投资基金。投融资平台参与产业投资基金，一方面，有助于落实政府的产业布局政策，服务地方产业发展，增加投资收益；另一方面，借力产业投资基金实现平台市场化转型，产业基金投资的高新技术产业，具有广阔的前景，为平台提前锁定利润、拓宽平台融资渠道做铺垫。

（二）上市融资

地方政府投融资平台上市融资有首次公开发行股票（IPO）、借壳上市等方式。2000年起，股票首次公开发行由审批制改为核准制，企业IPO上市难度增加，监管力度加强，对企业上市资质要求提高，进而投融资平台通过IPO上市的数量呈下降趋势。随后借壳上市的平台数量增加。地方政府投融资可以选择整体上市或是分拆上市，分拆上市大多将其核心业务划拨出去重组为股份公司，实现核心业务上市，提高业务盈利水平和平台专业化管理能力。整体上市是将投融资平台全部或大部分的业务上市，虽然整体上市有助保证企业经营的连贯性，但是平台里经营业绩较差的项目或业务的同步上市，可能会降低公司经营效率，对平台上市估值水平产生消极的影响。

地方投融资平台选择整体上市或是分拆上市取决于平台的主营业务板块、资本结构、转型定位等众多因素。当投融资平台欲剥离非核心资产或业务，整体进行业务重组，多采用整体上市；当平台公司欲做优做强做大某一核心业务，吸收合并业务相近的公司或关联性资产，则选择分拆上市。沐浴改革春风而生的地方政府投融资平台鼻祖——上海城投（集团）有限公司（以下简称上海城投）的上市运作方式值得学习借鉴，上海城投的上市过程概述为整体上市→分拆上市，先是整体上市，然后将核心业务环保板块和房地产板块分拆上市，实现分类经营，减少多元化经营带来的消极协同效应。上海城投的上市运营模式引领其他地方投融资平台借助上市融资实现市场化转型。

二、债权融资

（一）公司债券

地方政府投融资平台按照法定程序发行公司债券，并在约定的期限内偿付本息，发行上市场所为上海证券交易所和深圳证券交易所，由交易所对公司债券的发行进行受理及审核，证监会负责履行发行注册程序。公司债券具有低融资成本、高融资效率、多样化发行方式、资金募集使用途径较灵活等特点。2015年以前，公司债券的发行主体仅限于上市公司、证券公司及拟上市公司，2015年证监会出台公司债券新规，公司债券发行主体扩大覆盖至公司制法人，公司债发行门槛降低，自此地方政府投融资平台开始接续发行公司债券。目前投融资平台发行公司债券有两个核心要点：一是不在银保监会投融资平台名单内；二是满足"单50%"指标即来源于地方政府的收入占比小于50%。对于地方政府投融资平台，适合其发行的公司债券品种有绿色债券、碳中和公司债、乡村振兴公司债和项目收益专项债等。地方政府投融资平台在发行公司债券时，需要关注公司债的审核重点，即政策中指出对在申报主体中占据较高比例的地方政府投融资平台发行人，尤其是总资产规模小于100亿元或主体信用评级低于AA（含）的城投发行人，提出了较高的要求，发行政策的收紧对投融资平台发行公司债券有一定限制。

（二）企业债券

企业债券指具有法人资格的企业按照法定程序发行，在约定的期限内还本付息的有价债券，国家发改委作为发行企业债券的主管部门对债券进行审核。企业债券主要用于符合相关产业发展建设而投入资金的项目，期限一般为中长期，副省级城市每年2个名额，地级市、国家经开区、高新区、百强县各1个名额。自2020年3月1日起，企业债券发行由核准制改为注册制。企业债券主要由产业债和城投债构成，发行主体主要是非上市公司和企业。企业债券融资成本低、发行期限较长，通常是 5 ~ 10 年。2010 年 11 月，《国家发展改革委办公厅关于进一步规范地方政府投融资平台公司发行债券行为有关问题的通知》中明确要求申请发债的投融资平台公司，其偿债资金来源 70% 及以上必须来自企业自身收益；承担公益性或准公益性项目收入占比超过 30% 的投融资平台如果发债，则需提供平台公司所在地政府本级债务余额和综合财力的完整信息，作为核准投融资平台公司发行企业债券的参考；平台所在地政府负债水平超过 100%，其发行企业债券的申请将不予受理。此外，平台公司不得注入公益性资产，对于已将上述资产注入投融资平台公司的，在计算发债规模时，必须从净资产规模中予以扣除，并且地方政府禁止为平台公司提供违法违规担保。

（三）银行间债券

中国银行间市场交易商协会（以下简称协会）是由市场参与者自愿组成的，包括银行间债券市场、同业拆借市场、外汇市场、票据市场、黄金市场和衍生品市场在内的银行间市场的自律组织。由于协会隶属中国人民银行，因此协议产品的主承销商必须为银行类金融机构，证券公司只能担任联席主承销商。银行间债券市场成立于 1997 年，审批制度采取注册制，并于 2005 年正式推出非金融企业债务融资类产品，包括短期融资券（CP）、中期票据（MTN）、超短期融资券（SCP）、非公开定向债务融资工具（PPN）、资产支持票据（ABN）、项目收益票据（PRN）、中小企业集合票据（SMECN）、绿色债务融资工具（GN）等。协会对于地方政府投融资平台类发行主体的核心要求在于六真原则，即真公司、真资产、真项目、真支持、真偿债、真现金流。此外，若发行主体所在地政府满足"债务率不超过 100%"或"负债率不超过 60%"两个条件之一，其行政级别亦不受限制。

三、非标融资

（一）平台非标融资的界定

非标资产的全名为非标准化债权资产（以下简称"非标"），指未在银行间市场及证券交易所市场交易的债权性资产，包括但不限于委托债权、承兑汇票、信托贷款、信用证、各类受（收）益权、应收账款、带回购条款的股权性融资等，也即标准化债权类资产之外的债权类资产均为非标准化债权类资产。2018年至今，非标监管政策趋严，资管新规等监管规定限制了非标投放，非标监管政策持续处于收紧态势，非标到期接续的难度较大，增加了投融资平台的再融资风险。2019 年以来平台融资状况整体好转，但部分融资能力较弱区域对非标融资依赖度仍然较高，非标逾期事件频发。同时，隐性债务置换推进大背景下，地方政府投融资平台流动性风险整体缓解，但非标融资受益的可能性较低。

（二）平台非标融资的模式

地方政府投融资平台非标融资的资金来源可以分为银行机构和非银金融机构，其中银行机构为最主要的资金来源，以信贷方式间接实现非标融资；非银金融机构例如信托机构的信托贷款、融资租赁公司的融资租赁贷款、保险机构或私募基金的明股实债方式也对城投企业发放了大量融资贷款。目前来看，全国各地城投非标融资占比仍然较高，地方政府投融资平台的非标融资模式主要有三种。

1. 信贷模式

信贷模式是指信托、券商资管、保险等非银行金融机构向地方政府投融资平台放款，资金来源为自有资金、募集资金或由银行提供。此前信贷模式主要是银行通过银信合作、银基信合作、银证信合作等方式，通过信托、基金、券商资管等通道向投融资平台放款，但随着2016年以来金融严监管政策持续加码，对基金子公司业务进行规范，对银信通道和委托贷款业务进行整顿，同时资管新规发布，禁止非标资产池业务、禁止非标期限错配、禁止两层以上的嵌套，导致平台缺少银行资金的支持，非标规模大幅缩减。

2. 融资租赁模式

融资租赁主要分为直接租赁和售后回租两种模式，由于售后回租模式的融资性质更强，且投融资平台拥有较大规模的政府注入资产或者基建业务形成的固定资产，因此融资租赁公司和投融资平台合作项目多采用售后回租模式，同时，融资租赁的开展主要依赖投融资平台本身的信用资质和其他增信措施，本质上仍属于类信贷业务。随着资管新规的发布，将进一步消除多层嵌套，抑制通道业务，因此融资租赁企业大量存在的通道业务将有所压缩。

3. 明股实债模式

明股实债模式是指金融机构以对城投增资、对地方政府投融资平台子公司增资、与投融资平台成立合伙企业等方式增厚城投资本，名义上是股权投资，但往往带有回购承诺和固定收益安排，实质上为债权融资。该模式在资金量需求较大的基建业务中运用较为广泛，运用的机构较多涉及私募基金、保险机构等。由于明股实债将易监管的表内负债变成难监管的表外隐性负债，与政府对于政府性债务的管控背道而驰，相关政府部门和监管机构也出台多项政策进行规范，如明确PPP项目不能以明股实债形式为社会资本方保底、叫停明股实债型保险股权计划等，因此明股实债也呈现收紧态势。

第四节　债券违约视角下的资本运营

一、债券违约的基本概况

2020 年下半年，多家大型国企先后债券违约，掀起中国债券市场第三轮违约潮。2020 年 11 月，永煤违约事件彻底打破国企刚性兑付的市场信仰，国企信用遭遇前所未有的质疑，信任危机迅速传递，弱资质地方国企债券被抛售，二级市场债券价格大跌，债券型基金被赎回，其净值大跌，投资机构开启全面风险排查态势。

2020 年 11 月 10 日，永城煤电控股集团有限公司（以下简称"永煤控股"）发布公告，称"20 永煤 SCP003"无法按期兑付本息，合计 10.439 亿元。永煤债违约成为引发债券市场动荡的"黑天鹅"事件，再次动摇市场对 AAA 级国有企业的信仰，随后多只信用债大跌，多只债券取消发行或者推迟发行，参与永煤债发行的多家中介机构因存在涉嫌违反银行间债券市场自律管理规则的行为被查。永煤债违约引发的债券市场震荡仍在持续。在此紧迫情势下，2020 年 11 月 21 日，国务院金融稳定发展委员会召开了第四十三次会议，专门研究规范债券市场发展，维护债券市场稳定工作，会议要求严厉处罚各种"逃废债"行为，保护投资人合法权益，健全风险预防、发现、预警、处置机制，加强风险隐患摸底排查，保持流动性合理充裕，牢牢守住不发生系统性风险的底线。

2021 年上半年违约债券累计 120 只，逾期本金达到 913.38 亿元，预期利息则达到 72.35 亿元，涉及多类企业。从企业性质来看，民企、国企占比都不低，其中民企相对占比更高。从行业来看，房地产、煤炭、通信、中药、航空等行业占据了违约的绝大部分。房地产违约代表性企业有华夏幸福、泰禾、协信、天房，煤炭有豫能和永煤，通信有紫光，中药有康美，航空有海航系。在债券违约的类型上以私募债、公司债、中期票据与短期融资券为主。2014～2020 年债券违约主要表现为提前未到期兑付、未按时兑付本金、未按时兑付本息、未按时兑付回购款、未按时兑付回售款和利息、未按时兑付利息等。从债券违约整体情况来看，民企有所改善，国企超出预期。

二、债券违约的原因剖析

（一）宏观经济下行

2008 年全球金融危机爆发，为助力危机后我国经济恢复常态化，国家采取积极的财政政策和宽松的货币政策扩大信用供给，"四万亿"救市计划横空出台，宽裕的融资环境致使企业过度扩张投资规模，杠杆率随之高企，债务规模急剧攀升。随着我国经济进入新常态，迎来下行金融周期，经济的下行环境加剧企业经营环境恶化，而较高的杠杆率和偿债压力容易触及负债红线，引致债务违约。近年来，国家出台多项去杠杆、防风险的经济金融政策，收缩信用，加大了企业资金链压力，产能过剩行业和部分产业面临再融资困境，借新换旧的偿债模式无法持续，随之偿债压力和流动性风险迅速上升，企业扩张积累的风险加速暴露，债券违约偿付危机进一步加剧。

（二）监管政策趋严

为防范系统性风险，维护资本市场稳定，监管层出台了多项金融业去杠杆的政策。一是提高发债门槛，证监会于2016年发布《公司债券发行与交易管理办法》规定类平台公司发行公司债时要结合企业经营情况和现金流情况，而不能承担地方政府融资功能，提高发债的审核标准，规范企业融资行为。二是收紧融资渠道，2018年《中国人民银行　中国银行保险监督管理委员会　中国证券监督管理委员会　国家外汇管理局关于规范金融机构资产管理业务的指导意见》要求表外非标资产转入表内，禁止金融产品多层嵌套，融资渠道明显收紧，杠杆率水平下降，非标资产加速回表，部分企业面临融资难的困境，资金链承压凸显。发债门槛提高、融资渠道收紧叠加债券集中兑付，企业流动性压力增加，债券违约频现。

（三）资本运营不善

资本运营不善是企业债务违约的重要因素。在经济上行周期，资金面较为宽松，企业举债扩张，提高负债水平。在经济下行周期，信用紧缩，企业盈利水平下降容易造成债务违约。为追求高额利润，企业往往采取短借长投的模式，有息债务中短期债务占比很高，投向回报期限较长的项目，通过滚动融资借新还旧，这种期限错配带来企业的资本运营不善将进一步导致流动性风险，遇到了去杠杆、强监管的宏观背景，就会出现债务危机。

部分国企经营管理及资本运营能力较差，同时还要兼顾多重社会目标，导致竞争能力较差，盈利能力低下，一旦行业经营环境发生巨大变化，这些国企极容易陷入经营困境，从而出现偿债危机。企业扩张过程中，为谋求多元化经营，兼并重组非核心业务，向企业注入低效资本。然而企业经营利润可能遭到非核心业务拖累，严重吞噬核心业务利润，造成归母利润大幅下降。同时，企业非核心业务占款严重，会造成母公司现金流持续紧张，一旦出现流动性危机极易引发债务违约。如永煤集团的煤炭业务几乎贡献集团利润的90%，但受到化工等非核心业务的严重拖累，归母利润持续为负值，也存在非核心业务占款严重的情况，这些都是诱发永煤债违约的重要原因。

三、债券违约的风险防范

（一）推进债务重组方式

通过债务重组，改善资本运营结构，即进行业务重组和债务调整，帮助债务人摆脱财务困境、恢复持续经营能力，债务重组是主要债券市场普遍采取的市场化违约处置机制。运用资产证券化等措施，将债权资产进行重新组合，配置相应的信用评级、信用担保、次级市场等，转变为可在金融市场上流动、信用等级比较高的债务资产，将风险和收益转移到资本市场，有效激活存量债务。

（二）加快平台整合进程

加快地方政府投融资平台整合步伐，改善资本运营不善的问题。从全国范围来看，不同地区投融资平台债务规模以及数量均存在较大差异性。为了提高融资规模，部分地区设立的城投企业数量较多，形成了多而不强的局面。各个投融资平台自身业务定位不清晰、业务同质化严重，甚至存在竞争关系，导致举债混乱、融资成本偏高，极容易引发风险传染。未来应逐渐改变部分地区融资平台较多的局面，加快投融资平台之间的整合。这样既有利于培育大而强的城投企业，降低债务风险，同时又有助于提高城投企业的主体评级，降低融资成本。

（三）提高财务管理水平

企业要提升企业财务管理水平，增强企业资本运营能力；正确认识杠杆风险，制定合理的财务规划，形成健康的资产负债结构。企业应正确认识杠杆的利弊，举债应当量力而行，避免脱离企业实际高负债运行，要综合考量自身的财务状况和偿债能力，适度负债，合理搭配负债结构，关注流动性风险，提前做好流动性风险多重预案，保障企业可持续发展。提高自身财务管理水平，合理搭配不同类型和不同期限的融资产品，降低对短期负债的依赖。企业还应加强道德约束，消除侥幸心理，杜绝各种逃废债行为。

（四）完善公司内部治理

加强企业内部管理，管控风险。除外部环境影响外，企业内部控制不到位、公司治理混乱等问题也是造成部分债券违约的原因。企业应提高内部管理水平，建立健全内部控制体系。完善公司治理结构，建立清晰的股权结构，规范实际控制人行为。避免因管理失误及公司治理方面的问题影响企业在市场上的信用水平。

（五）积极处置违约事件

妥善处置已经发生的违约事件。一旦发生债券违约事件，债券发行人应主动与投资者沟通，积极筹措资金，履行偿付义务，切勿失信于市场；投资者应冷静、耐心对待违约，必要时采取法律措施维护自身权益；制度层面应完善债权人司法救济制度，破产和解、重整和破产清算都应当成为保护投资者的最后机制。同时要加强预期管理，积极防止违约风险的外溢和传染。

第四章 产业投资与资本运营助力城投转型

第一节 转型基本思路

时至今日，"城投转型"已经成为一个虚虚实实的话题。"虚"的是对于什么是城投转型，往哪里转，城投和政府之间到底应该保持一种怎样的关系等系列问题，市场上并没有一个统一、清晰的认识。"实"的则是，进入"十四五"时期的首个年头，政府便大力强调稳妥化解地方政府隐性债务，加强地方政府债务风险管控，同时监管机构开始收紧融资步伐，外加城投内部的国企改革、两化转型等方面的约束，城投已经处在一个"复杂"的局势中。通过对城投本质的剖析、对监管政策的梳理、对市场形势的横向比对，本书认为，城投应从现有的土地经营模式中尽快引入产业投资与资本运营，结合自身实际情况，最终实现向产业类国企及公益类国企的转变，同时完成自身债务的稳步化解。

一、把握转型政策的核心观点

从2010年的《国务院关于加强地方政府融资平台公司管理有关问题的通知》开始，到2021年的《银行保险机构进一步做好地方政府隐性债务风险防范化解工作的指导意见》，11年过去，与其说历史总是惊人的相似，不如说城投在经历一个个相同周期。

（一）一脉相承的"19号文"

2010年6月，国务院发布《国务院关于加强地方政府融资平台公司管理有关问题的通知》（国发〔2010〕19号）（以下简称"19号文"），这是城投如雨后春笋般涌出的背景下，中央首次对城投的政策进行转向，开始注意平台举债规模快速膨胀、操作不规律等带来的财政金融风险。

第一，清理核实并妥善处理融资平台公司债务。"19号文"提出"地方各级政府要对融资平台公司债务进行一次全面清理，并按照分类管理、区别对待的原则，妥善处理债务偿还和在建项目后续融资问题。""对融资平台公司存量债务，要按照协议约定偿还，不得单方面改变原有债权债务关系，不得转嫁偿债责任和逃废债务。"其中的诸多名词与要求，在11年后的今天依然在提，仍是当前城投债务风险的高压线。

第二，对平台公司进行清理规范。"19号文"强调，"对只承担公益性项目融资任务且主要依靠财政性资金偿还债务的融资平台公司，今后不得再承担融资任务"。"对承担上述公益性项目融资任务，同时还承担公益性项目建设、运营任务的融资平台公司，要在落实偿债责任和措施后剥离融资业务，不再保留融资平台职能。对承担有稳定经营性收入的公益性项目融资任务并主要依靠自身收益偿还债务的融资平台公司，以及承担非公益性项目融资任务的融资平台公司，要按照《中华人民共和国公司法》等有关规定，充实公司资本金，完善治理结构，实现商业运作"。可以看出，早在2010年，中央便根据城投公司的业务情况对其进行了分类，并提出了规范的方向。

第三，对公益性资产进行约束。"今后地方政府确需设立融资平台公司的，必须严格依照有关法律法规办理，足额注入资本金，学校、医院、公园等公益性资产不得作为资本注入融资平台公司。"

11年前城投的管理思路到今天一直在延续，不是偶然，而是城投发展的必然，主要对城投进行了一定意义上的分类，为城投转型路径的选择做了初步的指引，也无形中为城投不同的转型方向进行了初步分类。

（二）划时代的"50号文"与"38号文"

2017年4月，财政部联合发改委、司法部、人民银行、银保监会以及证监会发布了《关于进一步规范地方政府举债融资行为的通知》（财预〔2017〕50号）（以下简称"50号文"），内容主要为清理地方政府融资担保工作、加强融资平台公司融资管理、规范PPP项目、健全规范的地方政府举债融资机制等。需要注意的是，"50号文"着重提出了"进一步规范融资平台公司融资行为管理，推动融资平台公司尽快转型为市场化运营的国有企业、依法合规开展市场化融资"。"市场化"开始成为今后融资的一个主要定位。

2017年4月，国务院办公厅发布了《国务院办公厅关于转发国务院国资委以管资本为主推进职能转变方案的通知》（国办发〔2017〕38号）（以下简称"38号文"），该通知调整优化了监管职能，改进了监管方式手段，对国资监管的取消事项、下放事项以及授权事项做了充分的列示。可以说，"38号文"开启了国资委由"管资产"向"管资本"转型的过程，国资委不再直接控股国有企业，各级政府需要尽快组建国有资本投资、运营公司（即两类公司），承接国资委划转的国有资产。自此，城投公司向产控平台转型有了实质性的进展，市场化属性越来越明显，与国企之间的边界越来越模糊。这也是城投公司市场化转型的第一个大方向——城投公司转型成为"商业类国企"的根源。

（三）市场热议的"5 号文"与"15 号文"

2021 年上半年，在城投监管政策不断收紧的态势下，还是有两个文件引起市场广泛关注，那便是《国务院关于进一步深化预算管理制度改革的意见》（国发〔2021〕5 号）（以下简称"5 号文"）与《银行保险机构进一步做好地方政府隐性债务风险防范化解工作的指导意见》（银保监发〔2021〕15 号）（以下简称"15 号文"）。其中"5 号文"最受市场关注的为"清理规范地方融资平台公司，剥离其政府融资职能，对失去清偿能力的要依法实施破产重整或清算"。虽然对地方政府融资平台公司实施破产重整或清算并不是第一次提出，但可以清晰地看出政府不救助的决心，这在一定程度上影响了投资者对城投的预期。"15 号文"则基于隐性债务的防范，明确"打消财政兜底幻觉"，对承担地方隐性债务的客户，不得新提供流动性贷款或流动资金贷款性质的融资，不得为其参与地方政府专项债券项目提供配套融资。

在引起市场广泛关注的同时，我们也应看到，中央已经在要求地方政府融资平台强制转型，要逐步地从城市的开发者、建设者向运营者转变，要做城市的运营商，要在严控地方政府隐性债务、坚决遏制隐性债务增量、坚决不走无序举债搞建设之路、坚决不搞"大水漫灌"的大前提下，把"开大前门"和"严堵后门"协调起来，促进宏观经济良性循环，提升经济社会发展质量和可持续性。

二、重视兼并与重组

并购是企业快速扩张中常见的资产增长方式之一，不仅有利于企业提高原有业务领域影响力，而且有助于企业克服市场阻碍进入新业务领域。随着国企改革和城投发展的深入推进，越来越多的城投公司在"十四五"期间将主动出击资本市场，并购上市公司，如四川发展入驻清新环境、中原豫资入驻棕榈股份、潍坊城投收购美晨生态、徐州新盛收购维维股份、邠州经开实际控制 ST 中新等。城投公司在发挥自身国有资本的增信优势，帮助上市公司重新搭建融资渠道化解流动性危机的同时，也借助上市公司优化自身产业结构、介入新兴产业，进一步加快自身市场化转型步伐。

并购的目的有四类：第一，利用横向并购，增强行业竞争实力。城投公司利用横向并购，扩大自身实力与市场规模，实现优势资源的扩充，增强行业内的竞争实力。第二，利用纵向并购，延长产业链布局。利用纵向并购，链接上下游产业，产生协同效应，增强产业的价值链，同时有助于提高在该产业范围内的知名度。第三，利用混合并购，快速进入新领域。通过混合并购，能够帮助快速进入新经营领域，获取准入资格，实现城投公司多元化的布局，分散产业投资集中度，实现"多条腿走路"的目的。第四，并购上市公司，实现借壳上市。城投通过并购上市公司，可以实现快速上市的目的。

并购的实施过程有四个步骤：制定清晰的并购战略、并购标的尽职调查、并购方案可行性分析、并购方案的决策和实施以及并购后的整合重构。

并购能力建设是一项全面提升的工程，从城投公司的顶层决策贯穿到具体实施。首先，城投公司在编制总体发展战略的前提下制定明确且实操性强的并购战略，明确并购的方向和实现路径；其次，建立流程清晰、权责明确的投资风控制度，明确不同阶段各部门在并购活动中的工作职责，确保对外政策研判的准确性、获取信息的充分性和内部职能运转的高效性、风险的可控性；再次，加强专业人才的引进，专业的人做专业的事，以事为先、以人为本提高企业自身的并购判断能力和实施能力；最后，城投公司还应制定市场化的薪酬激励政策，增加对人才的吸引力，激发并购发起部门对外并购的积极性。

三、上市公司的收购

近年来在防范化解地方政府债务风险的背景下，城投转型一直受到市场高度关注，而收购部分上市公司股权则为城投平台资产及结构调整及转型提供了契机，可作为融资平台进行资产结构调整及提升融资能力的重要方式。

城投公司收购上市公司主要具有以下两点优势：第一，盘活资产。城投公司存在前期项目投资大、回款进度慢、资产负债率高、偿债压力大等特点。收购上市公司可以使得城投公司盘活资产，提升自身造血能力；收购上市公司能够使城投公司以较低成本获取可持续的资本运作平台，拓宽城投公司的融资渠道，降低综合融资成本，有效改善资产负债水平，一定程度上化解存量债务风险。第二，推动平台转型升级。传统的城投公司业务以基础设施代建、土地整理以及棚户区改造等为主，此类业务依赖当地的城镇化水平以及政府财政收入，缺乏市场化经营性收入，并且往往表现为现金流持续流出。传统的业务模式一方面导致城投公司在融资监管层面产生一定的障碍；另一方面，单一的业务模式使得城投公司市场竞争能力较弱，抗风险能力较低。通过收购上市公司，能够帮助城投公司快速进入其他行业领域，有效地改变目前单一的业务模式，优化公司业务结构，推动公司业务朝着多元化方向发展，加速推动区域产业转型升级。

对城投而言，入驻上市公司能够实现多元化经营，增加经营性现金流入，并且拓宽公开市场融资渠道；同时，对当地而言，也能够起到扶持产业、实现产业的集聚或升级的作用，从而促进当地经济发展与税收增长。但这也不是毫无风险的，一方面，城投缺乏市场化经验，可能无法与上市公司很好地进行整合；另一方面，部分城投入主上市公司或是出于纾困民企的目的，而这可能被深陷债务危机的企业拖累；此外，由于产业投资或产业引导具有不确定性强、回收周期较长的特点，未来发展也很可能不及预期。

第二节　转型要点剖析

一、做大做强资产为首要目标

2017 年以来，随着监管政策的从严，地方融资平台公司转型的迫切性加剧。其中转型的一个方向是地方政府进行资源整合，将区域中的重要资源注入拟重点打造的平台公司中，做大平台公司。提升平台公司的资产规模具备一定优势：一方面，提升资产规模意味着政府将重要的资源整合至目标平台公司，如有的地方政府给目标公司注入经营性业务，迅速获得市场地位；另一方面，总资产规模较大的公司的营业收入和净利润均显著高于总资产规模较低的公司。但也需要注意三点：第一，做大不一定意味着做强，谨慎将摊子铺得过快，带来投资缺口加大，加剧未来的偿债压力。目前有少数公司，虽然具有相当的总资产规模，但由于投资压力较大，增大了公司偿债压力，公司的主体评级相对较弱。第二，从长远的发展来看，平台公司若要获得自身造血能力，必须突破传统的平台公司的业务模式，结合当地的资源拓展有价值的经营性业务。从前面的分析来看，当前平台公司转型一般有三个路径，从传统业务转向城市公用事业业务、从传统业务转向多元化业务发展以及从传统业务转向投资控股平台，但需要注意的是，公用事业业务营利性较弱，而多元化业务中的实业部分如房地产部分受政府宏观调控的影响较大，具有一定的不确定性。因此，如何选择转型路径需要结合当地的资源，拓展有价值的经营性业务，减少对政府的依赖，逐步增强平台公司自身的造血能力。第三，关注集团公司的管控模式，提高公司治理能力。目前资产规模较大的平台公司多数具有相当数量的子公司，这也是平台公司转型过程中，若要合并子公司，需要面临的管控难题。建立现代企业制度，一方面政企职能要分开，另一方面总公司与子公司职能也要有效分工、各司其职。

二、重视平台评级

目前城投行业正处于隐性债务化解周期，叠加宽信用政策导向，行业整体融资环境较为宽松，资质较好的企业债务周转较为顺畅；但与此同时，尾部城投风险敞口不断暴露，部分地区政府显性债务和城投有息债务增速加快，"饮鸩止渴"式的模式埋下了一定隐患，行业分化在加剧。其中，通过评级的变动可以最明显地看出差异。

一般来说，评级上调的主要原因包括以下几个方面：政府在资产划拨、股权划转、财政补贴、资本金注入等方面的支持力度加大；区域环境改善；公司业务规模、营收规模增长；公司资产和权益增长；公司地位重要性提升；融资环境和现金流改善；偿债能力增强；盈利能力增强。其中，政府支持力度加大和区域环境改善是近两年城投评级最主要的上调原因。不难发现上述各项上调理由存在重叠情况，可合并成以下三类：支持方实力增强、外部支持力度加大以及融资环境改善。首先，区域环境的改善会带来政府经济财政实力的提高，即城投企业直接或间接的支持方实力得到增强；其次，城投企业在获得政府资产注入、股权划转、财政补贴等方面的支持时，往往伴随着资产规模和所有者权益的增厚（规模体量增长）、区域地位的提高、业务和营业收入的增长、盈利能力的增强、回款及时性的提升（现金流改善）；最后，融资环境的改善将使企业资金更充裕，直接增强企业的债务周转能力。

与此同时，流动性紧张、偿债能力弱化是评级下调的直接原因。外部融资渠道受限导致企业面临较大的流动性压力，进而引发偿债能力的弱化是评级下调的直接原因。然而区域环境恶化，土地市场和房地产市场不景气，财政增收压力加大，加之企业自身经营不善是根本性原因。

三、优化政府关系

毫无疑问，城投公司市场化转型有赖于地方政府的大力支持。城投平台在当地投融资职能的重要性决定着政府的支持意愿。尤其在当地平台众多的情况下，如果信用风险集中暴露，政府救助可能也会根据重要性有一个先后顺序。

具体来看，城投平台重要性可以从行政级别、平台地位和市场认可度三方面来考察。第一，行政级别。一般来说，行政级别越高，城投平台重要性越强。我们可以将城投平台的行政级别分为省级、市级、区县级、国家级园区、省级园区、普通园区五大类。其中，国家级（省级）园区包括国家级（省级）的新区、经济技术开发区、高新技术产业开发区、文化产业示范区、旅游度假区等。普通园区是没有明确级别的园区。第二，平台地位。地方政府的财力等各项资源有限，如果下属城投平台数量较多，将会导致政府资源分配的分散化，政府对不同平台的支持力度也将分化。如果区域内只有一个发债城投平台，则这个平台地位最高，政府将全力支持这一个平台。第三，市场认可度。市场认可度这个指标主要用来反映债券市场投资者眼中的不同城投平台资质差异。如果市场对于某个平台认可度很低，那该平台再融资会比较困难，成本也会比较高，不利于债务滚续。

本书认为，城投不能与政府完全脱离关系。在 2015 年之前，城投企业的功能是非常单一的，仅作为地方政府的融资平台存在，核心任务就是做好投融资管理工作，尽可能地筹集地方发展所需要的资金、尽可能地降低融资成本。但是，随着地方债务的水涨船高，城投作为融资平台的功能很快被监管所瞩目。中央提出了融资平台转型的要求，要求政企间划清界限、提出了地方政府的权责清单、还提出让地方政府退出对微观事务的干预。改革虽然划清了政企的界限，但也为城投企业承担新的功能留出了空间。在城投脱离融资的单一功能后，城投企业的功能反而"变大""变重"了。尤其在当下经济逆周期、国际环境动荡、积极促进国内经济循环的大背景下，城投企业承载了地方政府调节市场、调节产业、托底经济、市场化运作政府投资项目的重要功能。从这个角度上来看，如今的城投与地方政府是"一体两面"的，两者的发展目标是高度趋同、高度一致的。

第三节　平台转型展望

"自主经营、自负盈亏、自担风险、自我发展"是城投逐步迈向市场化发展的工作目标，但为了避免出现"淮南为橘、淮北为枳"的现象，应根据自身特点，结合区域资源优势，明确市场化转型范围，设定城投公司转型发展方向。

一、理顺关系，确立市场主体

城投公司转型发展首当其冲就是要彻底理顺政企关系以及摆正独立经营地位。城投公司长期在政府的支配下从事基础设施建设和公用事业服务，政府既是城投公司的股东，又是城投公司的核心客户，城投公司既要理顺与政府的管理和业务关系，又要获得政府对企业转型的支持。

首先，要理顺城投公司与地方政府以及相关职能部门的关系，构建城投企业与政府间的合作关系，建立一种政企的"契约"关系。其次，要明确城投企业的转型发展定位，为城投企业实现"自主化决策、市场化运行、企业化管理"

奠定基础，特别是要防止政府领导和相关部门对城投企业日常经营进行干预。再次，要充分整合平台公司，对一些城投公司要充分撤销、合并，集中优质资源做大、做强、做优城投公司。最后，城投企业战略目标体系不能单纯以经济效益或者社会效益为主，应该是社会效益和经济效益的长期有效的结合，是城市的运营商，是城市长期健康、稳定发展的抓手。

二、认清形势，转型城市运营

改革开放四十余年以来，我国已是全球基础设施和城市建设比较先进的国家之一，城市建设水平甚至超越了绝大部分发达国家，当前已不再是通过疯狂基建来拉动经济增长，而是要靠科技的力量来实现质的飞跃。前期城投公司长期参与城市开发，拥有大量项目经验和城市资源，可充分整合自身资源，从城市建设者、开发者向城市运营商转变，这既能创造出稳定的运营收入和现金流，促进公司转型升级，又能服务于城市发展，减少国有资产流失。城市拥有各项资源，除传统土地、基础设施资源外，还拥有自然资源、历史文化资源等，老百姓的需求也不再是简单的物质性需要，而正在向社会性需要和心理性需要转变，城投公司作为政府和市场之间的连接点，应更多地考虑如何将上述资源作为资产进行市场化运作，以实现城市资源增值和城市发展最大化，做真正的城市运营商。

三、主动服务，培育产业发展

这两年在城市发展方面，提及最多的是"合肥模式"，在过去的十多年，合肥凭借成本优势和开放优势，通过一连串政府主导投资——京东方、合肥长鑫、蔚来汽车，精准抓住了新型显示、集成电路、新能源汽车等战略性新兴产业机会，伴随中国科学技术大学等高校在量子信息、人工智能、可控核聚变等有望颠覆未来的原创研究领域取得突破，合肥已从一个名不见经传的三线城市，跃升为"明日创新之城"，是继上海之后，第二个获批综合性国家科学中心的城市。京东方项目的引进是合肥发展史上的一次里程碑事件，合肥有别于过去政府招引项目的传统方式——主要给予土地、税收等政策性支出，合肥引入京东方项目的突破在于，政府在政策性支持之外，还直接提供资本支持，通过合肥市建设投资控股（集团）有限公司出资参与项目建设，稳定市场信心，引导社会资金参与。京东方项目的落地为合肥带动和集聚了上下游数百家配套企业，不仅为合肥解决了大量就业，还为合肥工业强市奠定了基础。

城投企业作为城市的运营商，要立足当前实际，着眼未来发展，要作为地方政府的重要产业抓手，发挥政府性引导作用，加大产业引入力度，择优导入优质的运营商、投资商、开发商共同参与新城市的投资、建设、运营、管理，打造

"城市合伙人"体系，真正实现城市有机更新。

四、规范建设，提升城市品质

城投基建历经土地储备、片区开发、政府购买、PPP、棚户区改造、隐性债务化解再到当下城市更新，我们的城市建设发生翻天覆地的变化，中国已经拥有全世界运行最多的高速公路、最多的地铁运营里程、最多的摩天大楼等数不胜数的第一，城市基础设施建设已全球领先。但当下我们同样面临过重的负债、过高的房价、过剩的商铺、过重的污染等问题，因此，接下来的城市建设应该注重的是解决历史遗留问题，更加注重品质的提升。

第四节　转型案例分析

一、评级提升案例分析

（一）AA 调升至 AA＋案例分析
公司名称：唐山曹妃甸发展投资集团有限公司
评级公司：中证鹏元资信评估股份有限公司
资产整合方式：

2019 年，公司控股股东曹国控集团累计向公司货币增资 14.10 亿元，公司实收资本由上年末的 62.61 亿元增至 76.71 亿元；根据《关于向唐山曹妃甸发展投资集团有限公司拨付项目资本金的决定》，曹妃甸工业区管委会向公司拨付资本金 0.40 亿元，计入公司资本公积；根据曹国控集团董事会决议，曹国控集团以债转股方式向公司增加投资 20.00 亿元，计入公司资本公积。2020 年一季度，曹国控集团向公司货币增资 5.50 亿元，公司实收资本由 76.71 亿元增至 82.21 亿元。

股权划转方面，2019 年，根据唐山市曹妃甸区国有资产管理局关于唐山曹妃甸发展投资集团有限公司申请无偿划转唐山曹妃甸旭能建设工程有限公司 100% 股权的批复和关于整合区域资源提升唐山曹妃甸发展投资集团有限公司发展能力的批复，曹妃甸国资局无偿将唐山曹妃甸旭能建设工程有限公司（2019 年 9 月更名为"河北港济实业有限公司"）100.00% 股权、曹妃甸控股 56.02% 股权和曹妃甸区城投 99.75% 股权划转至公司，公司资本公积合计增加 53.27 亿元。

（二）AA－调升至 AA 案例分析

公司名称：乐亭投资集团有限公司

评级公司：中证鹏元资信评估股份有限公司

资产整合方式：

2019 年，根据乐亭县行政事业单位车辆划转审批表，乐亭县人民政府共向公司划拨车辆资产 6.83 万元，计入公司资本公积。

2019 年，乐亭县人民政府先后将乐亭县国资办所持有的乐亭房地产、乐亭县通云汽车专业二保有限责任公司、城南供水、城市供热、乐亭县万佳信用担保有限公司和新区建投 100.00% 的股权划入公司，公司资本公积合计增加 41.88 亿元，资本实力显著夯实。

二、收购上市公司案例分析

（一）唐山金控收购康达新材

1. 收购模式

唐山金控子公司唐山金控产业孵化器集团有限公司向标的公司股东陆企亭、徐洪珊、储文斌协议收购该等人士持有的 26.00% 的股权，合计 62700000 股。交易完成后，唐山金控产业孵化器集团有限公司将持有标的公司 26.00% 股权，交易对方的持股比例下降至 5.97%，唐山金控产业孵化器集团有限公司成为标的公司第一大股东。同时，唐山金控产业孵化器集团有限公司有权推荐并提名董事会 9 名成员中的 6 名，包括 4 名非独立董事及 2 名独立董事，交易对方将支持推荐的人选并协助促使其当选。标的公司董事会改选完成后，唐山金控产业孵化器集团有限公司将控制标的公司董事会过半数席位，对标的公司形成实际控制。

2. 交易步骤

交易步骤如图 4－1 所示。

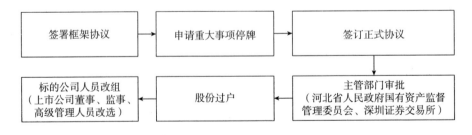

图 4－1　交易步骤

3. 收购资金来源

本次收购资金主要来自唐山金控借款。

（二）邯郸建投收购汇金股份

1. 收购模式

2018年8月，邯郸建投与鑫汇金（第一大股东）、孙景涛、鲍喜波、刘锋签订了《股份转让协议》，受让上市公司总股份数9.31%。

2019年1月，邯郸建投与鑫汇金（第一大股东）、孙景涛、鲍喜波、韬略投资签订了《股份转让协议》。本次权益变动后，邯郸建投持有公司159000000股，占目前公司总股本（531943475股）29.89%，成为汇金股份第一大股东。同时，根据转让协议，交割股份转让过户完毕后，邯郸建投依据有关法律、法规及公司章程向公司董事会提名合计不少于五位董事，对标的公司形成实际控制。

2. 交易步骤

交易步骤如图4-2所示。

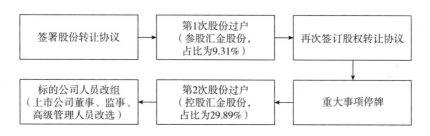

图4-2 交易步骤

3. 收购资金来源

本次交易共分为两次进行，第一次收购价款为2.60亿元，第二次收购价款为5.96亿元，收购资金过程如图4-3所示。

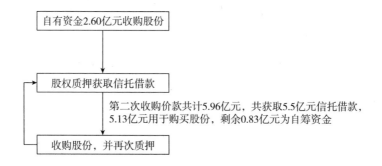

图4-3 收购资金过程

通过上述方式，本次收购邯郸建投仅投入合计 3.43 亿元（2.60 亿元 + 0.83 亿元）自有资金获取了汇金股份 159000000 股股份，占比 29.89%（当前市值约 35 亿元）。

【评价篇】

第五章　地方政府投融资平台转型发展评价

本章借鉴国内外构建研究指标体系的相关经验，结合国内各地方政府投融资平台自身的实际情况，在以往年度构建的中国地方政府投融资平台转型发展评价报告指标体系的基础之上，不断地改进完善，形成了省及自治区、直辖市、地级市、区县四级评价体系，旨在对全国公开融资的各地方政府投融资平台的经营发展情况进行客观、系统的评价，为地方政府投融资平台后续的转型与发展提供建设性的思路。

第一节　地方政府投融资平台转型发展评价指标说明

一、指标体系构建的原则

为了直观、准确地反映国内各地方政府投融资平台的营运及发展情况，本书从三个维度进行体系的构建，即公司业绩、市场转型、社会责任，对国内各地方政府投融资平台的经营以及未来如何发展以此三个维度进行系统的分析，提供一个较全面的视角。在构建评价指标体系的过程中，本书坚持六项基本原则。

（一）全面性原则

选取指标时，注重指标的全面性，保障指标充分发挥作用。在对全国范围内的各地方政府投融资平台进行评价时，尽可能使所选取的指标更为全面地反映出地方政府投融资平台的实际经营情况。

在以往的报告中，企业的经营业绩通常被视为最主要或唯一的评价指标来评价企业的发展水平以及价值，为了更全面地反映出地方政府投融资平台的经营及发展情况，本评价指标体系在重视经营业绩的同时，充分考虑各地方政府投融资平台所处行业的不同属性。

（二）典型性原则

为确保本评价指标体系富有一定的典型性，构建体系时注重两个方面：一是在评价省、直辖市、地级市、区县四级各地方政府投融资平台时，对指标的选取有所侧重，最大限度地反映出相同行政级别的地方政府投融资平台的发展情况，使本评价指标体系具有一定的客观性；二是尽可能反映出东部、中部、西部不同区域地方政府投融资平台的社会经济及发展情况的差异。

本评价指标体系在设置指标、分配各指标间的权重及划分评价标准时，注重其与不同行政级别的地方政府投融资平台相适应。

（三）系统性原则

本评价指标体系各指标间存在合理的逻辑关系，每一个一级指标由一组指标构成，各一级指标之间相互独立且又彼此关联，可以从不同角度反映出各地方政府投融资平台的经营及发展情况，从而使评价指标体系具有一定的层次性，共同形成一个有机整体。

（四）问题导向性原则

本评价指标体系结合目前各平台在发展过程中存在的问题，选择靶向性指标，针对平台未来的发展与市场化转型等核心问题进行分析，旨在一定程度上对地方政府投融资平台未来发展路径进行有效梳理。

（五）可比性、可操作、可量化原则

本评价指标体系在选择指标时，保持在总体范围内的一致性，注重指标的计算量度与计算方法保持统一，各指标简单明了、微观性强、便于获取，具有很强的可操作性和可比性。选择指标时，充分考虑了能否量化处理，以便于数据计算与分析，满足数据分析的可行性。

（六）动态性原则

各地方政府投融资平台的发展情况需要通过一定的时间才能显现出来。因此，评价指标的选取要充分考虑相关指标的动态变化，应以若干年度的变化数据为基础。

二、指标体系的研究设计

构建中国地方政府投融资平台发展评价指标体系主要包括明确体系范围、设计评价指标体系、分配指标权重以及选择测算方法等环节。

本指标体系旨在对全国地方政府投融资平台的营运及发展情况进行较为客观综合的评价，因此指标评价体系的样本为在中华人民共和国境内注册的、已公开进行市场融资的、由地方政府或其相关部门控股的、承担政府投资项目投融资功能的企事业单位（即地方政府投融资平台）。

在设计指标体系的过程中，本书尽可能涵盖所有公开融过资且目前仍在运营的地方政府投融资平台，从公司业绩、社会责任、市场化转型三个维度对地方政府投融资平台进行评价，汇总成地方政府投融资平台转型发展评价指标体系（见表5-1）。由于不同行政级别的地方政府投融资平台间差异较大，本书将按省及自治区、直辖市、地级市、区县四级行政级别对融资平台进行划分，分别评价，形成地方政府投融资平台发展评价结果。

表5-1　地方政府投融资平台转型发展评价指标体系

总指标	一级指标	二级指标	三级指标
地方政府投融资平台转型发展评价指标体系	公司业绩	基础指标	总资产
			净资产
		财务效益指标	资产收益率
			总资产报酬率
			主营业务利润率
			盈余现金保障倍数
			成本费用利润率
		资产运营指标	总资产周转率
			流动资产周转率
			存货周转率
			应收账款周转率
		偿债能力指标	资产负债率
			EBITDA利息保障倍数
			现金流动负债比率
			速动比率
			流动比率
		发展能力指标	总资产增长率
			销售增长率
			三年资本平均增长率
			三年销售平均增长率
	社会责任	国资运营指标	资本金利润率
			资本保值增值率

续表

总指标	一级指标	二级指标	三级指标
地方政府投融资平台转型发展评价指标体系	社会责任	企业责任指标	综合社会贡献
			纳税管理
			企业社会责任报告制度
			失信被执行人
			监管函、处罚决定
	市场化转型	市场化转型指标	公司在所属区域市场占有度
			主营业务集中度
			融资渠道单一程度

在构建中国地方政府投融资平台转型发展评价指标体系的过程中，本书始终秉承以公司业绩、社会责任、市场化转型三个维度进行客观综合的评价。本评价指标体系将上述三个维度作为一级指标，下设相应的二级指标。由于不同一级指标的侧重点有所不同，二级指标可能会有较大不同。

（一）公司业绩

现代企业的经营权与所有权分离，企业信息具有一定的不对称性。由于财务层面的评价指标具有综合性、数据可收集性强等特点，在企业评价体系中往往占有较大比重，是企业经营情况分析的重要组成部分。此外，企业财务业绩指标是企业持续经营的动力，也是构成本评价体系的重要内容。

为了客观、全面地量化公司实际营运情况，在一级指标公司业绩指标项下设五个二级指标，即基础指标、财务效益指标、资产运营指标、偿债能力指标和发展能力指标。

1. 基础指标

本评价体系在基础指标项下选取了总资产与净资产作为评价指标，旨在一定程度上客观地反映企业的经营规模。

（1）总资产。总资产是指某一经济实体拥有或控制的、能够带来经济利益的全部资产。我国资产负债核算中的资产为经济资产，所谓经济资产，指的是资产所有权已确定，在一定时期内所有者通过对它们的有效使用、控制或处置，可以从中获取经济利益。

（2）净资产。净资产就是所有者权益，是指所有者在企业资产中享有的经济利益，金额为资产减去负债后的余额。所有者权益包括实收资本（或者股本）、资本公积、盈余公积和未分配利润。

2. 财务效益指标

本评价体系在财务效益指标项下选取了资产收益率、总资产报酬率、主营业务利润率、盈余现金保障倍数、成本费用利润率五个指标来评价企业的经营情况及盈利能力。

（1）资产收益率又称资产回报率，是用来评价每单位资产能够带来多少净利润的指标。

资产收益率 = 净利润/平均资产总额 × 100%　　　　　　　　　　　（5-1）

（2）总资产报酬率又称资产所得率，是指企业一定时期内获得的息税前利润与平均资产总额的比率。它表示企业包括净资产和负债在内的全部资产的获利能力，是评价企业资产运营效益的重要指标。

总资产报酬率 = 息税前利润/平均资产总额 × 100%　　　　　　　　（5-2）

总资产报酬率表示企业全部资产获取效益的水平，该指标越高，代表企业投入产出的水平越高，企业整体资产的运营越有效，较直观反映了企业的投入产出情况与盈利能力。

（3）主营业务利润率，是指企业一定时期主营业务利润同主营业务收入净额的比率。它表明企业每单位主营业务收入能带来多少主营业务利润，反映了企业主营业务的获利能力，是评价企业经营效益的主要指标。

主营业务利润率 = （主营业务收入 - 主营业务成本 - 主营业务税金及附加）/主营业务收入 × 100%　　　　　　　　　　　　　　　　　　（5-3）

（4）盈余现金保障倍数又叫利润现金保障倍数，是指企业一定时期经营现金净流量同净利润的比值，反映了企业当期净利润中现金收益的保障程度，真实地反映了企业盈余的质量。

盈余现金保障倍数 = 经营现金净流量/净利润 × 100%　　　　　　　（5-4）

（5）成本费用利润率是指企业在一定期间内的利润总额与其成本费用总额的比率。

成本费用利润率 = 利润总额/成本费用总额 × 100%　　　　　　　　（5-5）

3. 资产运营指标

本评价体系在资产运营指标项下选取了总资产周转率、流动资产周转率、存货周转率、应收账款周转率等指标来评价企业的整体资产运营能力，反映了企业对其资产的利用效果。

（1）总资产周转率（Total Assets Turnover）是指企业在一定时期内主营业务收入净额与平均资产总额的比率。

总资产周转率（次） = 主营业务收入净额/平均资产总额　　　　　　（5-6）

（2）流动资产周转率是指企业在一定时期内主营业务收入净额与平均流动资产总额的比率，它是衡量企业资产利用率的一个关键指标。

流动资产周转率（次） = 主营业务收入净额/平均流动资产总额　　　（5-7）

（3）存货周转率是企业一定时期销售成本与平均存货余额的比率，用于反映存货的流动性及存货资金占用量是否合理，促使企业在保证生产经营连续性的同时，提高资金的使用效率，增强企业的短期偿债能力。

$$存货周转率（次）=销售成本/平均存货余额 \qquad (5-8)$$

（4）应收账款周转率是反映公司应收账款周转速度的比率。它说明一定期间内公司应收账款转为现金的平均次数。用时间表示的应收账款周转速度为应收账款周转天数，也称平均应收账款回收期或平均收现期。它表示公司从获得应收账款的权利到收回款项、变成现金所需要的时间。

$$应收账款周转率=销售收入/平均应收账款余额 \qquad (5-9)$$

4. 偿债能力指标

本评价体系在偿债能力指标项下选取了资产负债率、EBITDA 利息保障倍数、现金流动负债比率、速动比率及流动比率五个指标来衡量企业偿还到期债务的能力。

（1）资产负债率是期末负债总额除以资产总额的百分比，是负债总额与资产总额的比例关系。资产负债率反映在总资产中有多大比例是通过借债来筹资的，也可以衡量企业在清算时保护债权人利益的程度。该指标是评价公司负债水平的综合指标，同时也是一项衡量公司利用债权人资金进行经营活动能力的指标，反映债权人发放贷款的安全程度。

$$资产负债率=负债总额/资产总额×100\% \qquad (5-10)$$

它包含以下几层含义：①资产负债率能够揭示出企业的全部资金来源中有多少由债权人提供；②从债权人的角度看，资产负债率越低越好；③对投资人或股东来说，负债比率较高可能带来一定的好处〔财务杠杆、利息税前扣除、以较少的资本（或股本）投入获得企业的控制权〕；④从经营者的角度看，他们最关心的是在充分利用借入资金给企业带来好处的同时，尽可能降低财务风险；⑤企业的负债比率应在不发生偿债危机的情况下，尽可能择高处理。

（2）EBITDA 利息保障倍数又称已获利息倍数，是企业生产经营所获得的息税前利润与利息费用之比。它是衡量企业长期偿债能力的指标。利息保障倍数越大，说明企业支付利息费用的能力越强。因此，债权人要分析利息保障倍数指标，以此来衡量债务资本的安全程度。

$$利息保障倍数=EBIT/利息费用 \qquad (5-11)$$
$$息税前利润（EBIT）=净销售额-营业费用 \qquad (5-12)$$

利息保障倍数不仅反映了企业获利能力的大小，还反映了获利能力对偿还到期债务的保证程度，它既是企业举债经营的前提依据，也是衡量企业长期偿债能力大小的重要标志。要维持正常偿债能力，利息保障倍数至少应大于1，且比值越高，企业长期偿债能力越强。如果利息保障倍数过低，企业将面临亏损、偿债的安全性与稳定性下降的风险。

（3）现金流动负债比率（Cash Coverage Ratio）是企业一定时期的经营现金净流量同流动负债的比率，它可以从现金流量角度来反映企业当期偿付短期负债的能力。

现金流动负债比率 = 年经营现金净流量/年末流动负债×100%　　　（5-13）

（4）速动比率是指速动资产与流动负债的比率，是衡量企业流动资产中可以立即变现用于偿还流动负债的能力。

速动比率 = 速动资产/流动负债　　　　　　　　　　　　　　（5-14）

速动资产 = 流动资产 - 存货　　　　　　　　　　　　　　　（5-15）

（5）流动比率是流动资产与流动负债的比率，用来衡量企业流动资产在短期债务到期以前，可以变为现金用于偿还负债的能力。

流动比率 = 流动资产合计/流动负债合计×100%　　　　　　　（5-16）

5. 发展能力指标

本评价体系在发展指标项下选取了总资产增长率、销售增长率、三年资本平均增长率、三年销售平均增长率四个指标来衡量企业在一段时间内的发展能力。

（1）总资产增长率（Total Assets Growth Rate）是企业本年总资产增长额同年初资产总额的比率，反映企业本期资产规模的增长情况。

总资产增长率 = 本年总资产增长额/年初资产总额×100%　　　（5-17）

本年总资产增长额 = 年末资产总额 - 年初资产总额　　　　　（5-18）

总资产增长率越高，表明企业一定时期内资产经营规模扩张的速度越快。但在分析时，需要关注资产规模扩张的质与量的关系，以及企业的后续发展能力，避免盲目扩张。

（2）销售增长率是企业本年销售增长额同上年销售总额之比，是评价企业成长状况和发展能力的重要指标。该指标越大，表明其增长速度越快，企业市场前景越好。

销售增长率 = 本年销售增长额/上年销售总额×100% = （本年销售额 - 上年销售额）/上年销售总额×100%　　　　　　　　　　　　　　　　（5-19）

（3）三年资本平均增长率表示企业资本连续三年的积累情况，在一定程度上反映了企业的持续发展水平和发展趋势。

三年资本平均增长率 = [（当年净资产总额/三年前净资产总额)^(1/3) - 1] ×100%　　　　　　　　　　　　　　　　　　　　　　　　　　　　（5-20）

（4）三年销售平均增长率表明企业主营业务连续三年的增长情况，体现企业的持续发展态势和市场扩张能力，尤其能够衡量上市公司持续性盈利能力。

三年销售平均增长率 = [（当年主营业务收入总额/三年前主营业务收入总额)^(1/3) - 1] × 100%　　　　　　　　　　　　　　　　（5 - 21）

（二）社会责任

1. 国资运营指标

（1）资本金利润率是利润总额占资本金总额的百分比，是反映投资者投入企业资本金的获利能力的指标。企业资本金是所有者投入的主权资金，资本金利润率的高低直接关系投资者的权益，是投资者最关心的问题。

资本金利润率 = 利润总额/资本金总额 × 100%　　　　　　　　　（5 - 22）

此外，会计期间内涉及资本金发生变动时，则公式中的"资本金总额"要用平均数，其计算公式为：

资本金平均余额 = （期初资本金余额 + 期末资本金余额)/2　　（5 - 23）

资本金利润率这一比率可以直接反映企业资本金的利用效果，进而影响企业资本金盈利能力。资本金利润率较高，表明企业资本金的利用效果较好，资本金利润率偏低表明资本金的利用效果不佳，企业资本金盈利能力较弱。

（2）资本保值增值率反映了资本的运营效益与安全状况，是企业资本运营情况的核心指标。

资本保值增值率 = 期末所有者权益/期初所有者权益 × 100%　　（5 - 24）

其中期末所有者权益需扣除企业接受捐赠、资本金增加等客观增减因素。

2. 企业责任指标

（1）综合社会贡献。在现代社会，企业经营不仅要考量自身效益，同时还需要考量企业为社会创造或支付价值的能力。

（2）纳税管理。加强纳税管理不仅可以降低税收成本，还可以促进企业内部调整产品结构、合理配置资源。在履行纳税义务的过程中，依据税法对纳税期限的规定，通过预缴与结算的时间差管理，合理处理税款，减少企业流动资金利息的支出。全面衡量不同的纳税方案对企业整体税负的影响，选择合适的纳税方案，进而提升企业经营效益。

（3）企业社会责任报告制度。企业社会责任报告（CSR 报告）是企业非财务信息披露的重要载体。近年，优秀的企业社会责任案例不断涌现，CSR 报告制度可促进企业履行社会责任。

（4）失信被执行人。被执行人具有履行能力而拒不履行生效法律文书确定的义务，并具有下列情形之一的，人民法院应当将其纳入失信被执行人名单，依法对其进行信用惩戒：①以伪造证据、暴力、威胁等方法妨碍、抗拒执行的；②以虚假诉讼、虚假仲裁或者以隐匿、转移财产等方法规避执行的；③违反财产报告制度的；④违反限制高消费令的；⑤被执行人无正当理由拒不履行执行和解协议的；⑥其他有履行能力而拒不履行生效法律文书确定义务的。

（5）监管函、处罚决定。收到证监会、上海证券交易所、深圳证券交易所处罚、重点监管决定。

（三）市场化转型

市场化转型指标有三个三级指标。

1. 公司在所属区域市场占有度

在市场规模不变的前提下，公司产品的销售量随市场占有率的提升而增加。通常市场占有率越高，企业的竞争力越强，因此，企业的竞争能力可以通过市场占有率进行考量。同时，由于规模经济效应，提高市场占有率可能在一定程度上降低单位产品成本，提升利润率。

2. 主营业务集中度

主营业务集中度为逆向指标，主营业务集中度越高，公司经营过程中对单一业务的依赖性越强，更有可能面临经营风险。

3. 融资渠道单一程度

融资渠道单一程度为逆向指标，企业的融资渠道越单一，越有可能面对资金流动性风险。

三、指标体系的测算方法

本评价指标体系在各地方政府投融资平台2018～2020年经营数据的基础上，通过相关数据的测算，从而对全国地方政府投融资平台的发展情况进行打分评价。

（一）指标赋权

通过对各一级指标下的二级指标及三级指标的考量，本评价指标体系在对地方政府投融资平台进行评价时侧重于公司自身的财务经营状况，我们以72.5%、20.0%、7.5%的比例来对公司业绩、社会责任、市场化转型三个一级指标进行赋权。

各指标权重情况见表5-2，对标准化的三级指标值进行加总可获得最终评价得分。

（二）标准化处理

为避免不同单位和范围对各三级指标的可比性产生影响，保证三级指标之间具有可加性，我们会以0-1标准化方法对指标进行标准化处理，最终结果会以［0，1］分布的形式呈现。

表 5-2　各指标权重设置

一级指标	权重（%）	二级指标	权重（%）	三级指标	权重（%）
公司业绩	72.5	基础指标	10.00	总资产	5.000
				净资产	5.000
		财务效益指标	16.00	资产收益率	3.200
				总资产报酬率	3.200
				主营业务利润率	3.200
				盈余现金保障倍数	3.200
				成本费用利润率	3.200
		资产运营指标	15.50	总资产周转率	3.875
				流动资产周转率	3.875
				存货周转率	3.875
				应收账款周转率	3.875
		偿债能力指标	15.50	资产负债率	3.100
				EBITDA 利息保障倍数	3.100
				现金流动负债比率	3.100
				速动比率	3.100
				流动比率	3.100
		发展能力指标	15.50	总资产增长率	3.875
				销售增长率	3.875
				三年资本平均增长率	3.875
				三年销售平均增长率	3.875
社会责任	20.0	国资运营指标	6.67	资本金利润率	3.333
				资本保值增值率	3.333
		企业责任指标	13.33	综合社会贡献	3.333
				纳税管理	2.500
				企业社会责任报告制度	2.500
				失信执行人	2.500
				监管函、处罚决定	2.500
市场化转型	7.5	市场化转型指标	7.50	公司在所属区域市场占有度	2.500
				主营业务集中度	2.500
				融资渠道单一程度	2.500
合计					100

具体的处理过程如下：x 为某具体指标的原始测算值，x_{min} 为某具体指标中的最小值，x_{max} 为某具体指标中的最大值，x′即为经过标准化处理后的指标标准值。上述处理的优势在于经过处理后的标准值均分布在相同区间，为后期的数据处理及权重赋值提供了便利。

正向指标、逆向指标标准化处理公式分别如下：

$$x' = \frac{x - x_{min}}{x_{max} - x_{min}} \tag{5-25}$$

$$x' = \frac{\dfrac{1}{x} - \dfrac{1}{x_{max}}}{\dfrac{1}{x_{min}} - \dfrac{1}{x_{max}}} \tag{5-26}$$

四、指标体系的数据来源

本评价指标体系中的数据来源于市场公开披露的数据，指标数据涵盖2018～2020年，主要数据来源有：Wind、中国债券信息网、中国外汇交易中心网、上海证券交易所公司债券项目信息平台、深圳证券交易所固定收益信息平台、各省份政府工作报告。在数据使用过程中，按指标需求对初始数据进行相应处理。

在计算指标时，会根据不同的指标对数据进行调用，若存在个别年份出现缺少数据的情况，则会以年平均增长率计算或求取相邻年份指标的算术平均值替代空缺。

第二节　地方政府投融资平台转型发展排名及分析

我们通过整理计算 2018～2020 年的指标数据，获得全国已公开融资的地方政府投融资平台得分，针对平台实际控制人不同的行政属性，我们分别获得省（自治区）级、直辖市级①、地市级、区县级城投平台排名，并分别选取省（自治区）级 80 强、直辖市级 50 强、地市级 200 强、区县级 150 强榜单列示分析。在排名中，若母公司与其控股或参股子公司同时入选，我们则剔除控股或参股的子公司，只对母公司列示分析。若平台的实际控制人为港澳台公司，则不列示。

---

① 北京、上海、重庆、天津地区的地方政府投融资平台按直辖市级参与排名，不再在省（自治区）级、地市级、区县级地方政府投融资平台排名中列示。

一、省级 80 强

全国前 80 位省级地方政府投融资平台公司排名情况如表 5-3 所示，分值处于 37.42~44.30 分。其中，安徽入选 8 家平台，浙江入选 7 家平台，广东入选 7 家平台，在榜单入选数量居前三位。从质量上来看，榜单前十位中，浙江平台入选 2 家，山东平台入选 2 家，江西平台入选 2 家，江苏、湖北、甘肃、安徽分别入选 1 家，其中，浙江省国有资本运营有限公司居榜单首位。在排名中位于前列的如浙江省国有资本运营有限公司、山东高速集团有限公司、甘肃省公路航空旅游投资集团有限公司的资产规模相对较大，这反映出这些公司在行业内的龙头地位以及对促进区域经济发展具有的重要作用，并且公司的各项指标表现都较为优秀，从而整体分数较高，排名位于前列。

根据证监会行业分类标准，浙江省国有资本运营有限公司在综合类位居第一名；山东高速集团有限公司在交通运输、仓储和邮政业位居第一名。

表 5-3 地方政府投融资平台省级排名一览表

排名	公司名称	得分	省份
1	浙江省国有资本运营有限公司	44.30	浙江省
2	山东高速集团有限公司	43.55	山东省
3	甘肃省公路航空旅游投资集团有限公司	43.53	甘肃省
4	江西省投资集团有限公司	43.15	江西省
5	浙江省交通投资集团有限公司	42.85	浙江省
6	山东港口日照港集团有限公司	42.82	山东省
7	安徽省能源集团有限公司	42.80	安徽省
8	江西省交通投资集团有限责任公司	42.65	江西省
9	湖北省交通投资集团有限公司	42.46	湖北省
10	江苏交通控股有限公司	42.26	江苏省
11	浙江省建设投资集团有限公司	41.91	浙江省
12	安徽省投资集团控股有限公司	41.84	安徽省
13	福建省国有资产管理有限公司	41.61	福建省
14	福建省交通运输集团有限责任公司	40.78	福建省
15	浙江省国际贸易集团有限公司	40.71	浙江省
16	山东省国有资产投资控股有限公司	40.70	山东省
17	陕西投资集团有限公司	40.58	陕西省

排名	公司名称	得分	省份
18	安徽国贸集团控股有限公司	40.57	安徽省
19	广西交通投资集团有限公司	40.53	广西壮族自治区
20	水发集团有限公司	40.46	山东省
21	四川发展（控股）有限责任公司	40.33	四川省
22	广东省环保集团有限公司	40.18	广东省
23	东江环保股份有限公司	40.18	广东省
24	新疆生产建设兵团国有资产经营有限责任公司	40.11	新疆维吾尔自治区
25	安徽省盐业投资控股集团有限公司	40.03	安徽省
26	广东省广新控股集团有限公司	39.99	广东省
27	云南省交通投资建设集团有限公司	39.96	云南省
28	广西投资集团有限公司	39.93	广西壮族自治区
29	福建省投资开发集团有限责任公司	39.75	福建省
30	晋能控股电力集团有限公司	39.65	山西省
31	安徽省交通控股集团有限公司	39.52	安徽省
32	安徽国元金融控股集团有限责任公司	39.51	安徽省
33	江西省天然气集团有限公司	39.39	江西省
34	湖北省联合发展投资集团有限公司	39.38	湖北省
35	山东港口烟台港集团有限公司	39.32	山东省
36	浙江省旅游投资集团有限公司	39.31	浙江省
37	华远国际陆港集团有限公司	39.29	山西省
38	江西省省属国有企业资产经营（控股）有限公司	39.22	江西省
39	吉林省国有资本运营有限责任公司	39.22	吉林省
40	陕西旅游集团有限公司	39.12	陕西省
41	广东粤海控股集团有限公司	39.08	广东省
42	甘肃省国有资产投资集团有限公司	39.08	甘肃省
43	宁波舟山港集团有限公司	38.99	浙江省
44	云南省投资控股集团有限公司	38.96	云南省
45	广西北部湾国际港务集团有限公司	38.94	广西壮族自治区
46	广东省交通集团有限公司	38.92	广东省
47	安徽省国有资本运营控股集团有限公司	38.85	安徽省
48	山西建设投资集团有限公司	38.82	山西省

排名	公司名称	得分	省份
49	云南省建设投资控股集团有限公司	38.76	云南省
50	福建省高速公路集团有限公司	38.70	福建省
51	山东省鲁信投资控股集团有限公司	38.70	山东省
52	厦门港务控股集团有限公司	38.54	福建省
53	湖南建工集团有限公司	38.49	湖南省
54	广东省旅游控股集团有限公司	38.44	广东省
55	四川高速公路建设开发集团有限公司	38.40	四川省
56	陕西省高速公路建设集团公司	38.40	陕西省
57	河北建设投资集团有限责任公司	38.30	河北省
58	陕西建工集团有限公司	38.22	陕西省
59	贵州高速公路集团有限公司	38.18	贵州省
60	河北交通投资集团公司	38.15	河北省
61	安徽省旅游集团有限责任公司	38.12	安徽省
62	江西省水利投资集团有限公司	38.10	江西省
63	青海省国有资产投资管理有限公司	38.01	青海省
64	云南省康旅控股集团有限公司	37.99	云南省
65	河北港口集团有限公司	37.98	河北省
66	贵州省水利投资（集团）有限责任公司	37.96	贵州省
67	陕西省交通建设集团公司	37.90	陕西省
68	湖南省高速公路集团有限公司	37.88	湖南省
69	江苏省农垦集团有限公司	37.84	江苏省
70	新疆投资发展（集团）有限责任公司	37.75	新疆维吾尔自治区
71	青海交通投资有限公司	37.73	青海省
72	福建省能源集团有限责任公司	37.72	福建省
73	浙江交工集团股份有限公司	37.66	浙江省
74	辽宁省国有资产经营有限公司	37.60	辽宁省
75	内蒙古能源发电投资集团有限公司	37.52	内蒙古自治区
76	广西北部湾投资集团有限公司	37.52	广西壮族自治区
77	广东省广晟控股集团有限公司	37.51	广东省
78	新疆新业国有资产经营（集团）有限责任公司	37.48	新疆维吾尔自治区
79	河南水利投资集团	37.46	河南省
80	山西天然气有限公司	37.42	山西省

二、直辖市级 50 强

(一) 直辖市市本级 20 强

全国排名前 20 位的直辖市市本级地方政府投融资平台见表 5 - 4，分值处于 39.11 ~ 49.62 分。其中，北京入选 9 家平台，上海入选 8 家平台，在榜单入选数量分别居第一、第二位。从质量上来看，榜单前十上海平台入选 5 家，北京平台入选 4 家，其中，北京国有资本经营管理中心居榜单首位。天津平台只有天津城市基础设施建设投资集团有限公司以榜单第九位进入前十，重庆未有平台进入榜单前十。在排名中位于前列的北京国有资本经营管理中心、上海城投 (集团) 有限公司的资产规模相对比较庞大，其中北京国有资本经营管理中心的总资产规模于 2020 年末达到 31977.86 亿元。

值得注意的是，总资产规模为 6886.59 亿元的上海城投 (集团) 有限公司，虽然总资产规模约为北京国有资本经营管理中心的 1/5，却紧随其后位列第二，源于该公司积极布局业务板块，多元化发展，在上海城市基础设施建设中发挥着重要的作用。

此外，根据证监会行业分类标准，北京国有资本经营管理中心在综合类位居第一名；上海城投 (集团) 有限公司在电力、热力、燃气及水生产和供应业位居第一名。

表 5 - 4　中国地方政府投融资平台直辖市市本级排名一览表

排名	公司名称	得分	直辖市
1	北京国有资本经营管理中心	49.62	北京
2	上海城投 (集团) 有限公司	43.63	上海
3	北京控股集团有限公司	43.60	北京
4	申能 (集团) 有限公司	43.28	上海
5	百联集团有限公司	42.15	上海
6	上海上实 (集团) 有限公司	41.86	上海
7	上海临港经济发展 (集团) 有限公司	41.77	上海
8	北京市国有资产经营有限责任公司	41.68	北京
9	天津城市基础设施建设投资集团有限公司	41.68	天津
10	北京首都创业集团有限公司	41.60	北京
11	上海久事 (集团) 有限公司	40.71	上海
12	北京城市排水集团有限责任公司	40.42	北京
13	北京城建集团有限责任公司	40.13	北京

排名	公司名称	得分	直辖市
14	北京市基础设施投资有限公司	39.89	北京
15	北京市保障性住房建设投资中心	39.68	北京
16	上海建工集团股份有限公司	39.45	上海
17	天津渤海国有资产经营管理有限公司	39.41	天津
18	北京建工集团有限责任公司	39.23	北京
19	上海国际港务（集团）股份有限公司	39.11	上海
20	天津滨海新区建设投资集团有限公司	39.11	天津

（二）直辖市下辖区级 30 强

全国排名前 30 位的直辖市下辖区级地方政府投融资平台见表 5-5，分值处于 36.35~39.53 分。其中，天津入选 11 家平台，北京入选 9 家平台，在榜单入选数量分别居第一、第二位。从质量上来看，榜单前十中天津平台入选 4 家，北京平台、上海平台各入选 3 家，其中，北京市海淀区国有资本经营管理中心居榜单首位，北京市顺义区国有资本经营管理中心、北京广安控股集团有限公司分居榜单第二位、第三位。

此外，根据证监会行业分类标准，北京市海淀区国有资本经营管理中心在综合类位居第一名；北京市顺义区国有资本经营管理中心在金融业位居第一名。

表 5-5　中国地方政府投融资平台直辖市下辖区级排名一览表

排名	公司名称	得分	直辖市
1	北京市海淀区国有资本经营管理中心	39.53	北京
2	北京市顺义区国有资本经营管理中心	38.66	北京
3	北京广安控股集团有限公司	38.53	北京
4	上海外高桥集团股份有限公司	38.52	上海
5	天津市武清区国有资产经营投资有限公司	38.28	天津
6	天津津南城市建设投资有限公司	38.23	天津
7	天津北辰科技园区管理有限公司	38.02	天津
8	天津保税区投资控股集团有限公司	38.02	天津
9	上海陆家嘴（集团）有限公司	37.97	上海
10	上海新长宁（集团）有限公司	37.93	上海
11	上海张江（集团）有限公司	37.66	上海

续表

排名	公司名称	得分	直辖市
12	北京兴展投资控股有限公司	37.62	北京
13	北京未来科学城发展集团有限公司	37.39	北京
14	北京市丰台区国有资本经营管理中心	37.24	北京
15	天津经济技术开发区国有资产经营有限公司	37.23	天津
16	天津东方财信投资集团有限公司	37.19	天津
17	天津市西青经济开发集团有限公司	37.13	天津
18	北京金融街资本运营中心	37.03	北京
19	重庆两江新区开发投资集团有限公司	37.00	重庆
20	上海浦东发展（集团）有限公司	36.95	上海
21	上海北方企业（集团）有限公司	36.88	上海
22	重庆市万州三峡平湖有限公司	36.86	重庆
23	北京市谷财集团有限公司	36.78	北京
24	北京市朝阳区国有资本经营管理中心	36.76	北京
25	天津滨海高新区资产管理有限公司	36.60	天津
26	天津广成投资集团有限公司	36.58	天津
27	天津市静海城市基础设施建设投资集团有限公司	36.54	天津
28	重庆市南岸区城市建设发展（集团）有限公司	36.49	重庆
29	重庆渝隆资产经营（集团）有限公司	36.36	重庆
30	天津市北辰区建设开发有限公司	36.35	天津

三、地市级 200 强

排名前 200 位的地市级地方政府投融资平台见表 5－6。分值位于 36.99～45.65 分，与省级平台公司的分布情况不同，江苏省、广东省、浙江省、山东省、福建省的平台公司在前 200 名占据多席。这显示出这些省份的市级平台公司在全国范围内具有良好的竞争力。其中，福建省的市级平台表现较为出色，在前 10 位的公司中，排名第一、第二的公司来自厦门，其中，厦门象屿集团有限公司位居榜单榜首，厦门国贸控股集团有限公司位居榜单第二名。在市级平台的十佳榜单中，来自福建省的平台 3 家，来自广东省的平台 3 家，来自江苏省的平台 2 家，来自山东省的平台 1 家，来自浙江省的平台 1 家。

根据证监会行业分类标准，在市级平台 200 强榜单中，杭州市实业投资集团有限公司在综合类位居第一名，深圳高速公路股份有限公司在交通运输、仓储和邮政业位居第一名。

表5－6 中国地方政府投融资平台市级排名一览表

排名	公司名称	得分	省份
1	厦门象屿集团有限公司	45.65	福建省
2	厦门国贸控股集团有限公司	45.47	福建省
3	杭州市实业投资集团有限公司	43.12	浙江省
4	厦门建发集团有限公司	42.91	福建省
5	深圳高速公路股份有限公司	42.43	广东省
6	深圳市燃气集团股份有限公司	42.24	广东省
7	无锡产业发展集团有限公司	41.86	江苏省
8	连云港市城建控股集团有限公司	41.69	江苏省
9	淄博市财金控股集团有限公司	41.59	山东省
10	深圳市地铁集团有限公司	41.50	广东省
11	深圳市水务（集团）有限公司	41.08	广东省
12	广州市建筑集团有限公司	41.08	广东省
13	广州越秀集团股份有限公司	40.79	广东省
14	日照市城市建设投资集团有限公司	40.53	山东省
15	广州地铁集团有限公司	40.16	广东省
16	珠海华发集团有限公司	40.15	广东省
17	宜宾发展控股集团有限公司	40.02	四川省
18	广州国资发展控股有限公司	39.81	广东省
19	潍坊市投资集团有限公司	39.80	山东省
20	株洲市城市建设发展集团有限公司	39.75	湖南省
21	南京市奥体建设开发有限责任公司	39.73	江苏省
22	南宁绿港建设投资集团有限公司	39.72	广西壮族自治区
23	无锡市市政公用产业集团有限公司	39.71	江苏省
24	厦门金圆投资集团有限公司	39.66	福建省
25	阜阳投资发展集团有限公司	39.64	安徽省
26	杭州市城市建设投资集团有限公司	39.53	浙江省
27	深圳市投资控股有限公司	39.49	广东省
28	广州交通投资集团有限公司	39.23	广东省
29	广州港集团有限公司	39.21	广东省
30	漳州市九龙江集团有限公司	39.16	福建省

续表

排名	公司名称	得分	省份
31	南京市城市建设投资控股（集团）有限责任公司	39.14	江苏省
32	常州投资集团有限公司	39.11	江苏省
33	上饶投资控股集团有限公司	39.04	江西省
34	厦门翔业集团有限公司	39.04	福建省
35	南昌市政公用投资控股有限责任公司	39.04	江西省
36	湖南湘江新区发展集团有限公司	39.02	湖南省
37	贵阳高科控股集团有限公司	39.01	贵州省
38	石家庄国控投资集团有限责任公司	38.95	河北省
39	无锡市交通产业集团有限公司	38.95	江苏省
40	无锡城建发展集团有限公司	38.89	江苏省
41	昆明经济技术开发区投资开发（集团）有限公司	38.88	云南省
42	福建漳龙集团有限公司	38.87	福建省
43	曹妃甸国控投资集团有限公司	38.85	河北省
44	长春市城市发展投资控股（集团）有限公司	38.85	吉林省
45	乌鲁木齐城市建设投资（集团）有限公司	38.85	新疆维吾尔自治区
46	长沙城市发展集团有限公司	38.77	湖南省
47	南宁新技术产业建设开发总公司	38.76	广西壮族自治区
48	临沂城市建设投资集团有限公司	38.71	山东省
49	浙江嘉兴国有资本投资运营有限公司	38.70	浙江省
50	山东公用控股有限公司	38.69	山东省
51	盐城东方投资开发集团有限公司	38.68	江苏省
52	泰州东方中国医药城控股集团有限公司	38.60	江苏省
53	郑州发展投资集团有限公司	38.59	河南省
54	成都轨道交通集团有限公司	38.55	四川省
55	成都交子金融控股集团有限公司	38.55	四川省
56	长沙市轨道交通集团有限公司	38.53	湖南省
57	杭州市商贸旅游集团有限公司	38.46	浙江省
58	连云港港口集团有限公司	38.45	江苏省
59	成都高新投资集团有限公司	38.45	四川省
60	乌鲁木齐高新投资发展集团有限公司	38.45	新疆维吾尔自治区
61	厦门市政集团有限公司	38.42	福建省

续表

排名	公司名称	得分	省份
62	武汉地铁集团有限公司	38.41	湖北省
63	盐城海瀛控股集团有限公司	38.39	江苏省
64	南宁威宁投资集团有限责任公司	38.38	广西壮族自治区
65	济南高新控股集团有限公司	38.36	山东省
66	江苏悦达集团有限公司	38.33	江苏省
67	徐州经济技术开发区国有资产经营有限责任公司	38.32	江苏省
68	宁波开发投资集团有限公司	38.29	浙江省
69	合肥市建设投资控股（集团）有限公司	38.29	安徽省
70	衡阳市城市建设投资有限公司	38.29	湖南省
71	南京市交通建设投资控股（集团）有限责任公司	38.28	江苏省
72	南京市国有资产投资管理控股（集团）有限责任公司	38.26	江苏省
73	泰州市新滨江开发有限责任公司	38.25	江苏省
74	南宁城市建设投资集团有限责任公司	38.24	广西壮族自治区
75	珠海水务环境控股集团有限公司	38.22	广东省
76	福州城市建设投资集团有限公司	38.21	福建省
77	青岛国信发展（集团）有限责任公司	38.21	山东省
78	昆明滇池投资有限责任公司	38.19	云南省
79	泰州凤城河建设发展有限公司	38.17	江苏省
80	青岛西海岸发展（集团）有限公司	38.17	山东省
81	南昌工业控股集团有限公司	38.15	江西省
82	洛阳城市发展投资集团有限公司	38.15	河南省
83	武汉商贸集团有限公司	38.14	湖北省
84	无锡市建设发展投资有限公司	38.14	江苏省
85	常州新港经济发展有限公司	38.13	江苏省
86	常州天宁建设发展集团有限公司	38.11	江苏省
87	三门峡市投资集团有限公司	38.10	河南省
88	江东控股集团有限责任公司	38.10	安徽省
89	无锡市太湖新城发展集团有限公司	38.09	江苏省
90	淮安市水利控股集团有限公司	38.04	江苏省
91	衢州市国有资产经营有限公司	38.04	浙江省
92	青岛西海岸公用事业集团有限公司	38.04	山东省

续表

排名	公司名称	得分	省份
93	杭州市金融投资集团有限公司	38.04	浙江省
94	成都产业投资集团有限公司	38.04	四川省
95	聊城市兴业控股集团有限公司	38.03	山东省
96	常德市城市建设投资集团有限公司	38.01	湖南省
97	成都天府新区投资集团有限公司	37.98	四川省
98	铜陵市建设投资控股有限责任公司	37.96	安徽省
99	潍坊滨城投资开发有限公司	37.95	山东省
100	南宁轨道交通集团有限责任公司	37.94	广西壮族自治区
101	安庆经济技术开发区建设投资集团有限公司	37.93	安徽省
102	郑州航空港兴港投资集团有限公司	37.92	河南省
103	宿迁经济开发集团有限公司	37.91	江苏省
104	连云港市工业投资集团有限公司	37.91	江苏省
105	江苏银宝控股集团有限公司	37.89	江苏省
106	温州市交通发展集团有限公司	37.87	浙江省
107	杭州市交通投资集团有限公司	37.87	浙江省
108	成都环境投资集团有限公司	37.86	四川省
109	成都兴城投资集团有限公司	37.84	四川省
110	珠海港控股集团有限公司	37.80	广东省
111	广州市公共交通集团有限公司	37.79	广东省
112	泰州市城市建设投资集团有限公司	37.78	江苏省
113	佛山市建设开发投资有限公司	37.78	广东省
114	武汉市城市建设投资开发集团有限公司	37.78	湖北省
115	湖州市城市投资发展集团有限公司	37.78	浙江省
116	福州市金融控股集团有限公司	37.75	福建省
117	温州市铁路与轨道交通投资集团有限公司	37.75	浙江省
118	柳州市投资控股有限公司	37.72	广西壮族自治区
119	温州市城市建设发展集团有限公司	37.72	浙江省
120	成都建工集团有限公司	37.71	四川省
121	赤峰市城市建设投资（集团）有限公司	37.71	内蒙古自治区
122	淮安高新控股有限公司	37.71	江苏省
123	乐山国有资产投资运营（集团）有限公司	37.70	四川省

续表

排名	公司名称	得分	省份
124	宁德市交通投资集团有限公司	37.69	福建省
125	泰州鑫泰集团有限公司	37.66	江苏省
126	建发房地产集团有限公司	37.65	福建省
127	广州金融控股集团有限公司	37.65	广东省
128	温州市公用事业发展集团有限公司	37.63	浙江省
129	浙江湖州环太湖集团有限公司	37.63	浙江省
130	绍兴市城市建设投资集团有限公司	37.63	浙江省
131	延安城市建设投资（集团）有限责任公司	37.62	陕西省
132	杭州市国有资本投资运营有限公司	37.61	浙江省
133	乌鲁木齐经济技术开发区建设投资开发（集团）有限公司	37.60	新疆维吾尔自治区
134	南京扬子国资投资集团有限责任公司	37.55	江苏省
135	厦门夏商集团有限公司	37.55	福建省
136	昆明交通产业股份有限公司	37.51	云南省
137	郑州公用事业投资发展集团有限公司	37.50	河南省
138	钦州市开发投资集团有限公司	37.50	广西壮族自治区
139	青岛华通国有资本运营（集团）有限责任公司	37.47	山东省
140	成都交通投资集团有限公司	37.45	四川省
141	淮安经济技术开发区经济发展集团有限公司	37.43	江苏省
142	焦作市投资集团有限公司	37.41	河南省
143	张家界市经济发展投资集团有限公司	37.40	湖南省
144	佛山市公用事业控股有限公司	37.39	广东省
145	苏州文化旅游发展集团有限公司	37.38	江苏省
146	苏州元禾控股股份有限公司	37.37	江苏省
147	盐城高新区投资集团有限公司	37.37	江苏省
148	唐山市新城市建设投资集团有限公司	37.37	河北省
149	南充发展投资（控股）有限责任公司	37.35	四川省
150	西安高科集团有限公司	37.35	陕西省
151	青岛地铁集团有限公司	37.34	山东省
152	金华市城市建设投资集团有限公司	37.33	浙江省
153	深圳市盐田港集团有限公司	37.33	广东省
154	南阳投资集团有限公司	37.32	河南省

续表

排名	公司名称	得分	省份
155	广州高新区投资集团有限公司	37.32	广东省
156	西宁城市投资管理有限公司	37.31	青海省
157	南通沿海开发集团有限公司	37.31	江苏省
158	泸州市兴泸投资集团有限公司	37.29	四川省
159	吉安城投控股集团有限公司	37.28	江西省
160	中山市交通发展集团有限公司	37.28	广东省
161	绵阳市投资控股（集团）有限公司	37.27	四川省
162	嘉兴科技城投资发展集团有限公司	37.25	浙江省
163	南通城市建设集团有限公司	37.24	江苏省
164	建安投资控股集团有限公司	37.24	安徽省
165	广安发展建设集团有限公司	37.23	四川省
166	盐城市城市资产投资集团有限公司	37.23	江苏省
167	临沂投资发展集团有限公司	37.22	山东省
168	望城经开区投资建设集团有限公司	37.22	湖南省
169	厦门路桥建设集团有限公司	37.21	福建省
170	衡阳市滨江新区投资有限公司	37.21	湖南省
171	邯郸城市发展投资集团有限公司	37.20	河北省
172	西安城市基础设施建设投资集团有限公司	37.19	陕西省
173	广西柳州市东城投资开发集团有限公司	37.17	广西壮族自治区
174	湛江市交通投资集团有限公司	37.17	广东省
175	南安市能源工贸投资发展集团有限公司	37.16	福建省
176	深业集团有限公司	37.16	广东省
177	江苏方洋集团有限公司	37.16	江苏省
178	宿迁产业发展集团有限公司	37.15	江苏省
179	怀化市城市建设投资有限公司	37.10	湖南省
180	随州市城市投资集团有限公司	37.10	湖北省
181	珠海九洲控股集团有限公司	37.09	广东省
182	广州环保投资集团有限公司	37.09	广东省
183	湖北宜昌交运集团股份有限公司	37.09	湖北省
184	漳州市交通发展集团有限公司	37.07	福建省
185	青岛西海岸新区融合控股集团有限公司	37.06	山东省

排名	公司名称	得分	省份
186	杭州市钱江新城投资集团有限公司	37.05	浙江省
187	伊犁哈萨克自治州财通国有资产经营有限责任公司	37.05	新疆维吾尔自治区
188	江苏瀚瑞投资控股有限公司	37.04	江苏省
189	南昌轨道交通集团有限公司	37.04	江西省
190	湖北省科技投资集团有限公司	37.04	湖北省
191	岳阳市交通建设投资集团有限公司	37.03	湖南省
192	威海产业投资集团有限公司	37.03	山东省
193	青岛西海岸新区海洋控股集团有限公司	37.03	山东省
194	赤峰国有资本运营（集团）有限公司	37.02	内蒙古自治区
195	南平武夷集团有限公司	37.01	福建省
196	衡阳弘湘国有投资（控股）集团有限公司	37.00	湖南省
197	丽水市城市建设投资有限责任公司	37.00	浙江省
198	巴州国信建设发展投融资有限公司	36.99	新疆维吾尔自治区
199	济宁城投控股集团有限公司	36.99	山东省
200	蚌埠市城市投资控股有限公司	36.99	安徽省

四、区县级150强

排名前 150 的区县级地方政府投融资平台见表 5 - 7，分值位于 36.02 ~ 41.07 分，入选榜单的平台所属区域中，江苏省、浙江省、四川省三个地区分别以 66 家、37 家、11 家位列第一、第二和第三名，其他省份公司入选平台家数分布较为平均。瀚蓝环境股份有限公司以 41.07 分高居榜首。

江苏省以绝对优势占据县级排行榜，这主要是因为江苏省地理位置优越，经济实力较强，公司的市场化程度较高，部分县级地区可以与其他省份的市级地区一较高下。同时地方政府由于经济的良性循环，具备较强的财政实力，可以为平台公司提供更多的资源和资金支持，因而平台的偿债能力得到了保障。

此外，根据证监会行业分类标准，在县级平台 150 强榜单中，瀚蓝环境股份有限公司在水利、环境和公共设施管理业位居第一；南京江北新区建设投资集团有限公司在电力、热力、燃气及水生产和供应业位居第一。

表 5 - 7　中国地方政府投融资平台县级排名一览表

排名	公司名称	得分	省份
1	瀚蓝环境股份有限公司	41.07	广东省
2	南京江北新区建设投资集团有限公司	40.30	江苏省
3	桐乡市城市建设投资有限公司	39.57	浙江省
4	广东南海控股投资有限公司	39.23	广东省
5	绍兴市柯桥区国有资产投资经营集团有限公司	39.21	浙江省
6	成都空港城市发展集团有限公司	38.98	四川省
7	闽西兴杭国有资产投资经营有限公司	38.93	福建省
8	江苏国泰国际贸易有限公司	38.81	江苏省
9	吉林省长白山开发建设（集团）有限责任公司	38.78	吉林省
10	伟驰控股集团有限公司	38.68	江苏省
11	昆山高新集团有限公司	38.52	江苏省
12	杭州萧山国有资产经营集团有限公司	38.48	浙江省
13	常高新集团有限公司	38.47	江苏省
14	靖江港口集团有限公司	38.29	江苏省
15	昆山创业控股集团有限公司	38.21	江苏省
16	苏州市吴中城市建设投资发展有限公司	38.12	江苏省
17	南京溧水城市建设集团有限公司	38.11	江苏省
18	南通兴川国有资产运营有限公司	38.09	江苏省
19	常熟市发展投资有限公司	38.08	江苏省
20	宁波杭州湾新区开发建设有限公司	38.03	浙江省
21	桂林新城投资开发集团有限公司	37.98	广西壮族自治区
22	宁波市镇海区海江投资发展有限公司	37.95	浙江省
23	晋江市国有资本投资运营有限责任公司	37.94	福建省
24	乐清市国有投资有限公司	37.89	浙江省
25	成都香城投资集团有限公司	37.88	四川省
26	青岛市即墨区城市开发投资有限公司	37.88	山东省
27	温岭市国有资产投资集团有限公司	37.85	浙江省
28	宁波市鄞城集团有限责任公司	37.85	浙江省
29	安徽乐行城市建设集团有限公司	37.85	安徽省
30	诸暨市国有资产经营有限公司	37.82	浙江省
31	南京江宁城市建设集团有限公司	37.68	江苏省

排名	公司名称	得分	省份
32	浏阳现代制造产业建设投资开发有限公司	37.52	湖南省
33	南通苏通科技产业园控股发展有限公司	37.50	江苏省
34	杭州萧山钱江世纪城开发建设有限责任公司	37.48	浙江省
35	南京栖霞国有资产经营有限公司	37.46	江苏省
36	南京高淳国有资产经营控股集团有限公司	37.44	江苏省
37	靖江市城投基础设施发展有限公司	37.42	江苏省
38	江苏武进经济发展集团有限公司	37.41	江苏省
39	常熟市城市经营投资有限公司	37.41	江苏省
40	宁波经济技术开发区控股有限公司	37.39	浙江省
41	宜兴市城市发展投资有限公司	37.32	江苏省
42	杭州钱塘新区产业发展集团有限公司	37.29	浙江省
43	兴化市城市建设投资有限公司	37.27	江苏省
44	成都陆港枢纽投资发展集团有限公司	37.24	四川省
45	南京六合经济技术开发集团有限公司	37.23	江苏省
46	南京浦口经济开发有限公司	37.22	江苏省
47	宜昌兴发集团有限责任公司	37.18	湖北省
48	库尔勒城市建设（集团）有限责任公司	37.16	新疆维吾尔自治区
49	南通市崇川城市建设投资有限公司	37.14	江苏省
50	厦门海沧投资集团有限公司	37.13	福建省
51	丹阳投资集团有限公司	37.13	江苏省
52	嵊州市投资控股有限公司	37.13	浙江省
53	台州市路桥公共资产投资管理集团有限公司	37.10	浙江省
54	南京溧水产业投资控股集团有限公司	37.10	江苏省
55	张家港市直属公有资产经营有限公司	37.07	江苏省
56	西安国际陆港投资发展集团有限公司	37.06	陕西省
57	东台市国有资产经营集团有限公司	37.02	江苏省
58	杭州钱塘智慧城投资开发有限公司	37.02	浙江省
59	宁乡市城市建设投资集团有限公司	37.01	湖南省
60	义乌市国有资本运营有限公司	37.00	浙江省
61	南京建邺国有资产经营集团有限公司	36.98	江苏省
62	南京大江北国资投资集团有限公司	36.94	江苏省
63	广东顺德控股集团有限公司	36.93	广东省

续表

排名	公司名称	得分	省份
64	厦门思明国有控股集团有限公司	36.90	福建省
65	杭州余杭开发投资集团有限公司	36.88	浙江省
66	台州市椒江区国有资本运营集团有限公司	36.88	浙江省
67	福建省晋江城市建设投资开发集团有限责任公司	36.87	福建省
68	杭州萧山环境集团有限公司	36.84	浙江省
69	宁波市奉化区投资集团有限公司	36.82	浙江省
70	苏州历史文化名城保护集团有限公司	36.82	江苏省
71	江苏润城资产经营集团有限公司	36.80	江苏省
72	太仓市城市建设投资集团有限公司	36.79	江苏省
73	泰兴市成兴国有资产经营投资有限公司	36.79	江苏省
74	佛山市禅城区城市设施开发建设有限公司	36.78	广东省
75	江阴城市建设投资有限公司	36.77	江苏省
76	南京江宁滨江新城开发建设有限公司	36.74	江苏省
77	海盐县国有资产经营有限公司	36.71	浙江省
78	宁波市奉化区城市投资发展集团有限公司	36.70	浙江省
79	江苏先行控股集团有限公司	36.70	江苏省
80	杭州良渚文化城集团有限公司	36.68	浙江省
81	湖州市南浔区国有资产投资控股有限责任公司	36.68	浙江省
82	成都兴锦生态建设投资集团有限公司	36.67	四川省
83	宁波市镇海投资有限公司	36.65	浙江省
84	淮安市宏信国有资产投资管理有限公司	36.64	江苏省
85	邳州市恒润城市投资有限公司	36.59	江苏省
86	昆明空港投资开发集团有限公司	36.59	云南省
87	青岛胶州湾发展集团有限公司	36.55	山东省
88	武汉市硚口国有资产经营有限公司	36.53	湖北省
89	盐城市盐都区国有资产投资经营有限公司	36.53	江苏省
90	昆山交通发展控股集团有限公司	36.52	江苏省
91	如皋沿江开发投资有限公司	36.51	江苏省
92	长沙市芙蓉城市建设投资集团有限公司	36.51	湖南省
93	阜宁县城市投资发展有限责任公司	36.50	江苏省
94	江门市新会银海发展有限公司	36.48	广东省

排名	公司名称	得分	省份
95	江苏园博园建设开发有限公司	36.47	江苏省
96	长兴城市建设投资集团有限公司	36.47	浙江省
97	成都市金牛环境投资发展集团有限公司	36.47	四川省
98	浙江省天台县国有资产经营有限公司	36.47	浙江省
99	寿光市城市建设投资开发有限公司	36.47	山东省
100	睢宁县润企投资有限公司	36.47	江苏省
101	浙江国兴投资集团有限公司	36.46	浙江省
102	张家港保税区金港资产经营有限公司	36.44	江苏省
103	成都青羊城乡建设发展有限公司	36.42	四川省
104	成都市青白江区国有资产投资经营有限公司	36.41	四川省
105	浙江杭州青山湖科技城投资集团有限公司	36.40	浙江省
106	苏州市吴中城区建设发展有限公司	36.40	江苏省
107	新沂市城市投资发展有限公司	36.40	江苏省
108	江苏金坛建设发展有限公司	36.40	江苏省
109	溧阳市城市建设发展集团有限公司	36.37	江苏省
110	苏州市吴江城市投资发展集团有限公司	36.37	江苏省
111	成都市郫都区国有资产投资经营公司	36.37	四川省
112	宁海县城投集团有限公司	36.35	浙江省
113	赣州市南康区城市建设发展集团有限公司	36.34	江西省
114	龙海市国有资产投资经营有限公司	36.33	福建省
115	迁安市兴源水务产业投资有限公司	36.33	河北省
116	河南省郑州新区建设投资有限公司	36.32	河南省
117	成都武侯产业发展投资管理集团有限公司	36.32	四川省
118	沛县城市投资开发有限公司	36.32	江苏省
119	昆山银桥控股集团有限公司	36.30	江苏省
120	南京高淳文化旅游投资有限公司	36.30	江苏省
121	建德市国有资产经营有限公司	36.30	浙江省
122	南京溧水经济技术开发集团有限公司	36.30	江苏省
123	江油鸿飞投资（集团）有限公司	36.28	四川省
124	兰溪市兰创投资集团有限公司	36.27	浙江省
125	绵阳富诚投资集团有限公司	36.27	四川省
126	江阴高新区投资开发有限公司	36.26	江苏省

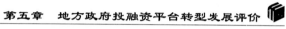

续表

排名	公司名称	得分	省份
127	江苏中关村科技产业园控股集团有限公司	36.24	江苏省
128	新疆润盛投资发展有限公司	36.24	新疆维吾尔自治区
129	邹城市城资控股集团有限公司	36.23	山东省
130	江苏江南商贸集团有限责任公司	36.18	江苏省
131	扬州市广陵新城投资发展集团有限公司	36.18	江苏省
132	石家庄滹沱新区投资开发有限公司	36.16	河北省
133	江苏海润城市发展集团有限公司	36.16	江苏省
134	沛县国有资产经营有限公司	36.16	江苏省
135	苏州汾湖投资集团有限公司	36.16	江苏省
136	宁波北坤投资控股集团有限公司	36.16	浙江省
137	太仓市资产经营集团有限公司	36.15	江苏省
138	黄河三角洲融鑫集团有限公司	36.15	山东省
139	台州市黄岩国有资本投资运营集团有限公司	36.13	浙江省
140	仁怀市水务投资开发有限责任公司	36.12	贵州省
141	福鼎市城市建设投资有限公司	36.11	福建省
142	余姚市城市建设投资发展有限公司	36.08	浙江省
143	南通运通港务发展有限公司	36.08	江苏省
144	浙江省新昌县投资发展集团有限公司	36.08	浙江省
145	南京江宁水务集团有限公司	36.07	江苏省
146	绍兴市上虞区国有资本投资运营有限公司	36.05	浙江省
147	昆山国创投资集团有限公司	36.04	江苏省
148	任兴集团有限公司	36.04	山东省
149	泰安泰山控股有限公司	36.03	山东省
150	太仓市城市发展集团有限公司	36.02	江苏省

第六章 地方政府投融资平台转型发展评价

——以安徽省为例

第一节 安徽省经济财政情况分析

一、区域概况

安徽省，简称"皖"，省会为合肥市，下辖16个地级市、9个县级市、50个县和45个市辖区，全省总面积为14.01万平方千米，常住人口6323.6万人。

安徽省地理位置较为优越，地处长江下游，位于我国华东地区、长江三角洲腹地，东连江苏省和浙江省，西接河南省和湖北省，南邻江西省，北靠山东省，处于国内几大经济板块的对接地带，是全国经济发展的战略要冲，在承接东部发达地区的经济辐射和产业转移方面具有一定的地理优势，是我国实施西部大开发战略和中部崛起发展战略重要的桥头堡。安徽文化发展源远流长，由徽州文化圈、淮河文化圈、皖江文化圈和庐州文化圈组成，同时旅游资源也十分丰富，拥有3处世界文化遗产和12处国家级重点风景名胜区，为地方经济发展提供了有利条件。

在2019年发布的《长江三角洲区域一体化发展规划纲要》中，安徽省首次被扩容进长江三角洲区域，这便意味着其可以利用自身地理位置优势，承接长三角地区的部分产业转移，享受国家战略的政策红利，推动区域社会经济发展，更加优化产业布局和资源配置。

二、区域经济状况

安徽省经济总量居于全国中游水平，2020年GDP总量为38680.63亿元，居全国第 11 位，较上年增长 4.98%；但因人口基数相对较大，人均 GDP 为 6.30 万元，低于全国平均水平 7.20 万元，居于全国第 13 位。近十年来安徽省 GDP 总量增长较快，增速稳定（见图 6-1）。从经济结构来看，第一产业总体保持稳定、增长趋势缓慢，2020 年增加值为 3184.70 亿元，占比 8.23%；第二产业增长较缓、占比逐渐下降，2020 年增加值为 15671.70 亿元，占比 40.52%；第三产业增长迅速、占比逐渐上升，2020 年增加值为 19824.30 亿元，占比 51.25%。

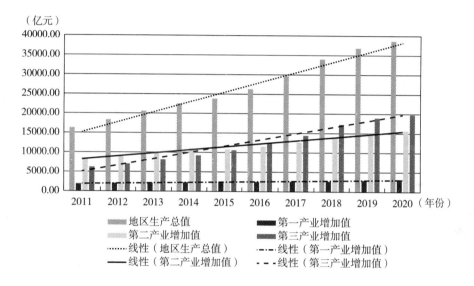

图 6-1　2011~2020 年安徽省 GDP 及产业结构发展情况

资料来源：国家统计局官网。

从安徽省的产业结构布局来看（见表 6-1），2016~2020 年安徽省第一产业增长缓慢，对地区生产总值贡献率低；第二产业优势明显，但近年来增速有所放缓；第三产业发展迅猛，已逐渐赶超第二产业，成为贡献地区生产总值的主力军。安徽省作为我国重要的能源供应地、原材料和加工制造业基地，传统工业竞争优势明显，已形成材料和新材料、能源和新能源、电子信息和家用家电、汽车和零部件制造、食品医药、化工等传统优势产业。同时，随着金融业，旅游业，房地产业，住宿和餐饮业，交通运输、仓储和邮政业等新型服务业的迅猛发展，近年来第三产业对 GDP 总量的贡献已逐渐超越传统优势第二产业，安徽省产业结构转型升级形势总体良好。

表 6 - 1　2016 ~ 2020 年安徽省主要经济指标数据

指标	2016 年	2017 年	2018 年	2019 年	2020 年
地区生产总值（亿元）	26307.70	29676.20	34010.90	36845.50	38680.60
第一产业增加值（亿元）	2489.80	2582.30	2638.00	2916.00	3184.70
第二产业增加值（亿元）	11517.50	12681.20	14094.40	14970.00	15671.70
第三产业增加值（亿元）	12300.50	14412.70	17278.50	18959.50	19824.30
农林牧渔业增加值（亿元）	2603.80	2707.30	2776.00	3069.20	3353.40
工业增加值（亿元）	8909.40	9739.90	10639.80	11181.70	11662.20
建筑业增加值（亿元）	2626.70	2961.70	3476.90	3811.60	4032.70
批发和零售业增加值（亿元）	2656.30	2924.00	3184.00	3404.00	3516.70
交通运输、仓储和邮政业增加值（亿元）	1462.30	1591.00	1865.40	1951.50	1970.80
住宿和餐饮业增加值（亿元）	552.80	614.70	688.20	741.90	698.10
金融业增加值（亿元）	1446.10	1683.20	2142.50	2340.60	2553.90
房地产业增加值（亿元）	1522.20	1921.70	2711.40	2888.40	3100.90
其他行业增加值（亿元）	4528.10	5532.80	6526.70	7456.70	7792.00
人均地区生产总值（元/人）	42641.00	47671.00	54078.00	58072.00	63426.00

资料来源：国家统计局官网。

　　安徽省各地市间经济发展较不均衡，省会城市合肥与地级市间经济发展水平差距明显，经济总量在全省各市中占有绝对领先地位，2020 年合肥市 GDP 总量已超过 1 万亿元，而排名第二的芜湖市还未超过 4000 亿元，其余各市均未超过 3000 亿元。其中，巢湖市一直是生产总值最低的城市（见图 6 - 2）。

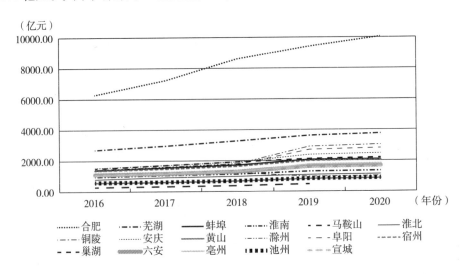

图 6 - 2　2016 ~ 2020 年安徽省各地级市 GDP 增长趋势

资料来源：Wind 数据库。

《安徽省实施长江三角洲区域一体化发展规划纲要行动计划》指出，安徽省将高质量推进"一圈五区"建设，其中包括合肥都市圈、合芜蚌国家自主创新示范区、皖江城市带承接产业转移示范区、皖北承接产业转移集聚区、皖西大别山革命老区、皖南国际文化旅游示范区。2021年，安徽省推进"一圈五区"发展布局优化升级，在县域经济发展和乡村振兴方面加大力度，更好地促进区域、城乡间融合互动、融通互补。

按经济板块划分，安徽省大致可以分为五大板块。第一，合肥都市圈。合肥都市圈主要包括合肥市和芜湖市，区位优势明显，综合经济实力突出且政策资源倾斜明显，整体发展水平最好。近年来，随着高新技术产业的发展，合肥市致力于打造世界级电子信息产业集群，以新型显示、集成电路、云计算、大数据和量子通信等为重点，打造具有影响力的创新型都市圈。第二，皖江城市带。以滁州市、马鞍山市和安庆市为代表的皖江城市带承东启西、连南接北，依托于沿江的地理优势和产业转移区域发展规划的政策支持，近年来致力于对传统产业的转型升级，形成了东中西优势互补、产业错配、分工合理的区域协调发展新格局，经济联动发展效益强。第三，皖北地区。皖北地区经济基础相对薄弱，区域经济抗风险能力较弱，目前以发展本地区现代农业、文化旅游和健康医药等特色产业为主，同时承接了东部地区传统产业升级转移。阜阳作为皖北地区的中心城市，以轻工业和白酒产业为支柱，成为带动皖北地区发展的重要增长极。第四，皖西地区。皖西地区依托大别山革命老区旅游资源，配套建设了一批康健和养老项目，打造长三角高品质红色旅游示范基地和康养基地；整合开发铁矿等优势矿产资源，促进汽车、纺织、电子信息和高端装备等制造业转型升级。第五，皖南地区。皖南地区致力于推动黄山景区高品质旅游产业发展，打造皖南国际文化旅游示范区。积极开发江苏、浙江、安徽、福建、江西地区的生态旅游和全域旅游合作，规划和开发更多高品质旅游线路，全面发展高品质旅游经济。

三、区域财政状况

2016～2020年安徽省财政收支情况总体趋势：地方财政一般预算收入与支出均有所增长，但增速明显放缓，且一般收入与支出差值越来越大（见图6-3）。2020年安徽省财政收入方面，一般预算收入为3215.96亿元，较上年增长1.04％；财政支出方面，一般预算支出为7470.96亿元，较上年增长1.07％。

如表6-2所示，2016～2020年，安徽省地方政府一般公共预算收入持续稳步增长，财政税收收入不断扩大，非税收收入增速明显高于税收收入，行政事业性收费收入缩减明显，专项收入、罚没收入和国有资本经营收入稳步增长。具体来看，对上级补助的依赖程度高，财政自给率较低；政府性基金收入平衡情况好，其中，国有土地使用权出让收入为最主要来源，但未来此项收入或将受土地政策、房地产市场波动等因素影响。

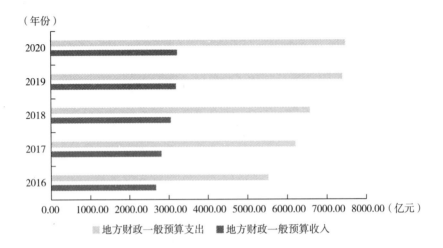

图 6 – 3　2016 ~ 2020 年安徽省财政收支情况

资料来源：国家统计局官网。

表 6 – 2　2016 ~ 2020 年安徽省财政收入规模　　　　单位：亿元

指标	2016 年	2017 年	2018 年	2019 年	2020 年
地方财政一般预算收入	2672.79	2812.45	3048.67	3182.71	3216.01
地方财政税收收入	1857.53	1970.68	2180.74	2209.73	2199.52
地方财政非税收入	815.26	841.77	867.93	972.98	1016.48
地方财政专项收入	209.1	239.05	280.97	285.94	295.04
地方财政行政事业性收费收入	160.16	152.33	140.64	124.71	123.4
地方财政罚没收入	52.74	60.05	77.99	82.92	99.29
地方财政国有资本经营收入	41.39	63.33	40.24	51.16	43.94
地方财政国有资源（资产）有偿使用收入	300.29	271.37	269.56	353.58	382.46
地方财政其他非税收入	23.23	55.64	58.52	74.66	72.34

资料来源：国家统计局官网。

如表 6 – 3 所示，2016 ~ 2020 年，安徽省地方政府一般公共服务支出和以教育支出及城乡社区事务支出为主的政府性基金预算支出规模不断增大，财政自给压力有所增大。此外，由于中央政府财政政策的支持，上级补助收入保持在较大规模，加上土地市场的发展形势良好，总体上看安徽省财政实力不断增强。

表6-3　2016~2020年安徽省财政支出规模　　　　　单位：亿元

指标	2016年	2017年	2018年	2019年	2020年
地方财政一般预算支出	5522.95	6203.81	6572.15	7392.22	7473.59
地方财政一般公共服务支出	404.09	453.28	506.13	566.85	515.12
地方财政国防支出	6.09	5.55	6.24	6.26	5.96
地方财政公共安全支出	221.17	258.39	288.04	296.76	299.78
地方财政教育支出	910.87	1014.91	1113.26	1222.21	1261.86
地方财政科学技术支出	259.5	260.41	294.81	377.95	369.98
地方财政文化体育与传媒支出	84.23	80.94	79.77	87.98	97.06
地方财政社会保障和就业支出	761.59	862.53	954.67	1084.06	1173.07
地方财政医疗卫生支出	480.12	597.74	627.1	687.36	761.62
地方财政环境保护支出	133.64	198.64	209.32	312.12	190.83
地方财政城乡社区事务支出	669.06	1013.8	998.56	1156.75	860.18
地方财政农林水事务支出	624.83	681.91	704.86	736.27	924.29
地方财政交通运输支出	341.37	230.37	220.78	275.17	333.69
地方财政资源勘探电力信息等事务支出	157.36	106.11	103.91	99.79	115.3
地方财政商业服务业等事务支出	59.47	34.71	36.65	26.48	43.76
地方财政金融监管支出	33.04	13.55	10.33	4.9	7.65
地方财政国土资源气象等事务支出决算数	40.36	56.09	48.71	47.91	60.36
地方财政住房保障支出	229.29	222.52	224.91	213.21	218.59
地方财政粮油物资储备管理等事务	31.56	25.69	25.92	26.35	30.52
地方财政国债还本付息支出	56.53	74.77	95.16	122.37	132.07
地方财政其他支出	13.42	6.5	16.4	7.61	7.58

资料来源：国家统计局官网。

第二节　安徽省政府债务情况

一、总体债务情况分析

政府债务方面，根据 Wind 数据库数据分析，截至 2020 年末，安徽省地方政府债务余额为 9600.14 亿元，较 2019 年末增长 20.96%，全国排名第 7 位，处于全国中上游水平，其中一般债务为 3816.72 亿元，专项债务为 5783.42 亿元，地方债务限额为 10690.99 亿元，地方政府债务余额占限额的 89.80%，尚有 1090.85 亿元举债空间，2020 年安徽省生产总值 38680.6 亿元；地方债务余额占 GDP 的 24.82%，远低于警戒线。以债务余额与一般公共预算收入规模相对比，2020 年末安徽省地方政府债务余额是一般公共预算收入的 2.99 倍，处于相对较高水平。考虑新增债务严格执行限额管理和地方政府专项债券的深入推行，相关项目收益可为偿债资金提供保障，安徽省政府债务风险整体可控。

二、城投债情况分析

（一）全省各类城投债发行概况

截至 2020 年末，安徽省政府投融资平台主要通过发行公司债和银行间债务融资工具进行债券融资，2020 年安徽省发行一般企业债、一般公司债、私募债、定向工具、超短期融资债券、一般短期融资债券和一般中期票据共 173 只，融资规模达 1346.29 亿元（见表 6－4）。

表 6－4　2020 年末安徽省各类城投债发行数量及规模

债券品种		发行只数（只）	融资规模（亿元）
企业债	一般企业债	19	161.00
公司债	一般公司债	4	38.00
	私募债	33	231.09
银行间债务融资工具	定向工具	27	318.50
	超短期融资债券	32	202.00
	一般短期融资债券	20	241.00
	一般中期票据	38	154.70
合计		173	1346.29

资料来源：Wind 数据库。

（二）下辖各地级市情况

安徽省在全国范围内属城投债发行相对活跃的地区，从 2020 年安徽省各地级市政府城投债发行数量和规模来看，如图 6－4 和图 6－5 所示，城投债发行主体主要集中在经济实力较强或投资需求较大的城市，其中以合肥市、滁州市、芜湖市和亳州市最为突出，其余各地级市城投平台在债券发行领域也较为活跃。具体来看，2020 年合肥市城投债发行数量为 20 只，规模为 225.00 亿元，继续保持在全省第一的位置；滁州市城投债发行节奏迅速，发行规模增长至 147.00 亿元，发行规模排名全省第二；亳州市、芜湖市和淮北市紧随其后，2020 年发行规模分别为131.39 亿元、122.70 亿元和 128.00 亿元，规模列全省第三名至第五名，发行额均超 100 亿元；阜阳市、蚌埠市、宣城市、马鞍山市、淮南市、六安市和铜陵市城投债发行规模排名依次位列省内第六名至第十二名，发行额在 50 亿 ~ 100 亿元；安庆市和宿州市城投债发行规模排名依次位列省内第十三名至第十四名，发行额在 30 亿 ~ 50 亿元，且发行数量均不超 10 只；池州市和黄山市是城投债发行数量少和发行规模最小的两个地级市，只有 1 ~ 2 只，且发行规模不超过 10亿元。

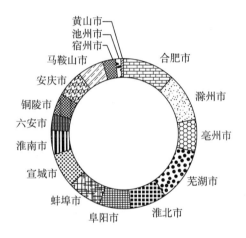

图 6 - 4 2020 年安徽省各地级市城投债数量

资料来源：Wind 数据库。

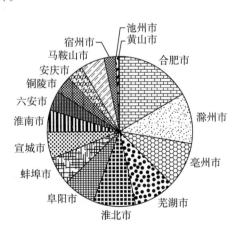

图 6 - 5 2020 年安徽省各地级市城投债规模

资料来源：Wind 数据库。

从发行时主体评级来看，如表6-5所示，安徽省共有8只AAA级城投债，均属于合肥市；84只AA+级城投债，拥有较多的地级市为滁州市、芜湖市和淮北市；75只AA级城投债，拥有较多的地级市为蚌埠市和淮南市；4只AA-级城投债和2只暂无评级城投债。

表6-5 2020年末安徽省各类城投债发行数量及规模

城市	数量（只）	发行时主体评级					发行规模（亿元）
		AAA	AA+	AA	AA-	暂无	
合肥市	20	8	6	5	1	—	225.00
滁州市	18	—	14	4	—	—	147.00
亳州市	12	—	8	3	1	—	131.39
芜湖市	20	—	14	6	—	—	122.70
淮北市	14	—	13	1	—	—	128.00
阜阳市	12	—	8	2	2	—	95.10
蚌埠市	13	—	2	9	—	2	82.10
宣城市	13	—	7	6	—	—	77.00
马鞍山市	10	—	4	6	—	—	72.00
淮南市	9	—	—	9	—	—	63.70
六安市	6	—	3	3	—	—	56.00
铜陵市	8	—	—	8	—	—	50.40
安庆市	10	—	2	8	—	—	49.70
宿州市	5	—	3	2	—	—	34.60
池州市	2	—	—	2	—	—	9.00
黄山市	1	—	—	1	—	—	2.60
总计	173	8	84	75	4	2	1346.29

资料来源：Wind 数据库。

整体来看，合肥市、滁州市和芜湖市城投债不仅发行数量多、发行规模大，而且平台资质相对较好、发行主体评级高；亳州市发行规模大，但数量不多，且企业间资质分化较为明显；其余各地级市近几年城投债资质发展和城投企业数量也明显提高，发展形势良好；仍有7个地级市未发行城投债。

（三）合肥市具体情况分析

合肥市为安徽省省会城市，省内地位突出；整体经济实力与财政实力强，处于安徽省绝对领先的地位；债务负担低，债务风险总体可控；城投债整体资质良好。如表 6 - 6 所示，截至 2020 年末，安徽省共有 8 只 AAA 级城投债，均属于合肥市，此外，合肥市还拥有数量较多的 AA + 级和 AA 级城投债；城投企业数量多，发行债务规模庞大，225.0 亿元的发行规模在安徽省处于绝对领先地位。

表 6 - 6　2020 年末合肥市城投债级别分布情况

最新主体评级	数量（只）	发行规模（亿元）
AAA	8	146.0
AA +	6	44.5
AA	5	31.5
AA -	1	3.0
合计	20	225.0

资料来源：Wind 数据库。

第三节　安徽省及下辖区域地方政府投融资平台分析

一、安徽省城投平台概况

安徽省共拥有 121 家城投公司，以基建、土地开发整理、棚改和保障房建设为主，区县级和市级居多。从城投平台行政级别来看，安徽省共拥有 12 家省级、50 家市级、59 家区县级城投平台。从区域分布来看，合肥市和马鞍山市以 20 家和 10 家位列第一和第二名，芜湖市、滁州市、蚌埠市并列第三，其余各市均不超过 10 家。

二、排名情况

通过选取相关指标构建研究模型，对安徽省地方政府投融资平台进行了分级排名。从主体评级来看，安徽省参与排名的 121 家企业中，评级为 AAA 级的有 7 家，AA + 级有 21 家，AA 级有 70 家，AA - 级有 20 家。主体评级为 AA 级及以上的企业占比为 80.99%。体现出安徽地方政府投融资平台总体具有较强的投融资能力。从入选企业的层级来看，市级、区县级平台入选企业主体信用以 AA 级为主。其中，市级平台存在 3 家 AAA 级企业；但区县级没有 AAA 级企业，AA + 级平台仅 3 家，区县级投融资平台中缺乏有融资能力优秀的"龙头型"企业，企业需要转型升级，才能够为当地投融资平台的转型发展发挥引领作用。

（一）省级平台排名情况

安徽省省级平台排名情况如表6-7所示，其中AAA级企业有4家，分别为安徽省能源集团有限公司、安徽省投资集团控股有限公司、安徽省交通控股集团有限公司、安徽国元金融控股集团有限责任公司。AA+级企业有3家，AA级企业有3家，反映出安徽省省级平台优秀的投融资能力。从平台的城市来看，主要分布在合肥市，我们可以看出合肥市各企业对于安徽省的发展具有带动作用。

表6-7　安徽省地方政府投融资平台省级排名一览表

排名	公司名称	得分	评级
1	安徽省能源集团有限公司	42.80	AAA
2	安徽省投资集团控股有限公司	41.84	AAA
3	安徽国贸集团控股有限公司	40.57	AA +
4	安徽省盐业投资控股集团有限公司	40.03	AA
5	安徽省交通控股集团有限公司	39.52	AAA
6	安徽国元金融控股集团有限责任公司	39.51	AAA
7	安徽省国有资本运营控股集团有限公司	38.85	AA +
8	安徽省旅游集团有限责任公司	38.12	AA
9	蚌埠市乐居投资管理有限公司	37.15	—
10	安徽建工集团股份有限公司	37.09	AA +
11	安徽军工集团控股有限公司	35.96	AA
12	阜阳市安居投资管理有限公司	30.47	—

（二）地市级平台排名情况

安徽省地市级平台排名情况如表6-8所示，其中AAA级3家，AA+级15家，AA级30家，AA-级2家，入榜企业以AA级为主，反映出安徽省地市级平台也具备较好的投融资能力。从城市分布来看，AAA级企业全部集中在省会合肥市，AA+级企业近一半分布于合肥市、芜湖市等经济相对发达的地区，其他地市级区域应进一步加强对当地投融资平台的引导与支持。

表6-8　安徽省地方政府投融资平台地市级排名一览表

排名	公司名称	得分	评级
1	阜阳投资发展集团有限公司	39.64	AA +
2	合肥市建设投资控股（集团）有限公司	38.29	AAA

续表

排名	公司名称	得分	评级
3	江东控股集团有限责任公司	38.10	AA+
4	铜陵市建设投资控股有限责任公司	37.96	AA
5	安庆经济技术开发区建设投资集团有限公司	37.93	AA
6	建安投资控股集团有限公司	37.24	AA+
7	蚌埠市城市投资控股有限公司	36.99	AA
8	合肥市产业投资控股（集团）有限公司	36.72	AAA
9	合肥海恒投资控股集团公司	36.46	AA+
10	黄山城投集团有限公司	36.39	AA
11	淮北市建投控股集团有限公司	36.27	AA+
12	铜陵市国有资本运营控股集团有限公司	36.27	AA
13	合肥高新建设投资集团公司	36.22	AA+
14	合肥市滨湖新区建设投资有限公司	36.20	AA+
15	淮南市产业发展（集团）有限公司	36.14	AA
16	同安控股有限责任公司	35.95	AA+
17	宣城经济技术开发区建设投资有限公司	35.75	AA
18	六安城市建设投资有限公司	35.74	AA+
19	铜陵大江投资控股有限公司	35.66	AA
20	芜湖经济技术开发区建设投资公司	35.64	AA
21	宿州市城市建设投资集团（控股）有限公司	35.41	AA+
22	马鞍山经济技术开发区建设投资有限公司	35.41	AA
23	安徽省宁国建设投资集团有限公司	35.40	AA
24	滁州市城市投资控股集团有限公司	35.34	AA+
25	合肥兴泰金融控股（集团）有限公司	35.29	AAA
26	淮南建设发展控股（集团）有限公司	35.17	AA
27	安徽平天湖投资控股集团有限公司	35.03	AA
28	池州建设投资集团有限公司	34.95	AA
29	铜陵市综合交通投资集团有限公司	34.88	AA
30	芜湖宜居投资（集团）有限公司	34.46	AA+
31	安庆皖江高科技投资发展有限公司	34.31	AA
32	蚌埠高新投资集团有限公司	34.30	AA
33	滁州市苏滁现代产业园建设发展有限公司	34.14	AA
34	芜湖市交通投资有限公司	34.12	AA+

排名	公司名称	得分	评级
35	宿州马鞍山投资集团（控股）有限公司	33.92	AA −
36	芜湖新马投资有限公司	33.89	AA
37	合肥工投工业科技发展有限公司	33.42	AA −
38	芜湖市建设投资有限公司	33.17	AA +
39	安徽省铜陵市承接产业转移示范园区建设投资有限责任公司	33.11	AA
40	宣城市城市建设集团有限公司	33.08	AA
41	蚌埠投资集团有限公司	33.07	AA
42	宣城市国有资本投资运营控股集团有限公司	33.04	AA +
43	安庆化工建设投资有限公司	32.76	AA
44	宿州交通文化旅游投资集团有限公司	32.75	AA
45	蚌埠经济开发区投资集团有限公司	32.74	AA
46	淮南市山南开发建设有限责任公司	32.57	AA
47	合肥市工业投资控股有限公司	32.46	AA
48	马鞍山市雨山区城市发展投资集团有限责任公司	32.12	AA
49	安徽省江南产业集中区建设投资发展（集团）有限公司	31.31	AA
50	安徽九华山文化旅游集团有限公司	30.24	AA

（三）区县级平台排名情况

安徽省区县级平台排名情况如表 6-9 所示，AA + 级有 3 家，AA 级有 37 家，AA - 级有 18 家，入榜企业以 AA 级和 AA - 级为主，占比分别为 62.71%、30.51%。一方面，区县级企业中不乏评级为 AA 级及 AA - 级的企业，能够为当地其他投融资平台提供良好借鉴；另一方面，安徽省区县级平台缺乏 AAA 级企业，需要进一步调整企业转型发展，安徽省的 18 家 AA - 级区县级平台需要积极谋求转型、提振企业整体实力。

表 6-9　安徽省地方政府投融资平台区县级排名一览表

排名	公司名称	得分	评级
1	安徽乐行城市建设集团有限公司	37.85	AA
2	马鞍山郑蒲港新区建设投资有限公司	35.91	AA
3	金寨县城镇开发投资有限公司	35.90	AA −
4	肥西县城乡建设投资（集团）有限公司	35.81	AA +
5	宁国市国有资产投资运营有限公司	35.71	AA

续表

排名	公司名称	得分	评级
6	六安市金安区城乡建设投资有限公司	35.39	AA −
7	庐江县城市建设投资有限公司	34.92	AA
8	芜湖市湾沚建设投资有限公司	34.90	AA
9	巢湖市城镇建设投资有限公司	34.75	AA
10	马鞍山市花山区城市发展投资集团有限责任公司	34.74	AA
11	滁州市同创建设投资有限责任公司	34.73	AA +
12	合肥鑫城国有资产经营有限公司	34.67	AA +
13	泗县城市建设投资有限公司	34.62	AA −
14	宣城市宣州区国有资本运营集团有限公司	34.62	AA
15	广德市国有资产投资经营有限公司	34.50	AA
16	含山县城市建设投资有限公司	34.46	AA −
17	临泉县交通建设投资有限责任公司	34.45	AA −
18	蒙城县城市发展投资控股集团有限公司	34.40	AA
19	南陵县建设投资有限责任公司	34.36	AA
20	太和县国有资产投资控股集团有限公司	34.20	AA
21	萧县建设投资有限责任公司	34.17	AA
22	桐城市建设投资发展有限责任公司	34.12	AA
23	宿州市新区建设投资集团有限公司	33.88	AA
24	亳州宜居综合开发有限公司	33.86	AA −
25	明光跃龙投资控股集团有限公司	33.85	AA
26	郎溪县国有资产运营投资有限公司	33.84	AA
27	安徽省怀宁县城乡建设投资发展有限责任公司	33.84	AA −
28	滁州市南谯区国有资产运营有限公司	33.78	AA −
29	濉溪建设投资控股集团有限公司	33.76	AA
30	芜湖市镜湖建设投资有限公司	33.59	AA
31	芜湖市鸠江建设投资有限公司	33.58	AA
32	寿县国有资产投资运营（集团）有限公司	33.36	AA −
33	凤阳县经济发展投资有限公司	33.33	AA
34	天长市城镇发展（集团）有限公司	33.15	AA
35	全椒县城市基础设施开发建设有限公司	33.11	AA −
36	怀远县新型城镇化建设有限公司	33.10	AA
37	舒城县城镇建设投资有限责任公司	33.08	AA −

排名	公司名称	得分	评级
38	安徽当涂经济开发区建设投资有限责任公司	33.03	AA－
39	凤台县华兴城市建设投资有限公司	33.02	AA
40	安徽六安新城建设投资有限公司	32.90	AA
41	和县城市建设投资有限责任公司	32.87	AA
42	泾县国有资产投资运营有限公司	32.83	AA－
43	萧县交通投资有限责任公司	32.80	AA
44	全椒全瑞投资控股集团有限公司	32.74	AA
45	安徽大别山国有资产投资（控股）集团有限公司	32.62	—
46	颍上县慎祥实业发展有限公司	32.59	AA
47	当涂县清源水务投资有限公司	32.54	AA
48	枞阳县投资发展有限公司	32.50	AA－
49	定远县城乡发展投资集团有限公司	32.34	AA
50	当涂县城乡建设投资有限责任公司	32.31	AA
51	灵璧县交通投资有限责任公司	32.23	AA－
52	怀远县城市投资发展有限责任公司	32.07	AA
53	东至县城市经营投资有限公司	32.07	AA－
54	蚌埠禹会建设投资有限责任公司	31.68	AA
55	来安县城市基础设施开发有限公司	31.61	AA
56	利辛县城乡发展建设投资集团有限公司	31.52	AA
57	潜山市潜润投资控股集团有限公司	30.85	AA－
58	天长市城市建设投资有限公司	30.27	AA
59	歙县城市建设投资开发有限公司	29.95	AA－

第四节　安徽省地方政府投融资平台转型发展建议

一、宏观政策背景

近年来，安徽省通过不断加强政府自身建设、提升信息披露水平、健全行政决策机制、提高政策执行水平和坚持完善监管制度，在积极支持科技创新发展、推动政府和社会资本合作、推进新型信息消费、加强财政制度和债务管理制度政策建设等方面取得了一定成效。

2020年4月，《安徽省人民政府办公厅关于加快推进高速公路建设促进长三角一体化发展的通知》发布，该通知强调加快高速公路贯通、加密、扩容，着力构建内畅外联高速公路网络，提升辐射能级，提高服务水平，为建设现代化五大发展美好安徽、促进长三角一体化发展提供更加坚强有力的交通运输保障。各市级政府积极鼓励社会资本投资建设，支持各市政府、省交通控股集团公司通过多种方式，依法依规吸收其他资本参与，组建项目公司，推进项目建设。鼓励各市政府采用发行政府专项债券、政府和社会资本合作（PPP）等方式建设高速公路，发挥好市级交通投资公司平台作用。

2021年5月28日，《安徽创新型省份建设促进条例》公布。该条例共九章四十六条，规定原始创新应当支持量子科学、磁约束核聚变科学、脑科学与类脑科学等战略性前沿基础研究，技术创新应当支持人工智能、量子信息、集成电路、生物医药等重点领域。该条例明确创新型省份建设应当坚持"四个面向"（面向世界科技前沿、面向经济主战场、面向国家重大需求、面向人民生命健康），加强前沿探索和前瞻布局，加大关键核心技术攻坚力度，增强自主创新能力，建设科技创新攻坚力量体系，打造具有重要影响力的科技创新策源地。规定县级以上人民政府应当建立稳定支持与竞争性经费相结合的科技创新投入机制；推动全社会研发投入占地区生产总值比重在"十四五"时期达到全国平均水平并稳定提升。

财政制度方面，安徽省从多方面深化财政制度改革。预算管理方面，安徽省于2015年发布了《安徽省人民政府关于贯彻落实国务院深化预算管理制度改革决定的实施意见》，从推进预算公开、完善政府预算体系、建立跨年度预算平衡机制、加强财政收入管理、优化财政支出结构、加强预算执行管理、规范政府债务管理、严肃财经纪律、强化实施保障等方面入手，深化预算管理制度改革，构建全面规范、公开透明的预算制度。

财政体制改革方面，安徽省于2017年发布《安徽省人民政府关于推进省以下财政事权和支出责任划分改革的实施意见》，从划分原则、主要改革内容、保障和配套措施等方面入手，推进财政事权和支出责任划分改革工作；之后安徽省又相继发布基本公共服务领域、医疗卫生领域、教育领域、交通运输领域、科技领域等领域的财政事权和支出责任划分改革方案，逐步构建权责清晰、财力协调、区域均衡的财政关系。

债务管理方面，安徽省为加强政府债务政策制度建设、严格防控政府债务风险、构建政府性债务管理制度体系，先后发布了《安徽省人民政府关于加强地方政府性债务管理的实施意见》和《安徽省人民政府办公厅关于印发政府性债务风险应急处置预案的通知》，安徽成立省政府性债务管理领导小组，各市县也成立了政府性债务管理领导小组，负责本地区政府性债务风险防控工作。同时，安徽省认真落实财政部要求，对地方政府债务规模实行余额限额管理并对债务进行分类管理。在政府债务风险监管方面，安徽省制定了《安徽省地方政府债务风险评估和预警暂行办法》，对各市本级、县级（含县改区、市辖区）政府性债务风险进行动态监测、评估和预警，要求各级人民政府要制定债务风险应急处置预案，建立责任追究机制，高风险地区原则上不新增政府债务余额。

总体来看，安徽省政府在支持科技创新发展、推动政府和社会资本合作、推进新型信息消费方面进行了积极的制度完善工作；财政管理办法较为健全，制度执行情况良好；债务管理制度不断完善，为防范政府性债务风险提供了一定保障。

二、区域特色分析

（一）打造合肥模式，产投而非风投

合肥通过京东方、长鑫存储和蔚来等一份份巨型投资成功答卷一时之间被称为"风投之城""赌城"，这一切看似有偶然的成分，实则是其特有产投模式的必然。经过十多年的实践，合肥市已经逐步探索出适合自身发展的一套投资逻辑，更形成了一系列配套制度，拥有了一批成熟型专业化的技术团队，以及一系列多元化投融资平台，同时，合肥市也十分重视第三方智库的参与，不断总结经验、勇于探索，从而才成功孕育出一批又一批的龙头型投资成果。

合肥模式，简单概括就是以股权投资比风险投资的思维做产业导入，以投行的方式做产业培育，即成立市场化运作的产业投资基金，然后服务于招商引资战略性产业。合肥建立了"引导性股权投资＋社会化投资＋天使投资＋投资基金＋基金管理"的多元化科技投融资体系，形成了创新资本生成能力。先运用资本招商大手笔投资基金拉拢企业落户，再将投资所获股份脱手获利，利用所得继续扩充投资基金投资下一个产业。合肥市政府撬动了显示屏产业、半导体产业和新能源汽车产业等高新技术产业，带动了当地的就业，推进了产业转型升级，实现了良性循环。

（二）做大做强省会，占据创新高地

近年来，合肥继续发挥省会优势，做了许多"无中生有""新题大做"的文章，主要围绕"两向"——符合产业发展方向和国家政策导向，大力发展新型显示屏产业、半导体产业和新能源汽车产业等高新技术产业延链、补链、强链，加强创新，不断提升产业链稳定性和竞争力，促进经济转型和高质量发展。

一是科技创新。合肥作为国家四大综合性科学中心之一，拥有一批大科学装置和许多科技工作者，诞生了一批重大原始创新成果，如"墨子号"卫星、"九章"量子原型机、量子计算机操作系统"本源司南"和嫦娥钢等。

二是产业创新。合肥把发展高新技术产业作为主攻方向和着力点。新型显示屏、集成电路和人工智能等项目入选国家第一批战略性新兴产业集群，入选数居全国城市第 4 名、省会城市第 2 名，2020 年合肥新增国家高新技术企业近 800 家，新增上市公司 12 家，创历史新高，居全国省会城市第 1 名。

三是机制创新。2020 年新冠肺炎疫情，为了帮助企业尽早复工复产，合肥市政府积极发挥主体作用，采取一系列精准举措，全面激发市场主体活力，并推出"链长"制度，由市级领导分别担任 12 个重点产业链"链长"，推动延链、补链、强链，不断提升产业链稳定性和竞争力；加大减税降费惠企力度，全年减税降费超 220 亿元，直接惠及市场主体 48 万户次。

（三）顺应国企改革，贯彻战略决策

国有资本投资运营公司作为新一轮国资国企改革的产物，发挥了不可替代的作用。合肥市建设投资控股集团有限公司（简称合肥建投）以及合肥市产业投资控股集团有限公司（简称合肥产投）作为其中的代表，充分发挥了国有资本投资运营公司的平台功能，围绕合肥全面打造"科技创新策源地"和"战新产业集聚地"，促进产业链、创新链和资本链的深度融合，筑强全生命周期投资管理与综合赋能体系，为合肥经济高质量发展注入新动力。

合肥建投、合肥产投善于应用金融和资本市场工具，特别是注重发挥政府引导基金和国有资本的引领作用，加大创新资本的生成能力，全力打造战新产业集聚地，将产业基金作为国有资本服务科创产业的重要载体，发挥资本纽带的作用。合肥建投通过充分了解行业发展情况，跟踪投资项目运营状况，实现合理溢价后退出；合肥产投通过融资担保、小微金融、债券投资等产投活动，为企业提供供应链金融等专业化服务，切实为中小微企业发展保驾护航，发挥了价值发现和创造作用，做好了产业赋能主引擎的角色，构建了较为成熟的产业投资保值增值长效机制。

三、转型发展原则

（一）服务科技创新，做强科创产业

在全球产业链、供应链和价值链颠覆性重构的进程中，深刻变化的国内外形势，对我国科技创新提出了更加迫切的要求。党的十九届五中全会审时度势，将创新驱动发展提高到战略首位，把科技自立自强作为国家发展的战略支撑。面对百年未有之大变局，抢抓新一轮科技革命和产业变革的历史机遇，助推我国科技创新从量的积累向质的飞跃、从点的突破向系统能力提升转变，需要政府大力支持科技创新、做强科创产业。

（二）利用国有企业，创新资本生成

"合肥模式"探索建立了"技术开发—成果转化—企业孵化—产业培育"的科技成果孵化体系。合肥的新型显示器件、集成电路和人工智能 3 个产业集群入选国家战新产业集群，合肥建投、合肥产投以"芯屏器合""集终生智"产业主线为切入点和发力点，成功落地京东方系列项目，实现了合肥市大规模集成电路制造项目零的突破；助力落地长鑫项目，打造了国内 DRAM 存储器行业领军者；建设运营"中国声谷"，打造人工智能产业高地等。接下来还需继续发挥好国有企业的资源桥梁和资本纽带作用，更好地引导社会资本，实现国有资本有序退出和保值增值，投向下一个产业的良性循环。

（三）重塑文化基因，开发底层逻辑

想要形成长期投资理念，逐步改变城市整体发展轨迹必须重塑城市文化基因、发展底层逻辑，改良整体政治生态，打造极具凝聚力的领导队伍，营造出良好的政商环境和营商环境，激发市场主体活力。

四、转型发展建议

（一）整合重组投融资主平台，建立健全对接机制

通过整合和重组一个强有力的投融资平台企业，作为政府对基础产业、基础设施和公益性项目投资以及城市资源开发和利用的运作主平台，并按照"决策、执行、监督"相互独立的原则，逐步建立科学决策、规范运营、严格监管、权责统一的政府投融资平台体制。打造运转高效的投融资平台，进一步增强政府投融资能力，形成"借用管还"的良性循环机制。

为顺应地方政府投融资体制改革的趋势，结合新型城镇化建设的要求，市级政府的投融资平台，不仅需要履行好义务，根据市政府授权，完成投融资决策委员会下达的年度投融资计划，承担区域范围内项目资金管理、监督检查、调度协调、举债偿债和资金平衡等工作，同时还应负责指导和帮助区县级投融资平台改进投融资管理和提高投融资运作水平。

（二）加强国有资产管理工作，依托资本市场的力量

做好行政事业单位国有资产管理工作，加强产权登记和管理，重视资产的经营和运作；强化国有资产的价值功能，将政府各部门和各直属部门单位的资产管理权统一收回到平台企业集中运作；鼓励和支持多种经济成分参与政府项目投资，通过经营权转让、资产出售、设备租赁和投资入股等形式出让基础设施和国有资产，以扩大融资来源。

科创中心依托于技术密集型与资本密集型产业，单纯依靠科创配套资源和国家及地方政府有限的财力支持，注定不会长远，想要发展成为金融中心，必须大力发展数字经济，适时放开证券市场，依靠金融资本市场的力量来支持科创发展，增强金融服务实体经济能力，同时发挥金融中心和科创中心的力量。未来还需积极争取证券交易市场、科创板交易市场的建设，从根本上解决科创与产业之间金融资本缺失的短板，扩大有效需求，增强高质量供给。

　　（三）打造青年友好型城市，吸引优质创新型人才

　　合肥市多年以来更多注重科创资源的培育，但在吸引年轻群体的文创、时尚消费、艺术休闲等方面却非常缺乏。反观国内的深圳，之所以成为科创中心，其中一项重要优势就是集聚了大批优秀年轻人才，成都更是因其城市自身独特休闲浪漫的气质，加之时尚、潮流、美食等多元要素，从而成为一座"来了就不想走"的城市，吸引了大批年轻人前来，而大批科技巨头和科创资源更是因大量优秀年轻创新人才集聚而前来，从而使科创产业获得巨大发展。因此需要加大面向年轻消费群体的市场供给，积极争取一线时尚消费品牌入驻，积极筹办各类动漫节、音乐节、体育赛事等，将合肥打造成为一座年轻人向往的青年友好型城市。

第七章　地方政府投融资平台
转型发展评价

——以河南省为例

第一节　河南省经济财政情况分析

一、区域概况

河南省，简称"豫"，位于我国中东部、黄河中下游，东接安徽、山东，北接河北、山西，西连陕西，南邻湖北，有"九州腹地、十省通衢"之称。河南省区位优势突出，地处我国沿海开放区与中西部地区的接合部，也是全国重要的交通枢纽和物资集散地。河南省总面积 16.7 万平方千米，占全国总面积的1.73%。地势西高东低，平原盆地、山地丘陵分别占总面积的55.7%和44.3%。河南省下辖郑州、洛阳、开封等 17 个地级市、1 个省直管市（济源市）、21 个县级市、83 个县以及 53 个市辖区，省会为郑州市。

河南省矿产及人口资源丰富，为地区经济发展提供了有力支撑。2020 年河南省总人口 9921 万人，庞大的人口基数和较年轻的人口结构提供了显著的人口红利。

河南省是我国重要的经济大省、全国农产品主产区、工业生产基地，随着中国（河南）自由贸易试验区、中原城市群、郑洛新国家自主创新示范区等战略的推进，河南省不断加快产业结构优化调整、全方位推进对外开放、积极扩大有效需求、加大重点领域投资力度，近年来整体经济保持平稳较快增长。

二、区域经济情况

河南是我国农业大省，GDP 总量较大，人均 GDP 位于全国中游水平，产业结构为第二、第三产业并重，经济规模稳居全国前列。近年来，在中国经济增速持续放缓的背景下，尤其是 2020 年，河南省经济增速放缓，并低于全国平均水平。2018～2020 年，河南省分别实现地区生产总值 48055.86 亿元、54259.20 亿元、54997.07 亿元。2020 年河南省 GDP 居于全国第 5 位；增速低于 2.30% 的全国 GDP 增速，居全国第 26 位。2020 年，河南省人均 GDP 为 55435 元，是全国平均水平的 76.60%，位居全国第 19 名。

产业分布方面，河南省经济结构持续优化，产业转型效果显著，第三产业对河南省经济增长的贡献率不断提升。2020 年河南省第一产业、第二产业、第三产业的增加值分别为 5353.74 亿元、22875.33 亿元、26768.01 亿元，同比增长分别为 2.20%、0.70% 和 1.60%；2020 年三大产业结构之比为 9.7∶41.6∶48.7，其中第三产业增加值占比在 2019 年首次超过第二产业占比，2020 年达到 48.7%。

河南省下辖各市经济发展水平分化较为明显，整体呈"中心强、四周弱"的发展格局，郑州市作为省会城市和全省经济中心，GDP 规模较大且保持稳定增长，其他地市经济发展水平与之差距较大。2020 年河南省各地区 GDP 情况如表 7-1 所示。

表 7-1 2020 年河南省各地区 GDP 情况

地区＼指标	2019 年 GDP（亿元）	2020 年 GDP（亿元）	增量（亿元）	名义增速（%）
郑州	11589.7	12003.04	413.34	3.57
洛阳	5034.9	5128.36	93.46	1.86
南阳	3814.98	3925.86	110.88	2.91
许昌	3395.7	3449.23	53.53	1.58
周口	3198.49	3267.19	68.7	2.15
新乡	2918.18	3014.51	96.33	3.30
商丘	2911.2	2925.33	14.13	0.49
驻马店	2742.06	2859.27	117.21	4.27
信阳	2758.47	2805.68	47.21	1.71
平顶山	2372.6	2455.84	83.24	3.51
开封	2364.14	2371.83	7.69	0.33
安阳	2229.3	2300.48	71.18	3.19
焦作	2761.1	2123.6	-637.5	-23.09
濮阳	1581.49	1649.99	68.5	4.33

续表

地区 \ 指标	2019 年 GDP（亿元）	2020 年 GDP（亿元）	增量（亿元）	名义增速（%）
漯河	1578.4	1573.88	-4.52	-0.29
三门峡	1443.82	1450.71	6.89	0.48
鹤壁	988.69	980.97	-7.72	-0.78
济源	686.96	703.16	16.2	2.36

资料来源：Wind 数据库。

2021 年河南省继续推动产业转型升级，保持经济稳定增长，同时改善省内经济发展不平衡的格局，通过中心带动整体联动，构建优势互补的区域经济布局，在"十四五"规划的开局之年把握新机遇，开启新征程。

三、区域财政状况

河南省整体经济财政实力处于上游，一般公共预算收入稳定性强但财政自给能力一般，基金收入和上级补助收入是河南省综合财力的重要支撑。

一般公共预算收入方面，2020 年河南省一般公共预算收入为 4155.20 亿元，排在全国第 8 位，与 2019 年一致；一般公共预算收入增速为 2.80%，高于全国一般公共预算收入增速；财政自给率为 40.02%，排在全国第 15 位，较 2019 年提升 3 位。2017 年至 2020 年，河南省税收收入占一般公共预算收入的比重均大于 65.00%，财政收入的稳定性较强。2020 年受新冠肺炎疫情影响，河南省加大对受新冠肺炎疫情冲击较大的行业的税收减免力度，进而税收收入同比下降 2.69%。

地方政府性基金收入方面，2020 年河南省政府性基金收入小幅下降，其中国有土地使用权出让收入占比上升 1.45%。2020 年河南省政府性基金收入为 3751.90 亿元，同比下降 8.75%。其中国有土地使用权出让收入 3286.4 亿元，相较 2019 年下降 228.47 亿元，而占比相较 2019 年上升 1.45 个百分点，达 87.59%。2017~2020 年河南省财政收入规模如表 7-2 所示。

表 7-2　2017~2020 年河南省财政收入规模
单位：亿元

指标 \ 年份	2017	2018	2019	2020
一般公共预算收入	3407.22	3766.02	4041.89	4155.20
其中：税收收入	2329.31	2656.65	2841.34	2765.00

续表

指标 \ 年份	2017	2018	2019	2020
地方政府性基金收入	2509.60	3826.05	4080.25	3751.90
其中：国有土地使用权出让金	2069.13	3309.79	3514.87	3286.40
本级国有资本经营收入	8.00	2.95	10.08	7.69

资料来源：Wind 数据库。

第二节 河南省政府债务情况

一、地方政府债务情况

河南省地方政府债务余额规模位于全国中游水平，主要债务指标表现较好，政府债务风险可控。2017～2020 年，河南省政府债务余额持续增长，四年里债务余额从 5548.47 亿元增加到 9822.45 亿元，主要源于地方政府专项债务的大幅增长。2020 年末河南省较财政部规定的债务限额（11851.00 亿元）低 2028.55 亿元，符合财政部限额管理规定，且剩余空间较大。2017～2020 年河南省政府债务规模如表 7-3 所示。

表 7-3 2017～2020 年河南省政府债务规模　　　　单位：亿元

指标 \ 年份	2017	2018	2019	2020
地方政府债务限额	7265.50	8284.50	9728.99	11851.00
地方政府债务余额	5548.47	6543.20	7910.10	9822.45
其中：一般债务	3648.68	4064.20	4471.35	4899.84
其中：专项债务	1899.79	2479.00	3438.75	4922.61

资料来源：Wind 数据库。

从债务指标来看，河南省政府债务主要分布于地级市和县级政府，合计占全省的比重为 84.89%。河南省所辖地级市中，郑州市地方政府债务余额远高于其他城市，2020 年占全省债务余额的 22.13%，达到 2173.79 亿元。政府债务资金主要投向市政工程、保障性住房及棚改、公路、农村水利、土地储备、铁路等领域，形成了较多的优质资产。截至 2020 年末，河南省政府债券期限包括 3 年期、5 年期、7 年期、10 年期、15 年期、30 年期等，债务期限结构相对合理。2020年河南省各市政府债务规模如表 7-4 所示。

表 7-4　2020 年河南省各市政府债务规模　　　　　　单位：亿元

指标 城市	地方政府债务余额	地方政府债务余额： 一般债务	地方政府债务余额： 专项债务
郑州	2173.79	1266.33	907.46
南阳	626.30	239.55	386.75
洛阳	529.64	264.19	265.45
信阳	481.92	143.06	338.86
新乡	471.47	220.33	251.14
许昌	466.42	146.95	319.47
周口	436.18	194.48	241.70
商丘	413.11	155.21	257.90
驻马店	411.39	149.68	261.72
开封	396.79	158.93	237.86
安阳	383.75	168.64	215.10
濮阳	352.58	152.02	200.56
平顶山	343.47	140.89	0.03
焦作	280.92	128.01	152.91
三门峡	199.32	103.07	96.25
鹤壁	188.86	71.91	116.95
漯河	182.55	58.54	124.01

资料来源：Wind 数据库。

二、城投债情况分析

除了地方政府一般债务和专项债务之外，城投债是地方政府的另一大融资渠道，为河南省基础设施建设和城市发展提供了重要的财力支持。2020 年，河南省政府投融资平台主要通过发行公司债、企业债、银行间债务融资工具进行债券融资，三者共计新增发行 1263.90 亿元。其中，发行私募债数量最多，为 66 只，融资金额达到 495.10 亿元（见表 7-5）。

表7-5　河南省政府投融资平台2020年各类债券发行数量及规模

债券类型	发行数量（只）	发行规模（亿元）	占比（%）
超短期融资债券	20	132.20	10.46
定向工具	44	296.40	23.45
私募债	66	495.10	39.17
一般短期融资券	3	15.00	1.19
一般公司债	7	73.50	5.82
一般企业债	9	99.70	7.89
一般中期票据	26	152.00	12.03
总计	175	1263.90	100.00

资料来源：Wind 数据库。

2015～2020年，河南省城投债发行规模总体呈上涨趋势（见图7-1）。受监管政策放松的影响，2016年发行规模激增，同比增长404.71%；2019年发行规模大幅增加，同比提高175.99%。受永煤控股债券违约的影响，2020年12月和2021年第一季度河南省城投债发行量显著下滑，2021年第二季度开始逐渐恢复。

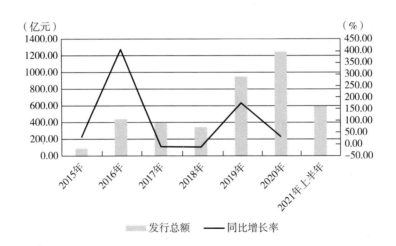

图例：▨ 发行总额　── 同比增长率

图7-1　2015～2021年河南省城投债发行规模

资料来源：Wind 数据库。

2020年，河南省中仅有郑州市和洛阳市发行规模超过100.00亿元，分别为521.40亿元和128.00亿元，占比分别为41.25%和10.13%，其余市的发行规模都远小于郑州市。进一步反映出河南省经济发展不平衡、"中心强，四周弱"的格局（见表7-6）。

表7-6 河南省各城市 2020 年城投债发行数量及规模

城市	发行数量（只）	发行规模（亿元）	占比（%）
安阳市	4	23.10	1.83
鹤壁市	3	27.50	2.18
济源市	5	30.00	2.37
焦作市	6	30.00	2.37
开封市	6	26.40	2.09
洛阳市	25	128.00	10.13
漯河市	6	35.20	2.79
南阳市	3	20.60	1.63
平顶山市	6	50.60	4.00
濮阳市	2	15.90	1.26
三门峡市	7	43.00	3.40
商丘市	16	94.00	7.44
新乡市	9	59.00	4.67
信阳市	4	26.20	2.07
许昌市	9	58.00	4.59
郑州市	52	521.40	41.25
周口市	7	50.00	3.96
驻马店市	5	25.00	1.98
总计	175	1263.90	100.00

资料来源：Wind 数据库。

第三节 河南省及下辖区域地方政府投融资平台分析

一、地方政府投融资平台概况

河南省共辖 17 个地级市，分别为郑州市、开封市、洛阳市、平顶山市、安阳市、鹤壁市、新乡市、濮阳市、焦作市、许昌市、漯河市、三门峡市、商丘市、周口市、驻马店市、南阳市、信阳市。

Wind 数据库显示，截至 2021 年 6 月底，河南省城投平台存量债务余额为 3765 亿元，其中，省级平台存量相对较大。地级市中，郑州城投存量债务余额最大，远高于其他地级市，为 1015 亿元，并且平台数量最多，为 18 个；其次是洛阳，与郑州规模相差较大，为 406 亿元，平台数量为 9 个；其余地级市城投存量债务余额较小，许昌、商丘、平顶山、漯河城投存量债在 100 亿~200 亿元；开封、三门峡、濮阳、新乡、周口、驻马店、安阳、南阳、焦作、鹤壁、信阳城投存量债均低于 100 亿元，并且平台数量以 3 个及以下为主。从债券类型来看，河南省存量城投债中私募公司债占比最高，为 32.9%；中票次之，为 27.2%；PPN、企业债占比分别为 22.8%、10.2%，其余债券类型占比较低。

二、排名情况

通过选取相关指标构建研究模型，本书对河南省地方政府投融资平台进行了分级排名。从主体评级来看，河南省参与排名的 72 家企业中，评级为 AAA 级的有 8 家，评级为 AA+级的有 18 家，AA 级 38 家，AA-级 6 家。主体评级为 AA 级及以上的企业占比为 88.89%，体现出河南省政府投融资平台总体具有较强的投融资能力。从入选企业的层级看，省级平台入选企业多为 AAA 级，市级平台入选企业以 AA 级及 AA+级为主，区县级平台以 AA 级为主。其中，省级平台存在 5 家 AAA 级企业，市级平台存在 3 家 AAA 级企业，区县级平台有 2 家 AA+级企业，说明河南省各级投融资平台中都有融资能力优秀的企业，能够为当地投融资平台的转型发展发挥引领作用。

（一）河南省省级政府投融资平台排名

河南省共有 8 家投融资平台企业上榜，其中 AAA 级 5 家，AA+级 1 家，AA 级 2 家，相较于地市级、区县级的平台企业，省级平台企业的融资能力较强。河南省省级政府投融资平台排名如表 7-7 所示。

表 7-7 河南省省级政府投融资平台排名

排名	公司名称	得分	评级
1	河南水利投资集团有限公司	37.46	AAA
2	河南投资集团有限公司	37.38	AAA
3	河南省交通运输发展集团有限公司	37.38	AAA
4	中原豫资投资控股集团有限公司	37.26	AAA
5	河南交通投资集团有限公司	36.88	AAA
6	河南省农业综合开发有限公司	35.30	AA+

续表

排名	公司名称	得分	评级
7	河南铁路投资有限责任公司	35.10	AAA
8	河南城际铁路有限公司	32.64	AA

（二）河南省地市级政府投融资平台排名

河南省入榜的地市级平台共有 36 家，其中 AAA 级 3 家，AA + 级 15 家，AA 级 16 家，AA - 级 2 家。从城市分布看，地市级平台分布较为分散，36 家平台企业分布于不同的城市。河南省地市级政府投融资平台排名如表 7 - 8 所示。

表 7 - 8 河南省地市级政府投融资平台排名

排名	公司名称	得分	评级
1	郑州发展投资集团有限公司	38.59	AAA
2	洛阳城市发展投资集团有限公司	38.15	AA +
3	三门峡市投资集团有限公司	38.10	AA +
4	郑州航空港兴港投资集团有限公司	37.92	AAA
5	郑州公用事业投资发展集团有限公司	37.50	AA +
6	焦作市投资集团有限公司	37.41	AA +
7	南阳投资集团有限公司	37.32	AA +
8	平顶山发展投资控股集团有限公司	36.93	AA +
9	信阳华信投资集团有限责任公司	36.82	AA
10	漯河市城市投资控股集团有限公司	36.81	AA
11	开封城市运营投资集团有限公司	36.75	AA
12	洛阳国宏投资集团有限公司	36.75	AA
13	濮阳投资集团有限公司	36.68	AA
14	商丘市发展投资集团有限公司	36.61	AA +
15	河南省济源市建设投资有限公司	36.39	AA
16	鹤壁投资集团有限公司	36.26	AA
17	新乡投资集团有限公司	36.00	AA +
18	南阳财和投资有限公司	35.59	AA
19	郑州投资控股有限公司	35.30	AA
20	许昌市建设投资有限责任公司	35.28	AA
21	安阳投资集团有限公司	35.06	AA

续表

排名	公司名称	得分	评级
22	洛阳城乡建设投资集团有限公司	34.88	AA +
23	焦作城市发展投资（控股）集团有限公司	34.84	AA
24	河南省路桥建设集团有限公司	34.61	AA
25	郑州地产集团有限公司	34.46	AAA
26	郑州经开投资发展有限公司	34.38	AA +
27	驻马店市城乡建设投资集团有限公司	34.25	AA +
28	周口市投资集团有限公司	34.20	AA +
29	开封市文化旅游投资集团有限公司	33.85	AA
30	许昌市投资总公司	33.72	AA +
31	开封市发展投资集团有限公司	33.69	AA +
32	南阳高新发展投资集团有限公司	33.56	AA -
33	漯河经济开发区投资发展有限公司	33.27	AA -
34	平顶山市融城发展投资集团有限公司	32.72	AA
35	商丘市古城保护开发建设有限公司	32.69	AA
36	周口市城建投资发展有限公司	32.12	AA +

（三）河南省区县级政府投融资平台排名

河南省上榜的区县级企业共有 28 家，其中 AA + 级 2 家，AA 级 20 家，AA - 级 4 家，反映出区县级平台的整体实力较为一般，河南省相应地区仍需加强对投融资平台的支持和发展，引导其发挥自身在当地的业务优势，培育造血能力较强的域内大型平台公司。河南省区县级政府投融资平台排名如表 7 - 9 所示。

表 7 - 9　河南省区县级政府投融资平台排名

排名	公司名称	得分	评级
1	河南省郑州新区建设投资有限公司	36.32	AA +
2	洛阳古都发展集团有限公司	35.41	AA
3	灵宝市国有资产经营有限责任公司	38.26	AA
4	巩义市国有资产投资经营有限公司	35.13	AA
5	郑州通航建设发展有限公司	35.07	AA -
6	新郑新区发展投资有限责任公司	34.89	AA +
7	新安县发达建设投资集团有限公司	34.75	AA
8	长葛市金财公有资产经营有限公司	34.49	AA

续表

排名	公司名称	得分	评级
9	新密市财源投资集团有限公司	34.43	AA
10	宁陵县发展投资有限公司	34.37	—
11	兰考县兴兰农村投资发展有限公司	34.22	—
12	西平县产业集聚区投融资有限公司	34.05	AA -
13	林州红旗渠经济技术开发区汇通控股有限公司	33.99	AA
14	汝州市鑫源投资有限公司	33.98	AA
15	许昌市魏都投资有限责任公司	33.96	AA
16	兰考县城市建设投资发展有限公司	33.87	AA
17	辉县市豫辉投资有限公司	33.86	AA
18	新乡平原示范区投资集团有限公司	33.85	AA
19	禹州市投资总公司	33.72	AA
20	孟州市投资开发有限公司	33.39	AA -
21	宝丰县发展投资有限公司	33.31	AA
22	郑州牟中发展投资有限公司	33.19	AA
23	洛阳西苑国有资本投资有限公司	32.99	AA
24	栾川县天业投资有限公司	32.93	AA
25	郏县产业集聚区投资发展有限公司	32.78	AA -
26	洛阳鑫通经济发展投资有限公司	32.57	AA
27	汝州市温泉水生态投资建设有限公司	31.08	AA
28	洛阳龙丰建设投资有限公司	29.56	AA

第四节 河南省地方政府投融资平台转型发展建议

一、宏观政策背景

2014 年 9 月发布的《国务院关于加强地方政府性债务管理的意见》是规范地方政府投融资平台的标志性政策文件。该意见规定"剥离融资平台公司政府融资职能，融资平台公司不得新增政府债务"，此后一系列文件都意在推进城投公司融资与政府信用的剥离。2020～2021 年，国家发改委、上海证券交易所、深圳证券交易所以及中国银行间市场交易商协会一系列政策都是旨在支持鼓励地方政府融资平台通过举债融资复工复产，进而促进地方经济恢复；同时，也进一步强调了信息披露的全面性与规范性，适度提高城投公司的发债条件，督促平台完成市场化转型，防范区域性信用风险。从目前的政策导向来看，城投公司规范化融资是大趋势，监管机构表现出"扶优限劣"的态度，因此中高评级的城投公司在次轮宽松政策背景下将有机会获得更充沛的融资。同时，河南省政府也在积极探索投融资平台的转型发展之路。近两年全国及河南省城投债发行相关的经济政策梳理如表 7 – 10 所示。

表 7 – 10　近两年全国及河南省城投债发行相关的经济政策梳理

政策颁布方	文件名称	时间	主要内容
国家发改委	《国家发展改革委办公厅关于疫情防控期间做好企业债券工作的通知》	2020 年 2 月	支持疫情地区和疫情防控企业的债券融资需求；简化债券业务办理手续，助力企业复工复产；加强债券存续期信息披露和本息兑付工作
	《国家发展改革委关于企业债券发行实施注册制有关事项的通知》	2020 年 3 月	全面实施注册制，强化信息披露责任，稳妥做好新旧制度衔接
	《国家发展改革委关于印发〈2021 年新型城镇化和城乡融合发展重点任务〉的通知》	2021 年 4 月	加大中央预算内投资和地方政府专项债券等财政性资金统筹支持力度，推进县城新型城镇化建设专项企业债
证监会	《公司债券发行与交易管理办法》	2021 年 2 月	放松对地方政府融资平台发行债券的限制
中国银行间市场交易商协会	《关于进一步做好债务融资工具市场服务疫情防控工作的通知》	2020 年 2 月	建立债务融资工具注册发行绿色通道，延长企业注册和发行环节相关时限，畅通企业融资渠道，缓解其流动性压力
	—	2020 年 3 月	推出乡村振兴票据，首批乡村振兴票据的十余家发行人包括央企、地方国企、民营企业等主体
证券交易所	《上海证券交易所公司债券发行上市审核规则适用指引第 1 号——申请文件及编制》	2020 年 11 月	从事城市建设的地方国有企业申报发行公司债券，除按照一般发行人相关要求编制申请文件外，还应符合地方政府性债务管理的相关规定和交易所相应信息披露及核查要求

政策颁布方	文件名称	时间	主要内容
证券交易所	《上海证券交易所公司债券发行上市审核规则适用指引第3号——审核重点关注事项》《深圳证券交易所公司债券发行上市审核业务指引第1号——公司债券审核重点关注事项》	2021年4月	对公司债申报规模、募集资金用途和信息披露提出更详细、更审慎的要求
河南省发改委	《河南省促进创业投资发展办法（修订）》（征求意见稿）	2021年4月	支持地方政府融资平台公司转型升级为创业投资企业或者拓展创业投资业务

二、区域特色分析

河南省财政收入水平较高，一般公共预算收入保持增长，中央转移性收入为地区财力提供了重要支撑；地方政府债务的主要指标表现较好，债务风险总体可控。然而，2020年11月永煤控股债券违约使河南省地方国企和投融资平台遭遇了严重的信任危机，此后多月河南省新债发行和二级市场交易均受到负面影响。

永煤控股，前身为永城煤电（集团）有限责任公司，公司控股股东为河南省人民政府国有资产监督管理委员会（河南省国资委）的全资公司——河南能源化工集团有限公司，持股比例为96.01%；兴业国际信托有限公司为第二大股东，持股比例3.99%。公司主营业务为煤炭生产、销售，以商品贸易及化工、装备、有色等非煤业务为辅，是全国三大精品无烟煤基地之一。2020年11月，河南省国有企业永煤控股发布公告称因流动性资金紧张，10亿元超短融"20永煤SCP003"不能按期足额偿付本息，构成实质性违约。2020年11月11日，评级机构中诚信国际迅速将永煤控股的主体评级由AAA下调为BB，相关债券评级也随之下调。随后，永煤控股集团多只债券陆续展期。

永煤控股的控股股东是河南省的强势国企，其违约引发投资者关于地方政府对国企和投融资平台救助和兜底意愿的质疑，给整个河南省的信用债市场都带来了严重的冲击。永煤控股的违约看似意料之外，实际也在情理之中，其违约原因可归为两个方面。

一方面，内部经营管理存在隐患，非核心业务占比大且连续亏损。永煤集团核心业务为煤炭开发、加工与销售，业务收入占比约50%，贡献90%以上利润，近年来毛利率保持在40%左右，处于行业中上水平。但非煤业务盈利能力较差，且一直未能剥离、出清，其中化工业务近年毛利率快速下降，从18.1%降至

2.1%，拖累集团经营。受化工业务影响，永煤集团2018年归母净利润亏损11亿元，2019年亏损扩大至13亿元，2020年前三季度亏损3.2亿元。同时，关联方占款现象严重进一步恶化了永煤控股的现金流。永煤集团的母公司河南能源化工集团是对外融资主体，截至2019年末，永煤关联方应收款项达104.5亿元，占全部其他应收款的64.1%。以短续长、短期兑付压力大，导致现金流紧张，永煤集团流动负债逐年上升。此外，2015～2019年短期有息负债占比由20%升至36.5%，长期有息负债占比由42.5%降至23.8%，有息债务整体占比稳定但结构恶化。伴随债券融资难度加大，公司短期兑付压力增加，2020年、2021年分别有50亿元、80亿元以上的债务偿还压力。

另一方面，永煤控股受到市场"逃废债"的嫌疑。截至2020年第三季度末，永煤控股现金及现金等价物为328.2亿元，从账面来看，资金余额完全足够偿付此次10亿元的短期融资。此外，永煤控股还存在提前转移优质资产的嫌疑。2020年11月2日，在宣告债券正式违约之前，永煤控股将所持中原银行股份无偿划转至河南投资集团，将所持的龙宇煤化工等四家公司的股权无偿划转至母公司豫能化工等。同日，豫能化工也将持有的化工新材料、农投金控等股份无偿划转给其他河南国企。永煤控股将手中的优质资产划转出去，然后宣布无力偿还债券。总之，永煤控股在违约前将优质资产划转出去的行为和其账面资产充裕的状况使永煤的违约存在"逃废债"嫌疑。

永煤控股违约事件对河南省信用债市场在短期产生了一系列不利影响，主要体现在河南省债券发行量骤减，发行成本显著上升。通过万得数据库查询河南省债券发行数据可知，永煤违约后河南省城投债和信用债规模都大幅度下降。2020年12月，河南省新增债券骤降为0，企业债、公司债和银行间债务融资工具均无上市。2021年第一季度，一级市场依旧保持低迷状态，2021年1月，仅有两只公司债发行成功，2021年仅有一只公司债和一项银行间债务融资工具上市，与上一年同期以及永煤控股债券违约之前相比，整体发行额和净融资额均显著下降。河南省每月新增债券发行规模如图7-2所示。从图中可以看出，每月新增债券发行规模呈周期性波动。

永煤事件之后，河南省新发城投债发行成本明显上行。在受永煤违约事件影响最大的2020年12月和2021年第一季度，河南省仅发行10只城投债，本书将永煤控股违约前后部分相同类型、相同或相近期限的债券进行比较，如表7-11所示。在永煤违约后，河南省城投债的发行成本显著上升。具体而言，三门峡投资集团发行成本上升212BP，驻马店城乡建设上升152BP，还有三家发行成本也小幅上涨2BP～60BP。

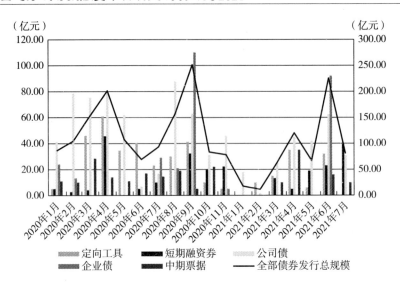

图7-2 河南省每月新增债券发行规模

注：由于2020年12月无债券发行，故不体现。

资料来源：Wind数据库。

表7-11 河南省城投债发行成本对比

发行人	债券名称	发行时间	期限（年）	债券类型	票面利率（%）	利率上升（BP）
三门峡市投资集团有限公司	21三门峡CP001	2021年3月8日	1	短期融资券	4.52	211
	20三门峡CP001	2020年4月21日	1	短期融资券	2.40	
平顶山发展投资控股集团有限公司	21平顶发展SCP001	2021年2月24日	0.49	短期融资券	4.48	34
	19平顶发展SCP001	2019年4月26日	0.74	短期融资券	4.14	
驻马店市城乡建设投资集团有限公司	21驻投01	2021年2月5日	5	公司债	7.50	152
	20驻投03	2020年9月22日	5	公司债	5.98	
郑州公共事业投资发展集团有限公司	21郑州公用PPN001	2021年2月4日	3	定向工具	4.47	2
	19郑州公用PPN001	2019年3月22日	3	定向工具	4.45	
郑州航空港兴港投资集团有限公司	21兴港D1	2021年1月19日	1	公司债	4.50	60
	20兴港D3	2020年10月28日	1	公司债	3.90	

资料来源：Wind数据库。

　　长期而言，永煤控股的违约削弱了河南省乃至全国范围内信用债市场的"国企光环、城投光环"。很多地方国有企业即使经营不善，但凭借着地方政府的信用及资金支持，依然能获得较高的信用评级和投资者的认可。永煤控股的违约向市场投资者表明，政府的财政和信用支持仅仅能延缓风险爆发的时间，难以解决深层次的经营问题。因此国企背景对企业的信用背书有限，国有企业和城投平台同样存在违约和出清风险。永煤控股作为被评级为 AAA 的地方国有企业，其违约行为促使投资者调整对于河南省国资背景债券信用风险的心理预期，河南省信用债市场的"国企光环、城投光环"随之减弱。

2021 年第二季度开始，河南省新债发行情况逐渐转好，逐渐走出永煤违约的阴影。永煤控股于 2020 年 11 月 10 日第一只债券违约之后，河南省信用债市场的新债发行大幅减少。从 2021 年 3 月开始，河南信用债市场发行逐步回暖，2021 年 3 月、4 月、5 月、6 月的发行金额分别为 106 亿元、162 亿元、76 亿元、157 亿元。截至 2021 年 7 月中旬，河南省 2021 年新增发行债券（企业债、公司债与银行间债务融资工具）总规模达到 585.4 亿元，永煤事件风波对河南信用债一级发行市场的恶劣影响逐步减弱。2021 年 3 月以来河南省属发债主体多为省级平台和省内发债主体。3 月的发债主体中，河南省交通运输发展集团、三门峡市投资集团、郑州市建设投资集团有限公司的发行金额合计达 53 亿元，占比高达 50%；4 月的发债主体中，郑州地产集团有限公司、河南省交通运输发展集团有限公司、河南省郑州新区建设投资有限公司合计发行债券 55 亿元，占比 34%；6 月的发债主体中，郑州地产集团有限公司、洛阳城市发展投资集团有限公司、焦作城市发展投资（控股）集团有限公司的发行金额合计为 71 亿元，占比 45%。在永煤控股分批偿还展期债券以及河南省政府的介入和表态的背景下，2021 年上半年债券发行市场有所回暖，地区信用开始得到恢复。

三、转型发展原则

（一）明确具体转型目标

河南省投融资平台类公司类型繁多，主要可归为三类：第一，承担政府融资和功能公益性项目建设运营的"复合类"公司；第二，只承担政府融资任务且主要依靠财政资金偿还债务的"空壳类"公司；第三，本身已是市场化运营的国有企业，但额外承担一定政府融资职能的"兼职类"公司。根据中央及地方相关政策的精神，地方政府投融资平台转型发展的总体目标是实现运营更高效、管理更科学，依法剥离其地方政府融资功能，完善市场化主体职能。针对不同类型的投融资平台应该具体情况具体分析，分类设置更契合融资平台公司现状的转型目标。

具体而言，对只承担政府融资任务且主要依靠财政资金偿还债务的"空壳类"融资平台公司，已经完成了特定阶段的使命作用，可以按照法定程序优先处理撤销，将其存量债务纳入地方政府预算管理；对于承担政府融资和公益性项目建设运营职能的融资平台，可以通过兼并重组的方式整合同类业务、合并同类公司，剥离政府融资职能，转型成为基础设施、公用事业、城市运营等领域市场化运作的国有企业；对于承担一定政府融资职能的其他国有企业，其主营业务和传统意义上的城市建设可能没有关联，可以取消政府融资职能，恢复其商业类国有企业的本质。

（二）稳妥控制转型节奏

地方政府融资平台因依靠政府担保或隐性担保，在融资市场中获得投资者的青睐，从而获得比民营企业更低的融资成本和融资难度。市场化转型意味着融资平台逐渐减弱与地方政府的关联，剥离政府信用的隐性担保，融资成本和难度可能会随之增加。因此，在转型发展探索过程要谨防发生大面积违约事件，谨防城投债规模骤减对地方基础设施建设和经济发展的打击，稳妥把握好转型节奏。

在转型过程中，首先要把握好空间上的节奏，因地制宜，充分考虑河南省内"中强外弱"的地区差异，通过先易后难的方式循序渐进地改革。对于郑州、洛阳等经济发展程度高的城市融资平台，鼓励发挥其营商环境和产业基础优势而积极转型。对于濮阳、济源、三门峡等经济发展相对落后地区的参与市场竞争能力较薄弱的融资平台，应审慎对待转型，确保转型过程中不恶意逃废债、存续项目不烂尾，防范因处置风险而衍生的风险。同时，把握好时间上的节奏，基于融资平台公司承担的政府隐性债务化解进度，合理设置转型过渡期；建立融资平台公司动态名录管理机制，有序减少现存融资平台公司数量，逐步加快转型进度。

（三）妥善处理存量债务

地方政府投融资平台隐性债务的化解是平台成功实现市场化转型的前提。只有妥善处置了存量地方政府隐性债务，城投公司才能真正告别地方政府融资职能，市场化地开展业务。2020年永煤控股违约事件给河南省的融资环境带来了严重的不良影响，也警示所有市场主体：地方国有企业债务问题牵一发而动全身，个别融资平台违约风险很可能危害整个区域的企业信用。因此融资平台在市场化转型过程中应妥善防控信用风险。

在把控好市场化发展的总方向前提下，可分类处理投融资平台的存量债务，防范化解地方政府隐性债务风险，主要可分为以下三种情况：第一，对需要财政资金偿还的隐性债务，通过安排预算资金、盘活存量资金、处置存量资产、压减财政支出、合理出让经营性国有资产权益等方式筹集资金偿还；第二，对需要使用地方政府投融资平台经营性收益偿还的隐性债务，严格将资产经营收入、项目现金流等资金按协议用于偿债；第三，对部分具有稳定现金流的隐性债务，经融资平台公司和债权人协商一致，合规转化为企业经营性债务，政府可通过合法注入经营性资产、特许经营权等方式予以支持。

四、转型发展建议

（一）改组为国有资本投资运营公司

国有资本投资公司和运营公司在 2013 年党的十八届三中全会中提出的国有企业重要改革方向，2014 年在中央企业中开设了第一批试点，此后各省区市也陆续展开了地方试点工作。国有资本投资、运营公司的核心在于国资监管机构及政府部门对国有企业从"管人、管事、管资产"到"管资本"的转变，通过简政放权实现"政企分离""政资分离"，推动国有企业从政策化运营到市场化运营，进而使国有资本保值增值。国有资本投资公司和运营公司的区别在于，投资公司将产业资本和金融资本相结合，对战略性核心业务实行控股制，同时开展产业培育和资本运作；运营公司以提高国有资本回报率为目标，以财务性持股为主，没有自己的实体产业。城投公司定位与两类公司较为契合，具备组建的基础与资源条件，有利于提升组建成功效率。

河南各地级市发展较不均衡，同层级城投平台资产规模差异较大，整体呈现"中心强，四周弱"的格局，以郑州、洛阳为代表的中部区域经济财政实力较强，濮阳市、周口市等资质相对较弱。对于河南中部地区的资产规模较大、本身已具有实体产业经营的城投公司，可以转型为国有资本投资公司。对于当地财政实力相对较弱地区的资产规模较小的城投公司，可以转型为更加纯粹的国有资本运营公司。例如，濮阳投资集团有限公司在转型前业务涉及热力供应、自来水供应、粮食购销、宾馆服务等多领域，转型后业务发生重大调整，负责濮阳市国有资本投资、运营及相关业务；国有股权持有、投资及运营；企业重组及产业并购组合；企业及资产（债权、债务）托管、收购、处置；重大经济建设项目投融资。

（二）转型为新型公共企业

地方融资平台在推动城镇化、改善民生、增加公共服务等领域发挥了重要的作用，承担水电气热、交通路桥等市政公用事业建设职能，公益属性强、社会保障属性强，经营领域关系国计民生。因此难以完全参与市场化竞争，此类融资平台应继续发挥公益服务的作用，可转型为新型公共企业。具体转型路径是依托特许经营权带来的地区垄断性，借助区域经济发展扩大主业规模，强化自身的造血能力，并以此为基础拓展成为区域性的城市综合运营服务商。转型后的新型公共企业应按照公益性国有企业进行管理，在国家政策指导下开展业务，重点参与准公益性项目。然而，一个区域内公益项目资源是有限的，如果城投公司想要转型为长期可持续发展的国有企业，还需要逐步开发更多有市场化收入的业务，进行多元化的经营发展。因此，公益类平台转型为新型公共企业可以看作地方政府投融资平台转型发展的一个过渡状态。

（三）完善外部保障措施和配套改革

投融资平台转型是地方政府的一项重大改革，也是国家财税体制和投融资体制深化改革和完善的过程。地方政府投融资平台产生的主要根源在于我国地方政府财权和事权不匹配、收支出现严重赤字、地方政府与国企间没有明确边界、官员绩效考核压力下地方政府存在过度投资行为，以及地方政府缺乏健全的融资渠道。因此，地方政府投融资平台的深化改革离不开财税体制、融资体制、政府职能转变等外部配套改革措施的完善。如此庞大的系统性改革非一朝一夕之功，不可一蹴而就，可按照以下几个方向循序渐进：一方面，完善官员考核机制，强化地方政府债务责任和投资效率考核机制，防止地方政府过度扩张债务和盲目投资；另一方面，科学划分财权与事权，提高地方政府财政收支平衡度，提高地方政府的财政自给度。同时，进一步丰富地方政府融资体系，完善省级政府代为举债制度，省级政府可根据不同市县政府的信用水平状况，设置不同的代发规模，并对转贷时融资成本进行区别对待。此外，可审慎扩大地方政府债权自主发行范围，适当下放自主发行债券的地方政府级别，减少省级以下政府对城投平台的依赖程度。

第八章 地方政府投融资平台
转型发展评价
——以上海市为例

第一节 上海市经济财政情况分析

一、上海市区域特征描述

上海地处长江三角洲东缘，南濒杭州湾，北、西与江苏、浙江两省相接，位于我国南北海岸的中心。上海市水资源丰富、交通便利、腹地广阔、地理位置优越。上海总面积 6340 平方千米，全市共 16 个区、107 个街道、106 个镇、2 个乡。

上海是我国国家中心城市、超大城市、上海大都市圈核心城市，国务院批复确定的中国国际经济、金融、贸易、航运、科技创新中心。2020 年，上海全市生产总值规模跻身全球城市第六位。上海市产业结构持续调整，逐渐从工业基地转变为国家金融贸易中心，贸易伙伴从改革开放初期的 20 多个国家扩展至现在的 200 多个国家和地区。

长三角地区是中国经济最具活力、开放程度最高、创新能力最强的区域，是"一带一路"建设和长江经济带的重要交汇点。以 27 个城市为中心区，辐射带动长三角地区高质量发展。[①] 以上海临港等地区为中国（上海）自由贸易试验区新片区，打造与国际通行规则相衔接、更具国际市场影响力和竞争力的特殊经济功能区。在长期的一体化推进中，长三角地区已经形成了决策层、协调层和执行层

---

① 2019 年 12 月 1 日，中共中央、国务院印发《长江三角洲区域一体化发展规划纲要》，规划中包含 27 个城市（上海 1 个、江苏 9 个、浙江 9 个、安徽 8 个）。

"三级运作"的区域合作机制,逐步进入一体化的全面深化阶段。上海市作为长三角地区的龙头城市,以建设自由贸易试验区为契机,更好地发挥辐射和带动作用,并从区域一体化发展中受益。

二、上海市经济实力分析

近年来,上海市全年经济运行保持在合理区间,基本面总体平稳。2018 年,上海市 GDP 达到 36011.82 亿元,同比增长 6.80%,是全国经济总量最大的城市。2019 年,上海市实现地区生产总值 38155.32 亿元,同比增长 6.00%,与全国 GDP 增速持平,增速较 2018 年下降 0.80 个百分点。根据地区生产总值统一核算结果,2020 年上海市地区生产总值 38700.58 亿元,比上年增长 1.70%,增速较 2019 年下降 4.30 个百分点,低于全国 GDP 增速 0.60 个百分点;人均 GDP 为 15.94 万元,仅次于北京市,位列全国第二。2010~2020 年上海市 GDP 发展情况如图 8-1 所示。

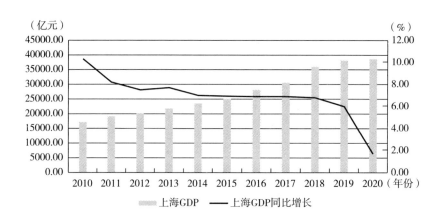

图 8-1 2010~2020 年上海市 GDP 发展情况

资料来源:Wind 数据库。

固定资产投资方面,2017 年,上海市完成全社会固定资产投资总额 7246.60 亿元。2018~2020 年,上海市全社会固定资产投资总额比上年同期分别增长 5.20%、5.10% 和 10.30%。从全国范围看,上海市固定资产投资对 GDP 的贡献度一般。一方面,上海市基础设施建设相对完善,再进行大规模固定资产投资的需求较少;另一方面,全市经济发展水平已经很高,随着转型升级和结构调整的持续深入,上海市已由投资为主的经济结构转变为消费为主的经济结构。2020 年,从经济类型来看,非国有经济投资增速较快,较上年同期增长 13.10%,其中,股份制经济投资比上年同期增长 17.30%;国有经济投资增速为 3.70%。按产业结构来看，第一产业投资增速较快，比上年同期增长 109.80%，第二产业比上年同期增长 16.50%，第三产业比上年同期增长 9.00%。上海的经济结构已过渡到以消费为先导，以第三产业为特征，以金融业为重要支撑，保持着较强的先进制造业优势地位，科技创新和研发投入均在全国名列前茅。

　　从市辖区的经济总量看，各市辖区 GDP 增长率均低于上年 GDP 增长率，受新冠肺炎疫情负面影响的程度略有不同。首先，浦东新区经济实力遥遥领先并展现出了强大的活力，是 2020 年上海市唯一 GDP 增长率达到 4% 的市辖区。其次，在新冠肺炎疫情的影响下，抗压能力较强的市辖区还有松江区、青浦区和徐汇区，保持住了 2% 以上的 GDP 增长率。最后，嘉定区和长宁区出现了经济负增长，GDP 增长率分别为 -3.90% 和 -4.80%，其余各市辖区的 GDP 增长率均稳定在 1%~2%。2020 年上海市市辖区主要经济指标数据如表 8-1 所示。

表 8-1　2020 年上海市市辖区主要经济指标数据

GDP 总量排名	市辖区	2020 年 GDP（亿元）	2020 年 GDP 增长率（%）	2019 年 GDP 增长率（%）
1	浦东新区	13207.03	4.00	7.00
2	黄浦区	2616.94	1.50	6.70
3	闵行区	2564.82	1.40	5.10
4	嘉定区	2488.40	-3.90	1.10
5	静安区	2323.08	1.10	5.80
6	徐汇区	2176.73	2.50	6.50
7	杨浦区	2106.63	1.20	6.00
8	松江区	1637.11	3.90	6.00
9	宝山区	1578.48	1.60	5.70
10	长宁区	1561.17	-4.80	6.10
11	青浦区	1194.01	3.80	5.80
12	奉贤区	1190.19	2.00	5.20
13	普陀区	1129.51	1.00	5.70
14	虹口区	1047.28	1.90	6.70
15	崇明区	381.83	1.20	6.80
16	金山区	—	—	6.70

　　注："—"表示未公布相关数据。

　　资料来源：Wind 数据库。

　　在新冠肺炎疫情的巨大冲击和复杂严峻的国内外环境下，总体来看，上海市的经济实力和竞争力持续位居全国城市前列，未来依靠创新驱动发展转型的潜力将逐步释放。从特征和结构来看，上海市经济运行平稳且保持在合理区间；各区实现了错位均衡发展，相互促进，经济发展总体符合预期；上海将制造业摆在未来发展的重要战略位置，将助推第二产业转型升级，促进二三产业协调可持续发展；创新发展的金融业对第三产业的拉动作用很强，而金融创新则加快了上海国际金融中心的建设步伐。

三、上海市财政实力分析

上海市财政实力雄厚。2018～2020 年，上海市全市一般公共预算收入分别为 7108.15 亿元、7165.10 亿元和 7046.30 亿元，同比增幅分别为 7.01%、0.80% 和 -1.66%，财政收入运行总体平稳。

2020 年全市一般公共预算收入增速由正转负，主要是受新冠肺炎疫情、减税降费政策和深化增值税改革措施翘尾因素以及经济下行等影响。2020 年，上海严格执行减税降费政策措施，重点聚焦新冠肺炎疫情防控和复工复产复市。2020 年，全市全年新增减税降费总额超过 2300.00 亿元，支持市场主体纾困发展，其中顶格落实国家阶段性减免社会保险费等政策措施，社保减负超过 1700.00 亿元；对捐赠、生产、运输防疫物资的企业和个人免征各类税收超过 10.00 亿元；将所有增值税小规模纳税人征收率从 3.00% 阶段性下调至 1.00%，减免增值税 59.00 亿元；对旅游、餐饮等受新冠肺炎疫情影响较严重的行业免征增值税 43.00 亿元。税收收入是上海市一般公共预算收入的主要构成部分，2018～2020 年，税收收入在一般公共预算收入中占比分别为 88.42%、86.76% 和 82.91%，受新冠肺炎疫情、减税降费政策和深化增值税改革等因素影响，近年来税收收入占比有所下降。面对严峻的财政收入形势，上海市在全面落实国家和本市各项减税降费政策措施的同时，加强对重点区域、重点行业、重点企业的走访调研，大力宣传财税支持政策，协调解决企业面临的实际困难，全力稳住税源。

在财政支出方面，上海市在严格控制一般性支出的基础上，着力优化财政支出结构，加大对经济结构的调整和转型升级、生态文明建设和城乡一体化、重要民生领域的保障力度。2020 年上海市一般公共预算支出 8102.10 亿元，加上上级中央财政支出 215.30 亿元、地方政府一般债务还本支出 328.70 亿元、补充预算稳定调节基金 1025.20 亿元、调出资金 0.20 亿元、结转下年支出 183.60 亿元，2020 年上海市一般公共预算支出总量为 9855.10 亿元。从具体支出科目上看，2020 年上海市一般公共预算支出中城乡社区支出、教育支出、社会保障和就业支出、资源勘探信息等支出以及卫生健康支出位列前五名，占比分别为 17.52%、

12.35%、12.11%、11.95% 和 6.72%。

在金融资源方面，上海市共有各类银行 26 家，上海证券交易所、上海期货交易所、中国金融期货交易所等金融单位的总成交额逐年上升。截至 2021 年 8 月 1 日，上海共有 A 股上市公司 362 家，板块总市值为 81900.53 亿元，全国排名第 3。

四、上海市债务情况分析

（一）上海市地方政府债务状况分析

上海市地方政府债务管理规范、严格，政府债务余额显著低于债务限额，政府债务余额与当年财政收入的比率在全国仍处于中后水平，债务状况良好，债务率较低，政府债务压力相对较小，地方政府债务风险低。

债务限额方面，经国务院批准，2020 年上海市债务限额 9723.10 亿元。根据上海市财政局提供的数据（见表 8−2），截至 2020 年底，上海市政府债务余额为 6891.50 亿元，较上年末增长 20.44%，远低于财政部核定的上海市 2020 年政府债务限额。从资金来源来看，截至 2020 年底，地方政府债券余额 6878.10 亿元，占 99.81%；非政府债券形式存量政府债务余额 13.40 亿元，占 0.19%。从资金投向来看，主要用于市政建设、土地收储、保障性住房、交通运输设施建设等基础性、公益性项目支出，较好地保障了地方经济社会发展的需要，推动了民生改善和社会事业发展，并且形成了大量优质资产。

表 8−2　上海市及各市辖区政府债务限额和政府债务余额　　单位：亿元

地区	2019 年		2020 年	
	债务限额	债务余额	债务限额	债务余额
上海市合计	8577.10	5722.10	9723.10	6891.50
一、上海市本级	2259.40	854.70	2964.90	1494.80
二、上海市下级合计	6317.70	4867.40	6758.20	5396.70
（一）黄浦	382.50	265.20	489.10	366.20
（二）徐汇	234.80	120.10	237.80	123.00
（三）长宁	125.30	93.70	125.50	96.30
（四）普陀	351.20	313.50	398.10	361.20
（五）静安	597.10	449.90	622.00	474.60
（六）虹口	369.20	328.90	434.20	393.40
（七）杨浦	402.70	361.30	537.40	507.20

续表

地区	2019 年		2020 年	
	债务限额	债务余额	债务限额	债务余额
(八) 宝山	199.90	149.00	200.10	160.90
(九) 闵行	535.70	453.90	554.00	446.30
(十) 嘉定	383.20	339.10	405.40	360.70
(十一) 浦东	1379.20	921.00	1287.60	911.30
(十二) 金山	355.70	331.20	377.50	355.90
(十三) 松江	238.80	125.90	261.30	148.30
(十四) 青浦	135.40	74.40	136.00	86.10
(十五) 奉贤	387.50	340.40	417.60	370.40
(十六) 崇明	239.50	199.90	274.60	234.90

资料来源：上海市财政局。

(二) 下辖各区债务状况分析

从上海市下辖各区债务规模看，2020 年浦东新区政府债务余额绝对规模最大，为 911.30 亿元；其次为杨浦区、静安区和闵行区，分别为 507.20 亿元、474.60 亿元、446.30 亿元；虹口区、奉贤区、黄浦区、普陀区、嘉定区和金山区债务规模相对接近，在 350 亿 ~400 亿元；崇明区债务规模为 234.90 亿元；长宁区和青浦区债务规模在 100.00 亿元以下，分别为 96.30 亿元和 86.10 亿元；其余各区债务规模均在 100 亿 ~200 亿元。

从政府债务限额管理情况来看，2020 年上海市各区债务余额均未超过当年财政部下达的债务限额，其中杨浦区债务余额与限额之比最高，为 94.38%；债务余额与限额之比超过 90.00% 的还有金山区、普陀区和虹口区；其次为嘉定区、奉贤区、崇明区、闵行区和宝山区 5 区，当年末债务余额与限额之比在 80.00% ~ 90.00%；其余各区该比率均在 80% 以下，其中徐汇区和松江区该比率较低，分别为 51.72% 和 56.75%。

2020 年末，杨浦区政府债务余额增长最快，较上年末增长 40.38%；其次为黄浦区，政府债务余额较上年末增长 38.08%，增长较为突出；其次为虹口区、松江区、崇明区、青浦区和普陀区，政府债务余额增长率在 15.00% ~20.00%；其余各区均在 10% 以下，其中浦东新区和闵行区在 2020 年末政府债务余额有所下降，增长率为负。

(三) 上海市城投债状况分析

2020 年，上海市城投债发行额为 665.10 亿元，共 72 只债券 (见表 8 – 3)，涉及发债企业 30 家，发行规模在全国各省市中处于中下游。

从主体评级方面来看，主体评级为 AAA 的债券有 37 只，占比 51.39%；主体评级为 AA + 的债券有 32 只，占比 44.44%；主体评级为 AA 的债券有 3 只，占比 4.17%。从城投债类型来看，一般中期票据 22 只，融资 264.00 亿元；一般公司债 16 只，融资 164.20 亿元；超短期融资债券 25 只，融资 163.30 亿元；一般企业债 2 只，融资 30.00 亿元；私募债 5 只，融资 28.40 亿元；一般短期融资券 1 只，融资 10.00 亿元；定向工具 1 只，融资 5.20 亿元。

表 8 - 3　上海市 2020 年各类债券发行数量及规模

债券品种	发行数量（只）	融资规模（亿元）
一般中期票据	22	264.00
一般公司债	16	164.20
超短期融资债券	25	163.30
一般企业债	2	30.00
私募债	5	28.40
一般短期融资券	1	10.00
定向工具	1	5.20
总计	72	665.10

第二节　上海市地方政府投融资平台分析

上海市城投平台肩负着政府性投融资、重大项目建设和基础设施安全运营等职能，在上海市城市功能拓展和城市环境改善等方面发挥了重要作用。2015 年以来，城投平台市场化转型进程加快。部分平台转型是通过增加经营性业务来实现，也有部分平台整体转型为城市综合运营服务商。

首先，省级城投走在市场化转型前沿。上海市区域经济实力较强，土地价值高，债务负担轻，市场认可度很高。省级（上海市市级）城投平台的资产较为优质，再融资能力强，整体资质上佳。基于上海市基建已较为发达，城投传统基建、土地整理等业务都已经下沉到区级城投。省级城投一直走在市场化转型前沿，自身盈利和内生"造血"能力强，再融资难度也很低，信用资质优异。

其次，区县级城投逐步加强造血能力。上海市的区县级平台普遍依赖优质土地和投资性房地产，偿债压力较低。区县级平台中负责市政基建与施工的数量较多，虽然盈利不高，但可依赖政府补助与自身投资收益，再融资压力小。此外，区县方面土地价值高且多以成本法入账，区域开发、旧城改造和保障房建设主体普遍资产优质，盈利空间较好，再融资能力很强。

最后，高新区城投市场认可度高。上海浦东发展（集团）有限公司和上海浦东开发（集团）有限公司两大重要开发主体的区域经济实力、重要性和土地资源等方面都很突出，资质很强；上海市浦东新区房地产（集团）有限公司是区域保障房建设主体，商业化程度较高，配套保障房和商品房业务带来稳定盈利。上海市浦东新区房地产（集团）有限公司累积的刚性债务较多，长期应收和存货也有大额资金占用，但区域价值高，开发空间和增长潜力大；上海浦东现代产业开发有限公司负责机场保税区开发，所持房源出售接近尾声，未来收入主要依赖土地出让返还，盈利能力弱，资质偏弱。

第三节　上海市地方政府投融资平台转型发展建议

一、区域特色分析

上海是我国政府投融资平台公司的发祥地，也是城投公司转型的先行者。1986年，《国务院关于上海市扩大利用外资规模的批复》颁布，上海市可筹措外资32亿元，用于基础设施、旅游和第三产业、工业生产和技术改造三方面的项目建设。1987年，第一家政府投融资平台公司上海久事公司注册成立，开创了政府借助平台公司实施市场化融资之先河。为防范债务风险，继续上海的城市建设，上海市城市建设投资开发总公司[①] 1992年注册成立，是全国第一家专业从事城市基础设施投资建设的综合性投融资平台公司。

上海城投（集团）有限公司不仅是国内最早成立的第一批城投公司，也是最早实现成功转型的城投公司。资本运作是平台公司成功转型的加速器。凭借资本运作手段的助推，上海城投（集团）有限公司转型是我国平台公司成功转型的典范。上海城投（集团）有限公司利用上市的资本运作手法，从投融资平台角色转向城市基础设施和公共服务，实现顺利转型。上市作为打通企业股权融资市场化通道的主要资本运作方式，不仅能够贯连企业内部资源与外部资金，全面

---

① 上海城投（集团）有限公司的前身即上海市城市建设投资开发总公司。

推进企业内部市场化革新，而且能够短时间内为企业发展补偿足够的资金资源，有形化企业潜力与发展前景，促进企业结构优化、信用优化、管理优化的全面提升。

综合来看，上海市城投公司的转型拥有较好的基础条件。一是地处长三角地区，区位条件优越、经济基础雄厚、体制环境完善、城镇体系完整、一体化发展基础较好，优越的区位条件为市场要素流动提供了有力支撑。二是上海地区的城投平台自身经营实力相对较强，不是纯粹做公益性项目的载体，相关的债务没有纳入政府性债务。三是转型过程中受到当地政府的大力支持，与经营性资产占主导的一般地方国企相比，这些平台公司的融资职能使其更具有"政府附属机构"的特征。上海市的城投公司可在以前良好的基础上，厘清政企关系，多方面多角度地拓展新业务，促进资本增值，打造综合性的大型城投集团，实现平稳转型、创新转型和高质量转型。但因为区域具备一定特殊性，很难复制，尤其是上海区县级城投，此类开发型城投逐步具备了一定造血能力；后续随着造血能力的逐步优化，以及相关经营梳理的市场化，部分主体可能会逐步退出城投，变为市场化企业，且具备独立上市的条件。

二、转型发展原则

（一）发展顺势而为

上海市城投公司的转型发展需要主动融入上海市区域发展。上海身处长江经济带的覆盖区域内，有着长江经济带横跨东中西三大板块的区位优势。城投公司可凭借区域资源禀赋，积极争取承担省市级重大发展任务，保障长三角内河运输，充实综合立体交通体系。在利用区位优势的前提下，城投公司也可以在常规发展中找特殊，如城市内部交通枢纽建设、文旅产业发展、特色小镇建设等，积极争取资金和资源支持。

（二）运作因地制宜

地方政府的执政理念会严重影响城投公司的运作风格，优先发展工业还是文旅产业，优先打造新城区还是旧城区改造，都会直接影响城投公司的发展轨迹。地方财政实力不同也直接影响城投公司的项目开展，如浙江、江苏省内城际铁路项目获批，而受限于地方财政实力，内蒙古自治区包头地铁项目叫停。此外，上级主管部门的差异不可忽视，财政等强势部门直管的城投公司往往能够获取更多的资源。

（三）融资立足自身

由融资能力和运营能力构成的城投公司综合经营能力，是城投公司从城投企业特有的被动性经营中走出来的关键。在负债完成地方政府指令的建设性任务的同时，利用主业的资金、信誉、资源、人脉和延伸性经营空间，开辟出新的市场化增长空间，对城投主业形成补偿，形成与主业互补互促的良性循环。上海市城投公司转型可以凭借现有的业务积累，利用在相关领域积累的人才、管理、技术、资金和信用等优势，选择适合的转型方向，增强自身造血能力和市场竞争力。

三、转型发展建议

中国的城市化道路依然漫长，城市基础设施建设任务依然艰巨，而众多政策约束也从未否定城投公司的积极作用，未来城投公司依然需要在城市建设与社会发展中继续发挥中坚作用。肩负着城市建设与发展使命的城投公司在新形势下需要找准定位、理顺关系、明确目标、转型业务，以不增加政府隐性债务为前提，通过更规范的融资行为、更市场化的运作方式来谱写城市发展的新篇章。根据城投行业发展规律，结合外部形势判断，形成上海市城投公司业务转型的思路。

（一）布局业务板块，增强"造血"功能

首先，基础设施建设是核心。要把握互联网信息时代背景下结合科技创新元素的城市基础设施升级与服务功能升级带来的新机遇，更要仔细研究城市规划与发展战略主动策划与争取重大项目、示范项目。

其次，公共服务是重点，能够带来稳定现金流，并且抓住水务、燃气、公交、供暖等公用事业机会，也就抓住了城市核心客户群体，提供传统服务的同时深度挖掘潜在需求，也能为城投公司未来新业务发展提供基础和支撑。

再次，金融板块是必需。要通过产业基金、PPP引导基金的设立，引导政府资金、社会资本共同参与城市建设，要积极利用股权投资拓展产业布局，通过开展基础设施资产证券化盘活存量、放大增量，同时也要适时布局小额贷款、融资租赁、商业保理等金融业务，以产促融、以融兴产，实现产融结合的良性发展模式。

最后，发展新型业务是拓展。要依托城投公司项目资源获取优势，响应所在区域的产业发展规划，通过股权投资、内部创业等机制，积极布局战略性新兴产业与地方扶持产业，逐步打造围绕城市建设和发展的城投产业生态圈。

（二）理顺政企关系，加快管理转型

首先，理顺政企关系。通过理顺政企关系，实现政府与城投公司各守本分、各行其道、各司其职的目的。城投公司要积极争取成为未来政府购买服务的承接主体，积极参与基础设施项目的建设或运营，以市场化的方式进一步推动新时代城市的建设与发展。

其次，健全治理结构。构建产权清晰、权责统一、自主经营、自负盈亏、科学管理的法人治理结构，推动城投公司由事业法人向公司制法人转型，真正确立其市场主体地位，实现完全市场化运作，从而更好地履行城市资产管理者角色。

再次，优化内部管理。充分考虑城投公司未来的职能定位、业务板块等，设置合理的组织架构及授权体系，并清晰部门职能、岗位职责分工等，做实城投公司的内部管理架构，提高运营效率。

最后，加强人才建设。做好人力资源发展规划，多渠道市场化吸引人才，实现各方面人才在管理思想、经验及发展潜力的合理搭配，形成既具有管理能力又具有发展动力的人才团队。注重人才梯队的培养，确保引进的人才符合公司未来发展的要求。

（三）借助产业投资，实现资本运营

未来城投企业转型方向是国有资本投资公司和国有资本运营公司[①]，以服务地方战略、优化国有资本布局、提升产业竞争力为目标，加强顶层设计，推动市场化转型，完善公司治理，加强财政金融协调防范流动性风险与信用风险。

首先，投资新产业实现可持续发展。在新旧动能的转换期，经济发展进入新常态，创新、协调、绿色、开放、共享的新发展理念已经深入人心，供给侧结构性改革不断深化。在此大背景下，过去依赖资源、牺牲环境的粗放发展模式已经走不通，因地制宜探索和发展高新技术产业、战略性新兴产业，充分发挥比较优势，已经成为应对挑战、赢得先机和实现可持续发展的必由之路。

其次，加强资本运作提高流动性和收益水平。发展混合所有制经济，促进产业集团转变经营机制，增强企业活力。加快推进混改、上市等有关工作，提高资本流动性，放大国有资本功能。对存量资产制定清理、重组方案，加速资产增值速度与质量，实现资本的价值增值、效益增长，提高资本收益水平。实施"走出去"战略，积极参与海外并购，在资本整合、人才利用、市场拓展、产业升级、品牌提升等方面迅速获得参与国际竞争的比较优势。

最后，借助开放式资本运作促进平稳转型。在外部环境快速变化的时代，仅依靠内部资源整合、内生培育式的变革效果缓慢，无法为城投公司在短时间内带来结构的裂变与凝结。城投公司应该借助组合式资本运作的推动，通过发债、基金、混改等方式拓展企业融资渠道，优化企业财务结构，不断进行结构优化、管理优化、信用优化，加速企业成长。平台公司在转型的过程中，不仅要重视业务的转型，还要提前结合企业各个阶段进行组合式的资本运作规划与实施，多管齐下，确保转型目标与效果的达成。

---

① 2018年7月，国务院印发《关于推进国有资本投资、运营公司改革试点的实施意见》，标志着我国深化国资国企改革、改革国有资本授权经营体制迈出了重要一步，对实现国有资本所有权与企业经营权的有效分离、提高国有资本配置和运营效率具有里程碑式的意义。

第九章　地方政府投融资平台转型发展评价

——粤港澳大湾区专题

第一节　粤港澳大湾区经济财政情况分析

一、区域特征描述

推进粤港澳大湾区建设，是以习近平同志为核心的党中央作出的重大决策，是习近平同志亲自谋划、亲自部署、亲自推动的国家战略。粤港澳大湾区是由我国两个特别行政区中国香港、中国澳门和广东省的广州、深圳、珠海、佛山、中山、东莞、肇庆、江门和惠州九个地级市（以下简称"珠三角九市"）组成的（9+2）城市群，是国家建设世界级城市群和参与全球竞争的重要空间载体，是世界四大湾区之一。① 随着国家政府推行各项政策，2019年2月18日，中共中央、国务院正式印发《粤港澳大湾区发展规划纲要》，对粤港澳大湾区作了全面规划。

粤港澳大湾区区位优势明显、经济实力雄厚、创新要素集聚、国际化水平领先、合作基础良好。粤港澳大湾区以珠三角为发展腹地，不仅拥有香港国际航运中心，还拥有吞吐量居世界前列的广州、深圳港口，优越的地理位置为粤港澳大湾区的发展提供了良好的交通基础设施。目前，广东省已形成较为完善的产业结构，香港与澳门的服务业处于全国领先地位，因此广东省与香港、澳门之间的互补优势较为明显。同时，因国家倡导创新驱动发展战略，坐拥多所极具影响力高

---

① 2015年3月28日发布的《推动共建丝绸之路经济带和21世纪海上丝绸之路的愿景与行动》中强调深化与香港和澳门合作，着力构建粤港澳大湾区。

校的粤港澳大湾区能够借力创新。香港作为国际金融中心、国际贸易中心以及国际航空枢纽，能够与国际社会良好接轨，是全球自由经济体之一，而澳门作为世界知名旅游地点，配套的国际化服务领先于世界，对于内地而言是对外开放的重要窗口。香港、澳门与珠三角九市文化同源、民俗相近，文化认同感较高，因此拥有良好的合作基础。

二、经济实力分析

2020 年，粤港澳大湾区经济总量达 11.5 万亿元①，约占全国 GDP 的 1/7。作为粤港澳大湾区的重要组成部分的广东省的 GDP 总量及增速如图 9 - 1 所示，2020 年受到新冠肺炎疫情的影响，广东省 GDP 总量为 110760.94 亿元，GDP 增速仅为 2.87%，近年来广东省 GDP 总量仍在增加，但 GDP 增速有所放缓。

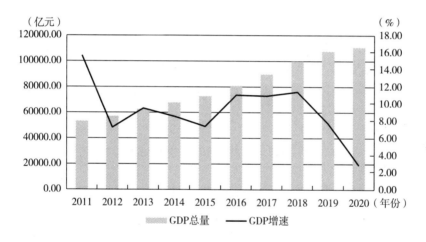

图 9 - 1　2011～2020 年广东省 GDP 总量及增速

由图 9 - 2 可以看出近年来香港的 GDP 总量总体保持增长，2020 年由于受到新冠肺炎疫情冲击导致 GDP 并没有持续上升；从澳门 GDP 增速可以得出近年来澳门经济并不是十分稳定，存在较大的波动，说明 GDP 稳定性偏弱。

粤港澳大湾区从 GDP 来看（见表 9 - 1），深圳市和广州市经济实力稳居前二，2019 年 GDP 分别为 26927.09 亿元和 23628.60 亿元，2020 年 GDP 分别为 27670.24 亿元和 25019.11 亿元，同比增长分别为 2.80% 和 5.90%，两者 GDP 总量合计约占粤港澳大湾区 GDP 的一半，经济增长情况是较为可观的。佛山市

---

① 广东珠三角经济总量近 9 万亿元人民币、香港约 2.7 万亿港元、澳门约 1944 亿澳门元。

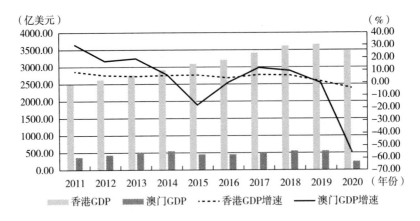

图 9 - 2　2011～2020 年香港和澳门 GDP 总量及增速

资料来源：Wind 数据库。

和东莞市在 2019 年整体经济实力相对较强，GDP 均在 5000.00 亿元以上；2020 年 GDP 也能够达到 1.00% 左右的增长，GDP 分别达到 10816.47 亿元和 9650.19 亿元。中山市与肇庆市 GDP 也都达到了 2000.00 亿元人民币以上，同时保持了 2.00% 左右的增长速度。

表 9 - 1　2020 年粤港澳大湾区主要经济指标数据

GDP 总量排名	城市	GDP（亿元）	GDP 增长率（%）	人均 GDP（万元）
1	深圳	27670.24	2.80	15.76
2	广州	25019.11	5.90	13.40
3	香港	24103.74	- 6.10	32.20
4	佛山	10816.47	0.60	11.39
5	东莞	9650.19	1.80	9.22
6	惠州	4221.79	1.10	6.99
7	珠海	3481.94	3.00	14.27
8	江门	3200.95	2.20	6.67
9	中山	3151.59	1.50	7.13
10	肇庆	2311.65	2.80	5.62
11	澳门	1678.44	- 56.30	24.63
合计	—	115306.11	—	147.28

资料来源：Wind 数据库。

GDP 增速方面，2019 年广东省各地级市 GDP 增长较上年普遍有所放缓，2020 年受新冠肺炎疫情的影响，广东省九个城市的 GDP 增速都维持了正增长，其中广州增速最为突出，2020 年 GDP 增速以 5.90% 位居全省第一，珠海市以 3.00% 的增速紧随其后。佛山市、惠州市、东莞市和中山市 GDP 增速相对较低，均不足 2%。其余地级市的 GDP 增速均在 2.00%~3.00%。

三、财政实力分析

2020 年广东省全省一般公共财政收入 12921.97 亿元（见图 9 - 3），完成汇总预算的 101.00%，增长 21.00%；税收收入 9881.21 亿元，负增长 18.00%，其中主体税种收入负增长 35.00%，主要是受新冠肺炎疫情和落实减税政策影响；中小税种增长 15.00%。税收收入占一般公共预算收入比重为 77.00%。广东省政府性基金收入近年来保持稳定增长，2020 年基金性收入达到 8642.42 亿元，同比增长 41.40%。①

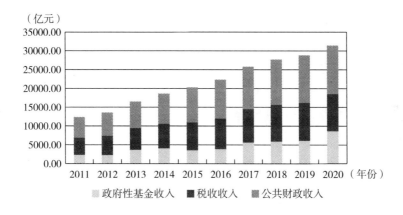

图 9 - 3　广东省 2011~2020 年财政收入规模

表 9 - 2　2020 年珠三角九市公共预算收入与支出情况

城市	税收收入（亿元）	政府性基金收入（亿元）	一般公共预算收入（亿元）	一般公共预算收入增速（%）	一般公共预算支出（亿元）
深圳	3095.46	1268.01	3857.46	2.23	4177.72
广州	1299.20	2507.26	1721.59	1.33	2905.71
佛山	510.87	1125.37	753.29	2.96	1002.86

① 资料来源于《广东省 2020 年预算执行情况和 2021 年预算草案的报告》。

续表

城市	税收收入（亿元）	政府性基金收入（亿元）	一般公共预算收入（亿元）	一般公共预算收入增速（%）	一般公共预算支出（亿元）
东莞	571.03	810.83	694.68	3.18	843.67
惠州	297.45	507.39	412.23	2.84	637.38
珠海	296.72	563.79	379.13	10.06	677.19
江门	168.79	218.05	263.98	2.78	443.25
中山	209.00	261.60	287.54	1.45	375.63
肇庆	78.08	98.64	124.50	9.01	430.57
合计	6526.60	7360.94	8494.40	—	11493.98

资料来源：Wind 数据库。

珠三角九市的情况如表 9－2 所示，在一般公共预算收入方面，深圳市、广州市远远超过其余七个城市的水平，2020 年的一般公共预算收入分别达到 3857.46 亿元和 1721.59 亿元，而肇庆市近些年来一般公共预算收入水平较低，但 2020 年达到 9.01% 的增长率，与珠海市 10.06% 的增长率名列前茅；其余城市虽增速不高，但都以正增长的趋势增长，水平维持在 1.00% ~3.00%。政府性基金收入方面，广州市名列前茅，为 2507.26 亿元；江门市和中山市较低，分别为 218.05 亿元和 261.60 亿元。

四、债务情况分析

2020 年，中央批准广东省政府债务限额为 17506.07 亿元，当年全省累计发行地方政府债券 4121.21 亿元，再融资债券 533.39 亿元，包括一般债券 501.75 亿元、专项债券 31.64 亿元。2020 年末全省政府债务余额为 15317.5 亿元，控制在限额以内。从表 9－3 可以看出，2019 ~2020 年，珠三角九市的政府债务余额均未超过限额，广州市的政府债务余额占九市首位，并远超排在第 2 名的东莞市。

表 9－3   2019~2020 年珠三角九市政府债务限额与债务余额情况

城市	政府债务限额（亿元）		政府债务余额（亿元）	
	2019 年	2020 年	2019 年	2020 年
深圳	698.50	1179.50	125.64	232.29
广州	3131.79	3606.09	1623.68	1875.57
佛山	1768.72	1840.22	50.59	94.07

续表

城市	政府债务限额（亿元）		政府债务余额（亿元）	
	2019 年	2020 年	2019 年	2020 年
东莞	753.39	913.94	704.94	863.52
惠州	775.35	834.66	626.34	718.38
珠海	676.93	792.44	458.49	539.25
江门	585.16	635.28	137.68	140.12
中山	354.50	433.91	326.32	410.35
肇庆	446.24	567.24	185.44	249.25

资料来源：Wind 数据库、各市财政局官网。

　　珠三角九市的债务可以通过狭义角度和广义角度两个方面衡量：从狭义债务率（发债城投有息债务/一般公共预算收入）来看，珠三角九市的债务率超过100.00%的地级市有 5 个，珠海市债务率564.20%，居首位，债务压力凸显；其次广州市（220.00%）、肇庆市（216.03%）也属于较高水平，债务的负担较重；其他城市狭义债务率均在 100.00% 以下，债务负担相对较轻。考虑地方政府债务也会占用一定资金的运用，因此也可利用（地方政府债务余额＋发债城投有息债务）／（一般公共预算收入＋政府性基金收入）来衡量广义的区域债务。总体来看狭义债务率和广义债务率梯队排名具有一致性。

第二节　粤港澳大湾区及下辖区域地方政府投融资平台分析

　　粤港澳大湾区包括香港特别行政区、澳门特别行政区和广东省广州市、深圳市、珠海市、佛山市、惠州市、东莞市、中山市、江门市、肇庆市，是以"9＋2"的模式构成的城市群。城投平台大多数位于广东省境内，以下主要以广东省内的九个城市为分析对象。

　　2019 年在粤港澳大湾区的概念明确后，《粤港澳大湾区发展规划纲要》中进一步将粤港澳大湾区的建设落实，由于政策对粤港澳地区的倾斜，因此给城投平台提供了良好的发展环境。2019 年和 2020 年，有 9 家广东省城投企业获得了专项资金支持。其中，市级平台广州地铁集团有限公司和惠州市交通投资集团有限公司获得资金总额最高，分别为 68.23 亿元和 43.60 亿元；此外，市级平台广州环保投资集团有限公司和省级平台广东省铁路建设投资集团有限公司所获资金也在 5.00 亿元以上；其余平台所获资金相对较少。

粤港澳大湾区城投平台可分为国家级、市级以及区县级城投平台，粤港澳大湾区内各城市城投平台如表 9-4 所示。

表 9-4　粤港澳大湾区 2020 年城投平台情况

城市	城投平台数量	城投平台详细情况
深圳	5	4 家市级平台：深圳市地铁集团有限公司、深圳市人才安居集团有限公司、深圳市特区建设发展集团有限公司、深圳市水务（集团）有限公司 1 家区县级平台：深圳市福田投控控股有限公司
广州	13	7 家市级平台：广州地铁集团有限公司、广州市城市建设投资集团有限公司、广州市公共交通集团有限公司、广州市水务投资集团有限公司、广州交通投资集团有限公司、广州市自来水有限公司、广州环保投资集团有限公司 5 家国家级平台：科学城（广州）投资集团有限公司、广州高新区投资集团有限公司、广州开发区投资集团有限公司、广州南沙资产经营集团有限公司、知识城（广州）投资集团有限公司 1 家区县级平台：广州市番禺交通建设投资有限公司
佛山	7	2 家市级平台：佛山市公用事业控股有限公司和佛山市建设开发投资有限公司 5 家区县级平台：广东南海控股投资有限公司、广东顺德控股集团有限公司、佛山市高明建设投资集团有限公司、佛山市禅城区城市设施开发建设有限公司、佛山市三水区淼城建设投资有限公司
惠州	1	1 家市级平台：惠州市交通投资集团有限公司
东莞	2	2 家市级平台：东莞市交通投资集团有限公司和东莞发展控股股份有限公司
珠海	5	3 家市级平台：珠海华发集团有限公司、珠海华发综合发展有限公司和珠海水务环境控股集团有限公司 2 家国家级园区平台：珠海大横琴集团有限公司和珠海汇华基础设施投资有限公司
江门	5	1 家市级平台：江门市交通建设投资集团有限公司 1 家国家级园区平台：江门市高新技术工业园有限公司 3 家区县级平台：江门市滨江建设投资管理有限公司、江门市新会银海发展有限公司、鹤山市公营资产经营有限公司
中山	4	3 家市级平台：中山市交通发展集团有限公司、中山公用事业集团股份有限公司、中山城市建设集团有限公司 1 家国家级新区平台：中山火炬开发区建设发展有限公司

续表

城市	城投平台数量	城投平台详细情况
肇庆	4	1 家市级平台：肇庆市国联投资控股有限公司 1 家国家级园区平台：肇庆市高新区建设投资开发有限公司 2 家区县级平台：肇庆市高要区国有资产经营有限公司和四会市国有资产经营有限公司

2020 年，粤港澳大湾区城投债的发行仅包括珠三角九市的情况，香港、澳门未在 2020 年发行城投债。如表 9－5 所示，粤港澳大湾区 2020 年共发行城投债 184 只，发行规模达 1979.75 亿元，债券品种大多为超短期融资债券、一般中期票据和一般公司债。其中，超短期融资债券共发行 90 只，融资金额达 685.75 亿元，占总发行规模的 34.64%；一般短期融资债券仅发行 1 只，为东莞市交通投资集团有限公司 2020 年第一期短期融资债券，发行规模为 15 亿元。

表 9－5　粤港澳大湾区 2020 年各类债券发行数量及规模

债券品种	发行数量（只）	融资规模（亿元）
一般公司债	23	380.50
一般中期票据	36	479.50
一般企业债	19	307.00
超短期融资债券	90	685.75
私募债	9	80.00
定向工具	6	32.00
一般短期融资债券	1	15.00
合计	184	1979.75

资料来源：Wind 数据库。

第三节　粤港澳大湾区地方政府投融资平台转型发展建议

一、宏观政策背景

中共中央、国务院在提出粤港澳大湾区概念后，相应政策不断出台，为粤港澳大湾区的发展提供了较多红利。在粤港澳大湾区的规划出台之前，珠三角地区的产业投资就较为发达，提出建设粤港澳大湾区后，会进一步集中产业优势，加强金融创新和服务业创新，以此完成产业融合和现代产业体系的构建。

政策所带来的红利不仅会促进经济的进一步发展，同时也会带来多种挑战。城投公司处在经济变革的大环境下，要抓住发展的机遇，但也需要加强风险防范意识。粤港澳大湾区相关政策及主要内容如表9-6所示。

表9-6　粤港澳大湾区相关政策及主要内容

时间	政策名称	发文机关	主要内容
2019年2月	《粤港澳大湾区发展规划纲要》	中共中央、国务院	要在2022年将粤港澳大湾区建成国际一流湾区并基本形成世界级城市群框架，在2035年粤港澳大湾区将成为宜居宜业宜游的国际一流湾区
2019年8月	《广东省人民政府关于政协十三届全国委员会第二次会议第4004号（社会管理类304号）提案答复的函》（粤府函〔2019〕218号）	广东省人民政府办公厅	允许符合资格的大湾区跨境保险企业先行先试"保险＋养老医疗"创新商业模式以及加强产品创新设计，同时借鉴港澳等境外先进保险机构先进经验，创立出能够满足多样化、多层次的养老需求。此外，政府倡导在粤港澳大湾区内设立健康养老社区，更好地服务社会
2020年3月	《财政部　税务总局关于粤港澳大湾区个人所得税优惠政策的通知》（财税〔2019〕31号）	财政部、税务总局	为进一步吸引国内外人才到粤港澳大湾区进行工作，将提供更优惠的政策
2020年4月	《广东省人民政府办公厅印发关于深化我省环境影响评价制度改革指导意见的通知》（粤办函〔2020〕44号）	广东省人民政府办公厅	进一步支持粤港澳大湾区先行先试，赋予广州、深圳、珠海横琴新区和省改革创新试验区省级环评管理权限
2020年5月	《关于金融支持粤港澳大湾区建设的意见》（银发〔2020〕95号）	中国人民银行、银保监会、证监会、国家外汇管理局	从促进粤港澳大湾区跨境贸易和投融资便利化、扩大金融业对外开放、促进金融市场和金融基础设施互联互通、提升金融服务创新水平、防范跨境金融风险五个方面提出26条具体措施。包括鼓励符合条件的创新企业上市、着力研究广州期货交易所的设立、设立粤港澳大湾区内的国际商业银行、加强监管和完善"沪港通"和"债券通"等金融市场互联互通安排等。多方面为粤港澳大湾区的建设提供便利

续表

时间	政策名称	发文机关	主要内容
2020 年 8 月	《关于明确港澳银行在大湾区内地九市办理不动产抵押登记有关事项的通知》	广东省自然资源厅	为港澳居民在大湾区内地城市通过港澳银行按揭购房、大湾区内企业通过港澳银行开展跨境抵押融资等带来极大便利，解决了港澳银行办理抵押登记必须在内地开设分支机构或代表机构的门槛问题
2020 年 10 月	《广东省银保监局关于印发〈关于简化粤港澳大湾区银行保险相关机构和高管准入方式的实施细则〉的通知》（粤银保监发〔2020〕93 号）	广东省银保监局	大湾区银行保险基层主要机构及其高管的准入事项，已全面取消事前审批，转而实行事后报告或备案制

二、区域特色分析

（一）城市群战略带动发展

坚持极点带动、轴带支撑网络化空间格局。充分发挥香港—深圳、广州—佛山、澳门—珠海的联合带动作用，每一组城市带都能够带动两地的经济发展，两者可以优势互补，利用完善发达的交通网以及港口群和城市群，依托良好的基础设施进行发展，能够形成高效完善的空间格局。

加强中心城市的带动作用。香港、澳门、深圳、广州作为粤港澳大湾区发展的中心，是处于核心地位的，其余的七个城市则作为重要的节点连接中心城市，形成良好的发展关系网，充分发挥珠三角九市的特色，将数量庞大的特色小镇转化为经济发展优势，推动城乡发展一体化，完善城市与城镇的发展体系。

充分发挥粤港澳大湾区的辐射作用。将粤港澳大湾区的区位优势进一步辐射到粤东西北地区，完善各地区的交通网络，使越来越多的地区能够融入粤港澳大湾区的发展布局，促进泛珠三角区域要素流动和产业转移，推动分工合理、优势互补的产业协作体系的形成。

（二）产业投资前景可观

产业体系完备，城市发展各有侧重。目前粤港澳大湾区经济发展水平全国领先，产业体系完备，集群优势明显，经济互补性强。香港金融业高度发达、澳门服务业高度发达，珠三角九市根据自身城市特色发展战略性新兴产业。香港、澳门的服务业优势明显，占比达 90% 以上。广州、深圳两市呈现"三二一"格局，第三产业占比最大，广州市依托传统优势产业，与新型技术产业相融合，深圳市的金融业和高新技术产业不断蓬勃发展，成为其支柱产业。东莞与佛山作为传统制造业中心，近年来在粤港澳大湾区规划的指引下逐渐发力，逐步转向先进制造业。珠海、惠州、中山、江门、肇庆目前仍以传统制造业为主，转型升级的需求较强。

借力"双循环"，产业发展提供新机遇。粤港澳大湾区完整的制造业产业链、成熟的基础设施、高效现代物流体系、大体量而有活力的消费市场意味着大湾区必然是中国经济内循环的重要增长极。粤港澳大湾区的发展不仅能带动湾区内经济进一步增长，还将有力地辐射中国南部地区，同时也会进一步推动国际循环。粤港澳大湾区通过依托历史传统与地缘优势，整合国际国内的优质资源，能够以高水平的开放提升国际循环质量。双循环战略也是粤港澳大湾区完善协调内部产业结构，打通城乡循环，平衡区域发展不均衡的新契机。粤港澳大湾区通过产业升级、产业链优化、发力新基建等手段，更好地承担起双循环战略所赋予的任务，与此同时，粤港澳大湾区的产业空间布局也将迎来重构。核心城市的传统产业向周边城市的外溢有助于优化区域内产业链各环节的布局，也为核心城市腾出更多发展空间，并为周边城市"输血"、"造血"，强化整体实力。对新基建的投入，不仅能够在短期内通过投资拉动经济增长，还为各类要素在不同发展程度的城市内自由流动、经济动能有效转换提供了重要支撑。

借力产业投资，各级城投平台高效发展。省级城投平台广东省交通集团有限公司是广东省最重要的高速公路投资建设和运营主体，公司经营管理的高速公路基本覆盖了广东省的出省通道和珠三角地区的高速公路网。其子公司广东省高速公路发展股份有限公司、广东省高速公路有限公司、广东省公路建设有限公司和广东省路桥建设发展有限公司分别负责省内不同区域高速公路的建设运营。广东粤运交通股份有限公司是广东省交通集团内唯一的高速公路服务区经营主体，主要负责广东省道路客运服务及高速公路服务区经营，主营业务的占比可达96.84%，2020年广东粤运交通高速公路服务区经营所获营业收入达30.04亿元。广东省铁路建设投资集团有限公司主要负责广东省城际轨道交通建设和干线铁路的投资建设，主营业务铁路客运业务能够达到68.21%，2020年，公司铁路客运的营业收入能够达到21.95亿元，占总营业收入的66.71%。珠三角九市的省级城投平台借助产业投资，将重点放在公共道路交通，以此达到城投平台稳健发展。

三、转型发展原则

（一）创新驱动，改革引领

实施创新驱动发展战略，进一步加强粤港澳大湾区内区域协同创新，构建智慧城市群和具有创新能力的发展区，推动重点领域和关键节点的更新改造，进一步释放改革红利，城投平台抓住改革机遇，创新发展模式，促进各类要素在区域内的优化配置。

（二）协调发展，统筹兼顾

实施区域协调发展战略，鼓励城投平台将各城市地缘优势与产业优势最大化利用，引导各区域各司其职，当地政府推出结合本区域特色的政策，鼓励一定程度上的个性化发展，同时也要注重城乡区域发展的协调统一性，在保留个性的同时让粤港澳大湾区具有整体规划。

（三）开放合作，互利共赢

以"一带一路"建设为重点，构建开放型经济新体制，打造高水平开放平台，对接高标准贸易投资规则，加快培育国际合作和竞争新优势。充分发挥香港、澳门独特优势，创新完善各领域开放合作体制机制，深化内地与香港、澳门互利合作。

四、转型发展建议

（一）以"投资建设＋运营服务"进行产业链延伸

一是坚持政府政策性和市场化业务相结合的经营策略。一方面，仍要坚持承接政策性项目和公益性项目，保障城市基础设施建设的完善，承担国企社会责任。另一方面，开拓市场化业务，以市场化业务为存续之道，用市场化的思路经营管理，从股权比例、激励机制等方面做出市场化的安排，整合优势资源在营利性业务上发力。合理配置政策性项目与市场业务，多元化开展经营性业务。

二是拓宽产业链上游与下游的业务。多数城投公司仍是以投融资为主，受限于政策或资金并不介入前期环节。现在城投公司正处于转型时期，优惠政策的出台使不少公司开始尝试向上游产业扩展。除了向上游产业链的扩充，下游业务的延伸也是城投公司转型的方式。通过项目具备的运营属性，可介入运营环节，这种模式适用于文旅类与交通类项目。此外也可依托城投公司已有的资源开拓新业务，粤港澳大湾区各城市可依靠已有区域特色资源开展不同的项目，如粤港澳大湾区内的城市具有枢纽功能，城投公司可依据其交通资源介入停车场与充电桩等业务。

三是适时运用产业链延伸政策。城投公司具备"龙头"业务时，可进一步扩展产业链，延伸的业务要有利于"龙头"业务提升其核心竞争力，带动产业链整体价值的提升。产业是存在周期性的，城投公司要知道政策环境并不是一成不变的，城投内部应建立相应的业务退出机制，对于会造成产业链价值受损、发展前景堪忧的业务和持续亏损的业务应及时收缩。

（二）以多元化融资渠道提高融资能力

一是开拓多元项目，做实融资基础。一方面，获取政府投资项目。对于政府基础设施项目可以作为代建及项目管理主体获取项目；对于政府产业投资项目可以作为参与、控股主体履行产业投资引导职责，获得对于项目的经营管理。另一方面，积极参与 PPP 项目。探索在 PPP 项目中担任社会资本方，同时借助其他社会资本方的力量完成 PPP 项目的运营维护。此外，城投公司还可依托自身综合的投资、建设、运营及产业发展能力，通过招商方式获取园区开发、片区开发等综合性的项目。

二是提升信用等级，改善融资能力。城投公司需要持续争取地方政府在资本金、城市经营性资产、重点资源及项目上的支持。积极引入央企、大型国企、省级平台公司等优质信用主体，通过设立基金、成立合资公司、组成联合体等形式进行合作，提升整体信用等级。加强对优质资源和经营性资产的整合，提升运营能力，实现业务盈利，通过自身良好的业务盈利及现金偿还能力，实现自身融资的可持续性。

三是拓宽融资渠道，提高直融比例。城投公司在失去政府信用背书的情况下，亟须培育多层次、多渠道的持续的市场化融资新机制，以金融创新为突破口，多渠道灵活筹集资金，为新型城镇化建设提供有力载体。此外，在拓宽多元化融资渠道的同时，还应不断提升直接融资比重，使用专项债、项目收益类债券、新型城镇化建设基金、产业发展基金、PPP 引导基金等创新品种，实现自身融资的高质量发展。

（三）以配合转型方式提升转型能力

一是要有科学合理的顶层设计。城投的实际控制人即地方政府，在组建之初就要进行科学合理的设计。对企业性质和职能定位，政企之间要达成共识，改善以结果为导向定性城投平台的情况。城投平台可定位成"商业类"，但经营情况中并不排斥公益类项目。目前，部分城投平台"身兼数职"，应改善当前这一情况，使城投平台专注于城市建设，有利于城投平台的转型发展。此外，应合理控制城投平台的体量，粤港澳大湾区内的城投数量不在少数，数量上的占优并不能代表资源的合理利用，应集中优质资源打造优势业务，提升城投平台的竞争能力。

二是构建和谐良性的政企关系。城投平台进行市场化转型要摆脱对政府的过度依赖，包括对融资和资源的依赖。对政府而言，要抛弃城投是政府融资平台的概念，加强对城投的监管，根据法律规定以实际出资为限对其承担有限责任，下放审批决策权，提升经营决策自主权。对城投而言，要认清政企分离是大势所趋，要以此为转型契机，抓住转型机遇，以城市基础设施建设为出发点，进行建筑、金融、旅游、文化等产业的尝试。

三是巩固地区优势走出地区限制。粤港澳大湾区内城投平台借助区位优势不断发展，但粤港澳大湾区内市场并不是一味地扩展，而是存在上限。在围绕城市建设向更高利润行业进军的转型策略下，突破地域限制实行"走出去"发展战略是必由之路。在市场化条件下，城投可通过自身的品牌优势突破地域限制，在更大的市场和更优的环境输出扩张。

四是城投应探索市场化破产机制。对企业而言，经营失败之后选择破产清算是合理做法，但对于城投平台而言，当其选择破产时，背后的地方政府将会面临复杂的利害关系。最新修订的《中华人民共和国预算法》实施后，地方政府唯一的合法举债方式就是发行地方政府债券，近些年一众监管政策频频落地，实际上已从法律层面有效隔绝了城投债务问题对地方政府的连锁风险。巨额的隐性债务会对经济的平稳运行产生负面影响，社会对城投平台的信用会产生怀疑，进而可能会导致金融系统性风险。因此，城投平台设立合理的破产机制是具有重要意义的。

（四）以优化内部制度提升核心竞争力

一是建立健全现代化企业经营管理制度。目前，多数城投平台的管理体制机制与管理思想并不符合现代企业制度，有着明显的国企特征，需要有针对性地统一管理、逐个优化。管理体系方面，较为普及的是三级架构，即打造三级分层的集团性企业一级母公司管资本（总体战略）、二级子公司管资产（独立板块）、三级孙公司管生产（具体经营）；业务经营方面，要根据业务的实际性质区别管控，对核心业务及战略性业务以控股为主，对非核心业务以财务性持股为主，对公益类业务则重在关注运营效率、社会效益等。

二是利用投融资优势推进资本运作。城投平台的经营长项是投融资：融资方面，未来政府与城投平台分离后，政府加持的信用就会消失，但在长久形成的业务关系中，城投平台仍属于金融机构积极服务的优质客户；投资方面，粤港澳大湾区内城镇化仍在进行中，这将产生大量的新增项目，城投将作为这类项目的承担者，继续经营此类项目。

三是大力提升资产证券化水平、适度试点推进混合所有制改革。资产证券化的推进有利于资产组合和灵活性资本运作的有机组合，使城投平台在粤港澳大湾区内能够有效提升资产质量，进而提升城投平台的实力。城投作为较为特殊的一种企业，拥有国企实力的同时也具备民营企业的活力，两者的有机结合会实现合作共赢的场面，因此外界资本的选择可能将城投作为优先考虑对象。

四是按照重点进行科技创新，发挥科技创新推动城投公司产业联动发展，针对不同业务板块构建高效的商业模式和科学的运营模式，逐步打造各产业板块的核心竞争能力。充分发挥粤港澳大湾区内各城市优势产业的地方特色，如香港优势在于第三产业如金融保险业、邮政仓储业；对珠三角九市而言，深圳、东莞和惠州主要集中发展知识密集型产业，佛山、珠海和中山优势产业集中于技术密集型产业。结合粤港澳大湾区东西两岸及香港、澳门的发展优势，使湾区内产业优势互补，促进各地产业转型升级，发挥核心竞争力，提升粤港澳大湾区产业创新价值。

【案例篇】

第十章　承德市国控投资集团有限责任公司转型发展案例分析

第一节　公司基本情况

承德市国控投资集团有限责任公司是承德市公共服务和基础设施建设领域的重要运营实体，目前承担了承德市城市供水供热、旅游开发、基础设施建设等公共服务的重要任务，在承德市具有不可替代的重要地位。公司转型主要靠"资产注入+业务整合"的模式，一方面在资产注入上得到承德市人民政府的有力支持，将优质闲置资产陆续划转至承德市国控集团有限责任公司，使承德市国控投资集团有限责任公司成为承德市最大的产业类公司，资产规模和营业收入大幅增长，最新主体等级提升至 AA +，评级展望为稳定，投融资主体的地位显著提升；另一方面承德市国控投资集团有限责任公司抓住京津冀一体化的历史机遇，积极开拓京津冀市场，将热力、水务、旅游、交通等六大产业平台合并，同时上述业务均具有较强的区域专营性，为集团提供了较为稳定的收入来源。

一、公司简介

承德市国控投资集团有限责任公司（以下简称"承德国控"）原名为承德市财达投资有限责任公司，1998 年 1 月 19 日成立，初始注册资本 1510.00 万元，其中承德市财政局出资 1500.00 万元，承德市农业投资公司出资 10.00 万元。2015 年 9 月，公司名称变更为承德市国控投资集团有限责任公司（国有独资），注册资本 10000.00 万元。2020 年 7 月，公司注册资本变更为 30000.00 万元，承德市人民政府国有资产监督管理委员会为唯一股东和实际控制人。

目前，由承德国控履行出资人职责的成员企业共 154 家。一级子公司 11 家，二级子公司 28 家，三级及以下子公司 115 家，主要涉及城市基础设施建设、城市公共服务、城市资源经营管理、旅游资源经营管理、金融服务五个方面。近年来，承德国控完成了破产企业资产开发、拓宽融资通道、重要项目投资、城市基础设施运营、民生项目建设等一系列重大工作，资产规模不断扩大，发展质量效益持续提高，社会影响力不断增强。

二、所在区域情况

承德市位于河北省东北部，处于华北和东北两个地区的过渡地带，西南与南分别挨着北京与天津，背靠内蒙古自治区与辽宁省，省内与秦皇岛、唐山两个沿海城市以及张家口市相邻。承德市区域面积大、森林覆盖率高、水资源丰沛、矿产资源丰富、文化特色鲜明等特点，在中国北方城市中具有重要的战略地位。随着京津冀一体化战略的推进，承德市将加大产业升级和经济转型力度，不断提升城市综合竞争力，实现经济可持续发展。承德市经济持续健康发展，为承德国控的业务发展创造了良好的外部经济环境，有利于提升集团盈利能力。

根据《2020 年承德市国民经济和社会发展统计公报》数据，2020 年承德市实现全市生产总值 1550.3 亿元，同比增长 4.0%，受新型冠状病毒肺炎疫情影响，增速有所放缓，但仍高于全省增速 0.1 个百分点，高于全国增速 1.7 个百分点。承德市经济实力在河北省内偏弱，2020 年承德市主要经济指标在河北省 11 个地级市中排名靠后。2020 年承德市产业结构比例为 21.7∶32.1∶46.2，第一产业占比小幅提升，承德市经济仍以第二、第三产业为主，基本形成以文化旅游、钒钛新材、食品医药加工、清洁能源、装备制造为主的产业结构体系，文化旅游服务业、钒钛新材料等构成其支柱产业。

2020 年承德市一般公共预算收入 116.14 亿元，同比增长 3.3%；其中，税收收入 76.96 亿元，占一般公共预算收入的比重为 66.3%，前十大纳税企业行业以烟草、钢铁及矿业为主；非税收入 39.17 亿元，同比增长 26.3%，拉动全市一般公共预算收入增长 7.2 个百分点。一般公共预算支出 456.38 亿元，同比增长 9.9%，增幅居全省第 5 位。同期，全市政府性基金收入 110.52 亿元，同比增长 8.7%；政府性基金支出 141.40 亿元，同比增长 37.3%。同期，全市转移性收入 4281.50 亿元保持持续增长态势，对财政收入的贡献度较大。截至 2020 年末，承德市地方政府债务余额为 618.07 亿元，其中一般债务余额为 373.86 亿元，专项债务余额为 244.21 亿元；承德市地方政府债务规模较大，债务压力较重。

总体而言，2020 年承德市经济财政实力继续增强，公司仍面临较好的外部环境；同时承德市地方政府债务规模较大，债务压力较重。

三、公司业务情况

（一）承德国控主营业务情况

2012 年以来承德国控陆续整合承德市矿业、林业、交通、热力、旅游、水务等国有资产，业务范围迅速扩大。公司经营业务主要可分为供热、水务、旅游、工程建设、土地整理、贸易六大业务板块。2020 年，公司实现营业收入50.86 亿元，同比增长 21.67%。

从业务收入构成上看，水务业务、贸易业务和工程建设业务分别实现收入3.60 亿元、4.43 亿元和 17.06 亿元，同比增长 20.40%、260.16% 和 42.64%。2020 年随着承德路桥建设总公司的无偿划入，公司工程建设业务收入大幅增长，带动营业收入同比大幅增加。其子公司承德市释窨融资担保有限公司的担保收入并入公司合并范围，使其他业务收入同比增长，担保业务无成本所致。

公司 2020 年主营业务毛利率为 16.36%，同比下降 2.11%，其中，供热业务毛利率下降是由于煤炭价格上涨导致供热成本上升所致；旅游业务毛利率下降是由于受新型冠状病毒肺炎疫情影响门票收入下滑所致；土地整理业务毛利率下降主要系当年单位面积土地整理成本较高所致，各业务板块的毛利率均为正数。供热、水务及旅游等业务均具有较强的区域专营性，为公司提供了较为稳定的收入来源。承德国控集团各业务板块收入成本情况如表 10-1 所示。

表 10-1　承德国控集团各业务板块收入成本情况

业务板块	本期				上年同期			
	收入（亿元）	成本（亿元）	毛利率（%）	收入占比（%）	收入（亿元）	成本（亿元）	毛利率（%）	收入占比（%）
供热业务	16.05	14.29	10.97	31.56	14.19	11.53	18.75	33.95
旅游业务	3.61	3.02	16.34	7.10	3.99	2.93	26.57	9.55
水务业务	3.60	2.25	37.50	7.08	2.99	2.67	10.70	7.15
贸易业务	4.43	4.15	6.32	8.71	1.23	1.19	3.25	2.94
工程建设业务	17.06	15.01	12.02	33.54	11.96	11.41	4.60	28.61
土地整理业务	4.23	2.67	36.88	8.32	5.46	3.00	45.05	13.06
信贷担保业务	0.16	——		0.31	0.21	——		0.50
其他业务	1.72	1.15	33.14	3.38	1.77	1.35	23.73	4.23
合计	50.86	42.54	16.36	——	41.80	34.08	18.47	——

（二）承德国控主营业务分析

1. 供热业务

承德国控拥有承德市最大的城市热网集中供热系统，供热量占承德市供热总量的 90% 以上。近年来，承德热力集团有限责任公司积极开拓京津冀市场，2016年组建全资子公司河北承热能源科技有限公司，主要负责与资本雄厚的区域外国有企业合作，扩展京津冀及周边地区供热市场。2016 年，承德热力集团有限责任公司通过公开招标方式成功与沧州市海兴县、承德市丰宁满族自治县、承德市围场满族蒙古族自治县人民政府签订供热服务合同，并在衡水武邑、沧州黄骅以及承德营子区建设供热设施。随着公司供热业务持续扩大，截至 2020 年末，公司供热面积 7681.17 万平方米，供热管网长度合计 2502 千米，同比均继续增加；公司供热面积及供热能力均继续提升，带动供热业务收入继续增长。

2. 旅游业务

旅游业务由承德避暑山庄旅游集团有限公司承担，承德避暑山庄旅游集团有限公司主营业务包括避暑山庄及周边景区委托经营、景区观光车承运及管理、停车场外包经营及酒店外包经营，其中主要收入来源是避暑山庄及周边景区经营。承德避暑山庄旅游集团有限公司主要通过收取门票的方式，为游客提供旅游服务。旅游业务 2020 年实现营业收入 3.61 亿元，目前处于稳定发展阶段。受新型冠状病毒肺炎疫情影响，旅游业务收入有一定缩水，但承德避暑山庄旅游集团有限公司在承德市旅游业仍处于行业垄断地位。

3. 水务业务

水务业务由承德水务集团有限公司承担，主要包括自来水供水业务和污水处理业务。自来水供水业务主要包括原水制作、自来水生产、管网建设、自来水销售，还承担新建小区室外供水管网设计、施工、维护管理工作，以及部分高层建筑加压站的施工、管理工作。污水处理业务范围包括污水主管网的建设、运行、管理；污水的收集、管理、统一处理、达标排放；中水回用的建设、管理，服务范围涉及双桥区、高新区等，服务区域面积约 80 平方千米，服务人口约 48 万人。水务业务 2020 年实现营业收入 3.60 亿元。

4. 土地整理业务

土地整理业务由承德矿业集团有限责任公司下属子公司承德晟昊土地整理有限公司承担，承德晟昊土地整理有限公司主要业务包括平整场地工程、耕地占补平衡、工矿废弃地复垦、城乡建设用地增减挂钩指标的市内调剂、市外转让。土地整理业务 2020 年实现营业收入 4.23 亿元。公司陆续与承德市机场公路征地拆迁领导小组办公室、承德市双滦区土地收购储备中心等需求方签署委托补充耕地指标协议书，土地指标业务的出售面积和销售收入不断增加，预计未来仍有较大的增长空间。承德市政府将土地招标业务划归至公司执行和管理，体现了承德市政府对公司发展的大力支持。

5. 工程建设业务

工程建设业务收入主要来自承德交通集团有限公司下属子公司承德周道路桥有限公司工程收入。承德周道路桥有限公司有 60 多年的路桥建设史，是一家国有路桥建筑施工企业；拥有公路准施工总承包一级和公路桥梁、隧道、路面、路基四个专业一级资质以及公路养护、交通工程承包资质；2001 年通过了 ISO 9001 质量管理体系认证。2009 年通过了质量、环境和职业健康安全"三标一体"认证。近年来有 30 多项工程，分别荣获国家级、部级、省级、市级优质工程奖。公司陆续荣获了"高速公路建设施工 AA 级信用企业""河北省高速公路建设施工 AA 级信用企业""内蒙古自治区公路施工 AA 级信用企业"等称号。2020 年，公司工程建设业务实现收入 17.06 亿元，同比增长 42.64%，占收入比重为 33.54%，是公司收入的主要来源之一。

6. 贸易业务

承德国控矿石贸易收入主要来自承德矿业集团有限责任公司所属全资子公司承德茂远商贸有限公司；沥青贸易收入主要来自承德交通集团有限公司所属全资子公司承德盛荣商贸有限公司；热力贸易收入主要来自承德热力集团有限责任公司。矿石销售业务采用商品购销模式，承德茂远商贸有限公司在镍铁、热轧带钢贸易方面具有一定优势，盈利模式为商品购销差价；沥青销售业务采用传统经营模式，通过参与招标的方式，为工程项目供应沥青产品；热力销售业务以承德热力集团有限责任公司自身建设工程为依托，提供相应的工程产品服务，在满足该需求之余适当对外进行煤炭、热电器材等物资产品销售。

四、公司财务状况

根据承德国控 2020 年度财务报表，可以对其财务状况做出分析。

（一）主要资产情况

截至 2020 年末，承德国控资产总额为 313.84 亿元，承德国控流动资产和非流动资产在资产中占比较为均衡，分别为 44.63% 和 55.37%，资产结构较为稳定、合理。

1. 流动资产

如表 10-2 所示，公司流动资产主要由货币资金、应收账款、预付款项、其他应收款和存货构成。公司货币资金占比最高，为 15.87%，主要是银行存款；应收账款主要为应收文物局的代收景区门票款以及供水、污水费等；其他应收款主要为资金往来款；存货占比较高，为 11.11%，主要系公司子公司承德高新区新东开发中心、承德热力集团有限责任公司、承德水务集团有限公司等承担土地开发、基础设施建设工程投入成本。

表10-2　承德国控流动资产情况

项目	2020 年末		2019 年末	
	金额（万元）	占比（%）	金额（万元）	占比（%）
货币资金	498081. 90	15. 87	414636. 53	15. 10
应收票据	234. 00	0. 01	232. 00	0. 01
应收账款	158745. 01	5. 06	128065. 67	4. 66
预付款项	142278. 20	4. 53	136607. 96	4. 97
其他应收款	226985. 02	7. 23	191685. 36	6. 98
存货	348636. 00	11. 11	308591. 67	11. 24
其他流动资产	25639. 60	0. 82	22198. 06	0. 81
流动资产合计	1400599. 72	44. 63	1202017. 25	43. 77

2. 非流动资产

如表10-3所示，公司非流动资产仍主要由固定资产、在建工程和无形资产构成。固定资产为热力管网设施等，同比有所增长；在建工程主要为水库工程及热力、供水管网等，同比有所增长，主要系新增供水管道工程等所致；无形资产主要包括特许经营权和土地使用权，2020年末同比增长66.12%，主要系公司子公司承德交通集团有限公司收到无偿划拨土地使用权公司子公司承德水务集团有限公司新购入特许经营权所致。

表10-3　承德国控主要非流动资产情况

项目	2020 年末		2019 年末	
	金额（万元）	占比（%）	金额（万元）	占比（%）
长期股权投资	34051. 77	1. 08	34359. 19	1. 25
投资性房地产	27705. 43	0. 88	16987. 05	0. 62
固定资产	679460. 65	21. 65	640126. 27	23. 31
在建工程	619616. 78	19. 74	561180. 87	20. 43
无形资产	152288. 79	4. 85	110292. 72	4. 02
长期待摊费用	8826. 63	0. 28	5313. 27	0. 19
非流动资产合计	1737847. 85	55. 37	1544454. 50	56. 23

（二）主要负债情况

2020 年末，随着合并范围的扩大，公司负债规模大幅增长，负债结构以非流动负债为主；资产负债率同比有所增长，仍处于较高水平。

1. 流动负债

如表 10 - 4 所示，公司流动负债规模仍以短期借款、应付账款、预收账款和其他应付款为主。同期，公司短期借款主要包括信用借款、质押借款和保证借款等，同比增长 17.68%，主要系质押借款和信用借款增加所致，多用于补充公司营运资金；预收账款同比增长 39.43%，主要系公司子公司承德热力集团有限责任公司新增预收居民取暖费和供热入网费以及公司子公司承德水务集团有限公司新增预收工程款所致。

表 10 - 4　承德国控主要流动负债情况

项目	2020 年末		2019 年末	
	金额（万元）	占比（%）	金额（万元）	占比（%）
短期借款	99552.35	4.59	84596.10	4.62
应付账款	278739.96	12.84	271192.65	14.81
预收款项	140757.46	6.48	100953.87	5.51
其他应付款	189856.11	8.74	226708.74	12.38
流动负债合计	752473.85	34.66	707504.27	38.64

2. 非流动负债

如表 10 - 5 所示，公司非流动负债仍由长期借款、应付债券、长期应付款和递延收益构成。公司长期借款以质押借款和保证借款为主，2020 年末同比增长 19.57%，主要系质押借款和保证借款增加所致；2020 年末应付债券大幅增加，主要系 2020 年 5 月 20 日发行私募债"20 承控 01"所致；公司长期应付款包括融资租赁款和专项应付款，其中专项应付款的增长，主要系公司子公司承德热力集团有限责任公司及承德水务集团有限公司用于工程项目的融资租赁业务增加以及污水处理项目等增加所致；递延收益主要为热力及水务等板块得到较多政府补助，未确认收入部分计入递延收益，2020 年末同比略有增长。

（三）盈利及偿债能力分析

如表 10 - 6 所示，2020 年，由于合并范围扩大，公司营业收入达到 508546.83 万元，同比大幅增长 21.67%。期间费用同比增长，毛利率同比有所下降，2020 年扣除非经营性损益后净利润为 - 12497.27 万元，较上年同期 1397.69 万元减少 13894.96 万元，下降 994.14%。分析其主要原因：一是承德国控本部 2020 年新发行债券财务费用同期增加 12583.91 万元；二是受新型冠状病毒肺炎疫情影响，土地整理及担保业务收入有所下降，同时非经常性损益较上年同期增加 13511.52 万元，政府补助仍是利润总额的重要来源。

表 10 - 5　承德国控主要非流动负债情况

项目	2020 年末		2019 年末	
	金额（万元）	占比（%）	金额（万元）	占比（%）
长期借款	621183.23	28.61	519515.50	28.38
应付债券	411021.97	18.93	260650.12	14.24
长期应付款	163951.15	7.55	119328.72	6.52
递延收益	205460.25	9.46	204908.17	11.19
非流动负债合计	1418738.91	65.34	1123338.77	61.36

表 10 - 6　承德国控主要财务指标　　　　　　　　单位：万元，%

项目	本期	上年同期	同比增长
营业收入	508546.83	417962.28	21.67
营业成本	425412.97	340698.02	24.87
利润总额	32744.49	32261.49	1.50
净利润	20308.89	20692.33	-1.85
经营活动产生的现金流净额	33868.59	45705.73	-25.90
投资活动产生的现金流净额	-219313.58	-124820.05	-75.70
筹资活动产生的现金流净额	269762.19	75201.00	258.72
EBITDA 全部债务比	0.12	0.13	-7.69
利息保障倍数	1.63	1.75	-6.86
现金利息保障倍数	1.89	2.34	-19.23
EBITDA 利息倍数	2.90	3.03	-4.29

2020 年，公司经营活动产生的现金流净额对债务及利息的保障能力有所减弱；债务融资能力较强，债务收入是公司流动性偿债来源的主要构成，对缓解公司流动性压力贡献很大；公司在建及拟建项目规模较大，仍面临一定的资本支出压力；2020 年末，公司有息债务规模继续增长，短期有息债务占总有息债务的比重较高，同时非受限货币资金充裕，公司短期偿债压力一般。

（四）外部支持情况

2020 年，公司作为承德市重要的公用事业、土地整理及投融资等业务的运营主体，主要负责承德市城市供水供热等公共服务、土地整理、旅游开发及投融资等职能，公司在承德市经济发展中仍具有重要地位；2020 年继续得到承德市人民政府在资产注入及财政补贴等方面的大力支持。

资产注入方面，2020 年，根据承办〔2020〕30 号，承德市人民政府将国控集团、承德塞罕坝生态开发集团有限公司及承德市演艺集团有限责任公司等国有资产无偿划转至公司，同时，根据承财资〔2020〕222 号，承德市财政局将承德路桥建设总公司等国有资产无偿划入公司子公司承德交通集团有限公司，截至 2020 年末，上述划转均已完成工商变更。其中，承德市国有投资集团有限责任公司是当地主要投融资主体之一，随着承德市国有投资集团有限责任公司的划入，公司投融资主体的地位显著提升，资产规模大幅增长，资本实力进一步增强，承德市人民政府的支持力度进一步增加。

财政补贴方面，2020 年，公司收到政府补助为 4.60 亿元，同比增加 2.06 亿元，主要包括企业发展扶持金 3.52 亿元、运营补贴及大气防污节能环保补贴款等合计 1.08 亿元。随着公司业务的不断拓展，预计未来将继续得到承德市人民政府的大力支持。

特许经营权方面，2016 年 8 月，承德市水务局出具了《承德市水务局关于承德水务集团有限公司具有城市供水特许经营权的说明》，承德水务集团有限公司具有城市供水特许经营权，特许经营区域为承德市辖区范围内的双桥区和高新区，同时享受承德市人民政府授权的相关收费权限。公司具有一定的特许经营权优势。

综合来看，公司作为承德市重要的公用事业、土地整理及投融资等业务的运营主体，在承德市经济建设中仍具有重要地位，随着承德市国有投资集团有限责任公司等资产的无偿划入，公司投融资主体的地位显著提升，获得承德市人民政府的支持力度将进一步增加。

五、融资情况

2020 年末有息借款总额为 127.96 亿元，占负债总额比重为 58.94%（见表 10 - 7）。其中，短期有息债务占总有息债务的比重为 25.94%，占比较高；同期，公司非受限货币资金 48.37 亿元，公司短期偿债压力一般。

债券融资方面，截至 2020 年末，公司存续债券余额为 41.20 亿元，分别为"16 承控 01""16 承控 02""19 承控绿色债/G19 承控 1""20 承控 01"。融资租赁方面，截至 2020 年末，公司融资租赁款为 4.33 亿元，租赁物主要为机器设备，融资成本约为 5.50%。

表 10 - 7　承德国控集团有息债务情况

借款类别	2019 年末金额 （亿元）	本期新增金额 （亿元）	本期减少金额 （亿元）	2020 年末金额 （亿元）
公司债券、其他债券及 债务融资工具	26. 07	15. 03	0. 00	41. 10
银行贷款	60. 70	28. 41	14. 91	74. 20
其他	11. 25	7. 45	6. 04	12. 66

公司融资渠道主要包括银行借款、债券发行及融资租赁等，以银行借款为主，借款期限以长期为主；银行借款以质押借款和保证借款为主，其中质押物主要为供热取暖费及入网费的应收账款、双峰寺水库 PPP 项目的全部收益权及权益形成的应收账款、污水处理费收益权等。截至 2020 年末，公司共获得银行授信149. 12 亿元，同比增加 29. 95 亿元，尚未使用银行授信额度 43. 40 亿元。

第二节　转型发展分析

一、整合优质资源、提高主体实力

承德国控由承德市委、市政府按照"市场化配置、集约化整合、企业化经营、资本化运作"的原则组建，在资产注入上得到承德市人民政府的有力支持。为了提高承德市国有资产的运营和管理效率，盘活国有资产，实现国有资产的增值和保值，承德市人民政府将行政事业单位所属的优质闲置资产陆续划转至承德国控，由承德高新区新东开发中心进行统一运营和管理，实现国有资产市场化运作和自身"造血"能力的增强。

近年来，根据《承德市人民政府关于印发整合划转市直行政事业单位国有资产支持国控集团做大做强的实施方案的通知》《关于整合市级国有资产壮大承德国控发展的实施方案》等政府文件，承德国控通过无偿划转，合并了包括承德热力集团有限责任公司、承德水务集团有限公司、承德避暑山庄旅游集团有限公司、承德矿业集团有限责任公司、承德交通集团有限公司等多个集团公司，合并后，承德国控成为承德市最大的产业类公司，统一负责承德市产业类投资项目的投融资管理、资本运作等，在承德市具有不可替代的重要地位。截至 2020 年末，上述划转均已完成工商变更。公司投融资主体的地位显著提升，资产规模大幅增长，资本实力进一步增强，营业收入大幅增长。

二、拓展多元业务、发挥专营优势

承德国控作为承德市唯一的市级公共服务和基础设施建设领域的实施主体，主要负责承德市城市供水供热等公共服务、旅游开发、基础设施建设等重要任务。目前其业务板块可分为供热、贸易、旅游、水务、工程建设、担保和矿业贸易等。公司积极拓展业务实现业务多元化发展。

承德国控抓住了承德市"十三五"规划发展机遇，不断发展和壮大。经过新一轮资产整合，承德国控将热力、水务、旅游、交通等产业平台合并，目前已成为承德市最大的产业型运营主体。经过资产整合后，承德国控实力进一步增强，其主营业务包括供热、供水、旅游等在承德市处于垄断地位，同时上述业务均具有较强的区域专营性，能够提供较为稳定的收入来源。

三、拓宽融资渠道、控制融资成本

近年来，承德国控按照"投资、融资、调结构"的总体发展目标，以服务于全市经济发展战略为大前提，坚持市场化改革取向，不断优化投资结构，提高资产质量，扩大融资总量，增强核心竞争力。积极进行市场化融资的实践，探索国有资产经营、管理和投融资体制改革的新路子。努力改变融资渠道单一的状况，从内部资源利用入手，盘活存量、引进增量，同时，把实现投融资格局多元化、方式多样化、融资定量化作为发展的目标之一。

公司的融资渠道主要包括银行借款、债券发行及融资租赁等，公司积极探索银行借款以外的融资方式，其中债券融资取得了较大的突破和进展，近年来成功发行 5 只债券（见表 10 - 8），包括定向工具 PPN 和专项绿色债券。随着优质国有资产的不断划入，公司投融资的主体地位显著上升，资产规模显著上升，资本实力进一步增强，营业收入大幅增长。2021 年 6 月 28 日主体信用等级调整为AA＋，评级展望为稳定，在债券融资中占有更有利的地位。

表 10 - 8　承德国控债券发行情况

债券简称	发行规模（亿元）	债券期限（年）	票面利率（%）	到期日
21 承德国控 PPN001	4.00	5.00	5.27	2026 年 4 月 27 日
20 承控 01	15.00	3.00	4.78	2023 年 5 月 25 日
19 承控绿色债	8.40	7.00	6.50	2026 年 9 月 2 日
16 承控 02	15.00	5.00	5.80	2021 年 9 月 8 日
16 承控 01	15.00	5.00	7.50	2021 年 1 月 29 日

四、把握区位优势、实现可持续发展

随着京津冀协同发展重大国家战略的逐步落实，承德国控产业升级和经济转型力度加大，不断提升城市综合竞争力，进而实现经济可持续发展。承德市旅游服务、清洁能源、钒钛新材料等产业发展态势良好，经济保持中高速增长，经济实力较强；承德热力集团有限责任公司积极开拓京津冀市场，2016 年承德热力集团有限责任公司组建全资子公司河北承热能源科技有限公司，主要负责与资本雄厚的区域外国有企业合作，扩展京津冀及周边地区供热市场。

2020 年，承德市在投资需求和旅游产业的拉动下保持发展，同时按照京津冀协同发展规划中对承德"生态功能区"的定位，承德市在"十四五"期间围绕"京津冀水源涵养功能区、京津冀生态环境支撑区、国家可持续发展议程创新示范区、国际旅游城市"的发展定位，推进工业化、信息化、城镇化、农业现代化。随着京沈高铁正式运营，将有助于带动承德市旅游、基础设施建设、消费等产业发展，公司未来面临较好的外部环境。

在京津冀协同发展中，承德坚持立足生态优势。承德将生态全面贯穿于经济建设、政治建设、文化建设、社会建设的各方面和全过程，以生态为媒主动服务京津、融入京津、借力京津，积极扮演好"京津冀水源涵养功能区"角色，肩负起"京津生态屏障"的重任，努力走出一条具有承德特色的开放创新、绿色崛起之路。

第三节 转型经验启示

一、促进资源整合，注入优质资产

夯实资产资本是城投公司转型的强有力保障，提升融资能力，实现健康、可持续发展，其自身能否形成经营性现金流是关键。城投公司要加大资源整合力度，促进优质资源开发，注入优质资产，特别是资产规模较大、现金流较多、有利润的国有资产和经营性公司，有效发挥国有资产的效益，提高优质资源的开发经营价值，不断扩大城投公司净资产规模，提升盈利能力，有条件地发挥融资筹资职能。

承德市人民政府将优质闲置资产陆续划转至承德国控，使承德国控成为承德市最大的产业类公司，承德国控通过无偿划转，合并了多个集团公司，成为承德

市最大的产业类公司。

二、取得政府支持，助力转型成功

城投公司转型是顺应国家关于投融资体制改革、地方政府性债务管理、国有企业改革等政策的需要，现在的转型发展必须要得到政府的支持、指导和推动，没有政府的支持，城投转型发展难以获得成功。一旦转型发展的方向没有与国家及地方政策导向保持一致，将面临政策风险而导致转型失败。

承德国控始终扎实做好投融资工作，构建统一融资和资金管理模式，提升资本运作能力，把牢防范风险生命线，探索新发展路径，打造清洁能源板块，积极承担国企应尽的责任，主动融入全市双循环新发展格局，定准发展方向、明确发展目标、创新发展路径、配置发展资源，提升公司核心竞争力，实现可持续发展，为新时代全面建设"生态强市、魅力承德"做出贡献！

三、提升信用等级，拓展融资渠道

积极引入央企、大型国企、省级平台公司等优质信用主体，通过设立基金、成立合资公司、组成联合体等形式进行合作，提升整体信用等级。培育多层次、多渠道的持续的市场化融资新机制，多渠道灵活筹集资金，为新型城镇化建设提供有力载体。此外，在拓展多元化融资渠道的同时，还应不断提升直接融资比重，使用企业债券、中期票据、项目收益债、资产证券化、融资租赁等融资工具进行融资，不断实现下属单位资产经营和自我融资能力的提升。

2021年6月28日，大公国际资信评估有限公司将承德国控主体及"G19承控1"评级上调至AA＋，评级展望为稳定，实现了承德市国有企业在国内证券市场的历史性重大突破，表明资本市场对承德国控整体实力、管理水平和信用度等综合能力的高度认可。承德国控投融资主体的地位显著提升，也是对其所取得成绩及未来发展潜力的充分肯定。

第十一章　乌鲁木齐经济技术开发区建设投资开发（集团）有限公司转型发展案例分析

　　乌鲁木齐经济技术开发区建设投资开发（集团）有限公司（以下简称"乌经开建投集团"）是乌鲁木齐经济技术开发区规模最大的国有资产投资与管理公司，承担着重要的市政设施投资建设职能。乌经开建投集团始终按照乌鲁木齐市、乌鲁木齐经济技术开发区城市总体发展目标，以区位优势、项目经验优势为着力点，坚持园区开发与城市建设"双轮驱动"，强化重大项目建设主体和市政工程运营主体的职能，扩大资产和人员规模，拓宽融资渠道，加强国有资产的经营管理，积极着力打造丝绸之路经济带上的先进制造业基地、交通物流综合枢纽、现代信息科技高地、国际化生态新区，积极承接和参与"五大中心"建设，为区域投资环境的提升和城市运营效率的提高做出了应有的贡献。

　　本章简要介绍了乌经开建投集团的基本情况，深入剖析了其主要业务板块及业务营收能力，对其财务状况进行了分析，并结合其业务模式和发展战略，总结其成功之道，以期为其他城投平台的转型升级提供相应的启示。

第一节　公司基本情况

一、公司概况

　　乌鲁木齐经济技术开发区建设投资开发（集团）有限公司成立于 2006 年 8 月 16 日，注册资本 263340.39 万元，公司法定代表人为张国征。乌经开建投集团拥有丰富的产业资源和社会资源，可以依托国有资产经营管理平台，不断进行资源整合和产业结构调整，形成由市政工程建设业务、商品销售业务、供热服务业务及管理费业务等构成的较为多元化的主营业务结构。

截至 2021 年 3 月末，乌经开建投集团下属的控股子公司共计 20 家，主要包括新疆维泰开发建设（集团）股份有限公司、新疆维泰热力股份有限公司、新疆骑马山热力有限公司、新疆丝路汉能新能源有限公司、乌鲁木齐鸿之翼投资有限公司、乌鲁木齐经济技术开发区新兴产业投资促进有限公司、乌鲁木齐综合保税区开发投资建设运营有限公司、新疆建投中壹文化产业股份有限公司、新疆建投房地产开发有限公司、乌鲁木齐经济技术开发区绿谷金融投资有限公司等，形成了涉及市政工程、供电供水、康养文旅以及产业投资等多个行业的控股集团，各子公司在集团母公司的领导下，合理分工，齐头并进，进而推动公司的整体发展。

二、公司业务情况

（一）主营业务情况

乌经开建投集团作为乌鲁木齐经济技术开发区规模最大的国有资产投资与管理公司，承担着重要的市政设施投资、建设职能，主要负责采用市场化方式开发、经营乌鲁木齐经济技术开发区各类市政工程，并对各项国有资源进行投资、开发、经营和管理。

近年来，乌经开建投集团在经济技术开发区管委会的支持下，通过加大资本运作的力度，投资、设立了多家专业子公司，有效增强了公司的全面可持续发展能力。目前，乌经开建投集团以市政工程建设为主营业务，并经营热力供应、项目管理和商品销售等多个领域业务。

2018 年、2019 年、2020 年和 2021 年 1 ~ 3 月，乌鲁木齐经济技术开发区建设投资开发（集团）有限公司主要业务经营情况如表 11 - 1 所示。

表 11 - 1　2018 年、2019 年、2020 年和 2021 年 1 ~ 3 月公司营业收入情况

业务板块	2018 年		2019 年		2020 年		2021 年 1 ~ 3 月	
	金额（万元）	占比（%）	金额（万元）	占比（%）	金额（万元）	占比（%）	金额（万元）	占比（%）
市政工程建设	272930.87	58.78	355826.54	61.3	394724.68	60.87	4981.44	7.34
商品销售	42378.49	9.13	90115.79	15.53	143292.87	22.1	31446.73	46.36
供热服务	25168.05	5.42	28807.83	4.96	32129.19	4.95	16226.02	23.92
管理费	34071.33	7.34	31978.76	5.51	23612.52	3.64	148.38	0.22
其他	89794.94	19.33	73722.42	12.70	54727.34	8.44	15025.24	22.15
合计	464343.68	100.00	580451.34	100.00	648486.60	100.00	67827.81	100.00

截至 2018 年末、2019 年末、2020 年末及 2021 年 3 月末，公司营业收入分别为 464343.68 万元、580451.34 万元、648486.60 万元及 67827.81 万元。公司营业收入主要源于市政工程建设业务，2018 年、2019 年及 2020 年市政工程建设业务占总收入比重较为稳定，这得益于乌鲁木齐经济技术开发区管委会的项目资源支持、公司工程建设品牌效应以及专业的施工管理能力。2021 年 1~3 月，公司市政工程施工业务收入占比较低，主要受新疆维吾尔自治区（以下简称新疆）天气影响导致施工暂停所致。总体来看，公司营业收入保持稳定的增长趋势，具有较好的营收能力。

（二）主营业务分析

1. 市政工程建设业务板块

在业务发展过程中，公司不断提高工程施工水平、完善专业技术资质、树立行业品牌形象、拓宽项目承接范围，全方位地提高了市政工程建设业务的市场化水平，业务模式得到了不断优化。

2018 年、2019 年、2020 年及 2021 年 1~3 月，公司市政工程建设业务分别实现收入 272930.87 万元、355826.54 万元、394724.68 万元以及 4981.44 万元，业务收入主要来自子公司新疆维泰开发建设（集团）股份有限公司。新疆维泰开发建设（集团）股份有限公司前身是创建于 1956 年的新疆首家市政工程专业化施工企业——乌鲁木齐市市政工程公司。

2. 商品销售业务板块

公司商品销售业务为新增业务，主要由子公司乌鲁木齐综合保税区开发投资建设运营有限公司和新疆九正供应链管理有限公司负责，该业务主要是通过利用平台及政策优势开展的大宗商品采购和销售，采购和销售的商品主要是白糖、豆粕、皮棉和电解铜等。2018 年、2019 年、2020 年和 2021 年 1~3 月，公司商品销售业务分别实现收入 42378.49 万元、90115.79 万元、143292.87 万元和 31446.73 万元。

3. 供热服务业务板块

公司是经济技术开发区重要的热力供应企业，公司供热服务业务主要由子公司新疆维泰热力股份有限公司和新疆骑马山热力有限公司负责运营。新疆维泰热力股份有限公司负责经济技术开发区一期及与十二师合作区的供热，新疆维泰热力股份有限公司气电互补的供热方式已纳入市级节能环保的试点项目；新疆骑马山热力有限公司负责经济技术开发区二期及延伸区的供热。乌鲁木齐经济技术开发区地区民用及工业供热 60% 供热面积由公司负责供应。

4. 管理费业务板块

公司管理费收入主要来源于下属子公司乌鲁木齐经济技术开发区人才服务有

限责任公司的劳务派遣业务，被管理对象主要为乌鲁木齐经济技术开发区企事业
单位。近年来，公司管理业务大幅上升，主要系考虑"营改增"核算纳税金额
的影响，该板块收入确认方式由"净额法"改为"全额法"，受经济技术开发区
入驻企业的增加的影响，公司管理业务收入稳步增长。2018 年、2019 年、2020
年和 2021 年 1~3 月，公司管理费业务分别实现收入 34071.33 万元、31978.76
万元、23612.52 万元和 148.38 万元，占当期营业收入的 7.34%、5.51%、
3.64% 和 0.22%，占比相对较低。

5. 其他业务板块

公司其他业务板块收入由广告制作业务、项目管理业务、代理业务、担保业
务、租赁业务、信息收视业务、物业业务、环境治理业务、工程安装、服务性业
务等 10 余个业务板块，以及公司本部持有的投资性房地产出租收入构成。2018
年、2019 年、2020 年和 2021 年 1~3 月，公司其他业务板块收入分别实现收入
89794.94 万元、73722.42 万元、54727.34 万元及 15025.24 万元。

综合来看，公司主营业务构成较为多元化，主要由市政工程建设业务、商品
销售业务、供热服务业务及管理费业务等构成。近年来，各业务板块运营情况良
好，为公司提供了稳定可持续的收入及利润。

三、公司财务情况

为更深入了解公司的财务状况，根据公司公开披露的 2018 年、2019 年、
2020 年以及 2021 年第一季度财报，从资产结构、负债结构、盈利能力、现金流
量、偿债能力五个方面对公司的财务情况进行分析。

（一）资产结构

截至 2018 年末、2019 年末、2020 年末及 2021 年 3 月末，公司的总资产分
别为 4861028.81 万元、5099761.83 万元、5616850.34 万元及 5792287.86 万元，
呈持续增长态势，反映了公司较好的经营情况和较强的持续经营能力。2019 年
末，公司资产总额较 2018 年末增加 447082.35 万元，增幅为 9.60%；2020 年末，
公司资产总额较 2019 年末增加 517088.51 万元，增幅为 10.14%；2021 年 3 月
末，公司资产总额较 2020 年末增加 175437.52 万元，增幅为 3.12%。2018 年、
2019 年、2020 年和 2021 年 3 月末，公司资产结构详细情况如表 11-2 所示。

其中，公司主要资产包括应收账款、存货、在建工程等。

应收账款方面，公司应收账款主要系开展市政工程建设业务而产生。公司作
为具有市政专业资质的建筑施工企业，承接了经济技术开发区多个重点项目，因
此产生对经济技术开发区政府及国有企业等项目业主单位的应收款项。

表 11－2　公司资产结构

科目	2018 年末		2019 年末		2020 年末		2021 年 3 月末	
	金额（万元）	占比（%）	金额（万元）	占比（%）	金额（万元）	占比（%）	金额（万元）	占比（%）
流动资产：								
货币资金	411776.32	8.85	315426.70	6.19	430913.59	7.67	476978.47	8.23
交易性金融资产	—	—	—	—	4160.00	0.07	—	—
应收票据	509	0.01	2648.04	0.05	60	0.00	209.61	0.00
应收账款	378793.88	8.14	415810.98	8.15	546797.50	9.73	528529.64	9.12
应收款项融资	—	—	—	—	4701.17	0.08	408.17	0.01
预付款项	73664.91	1.58	12553.66	0.25	56024.66	1.00	115791.28	2.00
其他应收款	138596.54	2.98	145721.18	2.86	219891.04	3.91	277701.13	4.79
存货	1092417.46	23.48	1195154.06	23.44	817272.36	14.55	822514.57	14.20
合同资产	—	—	—	—	307250.11	5.47	299582.19	5.17
一年内到期的非流动资产	9928.52	0.21	7551.80	0.15	6375.81	0.11	6375.81	0.11
其他流动资产	120377.78	2.59	94421.74	1.85	70413.88	1.25	74691.86	1.29
流动资产合计	2234221.39	47.84	2189288.16	42.93	2463860.12	43.87	2602782.73	44.94
非流动资产：								
长期应收款	381228.82	8.19	467848.71	9.17	364905.10	6.50	368602.36	6.36
长期股权投资	4267.43	0.09	3463.43	0.07	8351.68	0.15	7901.03	0.14
其他权益工具投资	—	—	—	—	3333.33	0.06	3333.33	0.06
其他非流动金融资产	—	—	188062.68	3.69	190493.20	3.39	188450.70	3.25
投资性房地产	207819.58	4.47	333574.00	6.54	351594.28	6.26	349390.85	6.03
固定资产	93080.01	2.00	155432.50	3.05	179800.74	3.20	178051.24	3.07
在建工程	1501507.44	32.27	1446753.95	28.37	1533465.52	27.30	1564109.56	27.00
无形资产	16807.09	0.36	18174.91	0.36	17915.99	0.32	17720.71	0.31
商誉	19.74	0.00	19.74	0.00	19.74	0.00	19.74	0.00
长期待摊费用	3583.51	0.08	2981.99	0.06	2845.95	0.05	2878.54	0.05
递延所得税资产	20093.88	0.43	25981.70	0.51	20211.73	0.36	20370.46	0.35
其他非流动资产	198207.57	4.26	268180.05	5.26	480052.97	8.55	488676.60	8.44

续表

科目	2018 年末 金额（万元）	2018 年末 占比（%）	2019 年末 金额（万元）	2019 年末 占比（%）	2020 年末 金额（万元）	2020 年末 占比（%）	2021 年 3 月末 金额（万元）	2021 年 3 月末 占比（%）
非流动资产合计	2626807.42	52.16	2910473.66	57.07	3152990.22	56.13	3189505.12	55.06
资产总计	4861028.81	100.00	5099761.83	100.00	5616850.34	100.00	5792287.86	100.00

存货方面，公司存货主要包括开发成本和开发产品。其中，开发成本主要包括公司本部项目建设成本、招拍挂取得的土地和新疆建投房地产开发有限公司的房地产开发项目成本。

在建工程方面，2019 年末，公司在建工程较 2018 年末减少 54753.49 万元，降幅为 3.65%，主要系当期部分项目完工结算所致。2020 年末，公司在建工程较 2019 年末增加 86711.57 万元，增幅为 5.99%，主要系项目建设投资使科目余额增加。2021 年 3 月末，公司在建工程较 2020 年末增加 30644.04 万元，增幅为 2.00%。

公司的其他资产较为稳定，基本与总资产一致，保持稳定增长的态势。

（二）负债结构

截至 2018 年末、2019 年末、2020 年末及 2021 年 3 月末，公司负债合计分别为 2782088.77 万元、3055809.67 万元、3675170.22 万元和 3859806.36 万元，呈逐步上升趋势，主要系公司经营及业务规模不断扩张所致。公司流动负债和非流动负债相当，负债结构较稳定。公司负债的详细情况如表 11 - 3 所示。

表 11 - 3 公司负债结构

科目	2018 年末 金额（万元）	2018 年末 占比（%）	2019 年末 金额（万元）	2019 年末 占比（%）	2020 年末 金额（万元）	2020 年末 占比（%）	2021 年 3 月末 金额（万元）	2021 年 3 月末 占比（%）
流动负债：								
短期借款	73260.00	2.63	147951.60	4.84	306605.31	8.34	382995.65	9.92
应付票据	—	—	5021.71	0.16	71772.92	1.95	75524.29	1.96
应付账款	269552.58	9.69	353633.33	11.57	481741.52	13.11	350016.78	9.07
预收款项	42708.25	1.54	48215.89	1.58	26785.44	0.73	48916.77	1.27
合同负债	—	—	—	—	95832.18	2.61	103940.82	2.69
应付职工薪酬	7324.71	0.26	5896.99	0.19	10070.90	0.27	7582.85	0.20

续表

科目	2018 年末		2019 年末		2020 年末		2021 年 3 月末	
	金额（万元）	占比（%）	金额（万元）	占比（%）	金额（万元）	占比（%）	金额（万元）	占比（%）
应交税费	10517.61	0.38	7801.61	0.26	5990.06	0.16	1563.55	0.04
其他应付款	548664.55	19.72	588007.18	19.24	565036.51	15.37	626015.44	16.22
一年内到期的非流动负债	380552.89	13.68	329916.91	10.80	254576.57	6.93	277282.13	7.18
其他流动负债	33957.05	1.22	50247.57	1.64	66322.18	1.80	58299.23	1.51
流动负债合计	1366537.64	49.12	1536692.79	50.29	1884733.59	51.28	1932137.51	50.06
非流动负债：								
长期借款	349466.32	12.56	210014.62	6.87	336507.40	9.16	373238.29	9.67
应付债券	603209.26	21.68	815042.01	26.67	886333.60	24.12	987183.62	25.58
长期应付款	451677.12	16.24	482903.26	15.80	554698.93	15.09	552651.75	14.32
预计负债	1205.65	0.04	—	—	—	—	—	—
递延收益	9992.78	0.36	11095.33	0.36	11205.26	0.30	11194.09	0.29
递延所得税负债	—	—	—	—	37.81	0.00	37.81	0.00
其他非流动负债	—	—	61.65	0.00	1653.64	0.04	3363.29	0.09
非流动负债合计	1415551.13	50.88	1519116.87	49.71	1790436.63	48.72	1927668.85	49.94
负债合计	2782088.77	100.00	3055809.67	100.00	3675170.22	100.00	3859806.36	100.00

其中，短期借款方面，主要是保证借款和信用借款。近年来，公司短期借款金额逐年增加，主要是子公司因经营周转需要，向金融机构申请短期流贷资金所致。

应付账款方面，截至 2019 年末，公司应付账款较 2018 年末增加 84080.75 万元，增幅为 31.19%，主要系随着公司业务规模扩大，工程款及长期资产款增加所致。截至 2020 年末，公司应付账款较 2019 年末增加 128108.19 万元，增幅约为 36.23%，主要系未结算的应付工程款增加所致。截至 2021 年 3 月末，公司应付账款较 2020 年末减少 131724.74 万元，降幅为 27.34%，主要系工程款项随项目建设进度而陆续支付所致。

长期借款方面，截至 2019 年末，公司长期借款余额为 210014.62 万元，较 2018 年末减少 139451.70 万元，降幅为 39.90%，主要系公司子公司偿还到期项目借款及流贷所致；截至 2020 年末，公司长期借款余额为 336507.40 万元，较 2019 年末增加 126492.78 万元，增幅为 60.23%，主要系公司根据资金需求有序

增加长期借款所致；截至 2021 年 3 月末，公司长期借款余额为 373238.29 万元，
较 2020 年末增加 36730.89 万元，增幅为 10.92%。公司主体资信情况良好、融
资渠道通畅，长期借款呈波动增长态势。

应付债券方面，2019 年末，公司应付债券余额较 2018 年末增加 211832.75
万元，增幅为 35.12%，主要系新发行部分债券所致。2020 年末，公司应付债券
余额较 2019 年末增加 71291.59 万元，增幅为 8.75%。2021 年 3 月末，公司应付
债券余额较 2020 年末增加 100850.02 万元，增幅为 11.38%，主要系 2021 年第
一季度公司成功发行定向工具及中期票据所致。

长期应付款方面，公司长期应付款由长期应付款和专项应付款构成，且以专
项应付款为主。公司专项应付款主要由乌鲁木齐经济技术开发区财政局贴息及基
建拨款构成。

（三）盈利能力

2018 年、2019 年、2020 年及 2021 年 1～3 月，公司毛利润分别为 69212.65
万元、82540.23 万元、74897.41 万元及 897.76 万元，综合毛利率分别为
14.91%、14.22%、11.55% 和 1.32%。2018 年、2019 年，公司毛利率保持平
稳，2020 年毛利率有所下降，主要系毛利率较高的其他业务规模下降所致。
2021 年 1～3 月，公司毛利率较低，系当期受季度时间点影响使收入构成以毛利
率较低的商品贸易为主，故当期综合毛利率较低。未来，随着公司市政工程建设
业务逐步开工复产，公司综合毛利率将有所回升。

整体来看，作为乌鲁木齐经济技术开发区重要的城市建设主体、区域内资产
规模最大的国有企业，乌鲁木齐经济技术开发区范围内的土地、市政项目建设资
源以及城市运营收益权和经营权等有形和无形资产主要由公司进行积聚和运营。
自成立以来，公司在利用城市资源、加强产业化运作方面解放思想，探索出了一
条面向市场、持续发展的道路，形成了市政项目建设、商品贸易、供热管网、污
水处理和国有资产经营等多个方面的核心业务体系，业务类型涵盖了城市建设及
运营、项目投资等方面，有着稳定的持续盈利能力。

（四）现金流量

公司现金流量结构较为合理，符合公司的行业特点、自身特点及所处经营环
境、发展阶段特点，同时公司不断优化资金管理制度、提高市场化独立经营能
力，主营业务持续稳定发展，使得公司期末现金及现金等价物规模保持稳定，为
公司提供了较好的资产流动性支持。公司与现金流量相关的指标如表 11 - 4
所示。

表 11 - 4   公司现金流量相关财务指标   单位：万元

项目	2018 年	2019 年	2020 年	2021 年 1 ~ 3 月
经营活动现金流入小计	501674.70	781739.03	729884.82	203017.85
经营活动现金流出小计	545595.63	582079.73	669733.17	319881.23
经营活动产生的现金流量净额	-43920.93	199659.30	60151.65	-11863.38
投资活动现金流入小计	310295.15	65867.16	17277.42	7334.25
投资活动现金流出小计	265690.76	134832.31	168306.30	37557.91
投资活动产生的现金流量净额	44604.39	-68965.15	-151028.88	-30223.66
筹资活动现金流入小计	700579.28	582586.97	990864.22	416385.81
筹资活动现金流出小计	860779.49	813365.31	804583.76	218634.82
筹资活动产生的现金流量净额	-160200.21	-230778.34	186280.46	197750.99
现金及现金等价物净增加额	-159516.75	-100084.19	95403.23	50663.95
期末现金及现金等价物余额	410195.72	310111.53	405514.76	456178.71

其中，公司经营活动产生的现金流入主要由销售商品、提供劳务收到的现金及收到其他与经营活动有关的现金构成。其中，销售商品、提供劳务收到的现金主要由公司市政工程建设业务款、商品贸易销售款、供热收费等主营业务回款构成，收到其他与经营活动有关的现金主要由收到市政工程建设预付款、经营性往来款等构成。近年来，公司经营活动产生的现金流入规模总体较为稳定。

从 2019 年开始公司投资活动产生的现金流量净额持续为负，主要系购置固定资产、无形资产和其他长期资产支付的现金流出较高所致。在承接市政工程建设的同时，公司充分发挥自身经营优势，采用自持经营模式投资建设了乌鲁木齐综合保税区园区开发项目、新丝绸之路云计算中心工程等重点项目，使公司投资活动净现金流持续为负。未来，待相关项目建成投入运营后，将进一步提高公司的持续经营能力。

2018 ~ 2019 年，公司筹资活动产生的现金流量净额连续为负且绝对值持续增大，主要系公司基于当期较好的收入利润情况合理控制融资规模，使偿还债务规模大于融资规模所致。2020 年及 2021 年 1 ~ 3 月，公司筹资活动产生的现金流量净额连续为正且小幅增长，一方面系新型冠状病毒肺炎疫情以来公司作为经济技术开发区规模最大的国有企业，进一步承担了带动区域发展及项目建设的职责，使项目投资建设所需资金不断增加；另一方面系公司结合宏观市场环境有序增加融资、通过发行各类债券维持畅通的直接融资渠道，使融资流入规模大于流出规模所致。

（五）偿债能力

公司偿债能力相关指标如表 11-5 所示。

短期偿债能力方面，截至 2018 年末、2019 年末、2020 年末和 2021 年 3 月末，公司流动比率分别为 1.63、1.42、1.31 和 1.35，速动比率分别为 0.84、0.65、0.87 和 0.92。公司流动比率处于健康水平，由于存货规模较大导致速动比率较低，整体来看公司短期偿债能力较为稳定。

长期偿债能力方面，截至 2018 年末、2019 年末、2020 年末和 2021 年 3 月末，公司资产负债率分别为 57.23%、59.92%、65.43% 和 66.64%。近年来，公司资产负债率持续上升，主要系根据生产经营及债务偿付需要而有序开展融资所致，但仍保持在合理水平。

2018 年、2019 年及 2020 年，公司的 EBITDA 分别为 109368.52 万元、108613.69 万元、71804.90 万元，EBITDA 利息倍数分别为 2.81、1.94 及 2.00，公司 EBITDA 利息倍数有所波动，但考虑公司较强的股东支持、畅通的融资渠道以及持续经营能力，公司利息支付能力和偿债能力具有一定保障。

总体来看，公司经营和财务状况良好，具有较强的盈利能力，能够对各类债务偿付提供相应支持。

表 11-5　公司偿债能力相关指标

项目	2018 年末	2019 年末	2020 年末	2021 年 3 月末
流动比率	1.63	1.42	1.31	1.35
速动比率	0.84	0.65	0.87	0.92
资产负债率（%）	57.23	59.92	65.43	66.64
经营活动现金流量净额（万元）	-43920.93	199659.30	60151.66	-116863.39
贷款偿还率（%）	100.00	100.00	100.00	100.00
利息偿还率（%）	100.00	100.00	100.00	100.00
EBITDA（万元）	109368.52	108613.69	71804.90	—
EBITDA 利息倍数（倍）	2.81	1.94	2.00	—

四、公司融资情况

（一）公司获得主要贷款银行的授信情况

公司资信情况良好，与合作的金融机构一直保持合作，能够获得稳定的授信额度，间接融资能力较强。截至 2021 年 3 月末，公司合并范围内获得的授信额度为 2033260.00 万元，其中，已使用额度为 1287692.60 万元，未使用的授信额度为745567.40万元。公司授信情况如表11-6所示。

表11-6 截至2021年3月末公司授信情况　　单位：万元

金融机构	授信额度	已使用额度	剩余额度
华夏银行	182000.00	68143.87	113856.13
中信银行	208000.00	147852.65	60147.35
中国农业银行	32400.00	0.00	32400.00
中国民生银行	149400.00	105300.00	44100.00
北京银行	265000.00	228400.00	36600.00
兴业银行	115000.00	25195.00	89805.00
新疆乌什农村商业银行	30000.00	10000.00	20000.00
乌鲁木齐银行	196660.00	185356.12	11303.88
中国邮政储蓄银行	100000.00	19300.00	80700.00
国家开发银行	80000.00	45700.00	34300.00
中国交通银行	36000.00	32360.50	3639.50
广发银行	31000.00	472.40	30527.60
昆仑银行	41800.00	31070.06	10729.94
中国建设银行	60000.00	43655.55	16344.45
中国农业发展银行	160000.00	90300.00	69700.00
兵团农行	80000.00	80000.00	0.00
中国银行	125000.00	64847.18	60152.82
招商银行	14000.00	8069.96	5930.04
浦发银行	15000.00	11603.04	3396.96
新疆银行	42000.00	31500.00	10500.00
新疆天山农村商业银行	30000.00	19866.27	10133.73
中国光大银行	40000.00	38700.00	1300.00
合计	2033260.00	1287692.60	745567.40

（二）公司各类债券融资情况

截至2021年7月7日，公司及下属子公司已发行且处于存续期的债券及债务融资工具情况如表11-7所示。

公司及下属子公司已发行的债券及债务融资工具均按时还本付息，无违约情况发生。

表 11 - 7　公司及下属子公司存续期债券及债务融资工具情况

证券名称	起息日	到期日期	债券期限（年）	当前余额（亿元）	票面利率（％）	证券类别
21 乌经开 MTN002	2021 年 7 月 7 日	2024 年 7 月 7 日	3	4.00	4.19	一般中期票据
21 乌开 01	2021 年 6 月 21 日	2026 年 6 月 21 日	5	6.00	4.40	私募债
21 乌经开 MTN001	2021 年 3 月 26 日	2024 年 3 月 26 日	3	7.00	4.68	一般中期票据
21 乌经开 PPN001	2021 年 3 月 8 日	2024 年 3 月 8 日	3	5.00	4.80	定向工具
21 乌经开 CP001	2021 年 1 月 13 日	2022 年 1 月 13 日	1	7.00	3.65	一般短期融资券
20 乌开 01	2020 年 11 月 2 日	2025 年 11 月 2 日	5	5.00	4.63	私募债
20 乌经开 MTN002	2020 年 10 月 23 日	2025 年 10 月 23 日	5	5.00	4.92	一般中期票据
20 乌经开 PPN001	2020 年 08 月 26 日	2023 年 8 月 26 日	3	5.00	4.58	定向工具
2020 年北金所债融	2020 年 3 月 30 日	2023 年 3 月 30 日	3	2.50	4.60	债权融资计划
20 乌经开 MTN001	2020 年 1 月 9 日	2025 年 1 月 9 日	5	5.00	4.73	一般中期票据
19 乌经开 PPN003	2019 年 10 月 28 日	2022 年 10 月 28 日	3	7.00	4.98	定向工具
19 乌经开 PPN002	2019 年 8 月 26 日	2022 年 8 月 26 日	3	5.00	5.10	定向工具
19 乌经开 PPN001	2019 年 4 月 26 日	2022 年 4 月 26 日	3	8.00	5.35	定向工具
19 乌经开债	2019 年 3 月 15 日	2026 年 3 月 15 日	7	9.20	5.32	一般企业债
18 乌经开 MTN001	2018 年 12 月 18 日	2025 年 12 月 18 日	7	10.00	4.94	一般中期票据
18 乌经开 PPN001	2018 年 1 月 15 日	2023 年 1 月 15 日	5	2.10	5.10	定向工具
17 乌经开 PPN002	2017 年 8 月 8 日	2022 年 8 月 8 日	5	8.65	5.50	定向工具
17 乌经开 PPN001	2017 年 7 月 21 日	2022 年 7 月 21 日	5	4.35	5.58	定向工具
乌经开 04	2017 年 6 月 6 日	2021 年 6 月 6 日	4	0.86	6.10	证监会主管 ABS
乌经开 06	2017 年 6 月 6 日	2023 年 6 月 6 日	6	0.84	6.90	证监会主管 ABS
乌经开次	2017 年 6 月 6 日	2024 年 6 月 6 日	7	0.50	0.00	证监会主管 ABS
乌经开 07	2017 年 6 月 6 日	2024 年 6 月 6 日	7	0.82	7.00	证监会主管 ABS
乌经开 05	2017 年 6 月 6 日	2022 年 6 月 6 日	7	0.87	6.30	证监会主管 ABS
15 乌经开债	2015 年 4 月 13 日	2022 年 4 月 13 日	7	1.98	6.40	一般企业债
维泰优 B	2020 年 11 月 3 日	2023 年 11 月 3 日	3	1.50	6.00	证监会主管 ABS
维泰次	2020 年 11 月 3 日	2023 年 11 月 3 日	3	1.50	0.00	证监会主管 ABS
维泰优 A	2020 年 11 月 3 日	2023 年 11 月 3 日	3	4.50	5.50	证监会主管 ABS
20 维泰 MTN001	2020 年 3 月 25 日	2023 年 3 月 25 日	3	1.70	6.50	一般中期票据
合计	—	—	—	120.87	—	—

第二节　转型发展分析

一、公司转型发展战略

（一）拓展公司业务范围，构建多元化的业务结构

1. 把握战略机遇，突出重点板块

经济技术开发区地处新疆维吾尔自治区首府乌鲁木齐市，乌鲁木齐市是新疆政治、经济、文化中心，也是第二座亚欧大陆桥中西部桥头堡和我国向西开放的重要门户，承接中国中东部和中亚两个市场。

公司作为乌鲁木齐经济技术开发区规模最大的国有资产投资与管理公司，承担着重要的市政设施投资、建设职能，公司的规模雄厚，业务资质较强，项目经验丰富。第三次中央新疆工作座谈会的召开，以及实施"一带一路"倡议、建设"丝绸之路经济带"的历史机遇，公司充分发挥区域内的优势地位，积极承接各类园区、市政工程以及相关公用事业的投资和建设，公司配套的物业及工程检测也随着基建进程的加速而持续发展。

2. 拓展业务范围，提升发展空间

作为乌鲁木齐经济技术开发区的城投平台，公司主要负责采用市场化方式开发、经营乌鲁木齐经济技术开发区各类市政工程，并对各项国有资源进行投资、开发、经营和管理。近年来，在经济技术开发区管委会的支持下，公司在保持主业优势的同时，积极拓展公用事业、项目管理和商品销售等多项业务，其中，商品销售业务自 2018 年以来发展迅速，2020 年业务收入占比突破营业总收入的20%。此外，公司还涉足广告制作业务、项目管理业务、代理业务、担保业务、租赁业务、信息收视业务、物业业务、环境治理业务、工程安装、服务性业务等10 余个其他业务板块。在不同业务板块的经营管理上，公司加大资本运作的力度，投资、设立了多家专业子公司，有效提升了管理经营水平。

公司当前着力于由目前的政府融资平台向国有资本控股平台转变，通过产业的有效整合与布局，逐步成为资本运营、金融管控、园区孵化、业绩监控、制度输出、资源配置及文化输出的中心，增强企业的全面可持续发展能力。

（二）完善内部组织架构，建立现代企业制度

城投公司因其自身属性与历史原因，往往存在政企不分、缺少与市场的有效对接等治理结构不健全导致的问题。城投公司要实现从融资型企业向经营型企业

转变、从行政化管理向公司化管理转变，必须以产业市场、价值为导向，深化国有企业改革，建立现代企业制度。

结合公司实际业务情况，乌经开建投集团对自身组织架构进行了相应的调整。针对企业城市基础设施工程建设业务资金需求大、公司债券融资较多的特点，设立了专门的资金管理部。依据发展战略，资金管理部负责对系统内的融资工作进行总协调、总统筹，从而加强公司对于下属子公司的管控力度，整合自身资源，发挥平台优势，最终做到根据发展需要实现融资渠道资源共享和资源互补，确保资金需求，降低融资成本。针对乌经开建投集团资产规模大，管理项目多的现状，公司设立了招商服务部，负责招商工作及商户管理工作，收集相关信息并及时调整新建项目的产品定位及客群定位，实现盘活国有资产的目标任务。

通过公司组织架构的调整，乌经开建投集团提升了企业管理水平，符合自身业务的发展，推进了国有企业市场化改革的进程。

（三）采用多种融资方式，建立多维立体式融资渠道

1. 维持良好的间接融资渠道，加强与金融机构沟通对接

公司间接融资活动开展较早，且自身资信条件良好，长期以来与各大商业银行保持着良好的合作关系。公司一方面继续保持与银行的良好关系，维护间接融资渠道，另一方面以推进工作为契机，与融资租赁、基金、信托等多种非银机构沟通合作，发展新的间接融资渠道。

2. 开拓直接融资渠道，保障企业经营资金链安全稳定

近年来，公司的投融资方式逐渐由以金融机构间接融资为主的方式向直接融资、利用多渠道撬动社会资金的方向转变。公司通过各种债券、债务融资工具等形式，实现公司资本结构的优化，降低融资成本。在资本运营过程中，通过组织构架的有效运行，逐步形成"研、融、投、管、退"的良性循环机制。

此外，乌经开建投集团子公司新疆维泰开发建设（集团）股份有限公司已于2014年在新三板挂牌，公司围绕着维泰股份建立了股权融资业务，并计划将现有的其他控股企业逐步推向资本市场，通过上市的方式实现收益最大化及融资渠道的拓宽。

二、公司转型发展过程中的潜在风险

（一）项目管理风险

由于公司承接的基础设施开发建设项目投资等业务，投资项目规模较大，项目建设周期较长，如果项目施工和运营管理不当，则有可能影响项目按期竣工及投入运营。同时项目投资回收期较长也会对项目收益的实现产生不利影响。

同时，公司下属各级子公司数量较多，且经营涉及园区开发、供热、土地整

理等多个市政基础设施建设和民生领域建设项目，管理上存在一定难度，对内部控制制度的有效性要求较高，可能因管理不到位等因素导致对控股子公司控制不力而引发风险，公司战略难以如期顺利实施。

（二）资金周转风险

由于市政工程项目建设投入资金量大、建设周期长、回款较慢等，公司的有息负债规模维持在中高水平，近年来负债规模持续增长，资产负债率持续上升。近年公司经营规模不断扩大，相应的应收财款也大幅上升，公司对应收账款资金管理回收能力和存货管理能力有待进一步加强。未来，随着工程建设项目的投入增加，公司负债规模可能继续扩大，偿债导致的资金周转压力加重。

第三节　转型经验启示

一、转变公司定位

城投公司诞生于分税制改革之后，在"财权上收，事权下放"的历史背景下，"地方财政禁止负债"的一纸禁令催生出大量的城投公司，这些城投公司的定位大多都是通过注入地方国有资产，从而达到融资标准，满足地方政府融资需求，行使部分地方政府职责。因此，这些城投公司并不注重自身的业务发展，而是极度依靠政府补贴来维持企业的日常经营。因此，积极转变公司定位，明确公司使命，有助于倒逼这些城投公司摆脱依赖性，努力实现转型升级。

参考乌经开建投集团的思路，公司定位向多元化业务的国有资本控股平台转变。近年来，公司划拨设立了 20 家子公司，各子公司各司其职，协调发展。如乌鲁木齐综合保税区开发投资建设运营有限公司积极开展白糖、豆粕、木片、电解铜等大宗产品供应链贸易业务，实现贸易额 4.2 亿元；乌鲁木齐国有资产经营（集团）有限公司大力推进新丝绸之路云计算中心和经济技术开发区（头屯河区）基础网络设施建设项目，助力打造乌鲁木齐市示范性云计算基地；新疆维泰热力股份有限公司加强大气污染治理，推进低氮改造试点工作，积极探索轻资产运营模式，成功接收了新疆民航"三供一业"（供热）分离移交业务。

对于体量较大的城投公司，可以利用自身的资源优势积极合并吸收体量较小且优质的企业，建设成为控股集团，不再局限于单一的融资功能，开拓多元化产业结构，实现国有资产的保值升值。此外，城投公司还可以通过推进混合所有制改革，在保持公司拥有绝对控制力度的情况下，借力资本市场促进企业发展。通过产业的有效整合与布局，使公司逐步成为资本运营、金融管控、园区孵化、业绩监控、制度输出、资源配置及文化输出的中心。

二、丰富投融资方式

在诞生之初，城投公司往往是通过银行贷款等形式进行间接融资，这些公司背靠政府，有着"隐性担保"，因此能够获得极高的银行信用额度。但是随着城投公司的债务率逐渐提升，短期债务占比较高，债务期限与业务发展不匹配的问题逐渐暴露，仅仅依靠间接融资已经很难满足城投公司的发展需求。此外，受到一些高评级公司债券信用风险事件的影响，监管机构和投资者对城投公司的财务质量要求日趋严格。丰富投融资方式有助于城投公司拓宽融资渠道，降低资金成本，灵活筹措资金。

以乌经开建投集团为例，2019 年，公司与招商银行合作，首次以房地产项目发行 10 亿元不动产保险债权投资计划，实现了新疆首家 AA＋企业成功发行保险债权投资计划；2020 年，公司发行的 5 亿元"一带一路"公司债券为新疆首家平台公司在交易所注册的公司债券。公司的投融资方式逐渐从以金融机构间接融资为主的方式向直接融资、利用多渠道撬动社会资金转变，通过各种债券、债务融资工具等形式，实现公司资本结构的优化。在公司资本运营过程中，通过组织构架的有效运行，逐步形成"研、融、投、管、退"的良性循环机制。

城投公司应当建立多层次、多渠道、多元化融资体系，挖掘公司经营合作项目融资方式。与地方政府合作较为紧密的城投公司，还可以做实招商专班，加快研究未来合作投资项目储备库，促进企业与政府部门良性互动、信息共享，特别是通过机制创新，打造一支有政策办法、有产业定位、有客户资源的专业化招商团队，保障公司产业发展和转型升级。

三、优化运营模式

很多城投公司大多资产是以存货或者在建工程为主，资产的变现能力很差，而传统的运营方式往往是依靠承接政府的市政建设或者土地整理项目，利润率低、回款时间长，难以跟上公司发展的步伐。因此，优化运营模式、丰富业务模式、盘活已有资产、实现利益最大化，是城投公司在发展过程中的必由道路。

例如，乌经开建投集团大力开展新疆建投新兴产业园、瑞和大健康产业园、天山云计算产业园、两港纺服产业园、"一带一路"医疗服务中心等重点项目的招商工作，与新疆冶金建设（集团）有限责任公司、深圳市锦灏投资集团有限公司、云豆汽车有限公司智能物流车项目、上海瑞昱汽车项目等达成合作意向，为辅助地方政府招商工作、盘活经营性资产、推进楼宇经济发展提供了有力支撑。

城投公司可以在运营方式上充分发挥现有的资源优势，通过市场化运作把资源向资本的方向转变，把现有存量的土地、房产等资源，通过商业开发实现价值最大化；把现有的控股企业逐步推向资本市场，通过上市的方式实现收益最大化。

第十二章 扬州易盛德产业发展有限公司转型发展案例分析

扬州易盛德产业发展有限公司是扬州市重要的城市基础设施投资、建设及运营主体，主要承担扬州市生态科技新城的建设、运营。近年来公司不断向市场化主体转型发展，公司抓住城市经济发展和建设的机遇，快速发展壮大。一方面，公司受到了地方政府的高度支持，通过一系列优质资产整合，逐步优化资产结构，提升了公司区域专营能力。另一方面，公司依托扬州市生态科技新城的发展政策，积极探索多元化业务布局，充分发挥自身优势，布局多元化业务，多渠道融资发展，成功实现市场化转型。公司目前已建设成为综合能力突出、影响力显著的现代化城市投融资平台。

第一节 公司基本情况

一、公司简介

扬州易盛德产业发展有限公司，前身为扬州新铁产业发展有限公司，由江苏省扬州汽车运输集团有限责任公司、扬州市城建国有资产控股（集团）有限责任公司、扬州新盛置业发展有限公司于2003年3月14日共同组建，初始注册资本为1582万元。2012年9月，公司更名为扬州易盛德产业发展有限公司。2012年10月，扬州市人民政府注资10亿元，成为公司实际控制人。截至2021年2月末，公司注册资本和实收资本均为660501万元，公司控股股东及实际控制人为扬州市人民政府国有资产监督管理委员会，持股比例66.99%。

扬州易盛德产业发展有限公司主要经营范围为市政基础设施建设、房地产开发、水利基础设施建设、实业投资、文化体育场馆经营管理、公园管理服务、企业管理服务、旅游业务咨询、自有资产租赁与管理、酒店用品生产销售等。公司作为扬州市重要的基础设施建设、房地产开发及运营主体，承担了扬州市及扬州市生态科技新城范围内的土地征用拆迁、场地平整、道路铺设、水环境整治、工程项目代建等工作。

截至2020年末，扬州易盛德产业发展有限公司合并范围内总资产为247.83亿元，所有者权益合计91.69亿元。2020年，公司实现营业收入10.97亿元，实现净利润1.34亿元，归属于母公司所有者的净利润为1.16亿元。公司现共有10家子公司，分别为扬州新盛置业有限公司、扬州东升城镇建设有限公司、扬州杭盛投资发展有限公司、扬州自在岛实业有限公司、扬州软件园有限公司、扬州金湾岛投资发展有限公司、江苏七河八岛生态旅游发展有限公司、江苏易发置业有限公司、扬州航空谷文化产业发展有限公司、扬州市西景城资产经营管理有限公司。

二、所在区域情况

扬州市地处江苏省中部、长江下游北岸、江淮平原南端，是具有2400多年历史的文化名城。扬州市现辖广陵、邗江、江都3个区和宝应1个县，代管仪征、高邮2个县级市。全市总面积6634平方千米，常住人口455.98万人。

扬州市处在沿海与长江"T"形产业带接合部，东西承接上海、南京两大经济圈，南北连接苏南、苏北两大经济板块，区位优势明显。京杭大运河与长江在扬州南部汇流，构成市域航道主骨，全市共有航道184条，构筑了"三纵四横"的内河主航道网。扬州港口布局为"一港三区"，主港区六圩港区是国家一类开放口岸，江都港区、仪征港区分列两翼。京沪高速公路、宁通高速公路在境内交会，扬溧高速公路经润扬长江公路大桥直通苏南，扬州已实现环城贯通高速公路，沿江高等级公路、安达公路、淮江公路等国省干线公路构筑起400千米的市域环路，域内公铁水、江海河大交通、大联运的格局基本形成。

近年来，扬州市经济和社会发展综合实力不断增强，已经发展成为长江三角洲地区工业发达、交通便捷、商贸繁荣的城市之一。2020年，扬州市地区生产总值为6048.33亿元，同比增长3.5%。扬州市农业资源丰富，是国家重要的商品粮生产基地，拥有优质粮食、优质油菜、蔬菜、林业、花木、禽业、奶业、特种水产八大农业优势产业。扬州市工业经济基础较雄厚，已形成以汽车、船舶、石油化工、机械装备四大产业为支柱，以新能源、新光源、新材料产业为特色的发展格局。2021年扬州市积极推进工业结构调整和产业转型升级，大力发展"四大"主导产业，提升、整合优势产业，推动产业群快速集聚壮大；并且重视新兴产业发展，引导和扶持"三新"产业的发展。扬州市经济快速发展，新型城市建设不断推进，为扬州易盛德产业发展有限公司带来了有利的发展机遇。

三、公司业务情况

扬州易盛德产业发展有限公司是扬州市重要的基础设施建设、运营主体，同时还承担着生态科技新城的基础设施建设、运营。公司作为新城内重要的基础设施建设及房地产开发主体，将围绕新城发展规划继续着力开展土地整理、基础设施建设等业务，将中部核心区域作为开发重点，同时做大做强北部生态旅游片区和南部产业园区。公司业务在区域内具有一定垄断地位。

公司主营业务为基础设施建设和房地产开发，其中基础设施建设业务为公司主营业务收入的主要来源，房地产开发业务收入为主营业务收入的重要补充。

公司基础设施建设业务主要为扬州市生态科技新城范围内的土地征用拆迁、场地平整、道路铺设、水环境整治、绿化工程等。公司就每个基础设施建设项目与扬州市生态科技新城管委会、扬州恒盛城镇建设有限公司及扬州杭集城建投资有限公司等相关单位签订了项目委托管理协议。

公司房地产开发业务涉及商业地产、保障性住房、工业园区等多个领域。2020年，公司房地产销售业务实现营业收入4.45亿元，其中3.67亿元来自香颂溪岸商品房销售，占房地产销售收入的82.47%，0.78亿元来自科技孵化中心一期项目销售，占房地产销售收入的17.53%。

2019年、2020年和2021年1~3月，扬州易盛德产业发展有限公司分别实现营业收入107703.95万元、109674.31万元和14305.98万元。营业收入具体情况如表12-1所示。

表12-1　扬州易盛德产业发展有限公司2019年、2020年
及2021年1~3月营业收入结构

板块	2019年		2020年		2021年1~3月	
	金额（万元）	占比（%）	金额（万元）	占比（%）	金额（万元）	占比（%）
基础设施建设板块	63268.38	58.74	62123.99	56.64	10097.09	70.58
房地产销售板块	42701.98	39.65	44499.62	40.57	3929.56	27.47
其他业务收入	1733.60	1.61	3050.71	2.78	279.33	1.95
合计	107703.95	100.00	109674.31	100.00	14305.98	100.00

公司营业收入主要来自基础设施建设板块和房地产销售板块。2020年公司实现的营业收入为109674.31万元，其中基础设施建设板块收入62123.99万元，占当期营业收入的比例为56.64%，房地产销售业务收入44499.62万元，占当期

营业收入的比例为 40.57%。

四、公司财务状况

(一)资产负债结构

资产方面,近年来公司业务规模不断扩大,资产规模迅速增加。2019 年末、2020 年末及 2021 年 3 月末,公司资产总计分别为 2013251.78 万元、2478294.28 万元和 2865694.18 万元,呈现稳定增长的趋势,具体的合并报表资产构成情况如表 12-2 所示。

表 12-2 扬州易盛德产业发展有限公司 2019 年末、2020 年末及 2021 年 3 月末资产结构

项目	2019 年 12 月 31 日		2020 年 12 月 31 日		2021 年 3 月 31 日	
	金额(万元)	占总资产比(%)	金额(万元)	占总资产比(%)	金额(万元)	占总资产比(%)
货币资金	217394.64	10.80	272852.66	11.01	209033.70	7.29
应收账款	134880.75	6.70	97859.52	3.95	97471.88	3.40
预付款项	38214.65	1.90	25073.87	1.01	24260.71	0.85
其他应收款	180256.90	8.95	171381.25	6.92	132160.60	4.61
存货	1096410.20	54.46	1296842.27	52.33	1402880.47	48.95
其他流动资产	54656.56	2.71	46459.38	1.87	48959.07	1.71
流动资产合计	1721813.70	85.52	1910468.95	77.09	1914766.43	66.82
可供出售金融资产	900.00	0.04	900.00	0.04	900.00	0.03
长期股权投资	2329.83	0.12	2130.79	0.09	329952.90	11.51
投资性房地产	51020.87	2.53	67235.33	2.71	66920.45	2.34
固定资产	28293.24	1.41	47872.58	1.93	47673.96	1.66
在建工程	173240.57	8.61	213301.77	8.61	269253.53	9.40
无形资产	27438.02	1.36	220363.97	8.89	221212.56	7.72
长期待摊费用	2915.56	0.14	10720.90	0.43	11314.35	0.39
其他非流动资产	5300.00	0.26	5300.00	0.21	3700.00	0.13
非流动资产合计	291438.08	14.48	567825.33	22.91	950927.75	33.18
资产总计	2013251.78	100.00	2478294.28	100.00	2865694.18	100.00

从资产规模看,2019 年末、2020 年末以及 2021 年 3 月末,公司流动资产占资产总额比例分别为 85.52%、77.09% 和 66.82%。公司流动资产主要由货币资

金、存货、应收账款、其他应收款和其他流动资产构成。2019 年末、2020 年末以及 2021 年 3 月末公司非流动资产占资产总额比例分别为 14.48%、22.91% 和 33.18%。截至 2021 年 3 月末，公司非流动资产主要由投资性房地产、固定资产、在建工程和无形资产构成。

从负债规模来看，截至 2019 年末、2020 年末以及 2021 年 3 月末，公司负债总额分别为 1265752.80 万元、1561414.39 万元和 1619917.70 万元。其中流动负债占比分别为 46.16%、45.00% 和 41.32%；非流动负债占比分别为 53.84%、55.00% 和 58.68%，具体的合并报表负债构成情况如表 12 - 3 所示。

表 12 - 3　扬州易盛德产业发展有限公司 2019 年末、2020 年末以及 2021 年 3 月末负债结构

项目	2019 年 12 月 31 日		2020 年 12 月 31 日		2021 年 3 月 31 日	
	金额（万元）	占总资产比（%）	金额（万元）	占总资产比（%）	金额（万元）	占总资产比（%）
短期借款	42300.00	3.34	61700.00	3.95	68000.00	4.20
应付票据	8326.00	0.66	7882.00	0.50	25259.00	1.56
应付账款	7880.10	0.62	27118.92	1.74	15190.26	0.94
预收款项	202321.31	15.98	142686.89	9.14	188727.93	11.65
应付职工薪酬	67.88	0.01	180.86	0.01	112.40	0.01
应交税费	28551.74	2.26	34644.51	2.22	35775.64	2.21
其他应付款	149374.70	11.80	313434.95	20.07	188042.17	11.61
一年内到期的非流动负债	145470.00	11.49	115060.00	7.37	148173.77	9.15
流动负债合计	584291.73	46.16	702708.13	45.00	669281.16	41.32
长期借款	316880.00	25.03	406520.00	26.04	405000.00	25.00
应付债券	158163.19	12.50	257917.62	16.52	257917.62	15.92
长期应付款	205141.77	16.21	189184.62	12.12	283510.85	17.50
其他非流动负债	1276.11	0.10	5084.02	0.33	4208.07	0.26
非流动负债合计	681461.06	53.84	858706.26	55.00	950636.54	58.68
负债合计	1265752.80	100.00	1561414.39	100.00	1619917.70	100.00

短期借款方面，截至 2019 年末、2020 年末以及 2021 年 3 月末公司短期借款分别为 42300.00 万元、61700.00 万元和 68000.00 万元，占负债总额比重分别为 3.34%、3.95% 和 4.20%。公司短期借款不断增加，主要是公司因经营周转需要

新增短期借款。应付账款方面，截至 2019 年末、2020 年末以及 2021 年 3 月末，公司应付账款分别为 7880.10 万元、27118.92 万元和 15190.26 万元，占负债总额比重分别为 0.62%、1.74% 和 0.94%。2020 年末，公司应付账款大幅增加，主要是增加应付江苏省华建建设股份有限公司、江苏扬建集团有限公司工程款所致。

（二）盈利能力

2019 年、2020 年以及 2021 年一季度，公司分别实现营业收入 107703.31 万元、109674.31 万元和 14305.98 万元，收入较为稳定。2019 年、2020 年以及 2021 年一季度，公司的净利润分别为 12268.81 万元、13380.90 万元和 1660.80 万元（见表 12 - 4），主要来自公司基础设施建设业务以及房地产销售业务，报告期内公司利润水平整体较为稳定，公司盈利能力良好。

表 12 - 4　2019 年、2020 年以及 2021 年一季度公司主要盈利能力数据及指标

项目	2019 年	2020 年	2021 年一季度
营业收入（万元）	107703.95	109674.31	14305.98
营业毛利润（万元）	11981.81	10007.46	1186.63
营业利润（万元）	16913.22	17627.42	2254.22
利润总额（万元）	16675.15	17676.47	2257.86
净利润（万元）	12268.81	13380.90	1660.80
营业毛利率（%）	11.12	9.12	8.29
营业利润率（%）	15.70	16.07	15.76
总资产报酬率（%）	0.84	0.79	——
净资产收益率（%）	1.65	1.61	0.64

公司 2019 年、2020 年以及 2021 年一季度毛利率有所降低，但整体较为稳定；净资产收益率和总资产收益率略有降低，但依然处于较好水平，反映了公司良好的盈利能力。公司近年来营业规模不断扩大，收入保持稳定，盈利能力也处于较好水平。由于公司主要经营的基础设施建设、房地产开发业务有项目建设周期较长、投资回报较慢的特点，公司的经营业绩尚未完全释放。扬州市的不断发展、城市化建设的加快提速、股东支持力度的稳步增强，将为公司主营业务发展带来良好机遇。

（三）偿债能力

从短期偿债能力指标看，公司 2019 年末、2020 年末以及 2021 年 3 月末的流动比率分别为 2.95、2.72 和 2.86，速动比率分别为 1.07、0.87 和 0.76，短期偿

债能力指标呈下滑趋势，但流动比率较高（见表 12 - 5）。

表 12 - 5　2019 年末、2020 年末以及 2021 年 3 月末公司主要偿债能力数据及指标

项目	2019 年 12 月 31 日	2020 年 12 月 31 日	2021 年 3 月 31 日
流动比率	2.95	2.72	2.86
速动比率	1.07	0.87	0.76
资产负债率（%）	62.87	63.00	56.53
EBITDA 利息保障倍数（倍）	0.38	0.40	—

从长期偿债能力指标看，公司 2019 年末、2020 年末以及 2021 年 3 月末的资产负债率分别为 62.87%、63.00% 和 56.53%。2020 年末，公司资产负债率有所上升，主要是随着业务规模的扩大，公司融资需求增加所致，但公司资产负债率总体保持在相对合理水平（见表 12 - 5）。

从负债结构分析，截至 2021 年 3 月末，公司流动负债主要为其他应付款及房地产销售业务产生的预收款项，预收款项未来将为公司带来进一步的营业收入，且不涉及现金流偿付，公司短期偿债压力较小。公司长期负债主要来自于银行等金融机构的长期借款、应付债券等，该部分负债短期偿付压力较小。从总体上来看，公司的偿债压力不大。

总体看来，公司资产的流动性、经营的稳健性、盈利的持续性以及较强的抗市场风险能力都为债务偿还提供了可靠的保障。

（四）政府支持

公司其他收益主要由政府补贴构成。2019 年、2020 年以及 2021 年一季度，公司其他收益分别为 11203.50 万元、14803.24 万元和 2201.80 万元，占营业收入的比重分别为 10.40%、13.50% 和 15.39%，占营业利润的比重分别为 66.24%、83.98% 和 97.67%。政府补贴占营业收入的比重较小，但同时其盈利空间在一定程度上需要政府补贴支持。

五、融资情况

（一）有息债务融资结构

截至 2021 年 3 月末，公司有息债务总余额 973417.62 万元。公司有息债务包括短期借款、一年内到期的非流动负债、长期借款和应付债券，债务融资方式较为多样，融资渠道畅通。

2019 年末、2020 年末以及 2021 年 3 月末，公司有息债务总额分别为 662813.19 万元、841197.62 万元和 999091.39 万元。有息债务明细如表 12 - 6 所示。

表 12 – 6　扬州易盛德产业发展有限公司有息债务明细

期限	有息债务					
	2019 年 12 月 31 日		2020 年 12 月 31 日		2021 年 3 月 31 日	
	金额（万元）	占比（%）	金额（万元）	占比（%）	金额（万元）	占比（%）
短期借款	42300.00	6.38	61700.00	7.33	68000.00	6.81
长期借款	316880.00	47.81	406520.00	48.33	405000.00	40.54
应付债券	158163.19	23.86	257917.62	30.66	257917.62	25.82
一年内到期的非流动负债	145470.00	21.95	115060.00	13.68	148173.77	14.83
长期应付款中计息部分	—	—	—	—	120000.00	12.01
合计	662813.19	100.00	841197.62	100.00	999091.39	100.00

（二）各类债务融资工具及公司债、企业债发行情况

截至 2020 年末，公司累计发行直接融资工具 26 亿元，分别为公司 2018 年 11 月 27 日发行的 18 扬州易盛德 01，发行金额 8.00 亿元，债券票面利率为 5.22%，发行期限 10 年期（5 + 5 年）；2019 年 10 月 23 日发行的 19 扬州易盛德 01，发行金额为 8.00 亿元，债券票面利率为 4.98%，发行期限 10 年期（5 + 5 年）；2020 年 10 月 12 日发行的 20 易盛德 MTN001，发行金额为 5.00 亿元，债券票面利率为 5.00%，发行期限 3 年期。2020 年 12 月 11 日发行的 G20 扬易，发行金额为 5.00 亿元，债券票面利率为 5.30%，发行期限 3 年期，具体如表 12 – 7 所示。

表 12 – 7　扬州易盛德产业发展有限公司债券融资情况

债券简称	发行金额（亿元）	存续金额（亿元）	发行日	到期日	发行利率（%）	债券性质
18 扬州易盛德 01	8.00	8.00	2018 年 11 月 27 日	2028 年 11 月 28 日	5.22	一般企业债
19 扬州易盛德 01	8.00	8.00	2019 年 10 月 23 日	2029 年 10 月 24 日	4.98	一般企业债
20 易盛德 MTN001	5.00	5.00	2020 年 10 月 12 日	2023 年 10 月 14 日	5.00	中期票据
G20 扬易	5.00	5.00	2020 年 12 月 11 日	2023 年 12 月 16 日	5.30	绿色公司债

（三）间接融资渠道

扬州易盛德产业发展有限公司作为扬州市重点构建的综合性投融资主体，资信情况良好，与各大银行等金融机构一直保持长期合作伙伴关系，获得较高的授信额度，间接债务融资能力较强。截至 2021 年 3 月末，公司获得各银行授信额

度共计人民币 927750.00 万元，已使用额度为 727670.00 万元，未使用额度为 200080.00 万元。公司未发生违约情况，一直按时偿还贷款本息，信用记录良好，公司多元化融资渠道为公司经营发展提供了良好的资金保障。

第二节　转型发展分析

一、公司转型的特点

（一）业务多元化经营，提高项目收益能力

公司主营业务以基础设施建设和房地产开发为主，近年来仍在不断拓展商业化、高收益项目，如商品房、酒店、旅游景区等。

公司下属 10 家子公司承担各类不同业务职能，扬州新盛置业有限公司、扬州东升城镇建设有限公司主营房地产开发及市政基础设施建设；扬州杭盛投资发展有限公司除房地产开发外，还包括实业投资、自有资产租赁与管理；扬州自在岛实业有限公司重点投资农、林、牧、渔业、商业、环保节能等项目，涉及现代高效农业、观光农业的投资开发；扬州软件园有限公司侧重于软件园的房屋租赁、物业管理、计算机技术开发与服务；扬州金湾岛投资发展有限公司主营涉及农业旅游开发、餐饮项目投资、房地产开发、物业管理等多领域；江苏七河八岛生态旅游发展有限公司主要经营旅游景区开发运营、工艺品设计制造与销售、住宿餐饮服务、旅游景区配套设施建设等；江苏易发置业有限公司主营包括酒店、餐饮、停车场及市政基础设施建设等；扬州市西景城资产经营管理有限公司侧重于实业投资、股权投资、资产管理、物业管理、酒店管理、投融资信息咨询等；扬州航空谷文化产业发展有限公司侧重于餐饮、文化、广告、园林、休闲娱乐、体育等项目经营。公司在基础设施建设、房地产开发销售、餐饮酒店、文化娱乐、现代农业、资产管理等方面都有所涉及，业务领域分布广泛。公司不断提升自身综合化经营实力，以基础设施建设为基础，拓展其他商业性领域，如商品房开发销售、产业园区开发、观光农业和旅游景区开发，把自身打造成为市场化运作的综合性投融资主体。公司业务类型逐步多元化，自身"造血"能力逐步增强。

（二）以新城建设为契机，推进产业结构优化升级

根据《扬州市国民经济和社会发展第十三个五年规划纲要》，扬州市把扬州市生态科技新城打造成为区域交通中心、大扬州生态中心、科教创新中心、新城市副中心"四个中心"和生态文明建设、产业转型升级、新型城镇化发展"三

个示范区"。扬州市生态科技新城依托扬州市高铁枢纽的优势，具有较强的招商引资能力及人口集聚效应。扬州市生态科技新城的建设划分为北部的田园郊野、中部的科技中枢和南部的转型社区。在北部建设区域内要推进落后产能关闭，推进旧城改造，促进现代农业、生态旅游、文化创意、高端居住融合发展；在中部科技中枢将发展以信息技术、软件设计研发、科技交流推广为导向的科技创新中心和产业服务中枢，配套建设人才公寓和居住社区；在南部转型社区将打造成"新产业培育区、新人才蓄水池、产城融合工住平衡典范"。扬州市生态科技新城以减少污染、低碳环保为原则，筛选生态科技产业，作为生态科技新城的生态门槛，同时依托政策支持和资源优势，未来具备广阔发展空间。

扬州易盛德产业发展有限公司作为新城内重要的基础设施建设及房地产开发主体和区域经济发展的重要平台，在区域内承担了开发建设、经营管理等职能，助推扬州市生态科技新城快速建设发展。不仅围绕新城发展规划着力开展土地整理、基础设施建设等业务，还充分抓住地方政府政策机遇，依靠良好的外部环境，向生态旅游、科教文化、产业园区、餐饮酒店等产业拓展，进一步推动公司业务的重构，实现产业结构优化升级，充分依托政府政策逐步实现产业转型升级。

首先，公司积极整合区域资源，在原有产业布局上充分发挥自身突出优势，公司承担了扬州市生态科技新城范围内的土地征用拆迁、场地平整、道路铺设、水环境整治、绿化工程等基础设施建设业务。在建项目包括高铁枢纽片区城镇资源综合整治项目、自在万福片区城镇资源综合整理项目、高铁枢纽站东片区土地整理项目、生态水环境综合治理工程、新城内公建配套及附属设施建设工程、火车站北部片区综合建设工程、棚户区改造三四期工程、扬州市火车站北部核心西区城镇资源综合整理项目等。另外，公司围绕生态科技新城积极拓展产业园区开发、商品房建设、商业地产项目等，如公司正在开发建设的香颂溪岸一二期商品房项目、科技孵化中心一二期项目、滨河商业街、软件园一期等项目，在很大程度上增强了公司市场化的运营能力，培育了公司未来高利润增长点。公司充分利用自身优势及产业政策支持，积极推进生态科技新城绿色环保的建设发展，促进城市治理能力提升，促进区域经济高质量发展、产业结构优化转型，在提高自身利润的同时也增加了社会效益。

（三）提质增效，打造优质城市服务供应商

扬州易盛德产业发展有限公司积极转型为现代化治理的公司，稳步推进内部改制重组和股权结构调整，建立健全现代企业制度，处置低效无效资产，以"精细化管理"促进项目建设提质增效。同时公司立足新型城市发展，紧扣城市发展战略，为人民打造宜业宜居、环境优美的扬州市生态科技新城，提升人民获得感、幸福感、安全感。公司积极探索地产与文化旅游、地产与特色产业的融合；积极承担生态环保项目建设，提升城市整体环境品质；投入交通产业板块，通过对高铁枢纽、火车站周边的建设和运营，打造城市立体型交通体系；拓展现代服务业，积极推进科技产业园、文化旅游等新兴板块的发展，引领相关产业的聚集、发展。公司坚持打造品质工程，推进项目高质量建设，为扬州市现代化大城市提供基础设施和公共服务整体解决方案。

此外，公司产融结合、自主经营、自负盈亏，积极实现国有资产的保值增值，提高项目的投资收益率，提升市场化经营能力。公司聚焦城市的建设、经营，在基础设施工程和生态环境工程积极作为，另外打造经营性产业，如商品房、产业园区、旅游等，获得稳定的项目收益。公司积极拓展多种融资渠道，利用多种融资工具，积极通过企业债、公司债、中期票据等一系列债券市场工具补充平台资金缺口，化解存量债务风险，促进公司的产业发展。

二、公司转型的路径

（一）资产整合，打造大平台

城市投融资公司通过整合资源，增加高质量资产，成为当地重点打造的主平台，将具备优良发展前景。通过资产整合，将增强公司的资产规模，拓宽公司的经营领域，提高公司的盈利能力。公司在资源、技术、人才等各方面能够协同发展，更有利于市场化的自主经营，提高市场化运作能力。扬州易盛德产业发展有限公司依托扬州市人民政府的政策支持，快速整合优质重要资源，成为扬州市重要的城市建设运营主体及产融结合的综合性投融资平台。

扬州易盛德产业发展有限公司自成立以来，多次得到扬州市人民政府的注资。2012 年 10 月，扬州市人民政府向其增资 10 亿元。其中，以货币形式向公司增资 38117.21 万元，以实物形式增资 28074.14 万元，以土地使用权形式增资 33808.65 万元。变更后公司注册资本由 2001.00 万元变更为 102001.00 万元。2015 年 11 月，扬州市人民政府授权扬州市生态科技新城管理委员会履行出资人职责增资 130000.00 万元。2015 年 12 月，扬州市生态科技新城管理委员会代扬州市人民政府以货币形式向公司增资 212500.00 万元，扬州新盛投资发展有限公司以货币形式向公司增资 100000.00 万元。公司经过几次增资后，注册资本变更为 66.05 亿元。

扬州易盛德产业发展有限公司经过多次资产整合，优质资产和资本金快速注入，公司实际控制人层级上调。公司营业范围逐步扩大，成为扬州市重要的基础设施建设、运营主体，并且成为扬州市生态科技新城具有一定垄断地位的基础设施建设、运营主体。公司资产整合后，公司业务范围涵盖城市基础设施建设、房地产开发、资产运营管理等多个方面，在扬州市生态科技新城的开发建设及运营领域具有明显的专营优势。公司将承担促进扬州生态科技新城甚至扬州市快速发展建设的重要角色，各家子公司在区域相关业务领域内做出突出贡献。

（二）优化企业内部管理制度

扬州易盛德产业发展有限公司不断强化企业管理，完善体制机制。目前，公司按照现代化企业制度建立了科学高效的管理与决策机构，公司董事和高级管理人员都不存在政府部门人员兼职的情况，着力构建灵活、高效的市场化管理机制。公司还设立了合理的职能部门及完善的岗位职责制度，制定了相应的岗位管理措施，业务结构和治理结构向市场化企业转型，提高业务效率。

公司建立了完善规范的内部控制制度，为公司内部控制体系建设工作提供指引，为公司完善和优化内部控制，建立统一、规范和有效运行的内部控制体系，增强风险防范能力提供了有力保证。内部管理制度包括《货币资金管理办法》《融资管理办法》《工程项目招投标管理办法》《内部审计工作制度》《关联交易管理办法》《公司债券信息披露事务管理制度》《财务管理制度》《风险控制管理制度》等数项管理制度。

另外，公司积极引进人才，不断增加公司的人才储备，提升公司员工的专业能力和业务水平，提高公司的业务效率、资产管理与企业管理水平，增强市场化竞争能力。公司制定了市场化的薪酬管理制度和绩效考核指标体系，增强公司对人才的吸引力。

（三）提升资信水平，拓展融资渠道

扬州易盛德产业发展有限公司积极拓展多种融资渠道，利用多种融资工具、丰富融资手段。公司采用直接融资和间接融资相结合的方式，以发行债券和银行融资作为主要手段。目前已经发行多种类型债券，如企业债、公司债、中期票据等一系列债券市场工具补充平台资金缺口。公司发行债券的募集资金跟着项目走，注重资金和项目期限的匹配。发行的债券以 3 年期和 10 年期为主，注重长短期债务比例的平衡，优化调整债务结构，降低偿债风险。多融资渠道也降低了公司的融资成本，公司不再依赖政府信用融资，而是积极提高自身信用水平，完成市场化融资，转型为自主经营、自负盈亏、自担风险、自我约束、自我发展的市场化运营主体。

公司为了补充项目建设资金和流动资金于 2018 年 11 月和 2019 年 10 月分别发行了"18 扬州易盛德 01"和"19 扬州易盛德 01"企业债券，规模均为 8 亿元，发行利率分别为 5.22% 和 4.98%。2020 年 10 月公司公开发行 10 亿元的中期票据，首期中票"20 易盛德 MTN001"发行规模 5 亿元，发行利率 5.00%。其中 7 亿元用于扬州市生态科技新城启扬高速公路双沟互通连接线工程项目，3 亿元用于偿还招商银行三年期流贷 3 亿元的到期债务。

2020 年 12 月和 2021 年 4 月公司分两期非公开发行了不超过 10 亿元的绿色公司债券,募集资金主要用于项目建设及偿还项目产生的银行贷款、偿还公司金融机构借款,发行利率分别为 5.30% 和 4.80%。绿色公司债券募集资金用于支持绿色产业项目,项目要符合《绿色债券支持项目目录》或经交易所认可的其他机构确定的绿色项目,包括节能、污染防治、资源节约与循环利用、清洁交通、清洁能源、生态保护和适应气候变化。绿色公司债券为公司的生态环保项目提供资金支持,同时也体现了公司积极履行企业社会责任,吸引更多投资者支持绿色项目,增强了企业的声誉和影响力。

三、转型效果分析

扬州易盛德产业发展有限公司目前已成长为扬州市重要的基础设施建设、运营主体,承担着扬州市生态科技新城建设、运营的重要角色。扬州易盛德产业发展有限公司下属共 10 家子公司。2020 年,公司总资产规模达 247.83 亿元,实现营业收入 10.97 亿元,实现净利润 1.34 亿元。公司资产整合后,公司业务范围涵盖城市基础设施建设、房地产开发、资产运营管理等多个方面,在扬州市生态科技新城的开发建设及运营领域具有明显的专营优势。公司拥有科学高效的内部管理机制,公司业务水平、业务效率得到提升。公司市场化经营和盈利能力增强,自身信用水平提升,能够实现市场化融资,公司拥有丰富的融资渠道补充资金缺口。扬州易盛德产业发展有限公司成功转型为自主经营、自负盈亏、自担风险、自我约束、自我发展的市场化运营主体。公司未来将推进扬州市及扬州市生态科技新城快速发展,在大力推进经营性业务发展实现转型升级的同时也积极承担社会责任,实现平台与城市共同发展,为城市现代化建设做出突出贡献。

第三节 转型经验启示

一、推动业务多元化发展,契合区域发展政策

城市投融资平台在区域内经济社会发展中承担了重要角色,作为自主经营的企业,应当立足于当地的城市发展战略,积极拓展自身业务,推进市场化经营进程,实现平台和城市共同发展。

从扬州易盛德产业发展有限公司转型的发展历程来看,公司紧密围绕着国家产业政策和地区的发展定位和目标，是公司成功转型的一大要素。例如，扬州易盛德产业发展有限公司结合《国家新型城镇化规划（2014—2020 年）》《全国城市市政基础设施建设"十三五"规划》《扬州市国民经济和社会发展第十三个五年规划纲要》，积极承接扬州市生态科技新城的城市基础设施建设、土地开发等任务；为改善地区生态环境，扬州易盛德产业发展有限公司也积极响应地区政策，承接生态水环境综合治理工程等绿色生态项目；为促进地区科技创新产业发展，承接软件园等产业园区建设项目。公司多业并举，既促进自身市场化转型，又为地区经济和产业发展贡献自己的力量。扬州易盛德产业发展有限公司坚定不移紧跟国家和地方政策，最终实现自身转型、可持续发展。

根据扬州易盛德产业发展有限公司转型经验，地方投融资平台应因地制宜发展优势产业，充分利用政府政策红利，在落实相关文件的基础上，明确自身定位，积极拓展多元化业务，增加城投公司的利润来源，加强自身造血能力和偿债能力，真正转型为能够自我发展的市场主体。城市投融资平台作为地区重要的基础设施建设和运营主体，承担了一定社会责任，项目包括社区建设等公益性较强的业务，在转型过程中，可以大力推进景区开发建设、产业园区建设、机场、港口、高速公路、水电公共设施建设等经营性较强的业务，积极开拓市场化业务，结合当地城市发展状况和需求，充分利用自身优势、政策红利和平台资源，向城市运营、资产管理等市场化业务转型。城市投融资平台要契合国家产业政策和区域发展政策，如将教育、医疗、清洁能源开发、生态环保等设施建设纳入业务范围。通过多元化的经营方式，加强自我发展能力，从而实现平台顺利转型升级，推动平台健康发展。

二、整合优质资源，创新融资模式

扬州易盛德产业发展有限公司在地方政府的高度支持下，经过大量优质资源的划入和资本金快速注入，逐步成为扬州市生态科技新城具有一定垄断地位的基础设施建设、运营主体。优质资源整合大大提高了公司的区域专营能力和综合实力，从而也进一步提升了公司自身信用和融资能力。

地方政府应积极发挥主导作用，打造优质平台公司，提升公司信用。通过资产划转、并购重组、资产置换等手段给平台提供优质重要资源，打造区域专营性的综合性平台公司，增强平台公司资产规模、业务能力。大平台整合了分散的资产、资金、人力，提升平台运营能力，有利于公司站在全市的角度落实区域统筹发展规划，促进市场化城市运营。打造大平台也有利于增强平台公司信用，提升平台融资能力，降低财务成本，获得更有力的项目资金支持。

城市投融资平台普遍资产质量不高，盈利能力较弱，融资渠道较窄，通常以银行贷款为主。在城市投融资平台剥离政府信用的背景下，融资渠道更为收紧。目前城投公司转型要实现融资转型，必须积极拓展融资渠道，充分运用创新型的资本市场融资工具，实现市场化融资，控制财务风险，优化债务结构。首先，可以通过债券融资，积极通过企业债、公司债、PPN等债券市场工具融资。利用地方政府专项债，让更多社会资金投入平台优质项目。其次，大力发展产业投资基金。产业投资基金投资领域不受限制较为广泛，有利于推进城投公司业务多元化布局。另外，产业投资基金有利于分散投资风险，实现产融结合。最后，通过资产证券化融资。地方投融资平台拥有高速公路、水、电等基础资产，能够产生较为稳定持续的现金收入，通过资产证券化从而盘活这些存量资产，实现前期投资资金回流。

三、优化内部治理体系，实施现代化管理制度

扬州易盛德产业发展有限公司在转型过程中，建立了科学高效的现代化企业制度，不断强化企业管理，完善体制机制，从而实现快速发展。城市投融资平台要转型为市场化经营主体，应该去行政化管理，由行政化公司转型为以经营性业务为主、拥有科学合理内部治理体系的现代化公司。

首先，要建立规范的公司治理架构，公司科学设立董事会、监事会、股东大会等组织结构，在人员管理上，不应出现高管人员由政府官员兼任的情形，要打破与地方政府的依赖关系，建立健全公司人员的绩效考核制度和责任追究制度。其次，要建立科学的决策机制。对于城投公司的经营方针、投资计划等重大决议，要经股东大会批准方可进行。最后，要健全公司的信息披露制度，定期向社会公众公开资产负债、经营业绩等财务信息，强化政府部门、金融机构、投资者等的监督管理，从而实现城投公司稳定健康运营。

第十三章　桂林新城投资开发集团有限公司转型发展案例分析

桂林新城投资开发集团有限公司作为桂林市临桂新区全部城市基础设施建设主体,在转型发展过程中利用自身丰富的经验和较强的专业能力,贯彻落实"保护漓江、发展临桂、再造一个新桂林"的战略部署,加快临桂新区城市建设。通过运营国有资本、优化资源配置,提高国有资产运营效益,并在长期的项目投资运营中摸索出了一套低融资成本、高项目质量的投资管理体制。本案例详细介绍了桂林新城投资开发集团有限公司的基本情况,并对桂林新城投资开发集团有限公司的转型之路进行分析,阐述了公司转型过程中的具体操作,在肯定其探寻转型之路取得一定成果的同时,剖析转型过程中存在的问题,提出改进方向,为我国其他城投平台的转型提供一些经验启示。

第一节　公司基本情况

一、公司概况

（一）区域背景情况

桂林市位于泛珠三角、西南、东盟三大经济圈的接合部,地处成渝经济区、中部经济试验区、泛珠三角经济区、泛北部湾经济区的交会处,是沟通国内西南与华南沿海经济的桥梁、贯通国内与东盟的枢纽。同时,桂林市拥有得天独厚的自然地理资源,是世界著名的风景游览城市和中国历史文化名城,享有"桂林山水甲天下"的美誉。优越的地理位置和丰富的旅游资源为桂林市经济发展提供了强劲的动力。

桂林是我国著名的旅游城市,是广西壮族自治区重点建设的三个中心城市之一，是广西旅游产业的龙头、高新技术产业基地，享有国家西部大开发、民族区域自治、高新技术产业以及发展旅游业、服务业等叠加优惠政策。2012 年 11 月，国家发改委批复了《桂林国际旅游胜地建设发展规划纲要》，为桂林建设国际旅游胜地创造良好的外部环境。

2020 年，桂林市地区生产总值为 2130.41 亿元，比上年增长 2.1%，GDP 总量在广西壮族自治区内位列第三。2020 年桂林市全市一般公共预算收入为 111.49 亿元，同比下降 27.0%，桂林市整体财政实力大幅下降主要是受新型冠状病毒肺炎疫情的影响。但是桂林市优良的自然地理环境、发达的交通网络和快速增长的区域经济为公司提供了优越的经营环境。桂林市经济的快速增长对城市公用事业和城市基础设施提出了更高的要求，这为公司提供了广阔的发展空间。

临桂新区作为桂林市未来的核心区，是桂林市投资建设的重点区域。临桂新区由临桂新区中心区、临桂县城建成区、西城工业区、庙岭组团等主要部分组成，规划用地总面积 54.1 平方千米，临桂新区距桂林市中心仅 10 千米，综合交通条件优越，湘桂铁路、桂海高速公路、机场路、万福路、321 国道在此交会。临桂新区作为桂林市新的政务、经济、文化、商务中心，集工业、物流、商贸和文化生活为一体的新城区，未来发展潜力巨大。

（二）公司概况

桂林新城投资开发集团有限公司（以下简称"桂林新城"）经桂林市人民政府批准成立，经桂林市人民政府授权桂林市临桂新区管理委员会单独投资设立的国有独资有限责任公司。截至 2020 年末，桂林新城资产总额为 243.44 亿元，净资产为 115.61 亿元。

公司以临桂新区开发建设为主导，接受政府委托，承担城市基础设施及市政公用事业项目的融资、投资、建设以及一级土地整理；同时以经营城市的理念和市场化运作的方式，进行资本运作和投资经营，涉及城市基础设施建设、房地产开发、物资贸易、广告传媒、物业服务、教育、航空、旅游、酒店经营、政府特许经营业务等投资领域。公司目前设有 13 个部门、9 家全资子公司，已投资入股 8 家大中型企业。公司具有一级土地开发、房地产二级开发等资质，外部评级通过大公国际 AA 认证，是临桂新区基础设施建设的中坚力量和主要融资平台。

（三）公司重要权益投资情况

桂林新城拥有子公司 14 家，主要从事基础设施建设、物业管理、文化旅游、会展服务及酒店管理等业务，既巩固了桂林新城基础设施业务在桂林市的地位，又为其业务的多元化打开了空间。桂林新城投资开发集团有限公司子公司情况如表 13 – 1 所示。

表 13 – 1　桂林新城子公司情况

序号	子公司名称	持股比例		取得方式
		直接（%）	间接（%）	
1	桂林市新中投资发展有限责任公司	100.00	—	投资设立
2	桂林宏谋实业发展有限公司	100.00	—	投资设立
3	桂林宏谋文化旅游投资有限公司	100.00	—	投资设立
4	桂林宏谋建设工程有限公司	100.00	—	投资设立
5	桂林宏谋投资有限公司	100.00	—	投资设立
6	桂林新城营销策划有限公司	100.00	—	投资设立
7	桂林宏谋物业服务股份有限公司	100.00	—	投资设立
8	桂林润迈投资有限公司	51.00	—	投资设立
9	桂林宏谋酒店管理有限公司	100.00	—	投资设立
10	桂林市宏谋会展产业投资有限公司	100.00	—	投资设立
11	桂林宏盛建设投资有限公司	—	51.00	投资设立
12	桂林新衡教育管理有限公司	51.00	—	投资设立
13	桂林海衡房地产开发有限公司	—	51.00	投资设立
14	桂林衡昱教育管理有限公司	—	26.01	投资设立

（四）公司的控股股东及实际控制人情况

截至 2021 年 6 月末，公司的控股股东及实际控制人均为桂林市临桂新区管理委员会，持有公司股权比例为 100%。

二、业务情况与经营模式分析

（一）主营业务情况

桂林新城主要营业收入来源于土地开发整理、基础设施建设、房地产开发、物业租赁四个板块，其中土地开发整理板块是指土地整理收益；基础设施建设板块主要是公司与临桂新区管理委员会签订了《新区建设项目回购协议书》，临桂新区管理委员会根据工程进度拨付款项实现盈利；房地产开发板块主要是公司开发的新城国奥小区项目的商品房销售收入；物业租赁板块主要是公司建设的"一院两馆"、创业大厦的租金收入；除此之外，桂林新城还通过子公司的运营开展多元化的其他业务，主要包括广告、贸易及其他工程建设等板块。

公司 2018 ~ 2020 年营业收入（见表 13 – 2）分别为 86988.34 万元、99439.33万元和 123221.17 万元。

表 13-2 2018~2020 年公司主营业务收入构成及毛利情况

单位：万元

业务板块	2018 年		2019 年		2020 年	
	收入	毛利润	收入	毛利润	收入	毛利润
土地整理开发	10139.25	5226.85	30507.15	17704.19	38039.98	21839.28
基建项目代建	15767.26	1313.41	3209.74	272.01	3631.41	304.67
商品房销售	14700.90	1406.66	20272.06	1318.43	35753.00	4126.26
租赁收入	37697.14	27191.86	37746.78	27151.15	37734.30	26714.15
其他业务收入	8683.79	877.59	7703.60	1191.56	8062.49	177.99
合计	86988.34	36016.37	99439.33	47637.34	123221.17	53162.35

桂林新城近三年毛利润分别为 36016.37 万元、47637.34 万元和 53162.35 万元，2018~2020 年，公司毛利润水平总体保持稳定上升的趋势。其中，土地整理开发业务和租赁业务构成主要的毛利润来源。

（二）桂林新城主营业务模式

1. 土地整理开发业务

公司土地整理开发业务采用封闭式委托开发形式，即由桂林市人民政府授权临桂新区土地储备机构（以下简称"土储机构"）将临桂新区城市规划范围内的土地委托给公司进行开发整理，根据临桂新区总体规划（结合临桂新区经济社会发展状况，制定城市建设规划），公司负责对储备土地进行前期开发、配套设施建设，使之成为可出售净地，土地开发完成后移交给临桂新区管理委员会验收，验收通过后交由土储机构进行招拍挂出让。公司于 2013 年与临桂新区管理委员会及土储机构签订了《土地一级开发整理协议》，协议约定临桂新区管理委员会委托公司对土地进行开发整理，待土地开发整理完成后交给临桂新区管理委员会，由临桂新区管理委员会委托临桂新区土地储备交易管理中心进行招、拍、挂，土地出让金进入财政部门设置的"土地出让金专项账户"，专项用于整理范围内土地出让金的收支管理。同时，根据协议约定，临桂新区管理委员会验收通过后根据公司土地整理面积，给予桂林新城一定的土地整理业务收益。

2. 代建回购业务

桂林新城基础设施建设业务采用与临桂新区管理委员会签订《新区建设项目回购协议书》的模式，临桂新区管理委员会根据工程进度拨付款项，给予公司 10% 的投资收益，基础设施项目最终的回购价格为工程建设费用（包括项目建设投资资本金、贷款本金和贷款利息等）审定结算值的 110%，由桂林市财政或审计部门对各项工程进行审计，以最终财务决算为准。在项目工程建设期间，公司在完成工程量和所有前期费用总和的额度内，于年末分批向临桂新区管理委员会提出回款申请，临桂新区管理委员会根据公司回款申请30日内向公司支付投资回报，待项目竣工验收后逐步支付剩余回购款。目前，公司项目大部分处于在建期，随着未来项目陆续竣工，剩余部分回购款到位，公司未来代建业务收入较为可观。

3. 物业租赁业务

桂林新城分别与桂林市桂勤物业服务有限公司、桂林市文化体育产业投资发展集团有限公司签订了《桂林市临桂新区创业大厦租赁合同》《桂林市临桂新区"一院两馆"租赁合同》，约定2015年，桂林市桂勤物业服务有限公司、桂林市文化体育产业投资发展集团有限公司作为"创业大厦、一院两馆"的承租人，向公司分别支付19788.00万元、19794.00万元，合计39582.00万元租赁费用。《桂林市临桂新区"一院两馆"租赁合同》期限为15年，《桂林市临桂新区创业大厦租赁合同》期限为一年，因创业大厦的物业每年会通过公开招标选取，因此公司每年会选择和中标的物业公司签订合同，但是租赁金额不会变更，到目前为止，创业大厦依然由桂林市桂勤物业服务有限公司承租。

4. 房地产业务

桂林新城房地产板块的经营模式完全按照市场化运作模式，公司房地产业务所需土地均严格按照"招、拍、挂"手续通过市场化操作取得，用于项目开发的资金主要由预收购房者款项和外部融资构成。

桂林新城不进行项目的工程施工建设，目前房地产开发项目均通过招投标的方式外包给专业建筑施工公司进场施工。公司则按项目开发进度将资金分批、分次支付外包建筑单位施工款。施工款支付一般是在施工合同签订后，按工程建设进度支付所完成工程量的75%的施工款，20%的施工款则作为施工单位的工程保证金，待主体工程完成时统一结算，剩余5%则作为项目质量保证金，待质量保证期结束后支付。

房产项目竣工验收达到交付条件后，公司将房产交付给购房者，根据具体交房进度，确认主营业务成本，同时结转主营业务收入。

三、公司财务情况

根据桂林新城公开披露的近三年审计报告，对其财务状况进行分析。

（一）资产负债结构和偿债能力

截至2020年末，桂林新城资产总额243.44亿元，负债总额127.83亿元，所有者权益合计115.61亿元，资产负债率52.51%，资产负债结构保持在合理范围内。

从短期偿债指标来看，2018 年末、2019 年末及 2020 年末，公司的流动比率分别为 4.31、3.94 和 3.37，速动比率分别为 0.86、0.84 和 0.95。从长期偿债指标来看，2018 年末、2019 年末及 2020 年末，公司的资产负债率分别为 46.07%、46.43% 和 52.51%。2018 年、2019 年和 2020 年，公司 EBITDA 分别为 34183.11 万元、42690.61 万元和 43927.92 万元。整体看来，近年来桂林新城发展迅速，债务规模扩大，资产负债率小幅上升但相对合理。公司财务结构较为稳健，各项偿债指标都处于较好的水平，对债务本息具有较强的保障能力。桂林新城近三年主要偿债能力数据及指标如表 13-3 所示。

表 13-3 桂林新城主要偿债能力数据及指标

财务指标	2018 年末	2019 年末	2020 年末
流动比率（倍）	4.31	3.94	3.37
速动比率（倍）	0.86	0.84	0.95
资产负债率（%）	46.07	46.43	52.51
EBITDA（万元）	34183.11	42690.61	43927.92
EBITDA 利息保障倍数（倍）	1.16	1.09	0.83

（二）盈利能力

2018 年、2019 年及 2020 年，桂林新城营业收入分别为 8.80 亿元、10.03 亿元和 12.35 亿元，呈稳定增长趋势。2018 年、2019 年及 2020 年，公司营业利润率分别为 42.04%、48.29%、43.24%，公司期间费用分别为 1.70 亿元、2.16 亿元和 2.65 亿元，占营业收入的比例分别为 19.32%、21.54% 和 21.46%。总体看来，公司的持续盈利水平较强，与行业的基本情况相符（见表 13-4）。

表 13-4 2018 年、2019 年及 2020 年桂林新城利润表主要数据

科目	2018 年	2019 年	2020 年
营业收入（亿元）	8.80	10.03	12.35
营业利润率（%）	42.04	48.29	43.24
期间费用（亿元）	1.70	2.16	2.65
利润总额（亿元）	1.72	2.25	1.99

（三）现金流状况

2018~2020 年，经营活动现金流量净额持续为负，主要是近年来随着临桂新区持续加大开发力度，公司作为临桂新区唯一的基础设施建设和土地开发主

体，土地一级开发和代建回购的基础设施项目支出较大；2018~2020 年，公司筹资活动现金流呈现净流入状态，且总体呈增长趋势，主要原因是近年来公司融资需求较大，借款与债券均相应增加；2018~2020 年，公司投资活动现金流量呈现净流出的趋势，主要是本期增加在建工程项目建设及相关借出资金增加和新型冠状病毒肺炎疫情导致当年收到银行分红减少（见表 13-5）。

表 13-5 公司现金流量相关财务指标

项目	2018 年	2019 年	2020 年
经营活动现金流入（亿元）	12.69	9.25	13.61
经营活动现金流出（亿元）	12.05	12.47	15.82
经营活动现金流量净额（亿元）	0.64	-3.22	-2.21
投资活动现金流入（亿元）	0.33	0.32	0.09
投资活动现金流出（亿元）	1.49	14.55	14.45
投资活动现金流量净额（亿元）	-1.16	-14.23	-14.36
筹资活动现金流入（亿元）	16.76	28.05	46.27
筹资活动现金流出（亿元）	11.87	17.71	23.95
筹资活动现金流量净额（亿元）	4.89	10.34	22.32

从现金流量整体情况看，公司目前处于快速发展期，融资渠道较为畅通，具有较强的现金获取能力。随着工程项目的陆续完工，公司现金流情况将有所改善。

四、融资情况

（一）债券融资方面

公司直接融资渠道逐渐多样化，目前已发行企业债、中期票据、超短融资券、定向工具、私募债及绿色债等。截至 2021 年 6 月，桂林新城已发行未兑付的债券情况如表 13-6 所示。

表 13-6 桂林新城截至 2021 年 6 月已发行未兑付的债券

债券简称	债券类型	期限（年）	债券余额（亿元）	利率（%）	起息日
14 临桂新区债	企业债	7	2.00	6.90	2014 年 6 月 13 日
16 临桂城投 MTN001	中期票据	5	8.00	4.94	2016 年 6 月 1 日
16 临桂城投 MTN002	中期票据	5	6.00	4.30	2016 年 11 月 16 日

续表

债券简称	债券类型	期限（年）	债券余额（亿元）	利率（%）	起息日
18 临桂城投 MTN001	中期票据	3＋2	3.00	7.10	2018 年 7 月 18 日
19 临桂城投 MTN001	中期票据	3	4.00	6.80	2019 年 7 月 17 日
20 桂城 01	私募债	3＋2	10.00	6.50	2020 年 3 月 13 日
20 临桂城投 PPN001	定向工具	3	3.00	6.50	2020 年 3 月 26 日
20 桂城 02	私募债	3＋2	6.40	6.00	2020 年 8 月 21 日
20 桂城 03	私募债	3＋2	3.60	5.80	2020 年 11 月 30 日
G20 桂城 1	私募绿色债	3	3.00	5.80	2020 年 11 月 30 日
21 临桂城投 PPN001	定向工具	3	3.00	5.80	2021 年 2 月 10 日
21 临桂城投 PPN002	定向工具	3	4.00	6.50	2021 年 4 月 30 日
21 桂新 01	私募债	3	3.00	6.50	2021 年 6 月 9 日

（二）银行授信方面

截至 2021 年 6 月末，桂林新城在包括中国农业发展银行、国家开发银行、桂林银行等多家国内金融机构共获得 760133.00 万元综合授信，其中未使用余额 130083.73 万元（见表 13－7）。

表 13－7　公司银行综合授信情况

授信银行	授信总额（万元）	已用授信（万元）	可用授信（万元）
中国农业发展银行	195233.00	170799.00	24434.00
中国光大银行	59500.00	43400.00	16100.00
国家开发银行广西分行	100000.00	100000.00	0.00
中国民生银行	60000.00	58700.00	1300.00
中国建设银行	35300.00	27300.00	8000.00
中国农业银行	30000.00	30000.00	0.00
桂林银行	182800.00	138600.29	44199.71
中国工商银行	20000.00	20000.00	0.00
广西北部湾银行	31300.00	31250.00	50.00
中国邮政储蓄银行	30000.00	0.00	30000.00
广西桂林漓江农村合作银行	10000.00	10000.00	0.00
桂林农村商业银行	6000.00	0.00	6000.00
总计	760133.00	630049.29	130083.71

此外，公司 2019 年在北京金融资产交易所还成功发行 2 期债权融资计划各 1 亿元。2020 年，公司通过融资租赁筹措资金 3 亿元，通过桂林国际会展中心项目获得地方政府专项债券 1.2 亿元。

总体来看，公司的融资体系多元且稳定，这为公司的良好发展提供了强有力的保障。

第二节　转型发展分析

一、公司转型的具体操作

（一）建立"土地运作＋产业经营"的经营模式

桂林新城投资开发集团有限公司作为桂林市临桂新区最重要的基础设施建设主体，根据临桂新区总体规划，对临桂新区内土地进行整理开发，包括拆迁、规划设计、基础设施建设、公共配套设施建设等。桂林新城在做好原有土地整理开发和代管代建的土地运作模式的同时，不断寻求业务的多元化发展，跨越至产业经营模式。

公司集团本部主要进行的产业经营包括租赁业务和房地产业务。公司租赁业务主要以整体出租的形式租赁给承租人，主要租赁物为公司自建回购的"一院两馆"和创业大厦，分别租给桂林市文化体育产业投资发展集团有限公司和桂林市桂勤物业服务有限公司，每年收取固定租金；公司的房地产业务完全按照市场化运作模式，公司房地产业务所需土地均严格按照"招、拍、挂"手续通过市场化操作取得，目前的房地产项目为新城国奥小区项目、新城国奥花园项目（一期）及颐景城项目等，销售收入保持稳定增长。

2020 年，公司各子公司也在不断寻求新的发展机遇。桂林宏谋实业发展有限公司完成西宸源著、联发悦溪府、鼎晟大厦、吾悦广场充电桩、旅游综合医院、欢乐颂六个项目的电力管道销售工作；桂林宏谋文化旅游投资公司参与中国电影集团公司战略合作、中国汉服文化节、桂林园博园再开发的相关工作；桂林宏谋建设工程有限公司根据自身条件及建筑市场实际情况，积极探索塔式起重机及施工升降机租赁业务；桂林新城营销策划有限公司完成新城国奥小区不动产分证办理 2355 户，完成新城国奥花园住宅销售 160 套；桂林宏谋物业服务股份有限公司于 2020 年 12 月 9 日成功在全国中小企业股份转让系统正式挂牌上市，成为桂林市第一家在"新三板"挂牌上市的国企物业公司；桂林宏谋酒店管理有限公司运营的桂林宏谋大酒店获得"十五届中外酒店白金奖""中国最佳特色酒店""中国最受欢迎城市度假酒店""中国酒店业品质服务奖""广西安心餐厅"等荣誉。

2021 年，桂林新城涉足教育板块。2021 年 3 月 4 日，公司成为广西师范大学漓江学院新的合作办学投资人；2021 年 3 月 28 日，公司与广西新衡学谷教育管理有限公司共同投资的桂林新衡学谷项目正式开工建设，这是临桂新区开展党史学习教育以来落地的第一个民生工程。

总体来看，桂林新城积极谋求业务上的转型，增强自身"造血"机制，业务类型逐步多元化，在盘活资产的同时也获得了较好的收益，迈入了"土地运作＋产业经营"的运作模式。

（二）建立多元且稳定的融资模式

对于城投公司来说，充足的现金流是公司发展的潜在支撑，通过多元化的手段获取稳定资金是城投公司转型发展的重要阶段。桂林新城在融资方面做出了巨大创新，勇于尝试多种融资工具，在稳定获得银行借款的同时，根据债券市场的政策和自身情况，积极尝试各种债券品种，开拓了直接融资渠道，获得了较为充足的资金，桂林新城通过这种直接融资与间接融资并举的方式，建立了多元且稳定的融资模式。

债券市场方面，桂林新城是桂林市最早发行企业债进行融资的公司，公司于 2014 年 6 月成功发行 10 亿元企业债，这是公司第一次通过债券市场募集资金用于城市建设、打造新型融资平台的成功尝试。此后，公司积极参与债券市场，成功发行了中期票据、超短期融资券、定向工具、私募债及绿色债等，成功融资 75.5 亿元。

银行贷款方面，桂林城投同中国农业发展银行、国家开发银行广西分行、桂林银行、中国农业银行、中国建设银行、中国民生银行等金融机构建立良好的合作关系，截至 2021 年 6 月末取得了授信额度 76.01 亿元。

非标融资方面，公司于 2019 年 6 月和 10 月在北京金融资产交易所分别成功发行 2 单债权融资计划各 1 亿元。2020 年 12 月，公司还成功通过远东国际租赁有限公司进行融资租赁筹措资金 3 亿元。

地方政府专项债券方面，公司在转型过程中，充分利用自身的优势，积极申报地方政府专项债券。2020 年，公司取得广西壮族自治区专项债券 1.2 亿元用于桂林市国际会展中心项目的建设，预计在接下来 3 年分别通过地方政府专项债券取得 9.0 亿元、9.6 亿元和 5.4 亿元。

这种融资模式既给桂林新城带来大量稳定的资金，又帮助公司更好地控制财务风险、优化了债务结构。

二、公司转型面临的问题

桂林新城投资开发集团在转型过程中取得了一些成绩的同时，公司还存在不少的困难和问题。面对新形势、新挑战、新机遇，发展的矛盾不断显现，突出的问题主要有两个方面。

（一）企业管理制度须进一步规范完善

随着公司的持续发展壮大和人员的增长，原有的企业管理制度和机构设置已经无法满足目前的管理需求，公司内部管理机制不够健全完善，人才流动趋势明显。薪酬管理制度依旧沿用 2013 年编制的管理制度，脱离公司发展的实际情况，公司人员流动率连续呈现上升趋势，员工离职率逐年增加。人才离职增加的同时，人员招聘的难度不断增大，出现管理类人才和工程技术类人才短缺的局面，不利于公司的长远发展。

（二）公司融资能力面临严峻挑战

受财政部《关于规范金融企业对地方政府和国有企业投融资行为有关问题的通知》及银行穿透性监管政策的影响，公司目前从银行直接融资受到限制。同时，自 2020 年河南永煤违约事件的发生，城投公司债券融资渠道日益收紧，特别是区县级平台公司影响最大。桂林新城作为区县级 AA 级的城投公司，公司融资渠道进一步收紧，公益性项目建设、房产开发及无收益项目均无法从银行及公开市场上进行融资，而且公司已有的土地资源几乎全部用于融资贷款，公司的融资工作陷入非常被动的局面。公司部分项目建设资金来源受到限制，建设资金有待落实，迫切需要新的优良资产注入，以缓解公司融资压力。

三、公司未来转型的建议

（一）加强公司内部管理体制的建设

桂林新城应根据发展的需要，与时俱进。坚持党管干部原则，建立适应公司发展要求和市场竞争需要的人力资源管理机制；加快公司机构改革和现行管控制度的修订，规范工作流程，明确岗位职责和考核标准；推进公司薪酬制度改革，通过制定合理的薪酬体制和绩效考核机制，培养和吸引中高端企业管理人才和专业技术人才，提高员工工作积极性和创造性；通过系统的员工教育培训和职业规划，不断提高员工职业素质和技能水平，整体提升全员综合实力。

（二）提升自身地位和信用评级

桂林新城投资开发集团有限公司作为桂林市综合实力较强的公司，是由桂林市人民政府授权临桂新区管理委员会单独投资设立的公司，桂林新城应寻求政府的支持来增强自身在债券市场的实力。一方面，可通过变更控股股东为桂林市政府，将公司划分到市本级城投公司；另一方面，努力获得政府的支持，注入新的优质资产。争取事关全局、带动性强、支撑力大的重大项目，继续保持有效的现金流和利润额，完成提升主体信用评级 AA＋工作。在此基础上，继续运用多渠道融资模式，适度扩大中期票据、定向工具、超短融、私募债及绿色债等融资额度，保障公司建设项目有序进行，发挥融资资金调剂支出余缺的作用，不断强化会计核算和成本管理，严格执行预决算管理制度，加强风险防控。

第三节　转型经验启示

一、优化现代化内部管理结构

根据桂林新城在转型过程中遇到的企业管理制度问题，各城投企业分析其问题产生的原因。在当前市场化时代下，需要牢牢把握住国资国企改革的方向和内容，加强内部管理结构上的创新及调整。

在企业制度方面，城投企业应以市场化的发展趋势为基础，开展各项运营生产活动，厘清政府与企业的界限，将政府与平台的职能互相分离。明确权利与责任，城投企业的运营活动不应该受到地方政府的直接管制，应按照自身设立的现代企业制度规范运作。不应依靠政府背景获取资金，而应该转向市场化自主募集资金，渐渐采取先进的融资体系模式，严格划分城投企业行为和政府行为。

在人才管理方面，首先，城投公司得着眼于人才选拔机制。地方政府投融资平台要着力破除政府任命的固有模式，应采取市场化的人才选拔方式，在政策上向高层次人才倾斜，吸纳优秀人才。其次，公司得完善人才培育政策，引入科学的竞争体系，给发展潜力较高的人才适当压力，进行多岗历练，促其成才。最后，城投公司得建立完备的人才激励制度，实行差异化的考核制度，充分调动员工的积极性，留住高端人才，从而持续推动公司实现创新发展。

在风险控制方面，城投公司因项目建设的需要往往大规模举债融资，常常伴随着较大的偿债压力。因此公司必须建立健全风险控制体系，时刻关注公司内部的现金流情况、资产负债比及有息负债结构等重要的财务指标，来分析潜在风险，通过优化债务期限结构、增强偿债能力等措施控制好平台债务水平，化解相关风险，使公司保持长期稳定发展。

二、创新融资模式

城市基础设施建设的良性发展是城市化进程推进过程中的关键，由于目前城投公司普遍面临着融资渠道窄、过于依赖土地出让以及银行贷款进行资金募集的局面，导致城投公司面临着较大的经营风险，且风险也过于集中。另外，城投企业主持进行的城建项目大部分是非营利的，不具备收益能力。因此，创新融资模式、拓宽融资渠道、采取直接融资与间接融资并举的模式、从多方面获取稳定现金流，对城投公司未来的持续经营十分关键。结合桂林新城的融资模式，其他城投公司可借鉴其经验。

（一）债券融资渠道

目前，市场上常见的债券融资方式包括企业债、公司债、银行间市场融资工具及证监会 ABS 等标准化融资渠道。城投公司可根据自身情况和需求，并结合现行政策选择合适的融资产品。

首先，作为最受城投青睐的公司债，其主要优势就是审核较快，募投资金运用较为灵活，无须运用特定的募投项目。除了一般的大小公募债券和私募债券品种，公司债还有许多特定的品种。城投公司可结合自身所处区域优势或项目特色，适时发行创新品种公司债。主要的创新品种公司债情况如表 13 - 8 所示。

表 13 - 8　公司债主要创新品种

序号	品种	主要特征与窗口指导意见
1	优质公司债	市场认可度高、行业地位显著、经营财务状况稳健且已在债券市场多次开展债券融资
2	短期公司债	债券期 1 年及以下，实行余额管理，不得用于长期投资需求
3	新型冠状病毒肺炎疫情防控公司债	募集资金与防疫支出相关，或发行人为湖北等新型冠状病毒肺炎疫情严重地区的企业，具有政策阶段性（2020 年）
4	项目收益专项公司债	相比企业债中的项目收益债必须全部用于项目，项目收益专项公司债可以使用 30% 的募集资金用于补流
5	可续期公司债	主体评级和债项评级应达到 AA + 或以上；负债能计入权益（需提供计入权益说明），可降低财务杠杆；可续期选择权、利息递延支付、利率跳升机制
6	绿色公司债/碳中和绿色公司债	资金投向绿色产业领域，不低于募集资金总额的 70%；鼓励发行人提交独立的专业评估或认证机构出具的评估意见或认证报告
7	创新创业公司债	主体评级或债项评级 AA + 或以上的产业类企业、园区经营公司和国有资本投资运营公司，相关资金用途不低于募集资金总额的 70%，且可以对发行前 3 个月内的创投项目投资进行置换
8	纾困公司债	主体信用评级达到 AA + 或以上，用于纾困的金额不低于募集资金总额的 70%

续表

序号	品种	主要特征与窗口指导意见
9	乡村振兴公司债	乡村振兴公司债募集资金用于乡村振兴领域的金额不低于募集资金总额的70%
10	"一带一路"债/粤港澳大湾区专项公司债	募集资金用于"一带一路"建设项目，促进"一带一路"资金融通，助力"一带一路"倡议发展募集资金用于粤港澳大湾区建设，符合《粤港澳大湾区发展规划纲要》
11	熊猫债	境外主体在中国发行的以人民币计价的债券，发行主体包括（准）政府机构、国际开发机构、金融机构和境外注册企业
12	住房租赁公司债	紧密围绕"房住不炒"定位，促进长租公寓领域的健康、可持续发展
13	可交换公司债券	用于质押的股票在申报的时候必须是流通股，需股东出具在发行时无限售条件的说明

其次，城投公司可考虑发行企业债，一般企业债的优势主要是可将40%的募集资金用于补流，部分专项债品种还可以将50%的募集资金用于补流，对企业进行多元化经营发展提供了资金保障。除了一般企业债，企业可灵活选择符合自身条件和需求的专项债品种募集资金，12种专项债的具体情况如表13-9所示。

表13-9　12种专项债概况

序号	品种	主要特征与窗口指导意见	募集资金
1	城市地下综合管廊建设专项债券	强制入廊：需出具市级政府《强制入廊通知》、发行人与各用廊单位签订《入廊意向性协议》、市级政府向项目实施主体出具特许经营批复或《特许经营协议》； 收费定价：使用费标准原则上应由管廊建设运营单位与入廊管线单位协商确定；对暂不具备供需双方协商定价条件的，有偿使用费标准可实行政府定价或政府指导价	最高40%用于补流；占募投项目总投最高为70%
2	城市停车场建设专项债券	允许配建一定比例的附属商业面积，具体比例由属地城市政府确定，原则上不超过20%； 可以自主定价，也可由政府定价	最高40%用于补流；占募投项目总投最高为70%
3	养老产业专项债券	应符合《养老机构设立许可办法》和相关法规的要求，需征求当地民政部门意见； 居住用房面积平均限定在40平方米以内（床位规模不宜过大）； 出租服务合同应约定服务期限一次最长不超过5年，期满原承租人有优先承租权	最高40%用于补流；占募投项目总投最高为70%

续表

序号	品种	主要特征与窗口指导意见	募集资金
4	战略性新兴产业专项债券	发行量少	最高 50% 用于补流；占募投项目总投最高为 70%
5	配电网建设改造专项债券	发行量少	最高 50% 用于补流；占募投项目总投最高为 70%
6	"双创"孵化专项债券	具备"双创"孵化特质，好的项目一般包括购置研发设备、相关制度安排； 国家级、各级经开区都可以申报； 重点披露：促进企业创新研发功能、入驻企业情况和产业聚集优势、意向性协议	最高 50% 用于补流；占募投项目总投最高为 70%
7	绿色债券	拓宽担保增信渠道（收益权等）	最高 50% 用于补流；占募投项目总投最高为 80%
8	市场化银行债权转股权专项债券	债转股合同是核心； 本轮债转股实施主体大多是银行下设的实施机构	最高 40% 用于补流；占募投项目总投最高为 70%
9	政府和社会资本合作（PPP）项目专项债券	涉及跨年度实施的项目应当列入中期财政规划并实行三年滚动管理，严格落实资金来源	最高 50%（项目收益债形式除外）用于补流；占募投项目总投最高为 70%
10	农村产业融合发展专项债券	农业产业化龙头企业特殊要求； 以小微企业增信集合债券形式发行，放宽集中度要求	最高 50% 用于补流；占募投项目总投最高为 70%
11	社会领域产业专项债券	以小微企业增信集合债券形式发行，放宽集中度要求	最高 40% 用于补流；占募投项目总投最高为 70%
12	县城新型城镇化建设专项债券	信用评级优良的主体，可通过自身信用发行	最高 50% 用于补流；占募投项目总投最高为 70%

最后，城投企业还可充分利用公司的优质标的发行 ABS 募得充足资金，或

发行期限较为灵活的银行间产品优化公司的债务期限结构。

（二）非标融资渠道

除了标准化的融资方式，城投公司还利用非标渠道审核较为宽松的优势筹措资金，如通过租赁公司进行融资租赁获取资金、在北京金融资产交易所发行债权融资计划募集资金等。

（三）地方政府专项债券渠道

自 2020 年以来，在新型冠状病毒肺炎疫情冲击、经济下行压力增大、减税降费力度加大以及基础设施建设支出增加的大背景下，政府专项债作为重要的稳增长抓手，越来越得到高层的重视，地方政府专项债券发行继续提速，已成为最受政策支持的融资方式。2021 年 2 月，财政部、国家发改委发布了《关于梳理2021 年新增专项债券项目资金需求的通知》，通知中较 2020 年新增了国家重大战略项目（包括京津冀、长江经济带、粤港澳大湾区、长三角一体化、海南深化改革开放、黄河流域生态保护和高质量发展等）和保障性安居工程领域（包括城镇老旧小区改造、保障性租赁住房、棚户区改造等），其中不少城投公司都有涉及保障性安居工程。城投公司应抓住政策的窗口，根据自身情况选出符合条件的优质项目，并以加快所在地区的基础设施建设为契机，获取政府支持，开展政府专项债的申报工作，依靠专项债券资金助力自身业务发展。

三、推动业务多元化发展

目前，就业务分布来看，大多数城投公司的经营范围还是以土地开发、工程代建为主。此类土地运作的经营模式形式较为单一，对地方政府和财政的依赖程度较高，缺乏市场化业务的"造血"能力，而且政府性的项目往往伴随着补偿及付费机制的不健全，或因政府的财力不够经常导致城投公司的代管代建项目资金回笼较慢，单一的经营模式难以促进城投公司的良性发展。因此城投平台寻求市场化转型，就应当考虑多元化的发展方向，完成"土地运作"到"土地运作+产业经营"模式的转变。

其他城投平台公司可借鉴桂林新城的经验，抓住机遇转型发展，努力在新产业、新能源、新领域上寻求新的突破。根据桂林市建设国际旅游胜地的需求，积极探索文化体育、会展产业、旅游开发、智慧城市运营、金融投资等项目发展潜力，完善新业务拓展、新模式经营等新发展思路的激励机制，持续增强高质量经营动力，以此优化集团的业务结构，不断提升集团整体核心竞争力。

第十四章 衡水市建设投资集团
有限公司转型发展案例分析

衡水市建设投资集团有限公司（以下简称"衡水建投"）是衡水市属唯一的基础设施建设主体，并对衡水市内各类国有企业的国有资产行使所有者管理职能。衡水建投实行企业化管理，坚持以提高国有资产的优化配置和运营效益、确保国有资产的保值和增值为目标。公司发展为综合性的国有城投企业，主要经历了引资增资与产业整合两个核心发展阶段。通过引进外来资本，整合优势资源并且抓住城市需求，衡水建投有效助力了区域经济、国有企业以及政府财力三方面的协同式发展，并且迅速完善自身职能，添加了城市服务者的角色，同时为企业自身带来了稳定收益。

第一节 公司基本情况

一、公司简介

衡水市地处海河低平原中部，位于河北省东南部，与石家庄、保定、沧州接壤，距首都北京 215 千米，常住人口约 445 万。根据《衡水市 2020 年国民经济和社会发展统计公报》，2020 年全年衡水市生产总值实现 1560.20 亿元，一般公共预算收入 127.30 亿元，较上年增长 4.30%。2020 年衡水市 GDP 排名居河北省第 10 位，在全国 338 个地级市中排名第 168，属于典型的第三档地级市。

衡水建投的前身河北省衡水地区建设投资公司成立于 1996 年 6 月，初始注册资本为 3000 万元；2009 年增资至 303000 万元，增资部分股权由华信信托股份有限公司全额认购，成为控股股东；2016 年 3 月，经衡水市委、市政府研究决定，由衡水市财政局出资 303000 万元购入公司全部股份，成为公司唯一控股股东和实际控制人，并改名为衡水市建设投资集团有限公司。

自衡水建投成立以来，衡水市人民政府长期赋予衡水建投以"市级投资创新平台""基础设施建设平台""国有资本运营平台""产业转型升级平台"为核心的"四个平台"职能，衡水建投在发展过程中坚持"投资衡水、建设衡水"的发展理念，并受到了当地市政府的大力支持。衡水建投的主营业务包括向国家、省市县在本市建设项目投资、参股；房屋工程建筑、公路工程建筑、市政工程、园林绿化工程服务、房屋拆除、汽车租赁；房地产开发；投资咨询；企业管理服务；房地产经纪等。

截至 2020 年末，衡水建投总资产 174.92 亿元，净资产 81.11 亿元，实现营业收入 42 亿元，净利润 3.07 亿元。衡水建投下辖 30 家子公司，其中包括 19 家全资子公司、5 家参控股子公司、6 家 PPP 项目公司。此外，衡水建投还投资了河北境外上市股权投资基金、河北省城际铁路发展基金、衡水市大恒战新产业股权投资基金、衡水建投蓝天股权投资基金 4 只基金。

二、主营业务情况

（一）主营业务概况

衡水建投对衡水市内各类国有企业的国有资产行使所有者管理职能，实行企业化管理，坚持以提高国有资产的优化配置和运营效益、确保国有资产的保值和增值为目标，实行独立核算、自主经营、自负盈亏。公司主营业务为酿酒业、服务业、市政工程代建、贷款业务和担保业务、供暖业务和管道安装业务、房地产销售以及饲料加工业务。酿酒业由下属二级子公司河北衡水老白干酒业股份有限公司负责，该公司是国内白酒生产骨干企业和老白干香型中生产规模最大的企业，在华北地区具有较高的知名度、美誉度和市场占有率，生产规模和销售收入在河北省白酒行业内处于领先地位，已成为河北省酿酒行业唯一一家上市公司；服务业主要为衡水老白干品牌管理有限公司开展的品牌服务业务及衡水生态城开发建设投资有限公司承接的项目管理业务；市政工程代建为下属子公司衡水生态城开发建设投资有限公司承接的市政工程代建业务；担保业务和小额贷款业务包括下属子公司衡水恒泰担保投资有限公司的担保业务和衡水市建投科技小额贷款有限公司的贷款业务；供暖业务和管道安装业务由下属二级子公司衡水恒通热力有限责任公司开展；房地产销售业务主要为下属二级子公司衡水老白干（集团）天丰房地产开发有限公司靓景名居商品房销售及租赁业务；饲料加工业务由老白干酒下设的兴亚饲料分公司负责，业务模式为酿酒产生的酒糟在加工成牲畜饲料后对外销售。由于衡水建投的经营策略调整，2017 年起不再开展房地产销售业务和饲料加工业务。衡水建设 2018～2020 年主营业务收入构成如表 14-1 所示。

表 14 - 1　公司主营业务收入构成

项目	2018 年		2019 年		2020 年	
	金额 （万元）	占比 （%）	金额 （万元）	占比 （%）	金额 （万元）	占比 （%）
酿酒业	328716.50	81.26	376054.30	83.44	341355.13	81.51
服务业	29152.46	7.21	25150.97	5.58	16767.68	4.00
市政工程代建	2320.51	0.57	39.45	0.01	—	—
贷款利息、担保费	3288.31	0.81	2334.84	0.52	1381.06	0.33
供暖业务	32656.98	8.07	35660.56	7.91	38760.35	9.25
管道安装、 容量热价费	8239.39	2.04	11306.09	2.51	9836.47	2.35
房地产销售	140.20	0.03	126.94	0.03	10711.35	2.56
主营业务收入合计	404514.35	100.00	450673.15	100.00	418812.04	100.00

（二）衡水建投主营业务分析

1. 服务业

衡水建投的服务业务包含品牌服务业务、项目管理业务以及在承接市政基础设施类政府代建业务过程中收取管理费的业务。

其中，品牌管理业务包括由老白干的全资子公司衡水老白干品牌管理有限公司开展的品牌服务业务，以及由衡水智慧城市建设有限公司开展的开发信息平台、运营微信公众号等业务；项目管理业务主要由子公司衡水生态城开发建设投资有限公司开展的为园博园建设项目提供的综合项目管理业务（该业务已于2018 年底完成，并形成 5672.74 万元的管理费收入）；市政基础设施类政府代建管理费业务主要由衡水建投自行开展。作为衡水市属唯一的基础设施建设主体，在承担市内基础设施建设任务过程中进行管理，并按总资产比例收取管理费业务，主要项目包括市政道路工程、生态修复整治工程以及棚户区改造项目等。

除品牌管理类业务外，其他两项服务型业务均以所管理的项目投资或总资产的一定百分比作为收费标准。由于项目管理业务中的园博园项目于 2018 年结束后并无后续投资计划和预期收益，加之在上述统计期中代建工程总投资数目不大，相对应收入也较小。总体来看，衡水建投及其子公司所开展的服务业收入占比自 2018 年以来呈下降趋势。

2. 市政工程代建业务

作为衡水市属唯一的基础设施建设主体，衡水建投承担了市域内大型项目的建设任务，主要包括代建、自建及 PPP 三种模式。

其中，代建业务主要由子公司衡水生态城开发建设投资有限公司作为建设主体，同建设区域所在的管理部门以及委托建设方共同开展，统计期内的唯一代建项目为"美丽乡村项目"，该项目于2016年开始并于2019年结束，已形成代建收入0.9亿元。自建业务由衡水建投或其子公司"衡水博盛汽车制造有限公司"自筹基金建设，待项目建成后，以厂房租赁和设备租赁形式创收。PPP项目方面，公司目前主要的PPP项目为衡水市奥林匹克体育中心项目、河北省衡水市滏南新区道路工程、河北省衡水市滏南新区综合管廊、邯港高速公路衡水段项目、哈励逊国际和平医院南院区项目和主城区水系生态修复，上述PPP项目目前均已入库。

衡水建投虽为市属基建主体，但由于重组时间尚短，之前衡水市大部分市政项目主要由区县级国有企业负责建设。总体来看，衡水建投承接的市级代建项目并确认代建收入的项目较少，在本书统计期内，市政工程代建业务收入分别为2320.51万元、39.45万元和0万元，占比极小。后续随着公司规模不断扩大，政府对其支持力度持续、稳定，代建项目将会逐渐增加。

3. 担保业务和小额贷款业务

衡水建投的金融板块主要包括担保业务和小额贷款业务，分别由子公司衡水恒泰担保投资有限公司及衡水市建投科技小额贷款有限公司负责。其中，担保业务相对简单，截至2020年末，传统在保项目3笔，对外担保总额9700万元，未发生违约代偿情况；小额贷款业务主要为衡水市内中小企业提供小额过桥贷款，贷款期限一般小于1个月，利率为12%～24%。金融板块收入占比虽然偏低，但衡水建投近年来积极拓展金融业务，促进了公司的多元化转型升级，在全面提升核心竞争力、实现多产业联动发展、形成协同效应，有效分散风险方面具有重要意义。

4. 供暖业务

衡水建投的城市供暖业务为2018年开始新增的业务板块，主要收入包括供暖收入及管道安装、容量热价费收入两部分，由子公司"衡水恒通热力有限责任公司"负责经营。衡水恒通热力有限责任公司主要通过收购衡水恒兴发电有限责任公司及河北衡丰发电有限责任公司的余热为热源，利用铺设在衡水市区人民路上的供热主管网向市区居民提供集中供热服务。截至2020年末，衡水恒通热力有限责任公司的供热产能为2500万平方米，实际供热1800万平方米，供热管线长度780千米。截至目前，供暖业务收入及占比稳定，且尚有上升空间，未来有望进一步扩大业务收入。

5. 酿酒业

酿酒业是衡水建投最大的亮点，也是其收入占比构成最重要的产业。主要由二级子公司河北衡水老白干酒业股份有限公司实现。衡水建投通过全资子公司河北衡水老白干酿酒（集团）有限公司间接持有上市公司老白干酒 25.63% 的股权，成为老白干酒的控股股东。

老白干酒有 1900 多年的悠久历史，在中国白酒香型中独成一家，名为"老白干香型"，其产品曾屡次在国际展览中获得最高奖项。老白干酒前身"冀南行署地方国营衡水制酒厂"是中华人民共和国成立后的第一家白酒生产企业。经过长足发展，目前公司总占地面积 4000 余亩，员工 5900 余人，优质白酒年产能力 12 万吨，是国内老白干香型白酒中生产规模最大的厂家。老白干酒于 2002 年 10 月在上海证券交易所上市，并于 2018 年成功并购丰联酒业控股有限公司，具备了老白干香型、浓香型和酱香型的多种品类产品，开创了中国白酒上市公司中多香型、多品牌、多渠道的先河。

经营方面，酿酒产业由上市公司老白干酒独立运营，公司给白酒类产品的定位是地方名酒，将主要产品"衡水老白干系列""十八酒坊系列"以及"板城烧锅酒"和"文王贡酒"等品牌分别打造成高、中、低三个档次，并采取相对应的定价模式，在众多竞争对手中占领市场；在公司经营发展过程中，为采购、生产、销售等主要业务流程制定出高效及标准化的管理办法，同时注重在研发，食品安全，以及环境保护的持续投入，公司近两年未发生过环保和安全事故。在 2018 年和 2019 年，分别实现白酒量产 58863000 升和 58989000 升，对应营业收入 37.6 亿元和 32.9 亿元。近年来，老白干酒成为衡水建投营业收入的重要组成部分，酿酒业带来的收入占比稳定在 80% 左右。

（三）衡水建投的核心优势

承担政府赋予的基础设施建设类业务，是所有城投公司的重要职责之一，也是当地政府推动城市建设和经济发展中的重要抓手。衡水建投作为衡水市属唯一的基础设施建设主体，发展过程中受到衡水市人民政府的大力支持。结合近年来衡水经济的发展情况：衡水虽然自然资源贫乏，无法和唐山、邯郸等资源类城市相比，但随着国家提出"京津冀一体化协同发展的战略"和"国家千年大计建设雄安新区的重大部署"，衡水市作为京津冀重点城市，以及拥有雄安新区南大门的区位优势，近年来发展势头强劲，经济增长速度位于省内前列，财政收入稳步上升。随着未来衡水市人民政府对城市基础设施建设的投入增加，衡水建投的代建业务板块有望显著提升。

衡水建投在产业组合上的另一独特优势在于其下属全资子公司河北衡水老白干酿酒（集团）有限公司以及间接控股的上市公司老白干酒在白酒行业中的成功运作。第一，老白干酒历史底蕴深厚，1915 年在"巴拿马万国博览会"中获得"甲等金奖"，驰名中外，衡水老白干也被商务部认定为第一批"中华老字号"，并于 2019 年获得全国质量奖，旗下老白干酒、乾隆醉酒、武陵酒、孔府酒等产品作为国内不同区域的香型酒类代表，在各区域内均有较高的市场占有率和忠诚度。第二，老白干酒有着优秀的管理团队和技术与研发人员，拥有多位"中国白酒工艺大师""中国白酒首席评酒师""中国酿酒大师""国家级白酒评委"等业内高端技术人才，公司多年来坚持产学研合作，与中国酒业协会、中国食品发酵工业研究院有限公司、中国科学院成都生物研究所等单位，以及天津科技大学、江南大学、河北科技大学等院校密切合作，建立起"河北省院士合作重点单位""博士后科研工作站"等研发机构，使公司具备了独立、持续和有效的研发、创新能力。另外，老白干酒的发源地衡水是长江以北地区的主要粮食产地，为酿酒业提供了优质的生产原料，山东、河南、安徽等均为人口大省，为老白干酒进行合理的市场定位、定价以及销售提供了优质"土壤"。白酒行业属于快消品，没有明显的周期性，整体易受宏观经济波动的影响。近年来，周围省份经济发展及居民收入水平的稳步提高，成就了老白干酒在区域内良好的市场基础和口碑。除了产品优势之外，老白干酒的成功为衡水建投提供了优质、稳定的利润和现金流来源：2019 年和 2020 年归属于母公司股东的净利润分别达到 4.04 亿元和 3.12 亿元，也为开展其他业务提供了坚实保障。

三、公司的财务概况

截至 2018 年末、2019 年末及 2020 年末，公司总资产分别为 1540870.86 万元、1590033.60 万元和 1749247.64 万元。其中，2019 年末较 2018 年末总资产增加 49162.74 万元，增幅为 3.19%；2020 年末较 2019 年末总资产增加 159214.04 万元，增幅为 10.01%。

2020 年，公司总资产变动显著，尤其是增幅达到 10%。随着公司业务规模的不断扩大，公司资产规模整体呈上涨态势。

截至 2018 年末、2019 年末及 2020 年末，公司流动资产分别为 902050.34 万元、872225.67 万元和 909030.64 万元。2018～2020 年公司的流动资产呈现些许波动，但整体略有增加，主要是货币资金变化导致。公司非流动资产 2018 年末、2019 年末及 2020 年末分别为 638820.52 万元、717807.93 万元和 840217.00 万元，本书统计期内增加较快，主要系发放委托贷款及垫款、在建工程有所增加。2018～2020 年公司资产情况如表 14-2 所示。

（一）盈利能力分析

2018 年、2019 年及 2020 年，公司营业收入分别为 407067.87 万元、453994.40 万元和 425601.83 万元。最近三年相比，公司营业收入虽受到新型冠状病毒肺炎疫情影响，但仍呈正向增长。

2018年、2019年及2020年，公司营业总成本分别为368947.82万元、408833.33万元和387640.93万元。总体来看，公司最近三年营业成本与营业收入的增长规模大体一致。

表 14 - 2　2018 ~ 2020 年公司资产情况　　　　单位：万元

项目	2018 年末	2019 年末	2020 年末
总资产	1540870.86	1590033.60	1749247.64
流动资产	902050.34	872225.67	909030.64
非流动资产	638820.52	717807.93	840217.00

从行业板块来看，公司的营业收入主要来源于酿酒业、服务业、市政工程代建和供暖业务等项目。其中酿酒业的销售额在营业收入中占比最大，在2020年达到80.21%。酿酒业在2019年的收入为376054.30万元，在2020年的收入为341355.13万元，近三年复合增幅为3.84%，2020年主要受到新型冠状病毒肺炎疫情影响增速放缓。一方面，公司近年来将全国市场划分为八个大区，在满足国内市场需要的同时，积极拓展海外市场，产品结构也进一步优化，使营业收入稳步增长；另一方面，整个行业呈现出量价齐升的态势，由此使公司销售收入有所增长。

（二）经营能力分析

截至2018年末、2019年末及2020年末，公司应收账款账面价值分别为2931.09万元、5313.58万元和6035.21万元，应收账款周转率分别为110.80、110.13和75.00。2018年和2019年公司应收账款周转率整体较高，主要是公司2018年和2019年的应收账款规模较小。2020年公司应收账款周转率下降较快，主要是2019年同期老白干酒赊销增加使应收账款增加。

截至2018年末、2019年末及2020年末，公司存货账面价值分别为231212.35万元、274374.29万元和317030.57万元，存货周转率分别为1.04、0.79和0.59，处于行业中等水平，近三年持续下降。公司2019年存货周转率较2018年有所下滑，主要是公司当年并入丰联酒业控股有限公司、衡水城市建设集团有限公司和衡水市桃城区城乡建设投资有限公司使得存货增加。随着公司业务规模的扩张、主营业务收入的增长，公司的营运能力将会不断提高。

（三）现金流分析

经营性现金流方面，2018年、2019年及2020年，公司经营活动产生的现金流量净额分别为108405.42万元、-41768.00万元和56312.64万元。2018年公司经营活动现金流量净额流入较大，主要原因是当年老白干酒并购丰联酒业控股有限公司。2019 年公司经营活动现金流量净额呈现流出状态，主要是当年收到政府拨入的专项应付款减少以及支付的政府专项应付款增加。2020 年公司经营活动现金流量净额小于 2018 年，主要是受新型冠状病毒肺炎疫情影响收入减少，现金回款减少。

投资活动方面，2018 年、2019 年及 2020 年，投资活动产生的现金流量净额分别为 –29845.31 万元、–108101.56 万元和 –133707.41 万元。本书统计期内投资活动产生的现金流量净额均为负，主要是公司收购子公司力度加大及投资规模加大。2019 年公司投资活动产生的现金流量净额较 2018 年减少了 78256.25 万元，主要是 2019 年支付新建包装车间及智能化仓库工程款及新建供暖管网设施投入较多。筹资活动方面，2018 年、2019 年及 2020 年，筹资活动产生的现金流量净额分别为 178540.88 万元、6022.41 万元和 78764.70 万元。2019 年公司筹资活动产生的现金流量净额较 2018 年减少 172518.47 万元，降幅为 96.63%，主要是 2018 年新并入的子公司持有货币资金规模较大导致当年收到其他与筹资活动有关的现金较多，以及 2019 年偿还债务支付现金增加。

（四）偿债能力分析

从短期偿债能力指标来看，截至 2018 年末、2019 年末及 2020 年末，公司的流动比率分别为 2.40、2.22 和 2.29，速动比率分别为 1.78、1.52 和 1.49，本书统计期内公司的流动比率及速动比率虽呈下降趋势，但整体与行业均值较接近，短期偿债能力良好。2019 年以来，流动比率和速动比率较 2018 年末有所下降，主要由公司 2019 年棚户区改造项目投资规模增加、支付专项应付款支出金额增加以及小额贷款业务贷款净投放金额增加使得货币资金减少，同时部分非流动资产增加导致。

从长期偿债能力指标来看，截至 2018 年末、2019 年末及 2020 年末，公司合并口径资产负债率分别为 53.64%、50.24% 和 53.63%，本书统计期内公司资产负债率处于较低水平。此外，公司始终按期偿还有关债务，资信情况一贯良好，与银行等金融机构建立了长期合作关系，并获得较高授信额度。总体来看，具有较强的长期偿债能力。

四、公司的融资情况

衡水建投的融资方式以银行贷款和债券为主。银行贷款方面，公司在各大银行等金融机构的资信情况良好，与国内主要商业银行一直保持长期合作伙伴关系，获得相对较高的授信额度，有一定的间接债务融资能力。截至 2020 年 6 月末，公司获得银行授信合计 60.40 亿元，其中已使用额度 20.71 亿元，剩余额度 39.69 亿元，具体情况如表 14 – 3 所示。

表 14 - 3　公司从银行获取融资情况　　　　单位：亿元

银行名称	综合授信额度	已使用情况	剩余额度
国家开发银行	0.50	0.50	—
中国农业发展银行	17.60	15.78	1.82
中国工商银行	5.00	1.50	3.50
中国建设银行	3.00	0.50	2.50
中国农业银行	3.00	0.55	2.45
中国邮政储蓄银行	1.00	—	1.00
交通银行	1.00	—	1.00
浦发银行	2.50	0.60	1.90
兴业银行	2.50	—	2.50
中国民生银行	6.00	0.78	5.22
中国光大银行	4.00	—	4.00
河北银行	5.50	—	5.50
渤海银行	1.30	—	1.30
衡水银行	3.50	0.50	3.00
沧州银行	4.00	—	4.00
合计	60.40	20.71	39.69

债券融资方面，衡水建投于 2020 年和 2021 年发行 2 只公司债，发行金额共计 11.00 亿元人民币，两只债券目前均在存续期内，具体信息如表 14 - 4 所示。

表 14 - 4　衡水建投 2020 年和 2021 年公司债发行情况

债券简称	债券余额（亿元）	票面利率（%）	发行总额（亿元）	剩余期限（年）	债券类型
21 衡建 01	5.00	5.20	5.00	2.49 + 2	私募债
20 衡建 01	6.00	4.98	6.00	1.73 + 2	私募债

银行借款方面，截至 2018 年末、2019 年末及 2020 年 6 月末，公司的短期借款分别为 46000.00 万元、57000.00 万元和 69300.00 万元，分别占流动负债的比例为 12.22%、14.48% 和 21.04%，整体呈上升趋势。公司 2018 年末、2019 年末及 2020 年 6 月短期借款主要为抵押借款和信用借款，主要是子公司河北衡水老白干酿酒（集团）有限公司为满足经营需要，向银行获取的流动贷款。具体明细如表 14 - 5 所示。

表 14 - 5 2018 年末、2019 年末、2020 年 6 月公司短期借款情况

单位：万元

项目	2018 年末	2019 年末	2020 年 6 月
抵押借款	17000.00	15000.00	15000.00
信用借款	29000.00	42000.00	54300.00
合计	46000.00	57000.00	69300.00

长期借款方面，截至 2018 年末、2019 年末及 2020 年 6 月，公司长期借款分别为 200330.00 万元、180325.00 万元和 180386.00 万元，占非流动负债的比例分别为 44.52%、44.52% 和 36.43%，是公司非流动负债的主要组成部分。截至本书统计期末公司长期借款明细如表 14 - 6 所示。

表 14 - 6 2018 年末、2019 年末及 2020 年 6 月公司长期借款情况

单位：万元

项目	2018 年末	2019 年末	2020 年 6 月
质押借款	193570.00	175000.00	180450.00
抵押借款	—	—	—
保证借款	—	—	8536.00
信用借款	15000.00	14475.00	—
减：一年内到期部分	8240.00	9150.00	8600.00
合计	200330.00	180325.00	180386.00

第二节 转型发展分析

公司发展为综合性的国有城投企业，主要经历了引资增资、产业整合两个核心发展阶段。

一、引资增资

2009 年 4 月，经衡水建投股东会决议，注册资本由 3000 万元增加了 100 倍，扩大至 30.3 亿元，新增注册资本全部由华信信托股份有限公司认购，后者是以动产/不动产信托、经营企业资产重组/并购及项目融资、公司理财、财务顾问等

业务为主的国有股份制信托公司，也是由中国银保监会监管的银行业金融机构。此次增资完成后，华信信托股份有限公司出资占注册总资本的 99.01%，成为衡水建投的控股股东。在政府财力有限的情况下，衡水原计划经济委员会以引进外援的方式给公司注入大量新鲜血液，使公司的注册资本有了质的提升，有效扩充了公司的注册资本、运营资本，也为公司的业务体量发展提供了坚实保障。

2016 年 3 月 7 日，根据《中共衡水市委办公室、衡水市人民政府办公室关于印发〈衡水市建设投资集团组建方案〉的通知》，经衡水市委、市政府研究同意，将衡水市发改委持有的 3000 万元出资无偿划转至衡水市财政局持有，并由衡水市财政局回购华信信托股份有限公司持有的 30 亿元出资。2016 年 3 月 11 日，由公司全体股东做出《股东会决议》，一致同意将股东华信信托股份有限公司持有的 30 亿元出资转让给衡水市财政局。同日，华信信托股份有限公司与衡水市财政局签署了《河北省衡水市建设投资有限公司股权转让协议书》，华信信托股份有限公司将持有的全部股权 30 亿元，转让给衡水市财政局；同时，公司正式更名为"衡水市建设投资集团有限公司"，性质改为国有独资公司，衡水市财政局成为集团的唯一股东。在公司发展的第一个 20 年，衡水市发改委以增资—引资—回购的方式，有效引进外部资金，借力用力，完成了对公司资本的扩充与 100% 国有化的转变。

二、产业整合

衡水市发改委在对公司的资本扩充进行战略布局的同时，也在发展壮大公司的经营范围，整合优质资源为公司在未来的市场竞争中打造独特的优势。相较于传统的划转土地或其他不动产等城投企业的常规做法，衡水建投在整合特色产业方面迈出了独特的一步。河北衡水老白干酒业股份有限公司及其控股股东河北衡水老白干酿酒（集团）有限公司源于"冀南行署地方国营衡水制酒厂"，是中华人民共和国成立后的第一家白酒生产企业，也是衡水地区的"文化地标性"企业之一。经过长足发展，老白干酒占地面积 4000 余亩，员工 5900 余人，优质白酒年产能力 12 万吨，是国内老白干香型白酒中生产规模最大的厂家，并于 2002 年 10 月在上海证券交易所上市，成为河北省酿酒业中唯一一家上市公司。

2016 年 4 月 8 日，衡水市工业和信息化局与衡水市财政局、衡水建投签署了《国有股权无偿划转协议》。老白干集团的国有产权整体无偿划转给衡水建投，老白干集团持有上市公司老白干酒 50548139 股或 28.85% 的股权，衡水建投持有老白干集团 100% 的股权。2016 年 6 月 7 日，老白干酒发布关于实际控制人变更情况的提示公告，宣布衡水建投为上市公司的实际控股股东，衡水建投对老白干酒仅做合并财务报表处理，不干预老白干酒的现有业务模式和管理体制。老白干酒继续以高效的市场化企业管理方式独立经营。

2018年1月，经中国证监会核准，老白干酒成功并购了丰联酒业控股集团有限公司。后者曾是联想控股成员企业，是一家专门经营与管理优质酒水品牌的公司，早在2011~2012年，丰联酒业控股集团有限公司收购了武陵酒、乾隆醉酒和孔府家酒等不同区域的多家白酒生产企业，旗下白酒类资产接近20亿元。在并购丰联酒业控股集团有限公司后，老白干酒在产品上实现了生产老白干香型、浓香型、酱香型白酒的能力，开创了中国白酒上市公司中多香型、多品牌、多渠道的先河，经营能力进一步提升。老白干酒整合后每年为衡水建投带来坚实稳定的经营性现金流，无论营业收入还是净利润总额，均占总量的80%以上。稳定的收益加速了衡水建投在其他产业上的发展，地产、服务、金融、公共事业等业务相继展开并扩大规模，将衡水建投的资产水平和盈利水平推上了新高度。

第三节　转型经验启示

一、引用外来资本，借力发展

城投公司出现在计划经济时代的末尾，产生于地方政府建设和经营城市的背景之下，政府以城投公司为载体，注入财政收入进行城市开发建设、基础设施更新、民生工程新建与改善，促进经济发展和城镇化过程。衡水市地处河北省东南部，自然资源匮乏，人口增长缓慢，经济发展基础十分薄弱。在衡水建投成立的初期，1996年衡水地区的GDP总量约207亿元，人均GDP约5000元，政府年财政收入仅5.68亿元。区域的经济水平与政府的财政收入是影响城市建设与城投公司市场化发展的重要因素。随着一系列改革举措的深入落实，衡水市国有资产监督管理委员会作为公司的经营者，暂时放弃公司控股股东的身份，通过引入外来资本的形式，换取企业的发展潜力，不仅极大地扩充了衡水建投的运营资本，还带来新的业务活力，使衡水建投在增资之后获得了明显优于增资之前的发展速度；在公司各项业务趋于平稳之后，衡水市政府于2016年通过衡水市财政局出资，以回购、资产划转等方式将衡水建投重新归属于当地政府，有效实现了借助外来资本发展当地城投公司的举措。这一过程共经历了7年的时间，同时衡水地区的经济水平也有了长足发展，2016年衡水地区GDP达到1400亿元的规模，政府财政收入接近100亿元。通过借力用力的方式，助力了区域经济、国有企业以及政府财力三方面的协同式发展。

二、挖掘区域特色，整合优势资源

城投类企业应时代发展的需求而生，是国有经济的特殊产物。中国城镇化建设的需求与过程造就了城投公司在很大程度上以土地整理、基础设施建设以及市政工程代建等为核心业务，并需要承接大量包含公益类项目的建设工作。这类项目低收益，甚至无收益的特点与现代企业的基本原则相背离，需要政府财政的大力支持。因此，城投企业的业务规模与实力同当地的财政水平息息相关。前文中提到，衡水市经济与财政收入十分有限。要立足于实际情况在逆境中谋求发展，依靠政府补贴或通过划拨国有土地资产等传统手段已无法实现，需要企业的经营者跳出传统的思维盒子，深度挖掘区域内其他有价值的资源和产业加以整合利用，并以此作为突破口，实现长远发展。前文中已详细介绍了衡水建投通过老白干酒这一区域特色经济，加以整合利用，给公司带来稳定的经营现金流的过程，在此不再赘述。除此之外，公司继续围绕老白干酒的品牌效应，结合老白干集团的经营优势，依托衡水老白干（集团）天丰房地产开发有限公司、衡水老白干进出口有限公司以及衡水老白干品牌管理有限公司等二三级子公司推进房地产开发、进出口业务以及品牌管理、商业咨询等其他外围业务。其中，以品牌管理为首的服务类业务在2018年一度为衡水建投贡献近3亿元的营业收入，占总量的7%以上；老白干酒及其外围业务收入的总体贡献度接近90%。受新型冠状病毒肺炎疫情影响，截至本书统计期，老白干集团为衡水建投带来的主营业务收入比例虽略有下降，但在金额上仍然呈现正向增长。衡水建投通过整合发展优质资产的方式实现逆境增长，同时，一个成功的产业模块必然会带动区域经济的增长与社会就业，形成以围绕酿酒业为核心的产业链条服务当地经济。

三、以城市需求为导向，提升综合实力

衡水建投虽然依靠老白干酒实现了差异化经营的优势，但综合来看，一个城投公司仅凭在单一产业上的优势实现可观的利润，还远远不够。城投公司最重要的使命在于要为当地政府服务，在努力保证国有资产保值增值的同时，成为城市的建设者、运营者以及服务者。作为衡水市属唯一的基础设施建设主体，衡水建投通过自建、代建以及PPP模式一直承担着区域内大型项目的建设任务，成功推进城市的发展建设；但从利润率上来看，其市政工程代建业务无法为自身经营"造血"，甚至造成损失，不利于企业发展。这一矛盾在全国范围的城投公司中比较常见。城投公司需要在"使命类"主营业务开展的同时，围绕城市发展的阶段性需求扩大其他业务范围，从而实现经济收益。

随着一系列棚户区改造、热力管廊等建设项目的推进，城镇居民供暖业务成

为衡水建投开展公共事业服务性业务的新契机。2018 年新增的城市供暖业务主要由集团二级子公司衡水恒通热力有限责任公司经营，抓住市场需求的缺口迅速展开并发展壮大，为衡水建投造就稳定的经营收入，占比总量从 10% 左右增长至 17%。供暖业务的成本虽易受能源价格波动影响，但市场需求稳定。衡水恒通热力有限责任公司以电厂余热为热源，规避了能源价格波动对运营成本的直接影响，且供暖产能超出截至本书统计期内的实际供暖面积。随着未来市场需求的发展，供暖业务有望进一步提升收入。衡水建投以城市需求为导向，抓住市场机遇开拓新业务，从城市的建设者、运营者，迅速完善自身职能，添加了城市服务者的角色，同时为企业自身带来了稳定收益，弥补其他板块的劣势。

第十五章　青岛董家口发展集团有限公司转型发展案例分析

第一节　公司基本情况

一、公司简介

青岛董家口发展集团有限公司（原青岛董家口开发建设有限公司）是青岛市西海岸新区董家口经济区平台公司。公司成立于 2008 年 7 月，注册资金 10 亿元，主体信用评级 AA＋，旗下拥有 26 家全资、控股、参股公司，现有员工 113 人。公司主营董家口经济区范围内城市基础设施配套、社会公用事业建设、投融资及运营管理、土地一级开发整理、公共服务管理运营、房地产开发经营、项目引进与产业园区开发建设运营等业务。截至 2021 年 5 月底，公司合并报表总资产超 140 亿元，净资产 64 亿元，负债率 54%，2020 年营业收入约 21 亿元，荣获"2020 山东社会责任企业"。

二、股权和组织架构

公司现有 9 个职能部门，共有 26 家全资、控股、参股公司。

职能部门 9 个：办公室、党群办、战略发展中心、财务管理部、法务审计部、策划规划部、投资管理部、工程管理部、应急管理部。

全资子公司 14 家：青岛西海隆盛综合开发建设有限公司、青岛董家口供应链管理有限公司、青岛董家口资产管理有限公司、青岛董家口园区运营管理集团有限公司、青岛董家口能源管理有限公司、青岛董家口宇冠建设工程有限公司、青岛董家口智慧木业管理有限公司、青岛董家口木材产业发展有限公司、青岛董家口矿业有限公司、青岛董家口港城投资有限公司、青岛董家口化工园区公共管廊有限公司、青岛董家口港城供应链管理有限公司、青岛董家口港城酒店管理有限公司、青岛董家口保障服务有限公司。

控股公司1家：青岛董家口国星能源有限公司（控股85%）。

参股公司11家：青岛董家口置业有限公司（参股33.3%）、青岛（黄岛）城乡社区建设投资有限公司（参股5.62%）、青岛董家口经济区供水有限公司（参股33.33%）、青岛康尼尔董家口环保科技有限公司（参股30%）、山东济铁董家口物流园有限公司（参股30.8%）、青岛董家口天一光伏能源有限公司（参股20%）、青岛黄发隆辉农业开发有限公司（参股10%）、中石化化工销售（青岛）有限公司（参股1%）、中环联融（青岛）基金管理有限公司（参股7%）、青岛琅琊台房地产开发有限公司（参股33%）、青岛董家口城市建设投资有限公司（10%）。

第二节　转型发展分析

一、转型发展背景

政府投融资平台政策演变经历了鼓励融资阶段、限制融资阶段、剥离融资阶段。2017年，《关于进一步规范地方政府举债融资行为的通知》《关于坚决制止地方以政府购买服务名义违法违规融资的通知》等文件陆续发布，国家针对地方政府和国有企业融资的监管力度不断升级，中国农业发展银行原来的98.5亿元城镇化贷款和国家开发银行的22.45亿元冷链物流项目贷款已停止发放（已融资到账47亿元）。截至2018年底，公司总资产约71亿元，净资产约18亿元，负债率约为75%，营业收入1.05亿元，全年融资到账2亿元。传统融资模式难以为继，公司面临着存量债务到期和冷链物流、金能科技等重大项目基础设施配套的资金压力等问题，公司转型发展已迫在眉睫、势在必行。

二、转型发展前公司存在的问题

（一）战略发展定位模糊，高精尖专业人才欠缺

公司发展定位不清晰、不明确，缺少长期战略发展规划，致使公司发展后继乏力。自成立以来至2018年底，公司以承担区域基础设施配套建设职能为主责主业，未能充分发掘自身具备的区位、劳动力等各类要素优势，形成明确的业务

发展板块，激活发展潜力。人员配置不足、专业性不强，尤其缺少融资、贸易、营销、规划设计及企业管理等"高精专"人才。

（二）治理体系不够科学，资金历史包袱沉重

部分部门设置不科学、职责边界不清晰，存在部门职责断档、交叉等现象；资产运营、招商等业务无专业部门支撑，经营性资产运营未达预期效果。全资子公司除青岛董家口置业有限公司开发了超市、港都香城等项目外，青岛（黄岛）城乡社区建设投资有限公司、青岛董家口矿业有限公司等均未实质性运营。

自成立以来至2018年，公司承担道路、绿化、桥梁、管线、电力迁改、河道治理等众多公益性项目，大量政府固定资产项目投资造成巨额资金沉淀，融资压力较大。公司投资开发房地产项目，部分因土地手续不完善，无法进行销售；部分因处于化工园区，租售业务较难开展，回款困难，占用公司大量资金。

三、转型发展举措

青岛董家口发展集团有限公司聚焦港产城融合发展，强化产业运营和资本运作，以健康发展为目标，全面从严治企，按照"一个主题干一年，一张蓝图画到底"的整体工作思路，在2019年，青岛董家口发展集团有限公司确立了"管理提升、转型发展"的发展主题，2020年确立"凝心聚力、夯实基础、提速增效"的发展主题，2021年确立"精细管理、提质增效"的发展主题，立足于园区开发及园区服务的两大功能定位，全面深化"集团化、市场化、专业化"改革，将公司打造成为管理科学规范、投资管控严细、产业配套齐全、健康高效可持续发展的一流综合性城市运营商。

（一）明确功能定位、瞄准发展目标，布局三大业务板块

2018年12月，公司开始与广州中大管理咨询有限公司、世纪纵横、上海正略钧策企业管理咨询有限公司等战略咨询中介机构广泛对接，发挥公司发展优势，对公司发展进行长远谋划。

1. 外部环境优势

（1）产业要素齐全。董家口经济区规划面积284平方千米，其中港区面积72平方千米、临港产业区面积91平方千米、新港城面积121平方千米，是涵盖第一、第二、第三产业的全要素发展区域，具有广阔的产业发展空间。董家口经济区现在总人口24.61万人，其中非农业人口2.72万人，占比11.05%，预计2035年人口将达40万人，区域内兼具港口、铁路、高速、轻轨等交通优势，带来物流、人流、资金流的全面集聚，为园区开发和服务业务带来巨大的投资驱动和发展空间。

（2）市场需求庞大。董家口经济区作为国家级循环经济示范区，工业产业

的良性运作需要环保产业同步发展，发展环保与新能源产业具有必要性与可行性。临港产业区工业集聚对能源需求量巨大，布局节能环保板块有利于及时抢占发展先机，发挥能源行业作为国家垄断性行业的优势，社会竞争压力较小，体现国企在垄断行业中的担当，把优质能源资源掌握在国企手中，保持国有资产保值增值。

（3）港口优势。董家口港作为第四代港口，正在实现由目的地港向枢纽港、由物流港向贸易港的转变，港区占地 72 平方千米，为发展现代物流、供应链金融、城市冷链等业务提供了得天独厚的优势。

（4）基础设施配套优势。区域内具备港口、铁路、高速、国道、管道运输等配套，能够实现港铁联运，为开展供应链金融业务提供了便捷的运输通道。

（5）园区产业集聚优势。位于临港产业园区、泊里小城市建设的终端建材市场；邻近董家口港区、铁路物流园区、冷链物流基地、石化仓储基地，具备丰富的现代物流资源。

2. 企业自身优势

（1）信用评级优势。公司具有 AA + 主体信用评级，是新区唯一获此评级的功能性开发企业，在资本市场上占有一席之地；公司具有资源整合优势，作为董家口经济区唯一的功能性开发企业，具有强大的整合资源能力，能够将资源优势转化为资本优势；公司具有服务保障优势，公司具有坚强有力的领导班子和富有韧性的工作团队，在园区开发、建设、运营等方面具有成熟的经验。基于以上分析，青岛董家口发展集团有限公司对业务板块进行优化整合，初步形成了以园区开发运营为核心、以供应链管理和节能环保为战略支撑的"一核两翼"产业格局，推动公司由单一的开发建设类企业向集区域开发、供应链金融、节能环保等板块业务于一体的集团性企业转变。

（2）园区开发运营板块。该板块主要开展园区开发和园区服务两大子业务。以打造全国一流的园区运营商为目标，围绕董家口化工园区、冷链物流基地、国际智慧木业创新示范园三个千亿级产业园区，探索通过股权运作、融资租赁、培育孵化、有序进退等方式，整合优质资源，引导和带动社会资本共同发展，实现国有资本合理流动和保值增值。围绕董家口化工园区，高位对标上海化学工业区，提供专业化公共管廊服务和保洁安保服务，预计每年实现管廊租赁、道路保洁等各类收入 2000 万元；围绕董家口国际智慧木业创新示范园，按照"线下做示范、线上做引领"的整体运营思路，开展木材进出口贸易、木材粗加工、精加工、木材干燥、仓储保税、物流监管、供应链金融服务、"互联网 + 智慧木业"等全产业链经济业态，达产后预计每年形成产值 24 亿元；围绕冷链物流园区，按照青岛市和新区工作部署，拟采取以租代购方式实施冷链物流基地开发。

（3）供应链管理板块。充分发挥青岛董家口供应链管理有限公司职能，借助董家口港由目的港向枢纽港、由物流港向贸易港转变的契机，开展实体贸易和供应链金融两大子业务，当前以改善收入结构为主，以园区建设项目直采基础建材为突破口，积极与河南能源、山西晋煤、潞安集团等国企开展建筑企业上下游供应链金融业务，依托董家口港第四代物流港、贸易港优势，拓展散货大宗商品业务，扩大贸易规模。自 2019 年 7 月开展业务以来，已实现贸易收入 30 亿元，已与日照钢铁控股集团有限公司、中国联合水泥集团有限公司等优质企业建立战略合作关系，广泛开展以钢材、水泥、木材、管材等为主的建材业务和以木材、LPG、煤炭、豆粕为主的大宗商品业务。

（4）节能环保板块。董家口经济区作为国家级循环经济示范区，工业产业的良性运作需要环保产业同步发展，发展环保与新能源产业具有必要性与可行性，临港产业区工业集聚对能源需求量巨大，布局节能环保板块有利于抢占发展先机，实现国有资产保值增值。积极争取区域内新增公用事业配套运营，包括增量配电、供热、供水、供气、污水处理、固废处理、危废处理等业务。完成大珠山加气站和嘉陵江路加气站收购，投资建设董家口滨海大道加油站，2021 年正式运营后，预计每年可实现各类收入约 3 亿元；增资控股青岛董家口经济区供水有限公司，围绕临港产业区及泊里镇小城市建设项目，打造以水资源开发利用、自来水生产供应服务、污水排放和处理等综合性水务产业链，预计水务业务营业收入每年将达到 1 亿元。

（二）调整收入结构，拓展融资渠道，以时间换发展空间

壮大资产实力。积极推进董家口经济区范围内土地收储与开发，积极收购适合公司长远发展的优质资源。截至 2021 年 5 月，公司总资产规模突破 140 亿元、同比 2018 年底增长 100%，净资产 64 亿元，资产负债率由 2018 年底的 75% 下降到 54% 左右。

调整收入结构。通过聚焦主责主业，强化市场化运营，拓展现金流业务，增强企业活力，拓展企业收入，调整优化收入结构。加快港都香城、董家口超市、蓝领公寓等自营项目开发盘活，存量资产招商实现零突破，同时依托董家口第四代枢纽港、贸易港优势，开辟供应链金融业务，2019 年实现地产、贸易、租赁等各类业务收入 8 亿元，同比增长 660%，2020 年营业收入 21 亿元，同比增长 61.5%。经营利润由 2018 年亏损 2000 万元到 2019 年净利润 162 万元，实现公司成立以来首次扭亏为盈。

优化融资结构。大力推进公开市场债券发行工作，成功获评主体信用 AA＋，成为新区第六家获此评级的国有企业，也是唯一一家功能性开发公司，进一步加深同资本市场合作。依托公司 AA＋信用评级，积极对接银行、券商、信托公司

等金融机构，探讨项目贷、公司债、政府专项债等多样化融资模式，2020年新增银行授信批复额度40.6亿元，实际到账资金11亿元，地方政府专项债新增资金到账2.6亿元，企业发债工作进展顺利，其中PPN 10亿元于2020年5月初批复，第一批3亿元发行完成，票面利率4%，中期票据8亿元已上报交易商协会。因此，彻底改变融资结构单一的困境，为公司转型发展和园区基础设施配套提供坚实的资金保障。

强化风险防控。一是强化预算管理，以营业收入、成本费用、现金流量为重点推行全面预算管理，制定年度全面预算；二是强化资金规划，制定以长期融资和短期融资、直接融资和间接融资相结合的融资规划，制定长期资金保障方案；三是强化风险防控，通过风险预警、识别、评估、分析、报告等措施，对财务风险进行全面防控，确保负债率控制在65%以下；四是强化开源节流，开展供应链管理板块和节能环保板块业务，增加业务收入，严格资金使用审批制度；五是强化队伍建设，打造市场化、专业化的资金管理团队，对于新增债务妥善制定还本付息计划、债务置换计划，确保公司信用不受损。

（三）深化流程再造，完善体制机制，提升企业管理水平

1. 发扬先行先试、善作善成的新区精神，贯穿创新发展理念

一是实施部门设置再造，根据新区国资监管的有关规定，结合公司战略发展需要，科学设置公司治理结构，优化部门职责分工，将公司原来11个职能部门优化整合为"两办六部一中心"9个职能部门，使公司工作流程更加顺畅高效。二是实施制度流程再造，根据公司主营业务及部门职责分工，重新修订完善了公司财务管理、投资管理、工程管理、招投标等35项规章制度及合同审批、工程招投标等15项工作流程，践行以决策安全、运营安全、生产安全、廉政安全为核心的"四位一体"安全发展观。三是实施督查考核再造，重新制定公司督查和绩效考核实施办法，严格督查考核管理，对公司重点工作、重点项目进行全面梳理，按分级分类管理原则，全部纳入工作督查，每周督查调度，确保各项工作齐头并进。四是实施人才梯队再造，全面优化和充实公司人才队伍。自2019年初开始公开招录了50名中高端人才，其中硕士9人、本科40人、专业技术高级职称3人、中级职称17人、执业资格14人，有效缓解公司专业技术人员不足的问题。五是实施风险控制再造，规范合同管理，强化风险防控，随着公司业务量大幅增加，2019年共处理各类合同约700份，较2018年增长280%，合同数量和种类创历年新高，确保新签合同未出现任何法律纠纷。六是实施管控模式再造，以组建青岛董家口发展集团有限公司为契机，搭建起较为完善的现代化集团管控体系，推动公司管理理念和管理水平迈上新台阶。

2. 建立"四大体系"，高标准打造科学规范的管理机制

按照严格工作标准、严格工作流程、严格工作考核的"三严格"标准，建

立并完善了公司投资管控、绩效考核、党风廉政和企业文化等"四大管理体系"。一是建立科学严谨的投资管控体系，制定出台了《投资管理办法》《招投标管理制度》等一系列规章制度，成立投资管理委员会、招投标管理委员会等机构，严把投资决策关和工程审计关，狠抓规划建设关，建立预算、招标、建设、审计权责明确、相互制衡的工作机制，构建投资管理规范、成本控制严细、决策执行高效的投资管控工作体系。二是建立科学高效的绩效考核体系，制定出台了《绩效考核管理办法》《薪酬管理办法》，实施绩效和薪酬改革，通过正向激励与反向鞭策相结合，树立正确的用人导向，切实解决"干与不干一个样，干多干少一个样"的问题，打造一支充满激情、富于创造、忠诚干净担当的干部职工队伍。三是建立廉洁公正的党风廉政体系，制定出台《党风廉政建设实施意见》，落实党风廉政建设主体责任和监督责任，坚持从严治企，严格国有企业建设工程招投标、政府采购等工作，构建"前期预防、中期监控、后期处置"为一体的廉政风险内控机制。四是建立昂扬向上的企业文化体系，以提高企业核心竞争力为目标，打造丰富多彩、昂扬向上的企业文化体系，增强团队凝聚力和向心力，创新多元人才培养模式，着力培育"高境界、高素质、高水平"干部职工队伍，塑造"勇于担当、乐于奉献"的理念。

（四）深化转型改革，组建发展集团，做大做强集团公司

按照"法人地位、注册资本、经营范围"三不变的原则，将"青岛董家口开发建设有限公司"注册变更为"青岛董家口发展集团有限公司"，将公司原全资子公司、控股子公司和参股子公司全部变更至公司名下，以此进一步规范公司体制机制，拓展经营领域，增强抵御风险能力，强化国有资产管控，提高国有资本运作效率，全面提升企业综合实力。

1. 深化集团化改革，构建健康高效管控体系

按照"市场化、集团化、专业化"的改革思路，深化运营管理体制改革，全面加强党的领导，构建"集团管控—板块运营—企业执行"的三层运营管理体系，探索建立支撑企业长远发展、更加成熟定型的治理体系，构建高质量发展的新格局。

（1）强化集团管控职能，打造总部管控中心。在"两办六部一中心"的组织架构基础上，进一步优化调整部门设置，强化管理职能，剥离具体实施职能。

一是剥离建设施工职能。撤销规划建设部，将规划建设施工组织职能下放到二级公司青岛西海隆盛综合开发建设有限公司（拟更名为青岛董家口城市建设投资有限公司）和青岛董家口置业有限公司，其中青岛西海隆盛综合开发建设有限公司主要负责公益性基础设施配套项目，青岛董家口置业有限公司主要负责收益性产业地产类项目。

二是强化安全管理和工程管理职能。剥离工程管理部安全生产职能，新成立应急管理部，强化安全管理职能；工程管理部主要负责工程质量监督管理，强化工程管理工作。

整合优化后，管理部门包括战略发展中心、办公室、党群办、财务管理部、投资管理部、策划规划部、法务审计部、工程管理部、应急管理部9个职能部门，各部门之间分工明确，工作更加顺畅高效。

（2）强化板块运营职能，打造业务发展中心。围绕园区开发运营、供应链管理、节能环保三大业务板块，分别组建运营公司，使各子集团各业务发展方向清晰、要素资源聚集、管理线条明晰。

一是围绕园区开发运营板块业务，分别成立青岛董家口化工园区运营管理集团有限公司、青岛董家口智慧木业管理有限公司、青岛董家口发展集团有限公司作为二级公司，负责各个园区板块开发运营工作；成立负责园区招商、存量资产运营工作；成立青岛董家口城市建设投资有限公司，主要负责园区基础设施配套建设和产业地产项目建设工作。

二是围绕供应链管理板块，成立青岛董家口供应链管理有限公司作为板块运营公司，主要负责董家口化工园区、冷链物流基地、木材产业园等园区的供应链业务等相关工作。

三是围绕节能环保板块，成立青岛董家口能源管理有限公司作为板块运营公司，主要负责加油站、加气站收购以及产业区内增量配电、供热、供水、供气、污水处理、固废处理、危废处理等业务。

（3）强化专业实施职能，打造企业执行中心。各业务板块运营公司下设专业化、市场化的子公司，负责执行业务板块运营的各项具体职能，打造协同发展的产业生态。

一是围绕园区运营管理方面，在园区运营管理公司下设青岛董家口化工园区公共管廊有限公司、青岛董家口保障服务有限公司等专业化子公司，分别负责化工园区的公共管廊、封闭管理、安保物业等工作。

二是围绕招商运营方面，在董家口运营管理公司下设青岛董家口资产管理有限公司和青岛董家口港域酒店管理有限公司，主要负责化工园区、木材产业园、冷链物流基地三大园区，以及董家口大厦、蓝领公寓、董家口家居建材中心、董家口酒店等存量资产招商运营工作。

三是围绕项目建设方面，在青岛董家口城市建设投资有限公司（青岛西海隆盛综合开发建设有限公司）之外设立青岛董家口宇冠建设工程有限公司，主要负责产业区范围内基础设施配套建设工作。产业地产类项目由青岛董家口置业有限公司开发建设。

四是围绕供应链管理方面，在董家口供应链管理公司下设青岛董家口港城供应链管理有限公司，根据供应链业务品种不同，加强供应链业务专业化运作。

五是围绕节能环保方面，在董家口能源公司下设青岛董家口国星能源有限公司和青岛董家口经济区供水有限公司，分别在能源和水务领域，按照"五个一体化"原则，在产业区范围内开拓市场业务。

2. 加快产业化发展，提升市场化运营水平

（1）以市场为导向加强园区专业化运营。进一步明确运营公司功能定位，以打造全国一流的园区运营商为目标，重点围绕董家口化工园区、冷链物流基地、木材产业园三个千亿级产业园区，探索通过股权运作、基金投资、培育孵化、有序进退等方式，整合优质资源，引导和带动社会资本共同发展，实现国有资本合理流动和保值增值。

一是围绕董家口化工园区，组建化工园区运营管理公司，作为园中园实施主体，对标上海化工园区，提升化工园区运营管理水平，结合园区实际，引进并实践"产品项目一体化、公用辅助一体化、物流传输一体化、环境保护一体化、管理服务一体化"的"五个一体化"开发理念，逐步形成了"专业集成、投资集中、资源集约、效益集聚"的独特优势。整合园区优质资源，完善公用配套设施，通过市场化运作方式提供专业化公共管廊等公用工程服务，一方面促进园区品质提档升级，推动营商环境不断优化提升，另一方面形成稳定收益，助力集团健康高效可持续发展。

二是围绕冷链物流基地，成立董家口冷链发展公司，统筹负责防波堤等基础设施项目开发建设，同时充分运用平台思维，强化资源整合，采用市场化运作的方式，做大做强冷链物流产业，带动国际水产品贸易、冷藏仓储、食品加工等产业发展，构建远洋渔业完整产业链，加快建设国际一流的水产品交易中心、冷链物流仓储和水产品加工基地。

三是围绕董家口木材产业园，成立青岛董家口智慧木业管理有限公司，内设办公室、财务部、物业管理部、招商促进部、运营管理部、安全环保部六个部门，下设子公司青岛董家口木材产业发展有限公司，通过借鉴江苏新民洲、镇江国林生态产业城等国内一流的木材产业园区运营管理模式，以贸易为基础，完善配套服务，延伸产业链条，发展综合利用，融入创新元素，着力打造国内一流的智慧木材加工产业新业态基地。

（2）围绕三大园区强化资产招商运营。强化市场化运营，通过招商引资、股权并购等方式，开辟董家口化工园区、木材产业园、冷链物流基地等优质项目，拓展现金流业务，增强企业活力，调整优化收入结构，构建高质量发展的新格局。

一是依托化工园区招商高端化工类项目。紧扣新区强链补链指导思想招商，

积极引进董家口化工园区现有产业板块的上下游空缺板块，实现互补的产业类别。目前已累计对接项目40余个，其中聚烯烃成核剂项目在2020年12月投产运营，是新区首个"当年签约、当年开工、当年建成、当年投产"项目，打破美国30多年的技术垄断，填补了国内成核剂生产领域的多项技术空白，预计每年可实现收入7亿元；投资1.5亿元的聚砜项目、投资2.5亿美元巴西化工等项目正在进行前期洽谈，已储备康达特、首创大气、碳纳米管等10余个项目。

二是收购运营木材产业园，打造北方最大的木材交易市场。按照"筑巢引凤，搭建平台共发展"的思路，计划投资组建木材保税港区，通过引进木材深加工企业，打造集"上下游衔接"、"产供销集中"和"电子商务、金融及保税服务"于一体的木材保税港区综合服务基地。正常投产后预计每年可实现国内生产总值约30亿元，实现木材贸易额约40亿元。

三是依托铁路物流园，打造物流保税仓库。依托铁路物流，以物流园区为支撑，打造保税仓储交易平台，实现保税园区与港口的"区港合一"，具备口岸、物流、加工、贸易功能，充分发挥保税区、出口加工区、保税物流园区"三区合一"的政策优势。

四是丰富招商形式，力争双招双引走在前列。在强化各类平台招商的基础上，通过协会招商、产业链招商和专业园区招商的方式，紧扣新区强链补链指导思想招商，积极发现和接洽对董家口化工园区现有产业板块的上下游空缺板块能实现互补的产业类别；积极接洽化工类行业协会并注册会员，利用专业协会的平台，共享大量的优质项目和资源；积极通过融资租赁、股权合作等方式，引进优质人才、专利和技术，开展风投和跟投，加强区域内产业培育和落地。

五是盘活董家口超市、蓝领公寓等存量资产，做优园区运营、供应链金融、节能环保等增量业务。加强董家口家居建材超市招商运营，下一步将加大招商宣传力度，打造区域家居超市新地标；加快酒店运营，打造配套设施完善、服务质量高端的商务酒店，更好地为港区企业及周边乡镇提供餐饮、客房、会务等服务；加快蓝领公寓运营，提升服务品质，打造公共社交空间，提供各类休闲娱乐服务，丰富企业员工业余生活。

第三节　转型经验启示

一、做强主责主业，推动企业高质量发展

依托董家口经济区兼具第一、第二、第三产业的全要素发展和区域内人流、

物流、资金流全面集聚的优势条件，充分发挥集团 AA + 主体信用评级优势和区域资源整合优势，围绕董家口化工园区、冷链物流基地、木材产业园三大园区，在园区开发、建设、运营、管理等方面着力，增加企业营业收入。

充分利用集团具备的港口优势、基础设施配套优势、产业园区产业集聚优势，依托董家口第四代贸易港、枢纽港条件以及铁路、高速、国道、轻轨、管道等配套运输条件，发挥临港产业园、泊里小城市建设终端建材市场和冷链物流基地、铁路物流园等现代物流资源优势，以董家口经济区大宗商品为主，建立现代物流供应链交易平台，打造具有贸易港特色的供应链管理企业。

以创建"董家口能源"和"董家口水务"品牌为目标，打造管理规范、科学高效的节能环保板块，继续拓展充实业务，围绕临港产业区及泊里镇小城市建设项目，加强供水、供热、供气管网规划建设，按照"五个一体化"要求，统筹建设、统筹运营，提高运营效率，保障运营安全，实现投资效益和社会效益最大化。

二、优化资金融通，为企业发展提供资金保障

（一）发行各类债券产品，多渠道解决资金问题

通过发行公司债、债务融资工具、永续债等产品，充实企业经营资金，提升净资产水平，实现资金融入增长和控制企业资产负债率双目标；发行资产支持证券，盘活公司各类优质资产；发行美元债等各类境外债券，提升集团公司国际形象。

（二）通过银行授信深化银企合作

发挥公司依托实体产业的区域优势，深化银企合作。在授信规模保证企业经营运作的基础上，继续压降融资成本，多方机构询价，调整授信类型，丰富授信品种，降低新增业务融资成本，减轻财务压力。通过银行信贷预计融入资金 40 亿元。

（三）发挥专项债券优势，助力经济提质增效

进一步发挥专项债券拉动投资的作用，根据财政工作部署，将符合专项债发行要求的项目，成熟一批、包装一批、发行一批，通过专项债资金解决建设资金约 20 亿元。

（四）设立产业基金，实现多元产业布局

通过设立产业投资资金，围绕产业板块谋篇布局，实现以财兴产、以产引财，为公司转型发展提供有力支持。

（五）培育上市公司，打通权益资本市场

依托董家口经济区化工、木材产业园及冷链产业园区优势，与高校、科研机

构开展产学研合作，提前谋划布局 3～5 年培育上市 1～2 个优质业务，培育上市公司 1 家。通过推动上市，吸引社会资本投资。以 IPO 及定向增发方式实现资本市场发力，实现债务性融资向权益性融资转变，消化定期还款压力。

三、深化管理提升，持续推进治理体系与治理能力现代化

深化流程再造。结合公司战略发展需要，进一步优化治理结构和职责分工，工作流程更加顺畅高效。以建立现代企业制度为目标，建立健全绩效考核等规章制度，优化业务流程，编制完成集团制度汇编，搭建起完善的制度体系，推动企业管理科学化和规范化。

强化队伍建设。全面优化和充实公司人才队伍，全年面向社会公开招录各类优秀人才，确保人才数量及综合质量稳步提升、人才发展格局逐步形成。

加强风险防控。2020 年公司累计签订合同 750 余份，从数量看，公司业务量仍保持稳步增长；从种类看，业务范围大幅拓宽，结构越发多元化；从质量看，所有新签合同均实现法律意见全覆盖，有效地控制了合同风险。公司积极处理各类法律纠纷，未发生重大法律风险事件。

健全内控审计。按照全覆盖、严监管、控节奏、分层分类的总体要求，推动公司审计工作由决算审计向侧重于跟踪审计转变，更加注重过程监控，积极开展重点项目专项审计。

第十六章 合肥市建设投资控股 （集团）有限公司转型发展案例分析

　　合肥市建设投资控股（集团）有限公司（以下简称"合肥市建投集团"）是经合肥市人民政府批准、合肥市国有资产监督管理委员会（国资委）授权经营的国有独资公司。作为服务城市建设发展的主力军，合肥市建投集团积极贯彻落实合肥市委、市政府、市国资委的决策部署，坚持承担城市重大项目建设投融资职责，建立了成熟的基础设施投融资模式。合肥市建投集团主动参与了市政道路、公路与出城口道路、铁路枢纽、公共停车场、公租房、棚户区改造、土地整治、新型城镇化、环巢湖生态示范区等公益性项目建设，还积极承担了乡村振兴、住房租赁、综合管廊、城市充电、新能源等多项响应国家政策及政府战略的新兴业务，在合肥市城市发展建设过程中处于不可替代的地位。合肥市建投集团通过充分了解行业发展情况，跟踪投资项目运营状况，实现合理溢价后退出，切实为中小微企业发展保驾护航，发挥了价值发现和创造作用，做好了产业赋能主引擎的角色，构建了较为成熟的产业投资保值增值长效机制。

第一节　公司基本情况

一、公司简介

　　合肥市建设投资控股（集团）有限公司成立于 2006 年 6 月，注册资本 132.98 亿元，是经合肥市政府批准、市国资委授权经营的国有独资公司，经营领域涉及基础设施、工程建设、战略性新兴产业投资、城市运营服务、乡村振兴、现代农业、商业百货、水务环保、交通运输、文旅博览等行业。合肥市人民政府国有资产监督管理委员会是合肥市建投集团的唯一股东与实际控制人。

作为服务城市建设发展的主力军，合肥市建投集团积极贯彻落实合肥市委、市政府、市国资委的决策部署，坚持承担城市重大项目建设投融资职责，建立了成熟的基础设施投融资模式。主动参与公益性项目建设，积极承担新兴业务以响应国家政策及政府战略，在合肥市城市发展建设过程中处于不可替代的地位。截至2021年第一季度，合肥市建投集团总资产已达4978.55亿元，净资产1935.47亿元，连续多年被中诚信国际信用评级有限责任公司等国内多家评级公司授予AAA主体信用评级，截至2021年第一季度季报，合肥市建投集团共控股、参股了28家子公司和4家联营企业，具体情况见表16-1，是国内省会城市投融资平台的典范。

表16-1　截至2021年第一季度季报合肥市建投集团子公司和联营企业情况

序号	公司名称	参控关系	注册资本（百万元）	持股比例（%）
1	合肥交通投资控股有限公司	子公司	6174.08	100.00
2	合肥市轨道交通集团有限公司	子公司	5359.00	100.00
3	合肥蓝科投资有限公司	子公司	5350.00	100.00
4	合肥文旅博览集团有限公司	子公司	3712.80	100.00
5	合肥市乡村振兴投资有限责任公司	子公司	2223.25	100.00
6	合肥市水务环境建设投资有限公司	子公司	2050.00	100.00
7	合肥市引江济淮投资有限公司	子公司	2000.00	100.00
8	合肥市建设投资有限公司	子公司	1600.00	100.00
9	合肥市综合管廊投资运营有限公司	子公司	1000.00	100.00
10	安徽环巢湖生态发展有限公司	子公司	200.00	100.00
11	合肥通航控股有限公司	子公司	200.00	100.00
12	合肥科融高科技产业投资有限公司	子公司	30.00	100.00
13	合肥融科项目投资有限公司	子公司	10.00	100.00
14	合肥瀚和投资合伙企业（有限合伙）	子公司	16995.00	99.82
15	合肥瀚屏投资合伙企业（有限合伙）	子公司	3328.12	99.70
16	合肥市电动汽车充电设施投资运营有限公司	子公司	400.00	90.27
17	合肥市建庐建设投资有限公司	子公司	607.87	90.00
18	合肥金太阳能源科技股份有限公司	子公司	722.73	89.83
19	合肥城建投资控股有限公司	子公司	2479.00	72.61
20	合肥建投资本管理有限公司	子公司	100.00	70.83
21	合肥市住房租赁发展股份有限公司	子公司	5000.00	61.00
22	安徽中安智通科技股份有限公司	子公司	170.00	57.65

续表

序号	公司名称	参控关系	注册资本（百万元）	持股比例（%）
23	合肥芯屏产业投资基金（有限合伙）	子公司	24431.25	47.44
24	合肥百货大楼集团股份有限公司	子公司	779.88	38.00
25	合肥晶合集成电路股份有限公司	子公司	1504.60	31.14
26	合肥建琪城市建设发展合伙企业（有限合伙）	子公司	4470.00	30.00
27	合肥丰乐种业股份有限公司	子公司	438.58	29.24
28	合肥市信实产业投资基金（有限合伙）	子公司	1000.00	0.10
29	合肥德轩投资管理有限公司	联营公司	30.00	49.00
30	合肥泽众城市智能科技有限公司	联营公司	30.00	30.00
31	合安高铁股份有限公司	联营公司	16700.00	22.87
32	合肥市大数据资产运营有限公司	联营公司	200.00	20.00

资料来源：Wind 数据库。

合肥市建投集团通过战略规划、投融资相结合、产业布局和资本运作等方式，将目标聚焦于电子科技、新能源汽车、半导体、集成电路、新型显示等主导产业。在电子科技产业方面，推动京东方战新产业项目在合肥落户投产，京东方10.5代线项目创造了全球显示行业新格局；在新能源汽车产业方面，蔚来中国总部落户合肥，蔚来项目已成为国家、省（区、市）、市三级联动成功合作的典范；在半导体产业方面，长鑫内存条和兆易创新成就的"中国芯"成为带动合肥市数十万人就业的千亿高新产业集群，安世半导体项目成功入选当年度全球十大半导体海外并购案；在集成电路产业方面，合肥长鑫集成电路有限责任公司在合肥建立动态存储芯片基地，DRAM 存储芯片成功实现量产，填补了国内市场空白；在新型显示产业方面，康宁玻璃基板、彩虹项目国家专项"中国首条溢流法 G8.5＋基板玻璃产线"打破了国外对高世代玻璃基板的垄断。合肥市建投集团通过推动这些重大战新产业项目在合肥落户投产，成功地带动了上下游产业链快速集聚，同时也使其成为国内投融资平台的成功典范。

合肥市建投集团以"服务城市建设、助力产业发展、做优国资平台"为总目标，着力打造专业化与多元化相结合的城市运营服务商、引领战新产业发展的国有资本投资运营示范公司，紧跟合肥市加快打造具有国际影响力的创新之都步伐，通过龙头项目牵引，已经成为推动合肥市战略性新兴产业发展的有力引擎，受到合肥市政府的通报表彰。合肥市建投集团荣获"安徽省先进集体""合肥市经济圈十大城市推动力品牌单位""合肥市'十二五'经济发展成就贡献奖""第十五届合肥市文明单位荣誉称号"等多项殊荣，成为国内省会城市投融资平台的典范。

二、所在区域情况

合肥市建立了"引导性股权投资＋社会化投资＋天使投资＋投资基金＋基金管理"的多元化科技投融资体系，形成了创新资本生成能力，撬动了新型显示屏产业、集成电路、人工智能、半导体产业和新能源汽车产业等高新技术产业，以创新聚变助推产业裂变，以产业裂变带动经济质变，带动了当地的就业，推进了产业转型升级，实现了良性循环。仅2020年，合肥市新增A股上市企业就有12家，上榜"中国隐形独角兽500强榜单"的企业有28家。合肥市成为和北京、上海、粤港澳大湾区并列的四大综合性国家科学中心所在地之一。

合肥的蓬勃发展与其积极的人才发展战略也有着密不可分的关系，以中国科学技术大学为代表的合肥高等学府赋予了这个城市创新动力。合肥有68个院士工作站，在合肥服务的两院院士有135人；10个国家级（重点）实验室，36个部属（重点）实验室，7个国家级工程技术研究中心（含分中心），17个国地联合工程研究中心，3个国家级、4个国地联合的工程实验室，54个国家级企业技术中心，18个国家级科技企业孵化器和20个国家级众创空间，成功获批全国第二个综合性国家科学中心。

近年来，合肥市产业链现代化水平明显提升，确立了创新的核心地位，加之现代产业体系的构建，以及长三角一体化、"一带一路"等国家政策叠加效应的集中释放，都巩固提升了合肥在全国区域发展格局中的突出战略位势地位。在"链长制"的加持下，传统优势产业加速迈向高端化、绿色化、智能化和融合化，都市农业、现代服务业蓬勃发展，更多企业"入网登云"，智能工厂、数字化车间超过800个，"芯屏汽合""集终生智"成为具有国际竞争力、影响力的产业地标，产业集群综合实力稳步提升，数字经济成为推动合肥高质量发展的新引擎。

三、公司业务情况

（一）经营范围

合肥市建投集团的业务范围主要包括对城市基础设施和市政公用事业进行投融资建设、运营和管理；在授权范围内对国有资产进行运营管理和资本运作，实施项目投资管理、资产收益管理、产权监督管理、资产重组和经营；参与土地的储备、整理和熟化工作；整合城市资源，实现政府收益最大化；对全资、控股、参股企业行使出资者权利；承担市政府授权的其他工作；房屋租赁（涉及许可证项目凭许可证经营）等等。

（二）主营业务概况

1. 主营业收入结构分析

如表 16-2 所示，2018 年、2019 年、2020 年及 2021 年第一季度，公司分别实现主营业务收入 2186336.42 万元、2356572.58 万元、2127289.63 万元和 627861.21 万元。

表 16-2　主营业务收入结构

业务板块	2018 年		2019 年		2020 年		2021 年第一季度	
	金额（万元）	占比（%）	金额（万元）	占比（%）	金额（万元）	占比（%）	金额（万元）	占比（%）
百货零售业	1068193.55	48.86	1090855.40	46.29	588104.33	27.65	179900.28	28.65
农业板块	192714.55	8.18	240395.59	10.20	245659.83	11.55	62934.22	10.02
公共事业板块	634256.20	26.91	702191.83	29.80	621720.34	29.23	191203.41	30.45
房地产	136646.03	6.25	96198.88	4.08	97940.37	4.60	21738.79	3.46
城市基础设施建设及配套	59031.08	2.70	76099.11	3.23	63240.30	2.97	18961.41	3.02
其他业务	95495.01	4.37	150831.77	6.40	510624.46	24.00	153123.10	24.39
合计	2186336.42	100	2356572.58	100	2127289.63	100	627861.21	100

在百货零售业方面，代表企业为其上市子公司合肥百货大楼集团股份有限公司，2018 年、2019 年、2020 年及 2021 年第一季度分别实现营业收入 1068193.55 万元、1090855.40 万元、588104.33 万元和 179900.28 万元，占总主营业务收入的比例分别为 48.86%、46.29%、27.65% 和 28.65%，是公司收入的主要来源。

在农业板块方面，代表企业为其上市子公司合肥丰乐种业股份有限公司，2018 年、2019 年、2020 年及 2021 年第一季度分别实现营业收入 192714.55 万元、240395.59 万元、245659.83 万元和 62934.22 万元，占主营业务收入的比例分别为 8.18%、10.20%、11.55% 和 10.02%。百货零售业和农业板块两项收入约占合肥市建投集团主营业务收入的 40% 左右。

公共事业板块在营业收入中也占据了很重要的位置，2018 年、2019 年、2020 年及 2021 年第一季度分别实现营业收入 634256.20 万元、702191.83 万元、621720.34 万元和 191203.41 万元，在主营业务收入占比达到 26.91%、29.80%、29.23% 和 30.45%。

房地产业也是重要的主营业务收入来源之一，2018 年、2019 年、2020 年及 2021 年第一季度分别实现营业收入 136646.03 万元、96198.88 万元、97940.37

万元和 21738.79 万元，占主营业务收入的比例分别为 6.25%、4.08%、4.60% 和 3.46%。

城市基础设施建设及配套 2018 年、2019 年、2020 年及 2021 年第一季度分别实现营业收入 59031.08 万元、76099.11 万元、63240.30 万元和 18961.41 万元，占主营业务收入的比例分别为 2.70%、3.23%、2.97% 和 3.02%。

其他业务收入主要为集成电路、酒店、展会、物业经营等收入，2018 年、2019 年、2020 年及 2021 年第一季度占主营业务收入比例分别为 4.37%、6.40%、24.00% 和 24.39%。

2. 主营业务成本结构分析

从主营业务成本来看（见表 16-3），随着业务板块的不断扩大，公司的主营业务成本也逐年提高。各业务板块营业成本占总营业成本的比例同营业收入的占比基本一致，营业成本占比较大的板块为百货零售业、农业板块、公共事业板块、城市基础设施建设及配套。

表 16-3　主营业务成本结构

业务板块	2018 年		2019 年		2020 年		2021 年第一季度	
	金额（万元）	占比（%）	金额（万元）	占比（%）	金额（万元）	占比（%）	金额（万元）	占比（%）
百货零售业	860037.86	44.07	875201.36	46.26	433572.17	23.00	130797.88	23.40
农业板块	161355.35	8.53	20188.25	1.07	210034.45	11.14	54477.38	9.75
公共事业板块	705716.68	37.30	805273.59	42.57	673080.23	35.71	210992.89	37.75
房地产	129979.90	6.87	80297.21	4.24	72841.02	3.86	16230.16	2.90
城市基础设施建设及配套	43521.80	2.30	46603.10	2.46	48621.23	2.58	13471.55	2.41
其他业务	51038.53	2.70	64216.84	3.39	446867.48	23.71	133015.77	23.80
合计	1951650.12	100	1891780.35	100	1885016.58	100	558985.63	100

（三）各项主营业务经营情况分析

1. 百货零售业

百货零售板块业务收入均来自于控股子公司合肥百货大楼集团股份有限公司及相关附属公司经营所得。合肥百货大楼集团股份有限公司始建于 1959 年，改制为股份有限公司后于 1996 年 8 月在深圳证券交易所挂牌上市，是迄今为止安徽省唯一的商贸流通类上市公司，也是安徽省最大的综合性商业集团和省政府重点扶持的商贸流通企业。经过多年的发展壮大，合肥百货大楼集团股份有限公司已发展成为以零售为主业，业态分布上呈现百货连锁、百大电器连锁、百大合家福超市连锁的三轮驱动格局，经营网络遍布合肥、蚌埠、铜陵、黄山等安徽省主要城市，确立了立足合肥、辐射安徽的战略部署。同时，合肥百货大楼集团股份有限公司积极涉足零售相关产业，投资设立合肥周谷堆农产品批发市场股份有限公司等物流企业，与零售业互动发展。

2. 农业板块

农业板块业务收入均来自控股子公司合肥丰乐种业股份有限公司及相关附属公司经营所得，合肥丰乐种业股份有限公司是国内种子行业第一家上市公司，被誉为"中国种业第一股"。目前，公司已形成了以种业为主导，农化、香料行业齐头并进的经营格局，集农业产业化国家级重点龙头企业、国家高新技术企业、国家级企业技术中心、安徽省西瓜甜瓜工程技术研究中心等多项荣誉于一身，同时也是行业内唯一一家同时拥有两块中国名牌和驰名商标的企业：丰乐水稻种子和玉米种子是"中国名牌"产品，丰乐商标是"中国驰名商标"。公司应进一步开展育种创新和产品结构改善工作，重点加强质量提升和营销体系建设工作，增强企业综合竞争力和抗市场风险能力，向国内有位势、国际有影响的现代农业综合服务商迈进。

3. 房地产行业

房地产行业的收入主要来自合肥城改投资建设集团有限公司，公司成立以来主要致力于合肥市的旧城改造，相继改造了金寨路、长江西路、寿春路等6个地段及40多个住宅小区，建成有九州大厦、金融大厦、黄山大厦、天都大厦等7座高层建筑；龙图、青云楼、红旗百货大楼、华云精品楼等6个大型商场；还有城隍庙市场以及被国外专家称为"第四代商业街"的七桂塘市场；在旧城改造中，公司首创的"统一规划、合理布局、综合开发、配套建设"的经验被载入《中华人民共和国城市规划法》，在旧城改造方面经验丰富，尤其是合肥市著名小区琥珀山庄南村的开发建设一举囊括了建设部第二批城市住宅试点小区6个单项最高奖。同时，经过多年的发展及改制整合，公司逐步成为一家拥有一个一级开发资质、两个一级物业管理资质的本地区域最大的房地产开发及物业管理国有公司。

截至2020年末，公司总资产为743564.11万元，总负债441382.51万元，所有者权益为302181.59万元。2020年总收入为120471.49万元，实现净利润3940.76万元。截至2021年第一季度，公司总资产为718608.64万元，总负债为416327.04万元，所有者权益为302281.60万元，2021年第一季度实现营业收入21738.79万元，净利润95.49万元。

4. 城市基础设施建设及配套

"十四五"时期，是合肥地铁深入贯彻落实党的十九届五中全会精神，强化推动合肥市轨道交通持续发展的战略机遇期，也是合肥市建投集团以线路建设为主向工程建设与运营服务并重转变，加快实现企业现代管理、努力形成高效优质建设运营工作体系的发展关键期。

城市基础设施建设及配套收入来源主要由市政设计、工程勘察、建筑安装、工程收入四大部分组成。市政基础设施业务主要为 BT 模式和财政专项补助模式两种运作方式，公司与财政局等均签订了相关协议，协议内容有明确的回款安排，政府均按照协议履行回购义务。

四、公司财务状况

（一）盈利能力分析

2018～2020 年合肥市建投集团营业总收入分别为 2208445.52 万元、2410098.08 万元和 2127289.63 万元，近三年营业总收入保持在高位且相对平稳。

营业总成本近三年分别为 2535599.39 万元、2645644.22 万元和 2456766.23 万元，营业成本与营业收入比例保持稳定。随着业务板块的不断扩大，主营业务成本也逐年提高，各业务板块营业成本占总营业成本的比例同营业收入的占比基本一致，营业成本占比较大的板块为百货零售业、农业板块、公共事业板块、城市基础设施建设及配套。

Wind 资料显示，近三年公司营业外收入分别为 50872.17 万元、4514.57 万元和 42966.54 万元，主要构成为政府补助。作为合肥市重要的国有企业，合肥市建投集团承担了合肥市市政基础设施项目的建设职能，一直获得政府的有力支持，合肥市财政局每年以财政专项补助形式拨付给公司一定的资金。

净利润近三年分别为 - 38182.89 万元、525543.96 万元和 338232.98 万元，2019 年公司净利润较 2018 年增加 563726.85 万元，主要是公司对于京东方的投资收益大幅度增加导致。2020 年较 2019 年减少 187310.98 万元，主要是因为本年度投资收益减少。

（二）偿债能力分析

2018 年末、2019 年末及 2020 年末，公司资产负债率分别为 59.76%、57.64% 和 60.43%，公司资产负债率较低且处于平稳状态，体现出较强的资本结构控制能力；公司流动比率分别为 2.91、2.80 和 2.09，公司近三年流动比率较为稳定；速动比率分别为 2.55、2.34 和 1.65，公司近三年速动比率较稳定。

（三）营运能力分析

2018 年末、2019 年末及 2020 年末，公司应收账款周转率分别为 12.01%、11.47% 和 13.61%，公司在销售规模逐年增长的同时，主营业务收入增幅大于应收账款的增长幅度，导致应收账款周转率也逐年提高，应收账款周转能力有所提高；存货周转率分别为 2.04%、1.63% 和 1.24%，存货周转较好；资产周转率分别为 0.05、0.06 和 0.05，近年来资产周转率较为稳定。

（四）现金流分析

2018～2020 年合肥市建投集团销售商品提供劳务收到的现金流量净额分别为 2597056.58 万元、2636824.87 万元和 2706649.75 万元；经营活动产生的现金流量分别为 824575.78 万元、367901.28 万元和 334264.94 万元，其中收到其他与经营活动有关的现金主要为政府补助、往来款和保证金。

2018～2020 年合肥市建投集团投资活动产生的现金流量净额分别为 -2951084.95 万元、-3975133.75 万元和 -6666867.76 万元。投资活动现金流金额长期为负的原因主要是公司作为市政府最大的国资运营平台，对外产业投资项目较多。公司投资活动现金流入主要为投资类产品的收回和其他单位还款；公司投资活动现金流出主要为购建固定资产、无形资产和其他长期资产支付的现金、投资支付的现金和支付其他与投资活动有关的现金，其中支付其他与投资活动有关的现金用于购买投资类产品。

2018～2020 年合肥市建投集团筹资活动产生的现金流量净额分别为 2255383.14 万元、2177898.47 万元和 4582135.00 万元。公司筹资活动现金流入主要为新增借款或发行债券，公司筹资活动现金流出主要为偿还借款以及债券本息。

2018～2020 年合肥市建投集团主要财务数据如表 16－4 所示。

表 16－4　2018～2020 年合肥市建投集团主要财务数据

财务指标		2018 年	2019 年	2020 年
利润表	营业总收入（万元）	2208445.52	2410098.08	2127289.63
	营业总成本（万元）	2535599.39	2645644.22	2456766.23
	利润总额（万元）	30023.16	581598.39	403323.10
	净利润（万元）	-38182.89	525543.96	338232.98
	EBITDA（万元）	253495.69	453847.66	
资产负债表	总资产（万元）	41405907.88	44198345.15	48015048.41
	总负债（万元）	24743252.51	25475043.20	29013313.50
	所有者权益（万元）	16662655.36	18723301.96	19001734.91
	未分配利润（万元）	2248253.82	2493183.81	2805635.24
现金流量表	销售商品提供劳务收到的现金（万元）	2597056.58	2636824.87	2706649.75
	经营活动现金流量（万元）	824575.78	367901.28	334264.94

续表

	财务指标	2018 年	2019 年	2020 年
现金流量表	构建固定无形长期资产支付的现金（万元）	3148051.38	4669744.12	5615698.39
	投资活动现金净流量（万元）	−2951084.95	−3975133.75	−6666867.76
	现金净增加额（万元）	48189.89	−1429383.50	−1753826.28
关键比率	ROA（%）	−0.09	1.23	0.73
	ROIC（%）	−0.64	2.47	1.89
	EBIT Margin（%）	4.97	25.75	26.21
	资产周转率（倍）	0.05	0.06	0.05
	资产负债率（%）	59.76	57.64	60.43
	EPS	0.00	0.27	0.28

资料来源：Wind 数据库。

五、融资情况

截至 2021 年第一季度，合肥市建投集团债务余额情况及明细如表 16－5 所示，债务余额合计 200.25 亿元，以 1～3 年到期债券为主，具体债券情况明细如表 16－6 所示。合肥市建投集团 2024 年将迎来偿债高峰，2025 年最少，其余年份保持平稳。

表 16－5　债务余额按期限统计情况

期限	债务余额（亿元）（以到期计）	数量（只）（以到期计）	债务余额（亿元）（以行权计）	数量（只）（以行权计）
1 年以内	20.00	1	26.75	2
1～3 年	90.25	5	83.5	6
3～5 年	40.00	2	40.00	2
5～7 年	50.00	2	50.00	2
7～10 年	—	0	—	0
10 年以上	—	0	—	0
合计	200.25	10	200.25	0

表 16-6　债务余额债券明细

代码	债券名称	债券类型	剩余期限（年）	到期日	债券余额（亿元）	发行日	主承销商
102100497. IB	21 合建投MTN001	一般中期票据	6.65	2028 年 3 月 19 日	20.00	2021 年 3 月 17 日	兴业银行股份有限公司、徽商银行股份有限公司
102000670. IB	20 合建投MTN001	一般中期票据	5.72	2027 年 4 月 15 日	30.00	2020 年 4 月 13 日	兴业银行股份有限公司
101900792. IB	19 合建投MTN001	一般中期票据	4.88	2026 年 6 月 14 日	20.00	2019 年 6 月 12 日	兴业银行股份有限公司
101456065. IB	14 合建投MTN002	一般中期票据	3.15	2024 年 9 月 19 日	20.00	2014 年 9 月 17 日	国家开发银行
101456025. IB	14 合建投MTN001	一般中期票据	2.8	2024 年 5 月 14 日	10.00	2014 年 5 月 12 日	国家开发银行
1480170. IB	14 合肥建投债	一般企业债	2.76	2024 年 4 月 29 日	20.25	2014 年 4 月 29 日	中银国际证券股份有限公司、国开证券股份有限公司
101760024. IB	17 合建投MTN001	一般中期票据	2.76	2024 年 4 月 28 日	40.00	2017 年 4 月 27 日	兴业银行股份有限公司、中国工商银行股份有限公司
101801075. IB	18 合建投MTN001	一般中期票据	2.26	2023 年 10 月 29 日	10.00	2018 年 10 月 25 日	兴业银行股份有限公司
101760067. IB	17 合建投MTN002	一般中期票据	1.28	2022 年 11 月 7 日	10.00	2017 年 11 月 3 日	兴业银行股份有限公司
012102571. IB	21 合建投SCP003	超短期融资债券	0.22	2021 年 10 月 14 日	20.00	2021 年 7 月 14 日	交通银行股份有限公司、中国民生银行股份有限公司

第二节　转型发展分析

一、公司转型的特点

合肥市建投集团在对政策进行密切关注和深入研究的同时，逐步理清改革转型思路，在融资创新、业务规划、资产管理、产业培育等方面积极开展转型谋划，成功为合肥市打造出了一条千亿级产业链，并实现自身 300 亿元的原始积累，成功探索出了一条城投平台企业向国有资本投资和运营方向转型的道路。

根据合肥市委、市政府《关于全面深化国资国企改革的若干意见》，合肥市国资国企改革的基本思路在于优化国有资产布局和结构，完善以管资本为主的国资管理体制，发展混合所有制经济，健全现代企业制度。根据这一思路，国有资产将向战略性新兴产业、基础设施投资及具备竞争优势的行业等领域集聚。对此，近年来合肥市建投集团在承担基础设施建设任务的同时，积极参与重大战略性新兴产业投资，并探索出一种成熟的产业投资模式。基础设施投融资做大了合肥市建投集团的规模，提高了合肥市建投集团的融资能力，基础设施巨额的财政拨款也为合肥市建投集团提供了间隙资金。

利用这些得天独厚的优势，合肥市建投集团积极参与战略性新兴产业投资，在新型显示、集成电路产业方面的投资全面提速，2015 年京东方 10.5 代线平板显示、康宁 10.5 代线玻璃基板、力晶 12 寸晶圆、彩虹 8.5 代线玻璃基板、东方整机及数字医院等 6 个项目成功落地，总投资 675 亿元，充分发挥合肥市建投集团作为国有资本投资运营公司的战略引领作用。其中京东方项目，合肥市建投集团在 2008 年投资 6 代线的基础上，又筹集资金参与了 8.5 代线、10.5 代线投资，并以此为核心，在合肥市"无中生有"地打造了一条千亿级的产业链。2014 年完成了 6 代线投资的全部回收，2015 年再次完成 8.5 代线 53 亿股的减持，一进一退中，实现了国有资本的保值增值，完成了合肥市建投集团 300 亿元的原始积累，并探索出一种成熟的产业投资模式，即投资—上市—退出，为今后的产业投资闯出了一条成功道路。

与此同时，合肥市建投集团经与部分投资人及金融机构沟通，通过组建产业投资基金方式参与项目投资，为实现市场资源、金融资源、产业资源的充分结合，促进有效投资，推进合肥市新型显示、集成电路等战略性新兴产业发展，满足重大产业项目资金需求提供了保障。

二、公司转型的路径

按照公司转型发展思路，根据目前的资产现状，合肥市建投集团未来将打造基础设施、水务环保、交通运输、能源、商业百货、现代农业、房地产、旅游、产业投资九大业务板块。

根据目前企业资产布局和结构，为提高决策、运营、管理效率，进一步改革和优化目前的管理模式，2015 年，合肥市建投集团试水事业部制运行模式，对未来转型主业将涉及九大业务板块的具体架构及业务发展方向进行明确。合肥市建投集团将主业相同、产业相近的所属企业和业务按业务板块进行分类归口，先行组建基础设施事业部，同时将目前的城市基础设施及公益性项目建设业务、以城市基础设施项目建设为主业的参控股企业归入基础事业部，进行专业化管理及资本运作。以基础设施事业部为试点，寻找适宜的组织架构、权责划分方式及运行方式，为后续事业部的建立积累经验。

在基础设施事业部成功运作的基础上，下一个五年可新增设房地产、产业投资等事业部，同时结合事业部的运行，加强公司战略及各事业部战略性的统筹管理、风险防范及监督体系建设，为顶层规划及分权制衡提供保障。

三、转型效果分析

城投孕育自地方经济，地区支持是先天优势，是不可放弃的根据地，必须不断挖潜、巩固提升，但本地市场容量存在上限，经营环境比外地而言也不保证具有比较优势。从提高投入产出比的角度看，且在围绕城市建设向更高利润行业进军的转型策略下，突破地域限制实行走出去发展战略是必由之路。在市场化运作成熟、积累更多发展资源后就更应该勇于向"大本营"之外开拓，凭借已形成优势的业务打造企业品牌，通过因地制宜的模式改进，在市场更大、环境更优的其他地区输出扩张，是有效提升企业综合实力的重要方法。

第三节 转型经验启示

一、减少政府依赖，增强自身造血能力

城投平台转型的核心是减少对地方政府的依赖，增加市场化经营，提高自身"造血"能力。当前城投平台存在整合重组情况，将区域内最主要的城投平台资

产规模做大，能够获得更高的信用等级和更低的融资成本。整合重组过程中，也存在划入准公益性、经营性资产，剥离无效资产，促进城投转型的情况；但城投整合不等于转型，如果仅仅是几个公益性业务城投平台整合重组，市场化经营和自身造血能力并未增加，则并不存在实质性的转型。城投转型还需结合自身优势，依托区域资源，探索适合自己的"造血"模式。

（一）向建筑工程企业转型

依托建筑施工经验与专业资质、区域内竞争优势和资金成本相对较低的信用优势，城投平台可以实现专业化经营管理、增加企业现金流量。基建是城投平台重要的主业之一，部分城投平台除了对外发包业务，也有自有建筑施工业务板块，积累了丰富的建筑施工经验，拥有房建、道路、桥梁建设等专业资质；同时，城投平台在区域内往往具有很强的竞争优势，可能得到政府的政策倾斜；对于建筑施工企业来说关系重大的回款事宜，城投平台可能也具有融资成本相对较低，回款洽谈能力相对较强的优势。向地产开发转型对区域资源禀赋和平台土地资源质量要求较高，且存在资本开支大的问题。住宅开发要求城投掌握城市核心区位土地资源，而且存在土地占用资本的问题；商业地产回收周期较长，对地段、管理、定位的要求往往较高；产业地产开发需要区域有清晰的规划、较强招商引资能力和产业发展前景，同时地方政府往往要求城投对入驻企业提供优惠，如减免租金、提供担保、小贷等金融服务，有时对城投经营反而产生一定负面影响。

（二）向公用事业类企业转型

城投平台在区域内经营公用事业具有天然优势，向公用事业类企业转型有助于为城投平台提供稳定现金流。供水电热气、公共交通等公用事业具有显著的规模效应和较高的准入门槛，而且一般伴有专营权的下放，城投平台可以通过整合政府、区域资源，一方面获得专营权，将区域内零落的公用事业企业进行整合，成立全区域性质的公用事业公司，以发挥规模优势、提高成本管控能力，便于盈利提升和再融资，增加公用事业业务利润；另一方面，公用事业业务关系民生、意义重大，城投平台有优势争取政府支持如贴息和补贴，保障公司正常运营。

（三）向投资类企业转型

城投平台可以通过投资成为控股型集团或通过设立产业基金，以产业基金管理人的身份布局区域重点产业和区域外有发展前景的产业。出于业务战略发展、产业投资布局、同类业务整合、提升资产质量、扩宽融资渠道等多方面动机，一些城投平台直接或间接参股、控股一些上市企业，实现优势互补。上市公司具备城投平台战略需要的产业概念、业务布局，城投平台具备政府支持、区域资源等一系列优势。通过控股上市公司的方式，城投平台可以增加融资渠道，朝资源整合、独立市场化运作的目标更进一步。

二、保障稳健转型，建立精细化管理体系

城投平台需要进一步完善管理流程，根据转型发展需要，建立精细化业务管理体系，对不适应管理工作的业务流程进行调整优化，做到工作流程全覆盖；进一步完善规章制度，减少自由裁量权，真正把权力关在制度的笼子里；进一步完善薪酬绩效考核体系，建立激励和约束机制；建立常态化、规范化的纪检监察机制，形成常态的反腐保健机制，为经济工作保驾护航。

城投平台需要充分利用资本市场，在完成产业投资的同时，实现国有资产的保值增值；做好国有资本的投资运营，打好资本市场这张牌。对于存量的上市公司，如何做好市值管理，充分利用资本市场的价格波动，实现国有资本的保值增值也是投资运营公司的一项重要任务。首先，要主动参与以产权为纽带的资本管理，并取得业绩和经验，有意识地推动国有资产管理体制的改革，变被动为主动。其次，深入研究政策，利用好现有的产业基金，创新融资模式，解决产业投资的资金缺口。最后，加大紧缺人才培养和引进，解放思想，对急需的人才要打破传统的用人理念，解决人才"瓶颈"。

三、打通市场化方式，健全现代化管理制度

根据最新修订的《中华人民共和国预算法》的相关规定，平台公司不承担政府融资职能后，城市建设资金渠道主要有三种：公益性项目由地方政府发行地方债；准公益性项目引入社会资本投资，即PPP模式；经营性项目按市场化方式运营。平台公司转型为市场化企业后，参与城市基础设施建设的重要渠道就是采用PPP模式，PPP模式也是近年来国家力推的方式。

普遍来看，多数城投当前经营体系的管理思想、管理体制和运营机制等方面离现代企业制度存在较大差距，依然存在体制不顺、机制不活的传统国企特征，需要有针对性地统一管理、逐个优化。在体系架构上，目前较为普及的三级架构具有优越性，即打造三级分层的集团性企业，一级母公司管资本（总体战略），二级子公司管资产（独立板块），三级孙公司管生产（具体经营）；在业务经营中，要根据业务的实际性质区别管控，对核心业务及战略性业务以控股为主，对非核心业务以财务性持股为主，对公益类业务则重在关注运营效率、社会效益等。

第十七章　成都产业投资集团有限公司转型发展案例分析

成都产业投资集团有限公司（以下简称"成都产业集团"）作为成都市投融资平台，公司发展得到成都市人民政府的大力支持，公司具有投资的产业导向功能、融资的综合服务功能、国有企业转制和国有资产战略重组的推进功能，参与成都市国有企业改革工作及引进重大产业化项目。公司在成都市工业投资和国企改革领域处于绝对垄断地位，行业覆盖面广、任务周期长、工作量大。面对城投转型的时代趋势，公司能够较好地利用自身优势，结合行业发展特点进行转型，加强城投平台和高新技术产业的结合。此外，通过优化企业内部管理制度进一步适应转型发展的潮流。

通过分析公司的主营业务、财务状况和公司转型发展的具体步骤，对转型过程中的优势进行分析，并延伸思考成都产业集团经验可适用的平台类型，为此类公司的发展方向提供可参照的思路。

第一节　公司基本情况

一、公司简介

成都产业投资集团有限公司原名成都工业投资集团有限公司，是由成都市技术改造投资公司、成都市经济发展投资担保有限责任公司、成都托管经营有限责任公司、成都中小企业信用担保有限责任公司组建的国有独资有限公司，于2001年8月7日在成都市工商行政管理局登记注册，注册资本为人民币1亿元。2017年8月下旬，成都市人民政府对11家市属国企进行优化整合，成都产业集团吸收整合成都市现代农业发展投资有限公司和成都技术转移（集团）有限公司。

截至 2021 年 6 月底成都产业投资集团有限公司注册资本金为 100 亿元，成都市国有资产监督管理委员会是其唯一股东和实际控制人。

截至 2021 年 3 月末，公司纳入合并报表范围的子公司共 84 家，其中二级子公司共 18 家，其中有 8 家为 100% 控股的二级子公司（见表 17 - 1）。

表 17 - 1 2021 年 3 月末成都产业集团全资子公司

企业名称	经营范围	注册资本（万元）
成都国际投资发展公司	投资与资产管理	2453.00
成都石化基地建设开发有限责任公司	房地产租赁经营	50000.00
成都蓉欧供应链集团有限公司	贸易经济与代理	80000.00
成都工投电子新材料有限公司	电子器件制造	30000.00
成都市大数据集团股份有限公司	信息系统集成服务	68702.59
成都科技服务集团有限公司	科技推广服务	1000000.00
成都检验检测认证有限公司	电力供应	92000.00
成都产业研究院有限公司	科学研究和技术服务业	1000.00

二、所在区域情况

成都市为四川省省会、副省级城市，位于四川省中部，是西南地区的科技、商贸、物流、金融中心和综合交通枢纽，同时也是带动西南经济发展的核心动力，对四川省及西南地区经济贡献较大。截至 2020 年末，成都市下辖 12 个区、3 个县，并代管 5 个县级市，同时设有 1 个国家级高新技术产业开发区、1 个国家级经济技术开发区和 1 个国家级新区，总面积 14312 平方千米，常住人口2093.78 万人。

2020 年 5 月 17 日，中共中央、国务院印发《关于新时代推进西部大开发形成新格局的指导意见》，该意见指出川渝的地位，支持川渝地区打造为内陆开放高地和开发开放枢纽，鼓励成都加快建设国际门户枢纽城市，此外，也指出加快川藏铁路、沿江高铁、西成铁路等重大工程建设。该意见中明确了基础建设的重要性，这为城投平台提供更多的项目机会，也为城投平台的发展营造良好的外部环境。

2017 年以来成都一直坚持"东进、南拓、西控、北改、中优"的区域发展战略，城投平台借力这一区域发展战略，推动产业发展，成为实施乡村振兴战略和助力美丽宜居公园城市建设的主载体，为建设全面体现新发展理念的城市夯实产业支撑。

随着"一带一路""成渝城市群"等的实施，成都大力发展战略性新兴产业，吸引大量人口落户。2013～2015 年，成都户籍人口年均增量 18.3 万人。2020 年成都再次发布相关人才新政，吸引人才落户成都，进一步为成都产业发展注入新鲜血液，这也为城投平台的人才更新创造了条件。

三、公司业务情况

（一）主营业务情况

成都产业集团是成都市国有资产监督管理委员会出资设立的国有资产投资和经营主体。成都产业集团控股、参股企业较多，涉及行业范围较广，对于成都市经济、民生影响较大，主营业务包括四大板块，分别是产业项目投融资及其他板块、产业地产板块、产业金融板块、产业服务板块①。具体收入成本构成情况如表 17－2 所示。

表 17－2　2018～2020 年成都产业集团营业收入成本构成　　　单位：万元

板块	项目	2018 年		2019 年		2020 年	
		收入	成本	收入	成本	收入	成本
产业项目投融资及其他板块	销售工业产品	6587.52	7834.87	2176.17	3317.33	164.29	1346.68
	农业项目收益	58149.85	15387.52	14367.11	8079.24	—	—
	其他业务	8537.59	7061.56	2387.19	533.49	4289.56	753.00
产业地产板块	房地产业务	7944.00	6338.47	44137.08	32962.91	41041.69	29689.71
	园区配套服务业务	27080.70	15060.79	56796.12	30856.13	49515.91	28630.12
产业金融板块	担保及相关业务	37449.81	1134.73	34577.69	1120.32	34839.59	888.76
	租赁业务	17767.64	972.01	27105.95	2345.37	37117.36	3930.16
	资产管理业务	619.81	293.32	2850.54	—	3305.73	2853.16
产业服务板块	现代物流与贸易业务	483778.87	479984.37	448746.62	445499.43	557191.29	555156.36
	大数据业务	5380.41	5561.15	8385.83	7102.64	23603.55	16192.36
合计		653296.19	539628.79	641530.30	531816.86	751068.97	639440.31

---

① 产业项目投融资及其他板块包括产业投资、销售工业产品、农业项目收益（农业项目收益是原子公司成都市现代农业发展投资有限公司负责经营，已于 2019 年划转）和其他业务；产业地产板块包括房地产业务、园区配套服务业务；产业金融板块包括担保及相关业务、租赁业务、资产管理业务、小额贷款业务；产业服务板块包括现代物流与贸易业务、大数据业务。

近三年，成都产业集团的主营业务收入和毛利润较为稳定，2020 年主营业务收入达到 761068.97 万元，同比增长 18.63%，主营业务成本为 639440.31 万元，同比增长 20.24%，毛利润达到 121628.66 万元，同比增长 1.74%。

营业收入和毛利润主要来源于现代物流与贸易业务、担保及相关业务、房地产业务、园区配套服务业务及租赁业务。2020 年，上述五项业务在营业收入中占比分别为 74.2%、4.64%、5.46%、6.59% 和 4.94%，在营业毛利润中占比分别为 1.82%、30.41%、10.17%、18.71% 和 29.73%。营业成本的主要来源是产业地产板块与产业服务板块，两板块占总营业成本的比重超过 95%。

（二）主营业务分析

由于成都产业集团主要营业收入和毛利润主要来源于现代物流与贸易业务、担保及相关业务、房地产业务、园区配套服务业务及租赁业务，因此选取这五项主营业务进行分析。

1. 现代物流与贸易业务

现代物流与贸易业务是成都产业集团以成都国际铁路港建设和国际班列开行为基础开展的，该业务主要包括国际班列开行业务和供应链管理业务，均由集团二级子公司成都蓉欧供应链集团有限公司负责。成都蓉欧供应链集团有限公司是 1998 年 11 月 4 日成立的，为推动"蓉欧＋"战略实施，2017 年推出供应链管理业务，而国际班列开行业务在 2018 年从成都蓉欧供应链集团有限公司划出，此后成都蓉欧供应链集团有限公司继续响应国家号召，根据"一带一路"倡议及优惠政策，专注于供应链管理业务。2020 年末，供应链管理业务的营业收入达 534541.09 万元，营业利润为 2127.74 万元。

2. 担保及相关业务

担保及相关业务主要由子公司成都中小企业融资担保有限责任公司、成都小企业融资担保有限责任公司及四川铁投现代农业发展股份有限公司负责，收入包括保费收入、委托贷款利息收入。公司现已形成了多元化的产品结构和丰富的商业运作模式，即工程担保的多样化和担保模式的多元化。

成都中小企业融资担保有限责任公司（以下简称"成都中小担"）是目前四川省最大的担保机构，资金已经达到 15 亿元，年担保规模上百亿元，截至 2021 年 3 月末，成都中小担在保余额 126.68 亿元，在担保形式上，成都中小担形成最高额担保、综合授信、统贷统还等多种形式，同时与其他担保机构合作，以再担保、联合担保等多种模式开展业务。成都小企业融资担保有限责任公司（以下简称"成都小担"）积极拓展合作银行，合作银行包括成都银行、交通银行、中国农业银行、中国银行、华夏银行等。此外，成都小担加强与基金、P2P 平台、再担保机构的合作，拓宽融资渠道，截至 2021 年 3 月末，成都小担在保余额

37.24 亿元。

2020 年成都中小担保费收入达 22049.46 万元，成都小担保费收入为 6563.12 万元，两者担保品种均以融资担保为主，占比在 80% 左右。

3. 房地产业务

房地产业务主要由子公司成都产业功能区投资运营集团有限公司（简称"功能区集团"）负责。功能区集团成立于 2003 年 6 月，自成立以来，功能区集团先后完成蒲江县工业集中发展区标准化厂房项目、金牛区安置房项目、国宾总部基地项目、成华区榜样公寓项目等。截至 2020 年末，该公司拥有已确认产权的土地储备 225.14 亩，分布在蒲江县鹤山镇、温江区永盛镇，土地性质均为工业用地。

目前功能区集团下设两家子公司主要开展房地产开发工作，一个是成都汇厦建设投资股份有限公司，该公司是成都市人民政府为引进世界银行住房制度改革贷款而组建的股份制房地产企业，现拥有房地产开发二级资质，开发了包括"桂馨苑"在内的众多房地产项目；另一个是成都川泰房地产开发有限公司，拥有房地产开发暂定三级资质，目前正在开发的项目为香悦云庭项目，位于成都市温江区。

4. 园区配套服务业务

园区配套服务业务主要由下属子公司成都产业功能区投资运营集团有限公司（以下简称"功能区集团"）及成都石化基地建设开发有限责任公司（以下简称"石化基地"）经营。

功能区集团是一家国有性质的工业集中园区建设投资和房地产开发公司，主要通过政府合作开发工业园区的方式，逐步完善工业区的管理流程与投融资体系，着力打造成为综合化产业运营商。园区开发建设业务主要采取与区市县相关公司合资成立项目公司自主开发的模式，其负责项目开工建设全过程的报批、招投标、施工管理等工作及建设资金的筹措，未来通过产业项目和配套商住用房的运营、销售收入来收回建设成本及合理回报。截至 2021 年 3 月末，功能区集团建设的项目主要为四川信息安全（大数据）产业示范园区项目、淮州新城和成都产业集团香创智造园区标准化厂房项目。

石化基地提供的园区配套服务业务主要是依赖石化基地在石化园区内修建的经营性资产的运营，以取得运营收益，主要包括给水工程的供水收入，以及铁路专用线、倒班公寓、消防站的资产租赁收入，随着产业链的不断完善，下游企业将进驻园区，未来将能够获得优质企业的股权投资收益。

2020 年，园区产业项目收入为 32943.22 万元，占比为 66.53%；石化基地运营收入为 16772.69 万元，占比为 33.47%。

5. 租赁业务

租赁业务主要由成都产业集团的三级子公司成都工投融资租赁有限公司（以下简称"工投租赁"）负责。工投租赁一直致力于领域的多元化，并与成都市确立的重点产业以及成都产业集团的主导产业保持一致，行业布局以能源、交通、基础设施、生态环保等为主，同时聚焦新能源、通信、高端装备制造以及航空等产业。

2020 年租赁业务的资产总额达到了 58.93 亿元，实现了净利润 0.88 亿元。业务涉及领域较为广泛，其中交运行业占比最大，为 32.25%，实现收入也是最高，为 11148.80 万元。

四、公司财务状况

（一）资本结构

公司的资产方面，流动资产和非流动资产各占 50% 左右，流动资产的占比略高于非流动资产。负债方面，2020 年非流动负债占比较大，达 74.68%（见表 17-3）。

表 17-3　2018~2020 年成都产业集团资本结构（1）　　　　单位：%

指标	2018 年	2019 年	2020 年
资产负债率	57.77	57.11	62.35
长期资本负债率	52.72	52.04	63.26
权益乘数	2.37	2.33	2.66
流动资产/总资产	54.00	52.12	50.75
非流动资产/总资产	46.00	47.88	49.25
有形资产/总资产	30.93	33.61	25.39
非流动负债权益比率	111.50	108.49	172.17
流动负债权益比率	62.21	52.97	58.38
流动负债/负债合计	35.81	32.81	25.32
非流动负债/负债合计	64.19	67.19	74.68

成都产业集团的流动资产中货币资金和其他应收款 2020 年分别达到了 1936627.95 万元和 1634873.60 万元，占比明显高于其他各项。非流动资产方面，可供出售金融资产和长期股权投资分别为 1313695.79 万元和 1983586.95 万元，是非流动资产的重要组成部分。

流动资产方面，就货币资金而言，2019 年较 2018 年降幅为 4.40%，属于正常波动范围，2020 年货币资金余额为 1936627.95 万元，较 2019 年末增加 258174.04 万元，增幅 15.38%，主要是成都产业集团新增融资导致。就其他应收款而言，2018 年至 2020 年其他应收款金额分别为 1497309.27 万元、1626106.36 万元和 1634873.60 万元，占流动资产的比例分别为 38.34%、40.61% 及 32.11%，其他应收款占流动资产比例略有减少，其他应收款科目在流动资产中占比较大，主要构成是代垫地方债资金、3508 项目资金等。

非流动资产方面，2018~2020 年可供出售金融资产余额分别为 816089.89 万元、853427.39 万元和 1313695.79 万元，占非流动资产的比例分别为 24.53%、23.21%、26.59%。2021 年成都产业集团执行新金融工具准则，原按可供出售金融资产核算的对外投资，在其他非流动金融资产列报。长期股权投资主要为公司对联营企业及合营企业投资，2018~2020 年公司长期股权投资分别为 695833.62 万元、1547720.58 万元和 1983586.95 万元，占非流动资产的比例分别为 20.91%、42.08% 和 40.14%，呈波动上升的趋势。2019 年末，成都产业集团长期股权投资较 2018 年增长 122.43%，主要原因是公司以成都现代农投股权向成都益民投资集团有限公司进行增资，同时公司新增成都益民投资集团有限公司 30% 的股份作为长期股权投资。2020 年末，成都产业集团长期股权投资较 2019 年末增加 435866.37 万元，增幅 28.16%，变动原因为成都产业集团新增加对四川银行、国家集成电路产业投资基金二期股份有限公司投资项目。详情如表 17-4 所示。

表 17-4　2018~2020 年成都产业集团资产结构（2）　　　　单位：万元

科目	2018 年	2019 年	2020 年
流动资产：			
货币资金	1755720.16	1678453.91	1936627.95
应收票据及应收账款	196286.33	116747.94	318224.22
其他应收款	1497309.27	1626106.36	1634873.60
存货	288616.28	381948.89	866256.17
流动资产合计	3905798.42	4003898.16	5091654.16
非流动资产：			
可供出售金融资产	816089.88	853427.39	1313695.79
长期应收款	938305.55	522489.03	634973.25
长期股权投资	695833.62	1547720.58	1983586.95
非流动资产合计	3327451.14	3677689.86	4941398.52
资产总计	7233249.56	7681588.01	10033052.68

成都产业集团的负债结构如表 17-5 所示，随着经营规模与范围的不断扩大，负债规模也随之增长，2018～2020 年，成都产业集团负债总额分别为 4178478.46 万元、4386916.48 万元和 6255371.83 万元。2019 年末负债总额较 2018 年末增幅为 4.99%，变动不大。2020 年末负债总额较 2019 年末增幅为 42.59%，主要是由于本期新增长期借款 1106046.41 万元、应付债券 199800.00 万元。

流动负债方面，一年内到期的非流动负债主要为一年内到期的长期借款。近三年成都产业集团一年内到期的非流动负债分别为 706356.34 万元、798221.53 万元和 768373.43 万元。2019 年末较 2018 年末一年内到期的非流动负债增幅达 13.01%，造成这一状况的原因是一年内到期长期借款的增加；2020 年末较 2019 年末降幅为 3.74%，变化不大。另一个占比较大的流动负债为其他应付款，主要包括合同保证金及往来款项。2018～2020 年其他应付款分别为 174232.48 万元、138383.24 万元和 230247.19 万元，总体呈增长趋势，存在一定波动。2019 年末其他应付款较 2018 年末降幅为 20.58%，是由于成都现代农业发展投资有限公司 2019 年不再纳入合并范围，其他应付款减少。2020 年末，其他应付款较 2019 年末增幅 66.38%，原因是新增应付利息和园区合同保证金增加。

非流动负债方面，长期借款为主要融资形式，在非流动负债和总负债中占比较大。2019 年末，长期借款较 2018 年末降幅为 11.33%；2020 年末，长期借款较 2019 年末增幅为 70.06%，长期借款整体呈上升趋势。近三年长期应付款金额分别为 301363.13 万元、535301.30 万元和 986976.03 万元，占非流动负债比例分别为 11.24%、18.16% 和 21.13%。2019 年末长期应付款增幅为 77.63%，是收到了财政拨入的四川省政府专项债资金。2020 年末增幅 84.38%，主要是功能区及淮投公司新增了地方专项债。

表 17-5　2018～2020 年成都产业集团负债结构　　　　单位：万元

科目	2018 年	2019 年	2020 年
流动负债：			
短期借款	120312.20	122580.15	101608.30
应付票据及应付账款	164421.30	126099.53	181283.10
预收款项	172918.65	220937.69	241991.40
其他应付款（合计）	174232.48	138383.24	230247.19
一年内到期的非流动负债	706356.34	798221.53	768373.43
流动负债合计	1496485.09	1439221.26	1584013.71

续表

科目	2018 年	2019 年	2020 年
非流动负债:			
长期借款	1780652.60	1578817.58	2684863.99
应付债券	551021.39	650000.00	849800.00
长期应付款	301363.13	535301.30	986976.03
非流动负债合计	2681993.37	2947695.22	4671358.11
负债合计	4178478.46	4386916.48	6255371.83

得益于实际控制人及相关各方无偿注入股权、资本金等资产以及净利润累积,近年来公司所有者权益保持增长趋势。如表 17-6 所示,2019 年以来,公司实收资本增至 1000000 万元,大幅增加是公司将资本公积转增实收资本导致;受到转增实收资本、成都市财政局注入资金、资产以及公司出资成都益民投资集团有限公司等因素综合影响,公司资本公积小幅波动。2020 年 7 月,成都益民投资集团有限公司无偿划拨成都农投有机农业有限公司 45% 股权至成都交通投资集团有限公司,导致公司因出资成都益民投资集团有限公司形成的资本公积有所减少。未分配利润小幅波动,为公司历年经营产生的净利润累积。其中,2019 年受公司合并范围变化导致未分配利润比 2018 年减少 55075.55 万元。受少数股东增资及债转股影响,2020 年末少数股东权益大幅增长,2021 年 3 月末,少数股东权益继续大幅增长,主要是公司管理的重产基金收到少数股东实缴款750000.00 万元所致。

表 17-6　2018～2020 年成都产业集团所有者权益结构　　单位:万元

科目	2018 年	2019 年	2020 年
实收资本（或股本）	550000.00	1000000.00	1000000.00
资本公积金	1428896.75	1345252.59	1328830.11
其他综合收益	55539.89	82336.91	39248.68
盈余公积金	8481.57	8481.57	8481.57
一般风险准备	49518.85	22930.42	27483.09
未分配利润	313040.88	257965.33	309224.71
归属于母公司所有者权益合计	2405477.93	2716966.82	2713268.16
少数股东权益	649293.16	577704.71	1064412.69
所有者权益合计	3054771.10	3294671.53	3777680.85

（二）盈利能力

自 2001 年成立以来，成都产业集团在工业产业化项目投资、工业园区建设、中小微企业综合金融服务等领域较好地发挥了自身作用，经营状况良好，盈利稳定。如表 17 - 7 所示，2018～2020 年实现主营业务收入分别为 653296.19 万元、641530.31 万元和 751068.98 万元。2019 年主营业务收入较 2018 年同期降幅 1.80%，变化不大。2020 年，成都产业集团主营业务收入较 2019 年同期增幅 17.07%，主要是现代物流与贸易业务收入增加导致。

表 17 - 7　2018～2020 年成都产业集团利润构成

科目	2018 年	2019 年	2020 年
主营业务收入	653296.19	641530.31	751068.98
主营业务成本	539628.79	531816.87	639440.31
销售费用	5923.12	4305.83	2448.18
管理费用	45881.74	53957.32	59224.90
研发费用	361.87	545.29	1802.94
财务费用	43616.20	98731.76	100867.84
投资净收益	100805.58	132817.45	189713.76
营业外收入	4033.77	8218.40	45393.19
利润总额	107210.03	111959.51	129725.18
净利润	84510.49	90662.28	116611.45

2018～2020 年公司期间费用占主营业务收入比例波动较大。三项费用中，财务费用占比较大。2018～2020 年财务费用在三项费用中占比分别为 45.71%、62.89% 和 62.06%。随着近年来成都产业集团投资、建设的项目不断增加，为解决资金需求，在成都市人民政府拨付资金的同时，成都产业集团通过多元化的融资渠道解决资金缺口，其中以银行借款为主，并通过发行企业债及债务融资工具等直接融资手段，融资成本总体呈下降趋势。

2018～2020 年，公司营业总收入有所波动，营业利润率逐年下降。同期，公司期间费用逐年提升，占主营业务收入的比例分别为 14.61%、24.47% 和 21.64%，对公司利润形成一定的侵蚀。2019 年，公司期间费用大幅增加是当期财政贴息规模较小导致。公司利润对波动性较大的投资收益依赖较大，主要来自股权转让收益，2020 年，公司实现投资净收益为 189713.76 万元，同比大幅增加，主要来自股权按公允价值重新计量产生的利得。2018～2020 年，公司投资收益占利润总额比例分别为 94.03%、118.63% 和 146.24%。公司利润对财政补贴的依赖程度波动较大。2018～2020 年，公司财政补贴占利润总额的比例分别为 36.28%、11.07% 和 28.00%。2018～2020 年，公司总资本收益率及净资产收益率均小幅波动，盈利能力一般。2018～2020 年成都产业集团盈利能力如表 17 - 8 所示。

表 17 - 8　2018～2020 年成都产业集团盈利能力　　　　　　单位：%

指标	2018 年	2019 年	2020 年
净资产收益率	2.51	2.63	2.53
总资产报酬率	2.23	2.80	2.60
总资产净利率	1.26	1.22	1.32
投入资本回报率	2.00	2.64	2.83
销售净利率	12.94	14.13	15.53
销售毛利率	17.40	17.10	14.86
销售成本率	82.60	82.90	85.14
销售费用/营业总收入	0.89	0.66	0.32
管理费用/营业总收入	6.98	8.33	7.98
财务费用/营业总收入	6.58	15.10	13.19
研发费用/营业总收入	0.05	0.08	0.24
主营业务比率	96.83	92.95	65.87

（三）营运能力

成都产业集团主要从事投资产业引导、融资综合服务、国有企业转制和国有资产战略重组推进等业务，行业特点决定了应收账款和存货比重较小、资产规模较大。2018～2020 年，存货周转率分别为 2.41 次、1.59 次和 1.02 次，总资产周转率分别为 0.10 次、0.09 次和 0.09 次，成都产业集团应收账款周转率分别为 3.57 次、4.25 次和 3.55 次，其存货周转率和总资产周转率基本维持稳定，随着贸易业务规模扩大，应收账款余额逐年增加，应收账款周转率有下降趋势。2018～2020 年成都产业集团营运能力如表 17 - 9 所示。

表 17 - 9　2018～2020 年成都产业集团营运能力

项目	2018 年	2019 年	2020 年
存货周转天数（天）	149.49	226.96	351.36
应收账款周转天数（天）	100.94	84.77	101.39

续表

项目	2018 年	2019 年	2020 年
存货周转率	2.41	1.59	1.02
应收账款周转率	3.57	4.25	3.55
流动资产周转率	0.18	0.17	0.17
固定资产周转率	5.24	4.44	5.70
总资产周转率	0.10	0.09	0.09
应付账款周转率	4.90	3.98	4.44
应付账款周转天数（天）	73.53	90.35	81.01
营运资本周转率	0.28	0.26	0.25
非流动资产周转率	0.22	0.19	0.18

（四）现金流量

经营活动方面：2018 ~ 2020 年公司经营活动产生的现金流入分别为1211148.08 万元、1310879.02 万元和1122744.34 万元，主要来自销售商品、提供劳务收到的现金及收到的其他与经营活动有关的现金，其主要源于担保业务、房地产销售及融资租赁业务收入。经营活动产生的现金流出分别为1104629.97 万元、1504349.44 万元和2025201.38 万元。支付其他与经营活动有关的现金，主要为担保公司支付的代偿款。

投资活动方面：2018 ~ 2020 年公司投资活动现金流入分别为310184.19 万元、 -251220.74 万元和131186.98 万元。2019 年，公司投资活动现金流入大幅减少，主要是 2019 年处置成都市现代农业发展投资有限公司，合并报表时作为处置子公司，导致现金流入为负数。2018 ~ 2020 年公司投资活动现金流出分别为457718.63 万元、346986.12 万元和1128850.97 万元。2019 年较 2018 年流出减少主要是由于 2019 年购建固定资产、无形资产和其他长期资产支付的现金减少。2020 年较 2019 年流出增加主要是由于对外投资支付的现金增加。

筹资活动方面：2019 年公司筹资活动现金流入同比增长 48.27%，筹资活动现金流出同比增长 31.20%，筹资活动产生的现金流量净额同比增长 89.97%，主要原因是 2019 年通过新增银行借款、发行债券取得现金流入大幅增长。2020年，公司筹资活动现金流入同比增长 73.19%，筹资活动现金流出同比增长14.58%，主要原因是新增债券、银行借款、融资租赁等活动现金流入1259180.95 万元，偿还债务支付的现金流出 302751.12 万元。2018 ~ 2020 年成都产业集团现金流量如表17 - 10 所示。

表 17 - 10　2018～2020 年成都产业集团现金流量　　　　单位：万元

项目	2018 年	2019 年	2020 年
经营活动产生的现金流量：			
经营活动现金流入	1211148.08	1310879.02	1122744.34
经营活动现金流出	1104629.97	1504349.44	2025201.38
经营活动产生的现金流量净额	106518.11	-193470.42	-902457.04
投资活动产生的现金流量：			
投资活动现金流入	310184.19	-251220.74	131186.98
投资活动现金流出	457718.63	346986.12	1128850.97
投资活动产生的现金流量净额	-147534.44	-598206.86	-997663.99
筹资活动产生的现金流量：			
筹资活动现金流入	1332341.13	1975487.19	3421430.57
筹资活动现金流出	945389.45	1240385.76	1421271.08
筹资活动产生的现金流量净额	386951.68	735101.44	2000159.49

（五）偿债能力

从短期偿债指标来看，2018～2020 年公司的流动比率分别为 2.61、2.78 和 3.21，速动比率分别为 2.42、2.52 和 2.67。流动比率与速动比率都呈现上升的趋势，造成两指标上升的原因为归还债务后，流动负债中短期借款和一年内到期非流动负债均减少，成都产业集团流动资产能够完全覆盖流动负债，短期偿债能力较强。

从长期偿债指标来看，2018～2020 年公司的资产负债率分别为 57.77%、57.11% 和 62.35%，总体较为稳定。在稳健经营的情况下，公司通过债务融资方式筹集资金，有一定的提高财务杠杆的空间。总体来看，公司资产负债结构较为合理。2018～2020 年成都产业集团偿债能力如表 17 - 11 所示。

表 17 - 11　2018～2020 年成都产业集团偿债能力

项目	2018 年	2019 年	2020 年
流动比率	2.61	2.78	3.21
速动比率	2.42	2.52	2.67
现金比率	1.17	1.17	1.22
现金流量利息保障倍数	1.72	-1.67	-7.40
产权比率	1.37	1.33	1.66
利息保障倍数	3.55	2.16	2.29
资产负债率（%）	57.77	57.11	62.35

（六）政府支持

成都产业集团是成都市重要的产业投资主体，承担了政策性较强的重大产业投资等职能，为此获得了实际控制人及相关各方在资本金注入、财政补贴等方面的有力支持。公司是成都市产业领域重要的产业投资主体，承担了重大产业项目投资、转贷款等职能，得到实际控制人及相关各方的有力支持。公司获得资本金注入主要体现在重大工业产业化项目投资资金方面。自成立以来，公司承接多项重大工业产业化项目投资任务。截至 2021 年 3 月末，公司累计获得成都市政府拨付的资本金 74.26 亿元，主要用于重大工业产业化项目投资。财政补贴方面2018~2020 年公司收到成都市财政局拨付的财政补贴分别为 3.89 亿元、1.24 亿元和 3.63 亿元。总体来看，近年来公司业务开展得到了实际控制人及相关各方的有力支持。考虑公司在成都市产业投资领域的重要地位，预计未来实际控制人及相关各方将继续给予公司较大的支持。

五、融资情况

成都产业集团融资方式主要有三种，包括存续债、并购和银行授信。截至2021 年 3 月末存续债有 14 只，以 3~5 年期为主，存续债的规模达到 144.98 亿元。2010~2018 年，成都产业集团作为并购的出让方，一共完成四次并购活动。截至 2021 年 3 月末，银行授信额度为 542.27 亿元，已使用 343.79 亿元，同比增长 14.79%。2018~2020 年成都产业集团存续债情况如表 17－12 所示。

表 17－12　2018~2020 年成都产业集团存续债情况

证券名称	发行日期	当前余额（亿元）	债项评级	票面利率（%）
21 成都产投 MTN002	2021 年 7 月 7 日	10.00	AAA	3.50
21 成都产投 MTN001	2021 年 4 月 19 日	10.00	AAA	3.77
21 蓉产 01	2021 年 3 月 2 日	12.00	AAA	3.95
21 成产业债 01	2021 年 3 月 2 日	12.00	AAA	3.95
20 成都产投 MTN002	2020 年 10 月 19 日	10.00	AAA	3.88
20 成都产投 MTN001	2020 年 6 月 10 日	15.00	AAA	3.48
20 蓉产 01	2020 年 4 月 24 日	12.00	AAA	3.50
20 成产业债 01	2020 年 4 月 24 日	12.00	AAA	3.50
20 成都产投（疫情防控债）PPN001	2020 年 3 月 4 日	10.00	AAA	3.40
19 成都产投 PPN001	2019 年 12 月 4 日	10.00	AAA	4.10
19 蓉产 02	2019 年 11 月 13 日	5.00	AAA	3.80
19 成产业债 02	2019 年 11 月 13 日	5.00	AAA	3.80

续表

证券名称	发行日期	当前余额（亿元）	债项评级	票面利率（%）
19 蓉产 01	2019 年 11 月 13 日	10.00	AAA	4.23
19 成产业债 01	2019 年 11 月 13 日	10.00	AAA	4.23
18 蓉产 01	2018 年 8 月 21 日	15.00	AAA	5.28
17 蓉工 01	2017 年 10 月 20 日	6.98	AAA	3.80
合计	—	164.98	—	—

第二节　转型发展分析

一、公司转型的特点

（一）聚焦招引高能级项目，全力推动产业集聚成链

成都产业集团以链群思维开展上下游项目招引，围绕抢占新兴显示产业发展高地，引入韩国尼普系斯 OLED 液晶面板等项目，在促进小尺寸面板供应本地化的同时，布局下一代显示技术；围绕"成都造"海光芯片产业化应用，推动海光高端整机项目落地。

公司探索以资本为纽带推动项目招引，投资 60 亿元参股国家集成电路产业大基金（二期），分别出资 15 亿元和 5000 万美元发起设立中石化（成都）东部新区朝阳基金和中日基金，全力做大做强先进制造和双创母子基金群。

（二）聚焦强化开放合作，全力做强企业综合实力

成都产业集团与中国化学工程股份有限公司、四川省投资集团有限责任公司、洪泰产投集团等围绕高端有机材料、关键抗疫设备、核心航空部件等领域达成合作意向。

聚焦淮州新城产城融合示范区节能环保等产业定位，全力推动长园科环保新材料等项目落地。借助北京北辰实业集团有限责任公司会展服务等方面优势，在淮州新城会展中心和商务中心项目上开展深度合作。

成都产业集团围绕打造高品质科创空间，与深圳市投资控股有限公司、深业集团有限公司、上海临港经济发展（集团）有限公司、中电光谷联合控股有限公司建立战略合作伙伴关系。

二、公司转型的路径

（一）资本运营战略加快转型步伐

公司采用资本运营的战略进行城投转型，下属公司成都工投资产经营有限公司逆势增持王府井集团股份有限公司、成都银行股份，反映出成都产业集团能够灵活运用资本运营战略。2019年末和2020年7月，成都工投资产经营有限公司相继增持王府井集团股份有限公司、成都银行股份，增持价格低于其每股净资产。王府井集团股份有限公司和成都银行通过自身的经营达到了较好的收益，对成都工投资产经营有限公司而言，也实现了自身的大幅增值。

资本运营的转型路径是依靠对企业商业价值的准确判断进行科学决策。针对王府井增持的案例，采取增持措施之前成都工投资产经营有限公司已经是其股东，根据2019年王府井集团股份有限公司财报数据，成都工投资产经营有限公司发现其资产回报率较高，同时拥有较为良好的品牌效应和资产结构，基于此成都工投资产经营有限公司采取了增持计划，进一步拓展成都产业集团在资本市场的战略布局。

此外，成都工投资产经营有限公司资本运营的成功得益于企业内部的有效管理。成都产业集团注重内部干部考核，以"工效挂钩"为核心，企业负责人的薪资兼顾内部公平性和外部竞争性，这能够有效激发企业负责人高效办公。成都产业集团还积极完善现代企业制度，将权力下放，有6家下属企业获得了充分授权，这将进一步增强公司资源配置能力。

（二）处理遗留问题保障转型质量

为了保障转型质量，成都产业集团注重历史遗留问题的解决，实现企业轻装上阵，公平参与市场竞争。成都元泓创新投资有限公司（以下简称"元泓创新公司"）是成都产业集团所投资企业，对百视通新媒体股份有限公司占有股份1.27%。由于元泓创新公司面临清算，2015年4月，元泓创新公司对百视通新媒体股份有限公司股份进行了减持，收回资金10.22亿元，使该公司持股5年的投资增长了十多倍，成为成都产业集团近年来实现投资收益较大的项目之一，也让历史遗留问题得到了妥善处置。

成都产业集团进一步推进减持计划的进行，一方面项目团队能够寻求券商进行投资测算与分析，不断优化减持方案，另一方面出台相关政策明确减持责任和流程。公司内部在减持方案执行期间开辟了汇报执行反馈的快速通道，各环节都设立专人专岗，领导层可在第一时间掌握详细信息并做出决策判断。最终，在公司科学决策下，项目组在短时间内把握住最佳时机，将持有股票的平均值卖到了百视通新媒体股份有限公司历史市场高位，出色完成了减持工作，实现收益近10亿元。

三、转型效果分析

成都产业集团合理有效控制投资风险，不仅将投资风险的范围集中在投前与投后，还将退出机制纳入风险控制的要素。根据公司投资风险的管理，对高风险、高收益项目采取组合基金投资或委托头部专业机构管理基金模式，分散投资风险、赚取收益。

公司通过强化内控体系建设、制定管控目标，构建了完善的监督体系，促进了风险控制、内控管理、合规管理与业务深度融合，形成了有效的风险防控机制。公司强化了总部的工作职能，有效发挥其在价值创造、决策服务、资本运营、考核评价、风险防控、业务协同方面的作用。下属各企业在公司的管理下逐渐形成自身核心竞争力，提升了自主经营决策能力。

第三节　转型经验启示

一、以业务模式创新促进战略支撑能力提升

重点围绕强化产业引领性投资功能，有效发挥"重产基金"作用，切实向"控股直投＋基金投资"的融合联动投资模式转型；以参与组建成都科技创新投资集团有限公司为契机，构建"高端科创资源导入＋高品质科创空间＋科创基金＋运营服务""四位一体"导流机制、发展路径和商业模式；同时构建业务协同联动发展机制，打造全方位、全周期、全链条业务生态体系；通过"产业＋金融"互促共进、高效联动，实现创新链、产业链、资本链深度融合。

二、以运营模式创新促进专业运作能力提升

重点围绕提高资源配置效率和资本回报水平，促进国有资本合理流动，不断探索"资金—资产—资本"转化机制，持续提升市场化经营能力。通过股权带动、融资拉动、基金撬动等方式开展资本招商，与中国化学工程股份有限公司、深圳市投资控股有限公司、四川金融控股集团有限公司等10余家知名企业建立战略合作关系，推动中日基金、海光服务器、吉利新能源汽车等一批高能级项目签约落地，在更大范围运作资源、开拓市场。聚焦做大做强做专主业、调整投资布局，打造一批战略协同、产业互补、错位发展的专业化企业。

三、以管理模式创新促进市场竞争力提升

着力强化管理能力建设，构建与国有资本运营公司相适应的管理体系。按照"集团总部资本层＋下属专业化公司执行层"架构，实行"一主业一专业化公司"布局模式，着力打造一批专精特新的二、三级专业化公司，夯实二、三级企业对公司的主业支撑。深入推进"两降两提"（降负债、降成本、提效益、提能力）。强化债务和成本管控，实施全面预算和精细化管理，实施建安成本压减专项行动。拓宽多元融资渠道，切实降低财务成本。以内控体系建设为契机规范管理流程，以审计中心垂直化管理为方向推进审计改革，形成全面、全员、全过程、全体系风险防控机制。加快推进企业数字化转型，强化数字化能力建设与业务发展深度融合，形成系统完备、科学规范、运行高效的智慧化管理体系。

四、以激励模式创新促进内生发展能力提升

始终遵循价值与贡献对等原则，坚定推进"以市场标准定薪酬、以业绩考核定收入"的三项制度改革。完善市场化薪酬体系，对标同行业、同规模、同阶段企业市场薪酬标准进行工资改革，大幅提高绩效薪酬占比，科学精准设计薪酬制度、岗位价值评估和绩效考核评价体系。实施差异化考核。完善"一企一策"考核指标体系，突出重大项目投资、产业转型升级、经营效率提升、二三级企业发展等考核重点。坚持"强激励"与"硬约束"相结合，建立中长期激励机制。全面推进下属企业经理层任期制契约化管理，试点职业经理人制度，在有条件的企业探索建立股权激励、项目跟投、超额收益分配、市场化项目收益提成奖励、员工持股等中长期激励机制。健全与长效激励相配套的业绩挂钩、财务审计和信息披露、延期支付和追索扣回等约束机制，实现多维度量才、多手段激励、全方位约束相统一。

第十八章 盐城东方投资开发集团有限公司转型发展案例分析

盐城东方投资开发集团有限公司（以下简称"盐城东方"）成立于2003年，由盐城市人民政府出资设立。2016年以来，盐城东方经历了起步阶段、创业初期、转型创新三个经营时期，向实体型、投资型、效益型投融资平台转变。公司主营业务为基础设施建设开发、房屋销售、租赁及物业管理和贸易四大板块，并实施股权投资项目30多个。近年来，盐城东方通过创新和拓展主营业务以及增加投资收益，不断进行转型升级，自身竞争力不断增强。

本章通过分析公司的基本财务情况和转型路径，盘点公司转型发展特点，得出公司转型发展的可借鉴经验，以盐城东方的转型经验为城投公司转型的发展方向提供新思路、新方法和新途径。

第一节 公司基本情况

一、公司简介

盐城东方成立于2003年7月，控股股东和实际控制人为盐城市人民政府，注册资本95亿元，主要服务盐城经济技术开发区（以下简称"盐城经开区"）经济和社会事业的发展。通过近20年的发展，公司已成为盐城市乃至苏北、苏中地区较有影响力的大型国有企业，是盐城市十大重点企业之一。

近年来，盐城东方立足产融结合，推进全面转型，不断提升核心竞争力。截至2020年末，资产总额从成立之初的1.5亿元增长到550亿元，实现营收22亿元，归母净利润10亿元，主要经济指标连续五年实现了稳定增长，资产规模列全市国企前三、市属区管企业第一。公司作为盐城市政府下属企业，主要负责盐城经开区（国家级）的开发建设及投融资，目前业务包括安置房建设及销售、基础设施建设、租赁及物业管理等，业务范围集中在盐城经开区主城区内。截至2020 年末，公司合并范围内共 58 家控股子公司。

盐城东方经历了起步阶段、创业初期和转型创新三个发展阶段，实现了从平台型向实体型、投资型、效益型转型跨越，下设办公室、人力资源管理部、融资部、投资发展部、企业管理部、财务部、审计部、招投标管理部、资产管理部、工程管理部和法务部共 11 个部门。公司产业覆盖基础设施配套、基金股权投资、现代智能制造三大板块。

二、所在区域情况

盐城是江苏省地级市，位于苏北平原中部，地处黄海之滨，处于江苏沿海大开发战略和长三角一体化两大国家战略的叠加区域以及"一带一路"、长江经济带的交汇区域。盐城市下辖 3 区（盐都区、亭湖区、大丰区）、5 县（建湖县、射阳县、阜宁县、滨海县、响水县）和 1 市（东台市）。2020 年，盐城地区生产总值 5953.4 亿元，增长 3.5%，总量、增速分别列长三角地区第 13 位、第15 位。

盐城市以汽车、机械、纺织、化工为四大传统支柱产业。近年来，盐城市经济持续发展，第三产业占比持续上升，这为盐城东方的转型之路提供了良好的发展环境。2016 年以来，在盐城经开区党工委、管委会的领导下，盐城东方利用长江三角洲区位优势，主动接轨上海、加快投资步伐，推进多元发展、增强造血功能，积极转型创新、致力提质增效，成功跻身盐城市十大企业之列，初步实现"盐城一流、苏北领先、上海有位次、全国有影响"的目标。2020 年初，我国出现新型冠状病毒肺炎疫情，为应对疫情冲击、稳固经济增长，城投企业作为地方政府进行基础设施建设的主要实施主体，在逆周期调节及社会维稳中的作用有所加强，城投公司融资环境整体相对宽松。

三、公司业务情况

盐城东方的主营业务包括基础设施建设开发、房屋销售、租赁及物业管理和贸易四大板块，担保业务、融资租赁及汽车销售业务逐步发展。多元化的业务对现有业务收入起到很好的补充作用，有助于拓宽收入来源以及提升整体经营抗风险能力。营业收入结构方面，基础设施建设开发、房屋销售、租赁及物业管理以及贸易是营业收入的四个主要构成部分，占 2020 年营业收入的比重为 6.12%、19.73%、27.21% 以及 29.44%。公司主营业务清晰，在盐城经济技术开发区建设中保持重要地位。盐城东方的主营业务板块及其概要介绍如表 18-1 所示。

表18-1　盐城东方的主营业务板块及其概要介绍

业务板块	概要介绍
基础设施建设开发	盐城东方作为盐城经济技术开发区基础设施建设的主要投资和运营主体，承担了盐城经开区内所有基础设施的建设工作。项目工程一般采取政府委托盐城东方代建的方式运作，项目立项后，公司负责筹集其余建设资金并组织对外发包及施工建设，待项目建成验收后，盐城经开区管委会对该项目实施回购
房屋销售	公司房屋销售业务以安置房为主。由于盐城经开区土地整治开发涉及原有居民的拆迁、安置工作，提供拆迁安置房、保障性住房关系盐城经开区的土地整治开发能否顺利进行。公司承担了盐城经开区内安置房的建设任务，按照盐城经开区管委会规划建设安置房并自行对外销售。公司不负责前期土地整理工作，项目土地通过公开市场"招拍挂"方式取得，建成后面向符合一定条件的业主按照盐城经开区管委会核定的价格销售
租赁及物业管理	公司租赁及物业管理业务主要包括母公司及子公司江苏沿海东方置业股份有限公司负责的物业租赁业务、全资子公司盐城市东方物业管理有限公司负责的物业管理业务等。公司通过建设工业标准厂房、实验中心、孵化基地等园区物业，并将其对外出租，实现租赁及物业管理收益。未来公司将把这种租赁及物业管理业务作为主营业务大力发展，公司逐步转变经营方式，通过建设物业收取租金的方式获得稳定长期的经营性收入，未来该部分收入将明显增长，成为公司主要收入来源
贸易	贸易业务主要由子公司盐城市同创物资贸易有限公司负责运营。公司贸易业务主要利用盐城经开区内国家级综合保税区的优势，从事有色金属电解铜等产品的国内外贸易。公司贸易业务上下游客户均处于江苏、浙江和上海等华东地区，交易方式以现货交易为主。根据公司规划，贸易业务将打造为公司主要业务板块

四、公司财务状况

如表18-2所示，2020年，盐城东方实现营业收入214941.21万元，同比增长4.21%，收入保持增长态势。从收入结构看，2020年贸易、租赁及物业管理和房屋销售占公司营业收入的比重分别为29.44%、27.21%和19.73%，是公司收入的三大主要来源，基础设施建设开发收入和融资租赁收入起到一定补充作用，当年其他收入对营业收入的贡献度有所提高，主要是汽车销售、污水处理收入增幅较大导致。公司实现营业毛利44785.89万元，较上年略有下降，其中租赁及物业管理业务占比为39.44%，为公司营业毛利的最大来源，房屋销售的贡献亦有所增长。公司综合毛利率为20.84%，较上年下降1.50个百分点，主要是租赁及物业管理、融资租赁业务毛利率略有下降。

表18-2 2019 年和 2020 年公司营业总收入、营业毛利及综合毛利率情况

项目	2019 年		2020 年	
	金额（万元）	占比（%）	金额（万元）	占比（%）
营业总收入	206254.61	100.00	214941.21	100.00
商品贸易	64203.04	31.13	63274.19	29.44
租赁及物业管理	52747.09	25.57	58488.55	27.21
房屋销售	51596.62	25.02	42398.18	19.73
基础设施建设开发	11985.24	5.81	13158.03	6.12
融资租赁	10207.40	4.95	12633.68	5.88
其他	15515.23	7.52	24988.57	11.63
营业毛利	46112.37	100.00	44785.16	100.00
商品贸易	609.64	1.32	515.65	1.15
租赁及物业管理	20989.23	45.52	17663.73	39.44
房屋销售	8794.20	19.07	9597.76	21.43
基础设施建设开发	1436.96	3.12	1337.18	2.99
融资租赁	5916.24	12.83	5056.58	11.29
其他	8366.10	18.14	10614.26	23.70
综合毛利率（%）	22.34		20.84	
商品贸易（%）	0.95		0.81	
租赁及物业管理（%）	39.79		30.20	
房屋销售（%）	17.04		22.64	
基础设施建设开发（%）	11.99		10.16	
融资租赁（%）	57.96		40.02	
其他（%）	53.72		42.48	

资料来源：Wind 数据库。

2020 年，受益于股权退出收益及投资分红，公司净利润同比大幅增长，但该类投资收益未来存在不确定性，影响公司盈利稳定性。公司刚性债务规模持续攀升，且短期债务增幅较显著，面临较大的集中偿付压力。公司资产受限比例仍偏高，大额应收款项及开发成本的变现受制于政府结算及支付进度，总体资产流动性一般。2020 年虽受益于主业回款加快以及投资收益现金回流，公司非筹资性现金流呈现净流入，但短期内公司资金周转仍对外部融资有较高依赖。

（一）资产负债分析

截至 2018 年末、2019 年末和 2020 年末，盐城东方的资产总额分别为

4127274.41 万元、5160075.61 万元和 5542966.89 万元。随着园区建设的推进，基础设施建设需求的不断增多，公司租赁及物业管理业务发展快速，公司业务规模不断扩大，资产规模随之持续增长。截至 2020 年末，公司负债总额为 3351980.14 万元，随着融资规模持续扩大，公司负债规模及负债率持续攀升，同期末资产负债率为 60.47%；若考虑计入权益的永续中票，同期末调整后的资产负债率为 63.18%。2020 年以来由于部分长期债务逐步到偿还期，且公司加大短期贷款和票据融资规模，公司债务期限结构有所短期化。2020 年末，公司流动比率处于较高水平，但考虑公司与盐城经开区财政局之间应收账款以及往来款项较大，该部分款项未来回收情况仍存在一定不确定性，且公司较大规模的可变现资产用于借款质押，实际资产流动性一般。

（二）现金流分析

2020 年，公司投资性现金净流出额为 33772.33 万元。较 2019 年大幅减少，一方面是 2019 年收购上市公司江苏立霸实业股份有限公司股权以及增加对盐城悦达智创新能源汽车有限公司、上海申创浦江股权投资基金合伙企业和盐城元润新能源产业投资基金等导致当年投资支出较大。另一方面是 2020 年公司部分股权退出实现收益以及投资分红带来较大现金回流。2020 年，公司筹资性现金流量净额为 -130987.11 万元，债务还本付息规模大，当年筹资性现金流呈净流出态势。

（三）盈利能力分析

2020 年公司营业收入较上年略有增长，主要构成亦较上年变化不大。2020 年公司实现营业毛利 44785.16 万元，较上年略有下降；综合毛利率为 20.84%，较上年下降 1.50 个百分点。2020 年，公司实现净利润 81334.84 万元，同比增长 160.42%，主要由当年投资收益大幅增长导致。公司投资收益为 76818.22 万元，较上年增加 67519.10 万元，主要来自君邦投资减持中微公司部分股权实现收益 41235.48 万元、临港东方投资分红 21622.10 万元以及悦达资本投资分红 7000.00 万元等，上述股权退出收益及分红未来存在不确定性。公司 2020 年的 EBITDA 为 171717.83 万元，较上年增加 100894.84 万元，主要由当年利润总额大幅增长导致，但因刚性债务规模持续扩张，EBITDA 对刚性债务及利息支出的覆盖程度仍较低。非筹资性现金流呈大额净流入状态，但稳定性欠佳，现阶段难以对公司债务偿付提供持续保障。

（四）政府支持及其他外部支持因素

2019 年 8 月，公司股东变更为盐城市人民政府，公司在风险防范、项目承接等方面得到了盐城市人民政府的支持。作为盐城市政府下属企业，目前公司主要负责盐城经开区基础设施建设和保障房建设等业务，除上述支持外，公司在资本注入、政府补助等多方面也获得盐城市经开区管委会的有力支持。2018 年、2019 年、2020 年，公司获得政府补助收入分别为 40111.54 万元、28024.10 万元、26597.12 万元，主要为工程建设的补助。

此外，公司长期与多家金融机构保持良好合作关系，资信状况良好，且公司已在多个市场发行债券，融资渠道较通畅，能够为公司业务发展及债务周转提供一定的资金支持。2018～2020 年盐城东方的主要财务指标如表 18-3 所示。

表 18-3　2018～2020 年盐城东方的主要财务指标

项目	2018 年末	2019 年末	2020 年末
营业总收入（万元）	174161.21	206254.61	214941.21
利润总额（万元）	31568.46	35851.01	102715.73
净利润（万元）	26281.27	31232.60	81334.84
归属母公司股东的净利润（万元）	22908.40	27939.26	77353.12
EBITDA（万元）	86860.43	70822.99	171717.83
资产总计（万元）	4127274.41	5160075.61	5542966.89
负债合计（万元）	2355124.95	2956161.27	3351980.14
股东权益（万元）	1772149.46	2203914.34	2190986.76
经营活动现金净流量（万元）	3824.76	51068.58	92882.50
投资活动现金净流量（万元）	-237005.37	-554337.03	-33772.33
筹资活动现金净流量（万元）	74557.20	658756.01	-130987.11
ROA（%）	0.66	0.67	1.52
流动比率	2.48	2.98	2.08
速动比率	1.95	2.45	1.71
资产负债率（%）	57.06	57.29	60.47
资产周转率（倍）	0.04	0.04	0.04

资料来源：Wind 数据库。

五、融资情况

目前盐城东方融资渠道主要为银行借款、信托、融资租赁、银行理财直融、债权投资计划、标准债等。盐城东方与银行等金融机构具有良好的合作关系，在多家银行拥有较高的授信额度，融资能力较强。

截至 2020 年末（见表 18-4），盐城东方及下属子公司共获得国内各家金融机构综合授信额度 233.64 亿元人民币，已使用授信额度为 175.91 亿元人民币，剩余未使用额度为 57.73 亿元人民币。公司经营情况良好、运作规范、盈利能力强，具有广泛的融资渠道和较强的融资能力，可为本期公司债券的到期本息偿还提供一定的保障。

表 18 - 4　2020 年末银行授信明细　　　　单位：亿元

序号	授信机构	授信额度	已使用	未使用
1	杭州银行股份有限公司	4.00	3.00	1.00
2	兴业银行股份有限公司	4.80	0.00	4.80
3	交通银行股份有限公司	19.84	4.10	15.74
4	中国光大银行股份有限公司	7.00	7.00	0.00
5	渤海银行股份有限公司	1.29	1.29	0.00
6	厦门国际银行股份有限公司	2.71	2.71	0.00
7	广东发展银行股份有限公司	4.70	4.70	0.00
8	华夏银行股份有限公司	7.34	7.04	0.30
9	上海浦东发展银行股份有限公司	3.20	3.20	0.00
10	上海银行股份有限公司	11.70	9.40	2.30
11	浙商银行股份有限公司	5.00	5.00	0.00
12	中国农业银行股份有限公司	8.65	8.65	0.00
13	中国民生银行股份有限公司	10.12	8.12	2.00
14	中信银行股份有限公司	7.37	5.20	2.17
15	南京银行股份有限公司	11.04	11.04	0.00
16	宁波银行股份有限公司	0.50	0.50	0.00
17	江苏银行股份有限公司	20.72	17.72	3.00
18	中国建设银行股份有限公司	19.50	6.29	13.21
19	中国工商银行股份有限公司	23.69	21.43	2.26
20	天津银行股份有限公司	0.30	0.30	0.00
21	中国银行股份有限公司	10.75	7.75	3.00
22	澳门国际银行股份有限公司	1.00	1.00	0.00
23	中国邮政储蓄银行股份有限公司	1.00	0.00	1.00
24	远东宏信融资租赁有限公司	2.07	2.07	0.00
25	苏州金融租赁股份有限公司	0.92	0.92	0.00
26	苏银金融租赁股份有限公司	2.23	0.73	1.50
27	中国信达资产管理股份有限公司	3.80	3.80	0.00
28	中国华融资产管理股份有限公司	3.20	3.20	0.00

序号	授信机构	授信额度	已使用	未使用
29	平安国际融资租赁有限公司	1.60	1.60	0.00
30	交银国际信托有限公司	5.00	3.55	1.45
31	华夏金融租赁有限公司	5.40	5.40	0.00
32	苏州信托有限公司	4.00	0.00	4.00
33	无锡财通融资租赁有限公司	2.07	2.07	0.00
34	江苏射阳农村商业银行股份有限公司	1.12	1.12	0.00
35	江苏昆山农村商业银行股份有限公司	0.60	0.60	0.00
36	江苏盐城农村商业银行股份有限公司	0.90	0.90	0.00
37	五矿国际信托有限公司	5.00	5.00	0.00
38	华鑫国际信托有限公司	2.01	2.01	0.00
39	紫金信托有限责任公司	5.00	5.00	0.00
40	江苏省国际信托有限责任公司	2.50	2.50	0.00

资料来源：Wind 数据库。

截至 2021 年 7 月 26 日，盐城东方存续境内标准债券余额 128.00 亿元，以到期计（不考虑行权），1 年以内、1～3 年和 5～7 年到期的规模分别为 81.00 亿元、27.00 亿元和 20 亿元，若以行权计，1 年以内、1～3 年和 5～7 年到期的规模分别为 81.00 亿元和 47.00 亿元。按照债券类型分类，超短期融资券 1 只，融资 7.00 亿元；定向工具 3 只，融资 12.00 亿元；私募债 6 只，融资 46.60 亿元；一般公司债 4 只，融资 25.00 亿元；一般企业债 1 只，融资 2.40 亿元；一般中期票据 6 只，融资 35.00 亿元。总体来看，短期内公司面临较大的债券集中兑付压力。盐城东方债券发行情况如表 18－5 所示，各类型债券余额占比情况如图 18－1 所示。

表 18－5　盐城东方债券发行情况

序号	债券名称	债券类型	剩余期限（年）	债券余额（亿元）
1	21 盐城东方 SCP001	超短期融资债券	0.25	7.00
2	21 盐城东方 PPN001	定向工具	2.51	5.00
3	20 盐城东方 PPN001	定向工具	1.76	4.00
4	19 盐城东方 PPN001	定向工具	1.09	3.00

续表

序号	债券名称	债券类型	剩余期限（年）	债券余额（亿元）
5	19 盐投 01	私募债	0.76	10.00
6	17 盐城 01	私募债	0.71	7.75
7	21 盐投 D1	私募债	0.62	11.00
8	16 东方 03	私募债	0.28	2.05
9	16 东方 02	私募债	0.10	5.80
10	20 盐投 D2	私募债	0.03	10.00
11	21 盐投 01	一般公司债	—	5.00
12	20 盐投 03	一般公司债	—	5.00
13	20 盐投 01	一般公司债	—	10.00
14	21 盐投 02	一般公司债	2.98	5.00
15	14 盐城东方债	一般企业债	0.14	2.40
16	21 盐城东方 MTN001	一般中期票据	2.45	5.00
17	20 盐城东方 MTN001	一般中期票据	2.22	5.00
18	19 盐城东方 MTN004	一般中期票据	0.92	5.00
19	19 盐城东方 MTN003	一般中期票据	0.75	5.00
20	19 盐城东方 MTN002	一般中期票据	—	10.00
21	19 盐城东方 MTN001	一般中期票据	—	5.00

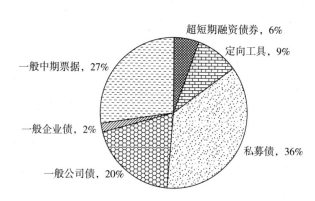

图 18-1 各类型债券余额占比情况

资料来源：Wind 数据库。

第二节 转型发展分析

一、转型的特点

盐城东方作为江苏省盐城市经开区重要的基础设施建设投融资主体和主要的国有资产运营主体，基建类业务回款方主要为盐城经开区财政局。盐城经开区下属共有 2 家发债融资平台，公司资产规模较大，是盐城经开区核心城投。

2003～2010 年，公司主要扮演融资平台的角色。2011～2015 年，财政局和建设局 16 个人员脱离公务员事业编制身份，跨入实体运营；从单一融资的平台转向土地整理开发、保障房建设、市政建设主体，尤其是园区开发。公司建设七大园区，经合并后形成了目前的四大园区——韩资工业园、盐城中国保税区、光电产业园、新能源汽车产业园。此外，公司设立了一些市场化的子公司，包括物业管理公司、小贷公司、担保公司，入股了汽车试验场。从 2016 年开始，公司开始调整，尝试市场化转型。投资性房地产方面，公司于 2016～2017 年在上海内环内投资了中信广场、静安中心、保利绿地广场三处物业，三处物业价值升值约 20%，且带来了稳定的租金回报。股权投资方面，可分为两类：一类位于盐城内，主要配合招商引资；另一类位于盐城以外。2019 年，公司成为江苏立霸实业股份有限公司第二大股东。其他板块方面，公司主要是新增融资租赁公司，注册资本 3.1 亿美元，以盐城本地公司业务为主，为本地招商引资做出了一定贡献。

盐城东方的市场化转型之路主要体现在创新拓展主营业务、增加投资收益两方面。

（一）创新拓展主营业务

盐城东方立足地产开发、市政公用、金融投资、智能制造、现代服务业等特色板块，全面对标找差，加快全方位实体化运行。以主板块为支撑，强推实体化运行。

地产开发板块与富力地产集团、阳光城地产集团等签订战略合作协议，统筹推进未来科技城、中舍花园四期、南环路北侧地块、海河湾花园等项目建设；市政公用板块持续推进赣江路道路完善、盐渎路供水等道路、桥梁和水电气基础配套建设，同步推进污水处理厂高效运行、园林公司万亩林场建设、安通公司加快市场化步伐；现代服务业板块借鉴金融街物业管理经验，尝试推进"大物业＋智慧园区"模式，有力地促进区内持有资产优质高效运行。

金融投资板块和上海的实力国企、银行证券、知名机构战略合作，创新推进资产证券化、股权再融资、打造金控集团等工作，2017 年以来，盐城东方先后与上海君和资本、江苏悦达金泰基金管理有限公司等合作，发起设立中韩（盐城）产业园发展基金、华人运通新能源汽车产业投资基金等 15 只基金，总规模达 120 亿元，其中盐城东方出资 38 亿元，撬动各类社会资本投资 82 亿元。

智能制造板块以"项目立区"战略为指引，尽快突破半导体装备、机器人、智能家电等项目落地，2017 年 5 月，公司通过上海临芯资本以较有优势的价格投资了国内半导体刻蚀设备龙头企业中微半导体。2019 年 4 月，公司通过上海临芯资本投资的澜起科技，3 个月后即登陆科创板，成为首批 25 家科创板公司之一，也是当年科创板利润之王，上市首日涨幅 268%，市值也很快突破千亿元规模。2019 年 7 月 22 日，中微半导体成为首批 25 家登陆科创板的企业之一，上市首日涨幅达 278%，市值很快突破千亿元，成为科创板龙头，投资浮盈一度超过 1620%。

（二）增加投资收益

盐城东方作为地方城投公司一直以来承担着政府融资功能，随着盐城经济技术开发区基础设施逐渐完善，盐城东方原有的基建业务开始减少，公司的转型需求也越来越迫切。

结合自身实际情况，盐城东方选择股权投资作为转型出发点。盐城东方作为一个融资平台公司，本身欠缺实体产业的经营经验，公司员工以法律、财务专业人员为主，从事股权投资更有基础。另外，公司承担了盐城经开区的招商引资工作，以股权投资作为转型的抓手，既满足了盐城东方转型的需求，又可以在股权投资过程中发现招商引资的机会。

盐城东方一开始以优质资产作为投资方向。2016 年，公司在上海购置 6 万多平方米的写字楼。2017 年，出资 8 亿元投资京东数科，出资 10 亿元参与君和资本的上海临港君和科创产业基金，包括为了支持盐城经开区产业发展投资的星月科技、鹤鸣亭、润阳光伏等区内公司。2017 年，公司开始投资科技企业，与上海临芯资本合作投资中微半导体，之后陆续投资了拓荆科技、澜起科技、航天云网、康希通信、瞻芯电子、富创精密等项目。

2016 年至今，盐城东方投资的市场化财务性投资共计 29.33 亿元，目前累计退出资金 10.15 亿元。2020 年盐城东方退出所持中微半导体 1/3 的股份，实现净收益 5.75 亿元，2020 年，公司实现累计退出 8.38 亿元。对应资产负债表，主要体现为长期股权投资、可供出售金融资产和投资性房地产等科目的变动。

近年来，盐城东方基于城投企业市场化转型、提高市场化运营水平考虑，陆续开展股权投资。截至 2020 年末，盐城东方可供出售金融资产和长期股权投资账面价值合计102.42亿元，2020年盐城东方共计取得投资收益7.68万元。2016年末至2020年末资产负债表主要科目及其变动如表18-6所示。

表18-6　2016年末至2020年末资产负债表主要科目及其变动

单位：亿元

项目	2016年	2017年	2018年	2019年	2020年	变化
资产总计	342.66	382.13	412.73	516.01	554.3	211.64
货币资金	37.18	31.11	25.11	58.49	58.84	21.66
存货	64.39	59.23	54.23	51.3	57.22	-7.17
可供出售金融资产	2.05	10.29	32.1	44.26	47.99	45.94
长期股权投资	7.99	15.19	16.51	56.63	54.43	46.44
投资性房地产	62.77	81.87	80.64	94.75	110.11	47.34
应付债券	130.99	152	101.3	108.58	91.67	-39.32
负债合计	197.01	225.14	235.51	295.62	335.2	138.19
实收资本	85	85	85	95	95	10
永续债	—	—	12.6	22.6	15	15
资本公积金	22.18	27.11	27.73	47.73	50.98	28.8
未分配利润	21.24	22.85	24.1	25.26	30.03	8.79
所有者权益合计	145.65	156.99	177.21	220.39	219.1	73.45

资料来源：Wind数据库。

二、转型的路径

（一）坚持稳增长，加快规模化发展

公司克服新型冠状病毒肺炎疫情的负面影响，2020年持有投资性房产总量220多万平方米，资产总价值超104亿元。其中在上海核心地段持有的三处6.7万平方米优质资产价值超50亿元，盐城建成或在建的标厂、写字楼、学校、医院、安置房等210多万平方米。

（二）着眼"走出去"，供能外向化开拓

盐城东方为实现加快推进外向化的目标，以"两海两绿"路径中的"接轨上海"战略为核心，以产业化、实业化、市场化追求为基本点，推进与上海漕河泾新兴技术开发区的南北共建园区合作项目。目前已对外开放的6万平方米的科技绿洲平台，招引了诸多世界500强企业的目光。同时公司以更加开阔的眼界，以保利绿地广场资产为载体，通过设立"中国盐城（上海）国际科创中心"，全力打造"上海研发基地＋盐城产业化基地"，吸引知名企业例如东风悦达起亚、

华人运通等落户。盐城东方与上海市静安区、杨浦区招商办达成战略合作，与上海临港经济发展（集团）有限公司、上海国际信托有限公司、上海电器科学研究所（集团）有限公司等一批实力国企联手，并与一批证券、基金、银行建立了常态化合作关系，充分印证了盐、沪两地联动发展并充分发挥人脉资源优势给外向化开拓方面带来的巨大优势。

（三）紧抓调结构，促进高效化投资

盐城东方深谙"站在巨人的肩膀上才能看见更广阔世界"的道理，通过精准实施股权投资、基金合作等项目将上海等地资本市场活跃、客商资源的利用率最大化，实现了对国有资本保值增值的目的。自 2016 年 6 月以来，公司先后实施的 30 多个股权投资项目，达到了综合浮盈 30% 以上收益目标，其中所投的中微半导体、澜起科技、青岛海尔生物 3 个项目均已成功在科创板上市，并以其强劲的增幅交出了令人满意的答卷。公司设立中韩（盐城）产业园发展基金、临芯半导体基金等 10 只基金，完成规模超 130 亿元的基金发起、参与和设立的全流程；入股江苏立霸实业股份有限公司，开创盐城市国有企业入股民营股份的先河；抢抓国务院政策机遇，引导盐城东方建设投资股份有限公司等子公司的自主上市。

三、转型效果分析

2016 年以来，公司立足于"平台公司中市场化最快、市场化进程中效益最好、获益丰厚国企中服务地方发展最到位"的定位，实现了资产规模持续增加、综合实力显著提升、基金助力重大项目落户、国有资产稳步增值，初步达成"盐城一流、苏北领先、上海有位次、全国有影响"转型目标。

（一）资产规模持续增加

2016 年末、2017 年末、2018 年末、2019 年末和 2020 年末，公司资产规模分别为 342.66 亿元、382.13 亿元、412.73 亿元、516.01 亿元和 554.30 亿元，资产规模持续增加，资产规模位列盐城市市属国有企业前列。目前，公司拥有全资及控股子公司 59 家，业务领域包括房地产开发、市政公用工程、金融投资、现代服务业等。

（二）综合实力显著提升

在新冠肺炎疫情对经济造成不小冲击的背景下，公司平稳转型，以转型促发展，综合实力得到显著提升。2020 年，公司实现营业收入 21.49 亿元，净利润 8.13 亿元，资产负债率稳定在 60% 左右。2020 年 1 月，上海新世纪资信评估投资服务有限公司将公司主体信用评级上调为 AA＋，充分表明盐城东方的综合实力、发展前景得到了评级机构的认可。提升评级对于公司来说意义重大，不仅增强了公司在债券市场的竞争力，同时还对拓宽公司融资渠道、降低融资成本起到了强有力的支撑作用。2020年，公司为保障平稳发展，完成融资140亿元，其中由江苏银行主承的疫情防控债发行利率为年化3.8%，创2017年以来融资产品发行价格新低。

（三）股权收益不断提高

2016年以来，公司投资超40亿元于10多个市场化投资项目，综合浮盈超50%。其中参与设立的上海临港东方君和基金，总规模为28亿元，已累计分红约4.5亿元；在二级市场减持所投资的中微半导体项目33.45%的股权，实现净收益约5.7亿元；所投的中微半导体、澜起科技、海尔生物3个项目成功登陆科创板，并入选"科创50指数"，2019年入股主板上市公司江苏立霸实业股份有限公司，以14.08%的股权成为第二大股东。2020年实现超8亿元的投资收益，预计未来三年股权投资年均投资收益在10亿元左右，股权收益稳定。

（四）基金助力重大项目落户

盐城东方出资38亿元发起设立或参与15只基金，总规模达120亿元，其中包括中韩（盐城）产业园发展基金、华人运通新能源汽车产业投资基金等，合计撬动社会资本投资82亿元；充分发挥产业基金的杠杆作用，助推盐城经开区成功招引华人运通新能源汽车、润阳光伏、阿特斯阳光、捷威动力电池等多个重大项目落户。

（五）国有资产稳步增值

通过接轨上海投资优质资产，例如在2016年战略购进上海北外滩中信广场、杨浦保利绿地广场等资产，目前资产稳步升值20%以上，年租金收入超1亿元，并实现融资到账34.7亿元。为提升资产保值增值，公司还拓展多种经营思路例如积极推进园区整体包租、智慧物业管理等方式。盐城经开区内资产出租面积从2015年底的121万平方米提升至2020年的221万平方米，增长83%；租金收取从2015年底的1.82亿元提升至2020年的4.0亿元，增长120%；权证办理面积从2015年底的9万平方米提升至2020年的135万平方米，增长1400%。

（六）子公司市场化增收

盐城东方水务有限公司全年处理污水超1100万吨，实现营收超4500万元。盐城市东方物业管理有限公司创办安保、家政、建设、餐饮4个子公司，加快多元化增收步伐；中标海河湾花园物业服务项目，首次实现单个签约项目总额突破800万元；软件园6号楼B座项目获得省物管行业最高殊荣——"2019年度省级示范物业管理项目"称号。盐城东方园林工程有限公司成立园艺管理处，拓展市场化创收渠道。盐城市东方安通交通安全设施有限公司实现营业收入2395万元、利润412万元，同比分别增长138%、54%。盐城市东方融资担保有限公司全年累计对19户担保2.35亿元，清收任务完成目标的112%。盐城市东方转贷服务有限公司全年累计发放 4.45 亿元转贷资金，收回率 100% 。江苏东方融资租赁有限公司全年实现营收 1.26 亿元。

第三节　转型经验启示

一、围绕"六化"发力，实现可持续转型升级

城投公司转型发展可以稳增长为导向，加大市场化营收、利润等的考核占比，加快规模化扩展；以"走出去"为动能，进一步放大品牌带动效应，在招商引资、资产证券化、基金设立、股权投资等方面提速外向化开拓；以调结构为引擎，强化项目招引，设立专项基金，投资优质项目，积极推进自主上市，激活高效化混改；以主板块为支撑，推动地产开发、市政公用、金融投资、智能制造、现代服务业等板块实体化运行，实现公司全面市场化提速发展；以防风险为保障，按照上市公司标准严格规范法人治理结构和企业运行机制，加快完善现代企业制度，推进依法依规高效治企；以创特色为方向，统筹推进党建引领、改革创新、人才兴企、文化提升等重点工程，创建特色品牌。

二、加强与金融机构合作，提高直接融资比例

重视与银行机构在债券融资、资金募集、产业投资等金融领域的诚信合作，为转型发展赢得金融保障。与银行机构诚信合作，与全国五大行、股份制商业银行和城商行合作，在债券融资、资金募集、产业投资等金融领域开展广泛合作，提高直接融资占比，降低融资成本，为企业服务地方政府投资建设基础设施、自身可持续发展提供稳定优质的资金保障，成为银行和金融机构、投资人的战略合作伙伴。

三、借助股权投资，拓展收益渠道

当今科技创新与"双循环"新格局将提升企业质量、造就大量投资机遇。新时期的经济发展立足于科技创新、自立自强的战略定位和"双循环"相互促进的新发展格局，这为数量更多、质量更高的城投公司发展提供了肥沃的宏观土壤，为股权投资市场带来大量投资机遇，主要集中在科技、消费、医药、高端制造等领域。城投公司转型可借力股权投资，选准产业、找准支点、把握机遇，多方向、多角度地拓展公司收益渠道。

第十九章　深圳国资系统案例分析

深圳市国资国企依托经济特区的区位优势，大力发展金融和战略性新兴产业，助力新兴产业和未来产业在深圳落地和壮大，为深圳建设社会主义先行示范区和粤港澳大湾区发展贡献了重要力量。深圳市国有资本投资运营平台参与了苏宁易购、中国恒大、荣耀等大型品牌企业的股权重组，深入参与资本市场将国有资本快速做大做强，为国有资本保值增值与国有企业市场化、专业化改革提供了特色鲜明的深圳样本。深圳市国资系统的建设也在构建以管资本为主的国资监管体系、打造产业投资生态圈等方面为我国其他省区市国资系统转型发展提供了宝贵经验。

第一节　深圳国资系统基本情况

一、深圳国资系统简介

深圳经济特区成立 40 余年，创造了从小渔村成长为全球经济特区成功典范的奇迹，也走出一条具有深圳特色的国资国企改革道路，获得多项全国第一。深圳市人民政府国有资产监督管理委员会（以下简称"深圳市国资委"）下属国有企业定位于"服务大局、服务城市、服务产业、服务民生"四大方面，目前有四大股权投资平台：深圳市创新投资集团有限公司（综合性投资平台）、深圳市投资控股有限公司（国有资本投资公司试点企业）、深圳市资本运营集团有限公司（国有资本运营公司试点企业）和深圳市鲲鹏股权投资管理有限公司（战略性基金管理平台），共计控股 31 家上市公司，重要参股 4 家上市公司。1978 年以来，深圳市国资系统国企以年均 28.9% 的增长速度，总资产增长了 2.64 万倍。2020 年，深圳市属国资总资产、净资产、营业收入、利润总额、净利润、上缴税金再创"六个新高"，其中利润总额 1350.6 亿元、同比增长 5.3%，净利润 1026 亿元、同比增长 7.8%。相比综改试验启动前，总资产增长 31.8%、营业收入增长 59.1%、利润总额增长 25.8%。

二、区域特色

深圳是我国经济特区建设的先行者，自改革开放以来取得了举世瞩目的成就。深圳市位于广东南部、珠江口东岸，东临大亚湾和大鹏湾，西濒珠江口和伶仃洋，南隔深圳河与中国香港相连，水陆空铁口岸俱全拥有优越的地理条件，是中国拥有口岸数量最多、出入境人员最多、车流量最大的口岸城市。深圳是中国经济建设的核心城市之一，经济总量长期位列中国内地城市的前列，并成为我国对外开放和现代化建设的重要展示窗口。在战略定位方面，深圳市肩负着粤港澳大湾区、中国特色社会主义先行示范区建设的重大使命，全力建设综合性国家科学中心、全球海洋中心城市。

深圳市同时也是我国国有资本改革、国有企业改革的先行者和示范区。2019 年深圳成为全国率先开展区域性国资国企综合改革试验的两个城市之一。《深圳市区域性国资国企综合改革试验实施方案》明确了综改试验的基本原则之一就是"坚持市场导向"。深圳市国资委构建的"1+4+4"改革总体框架，明确列明了产业布局、监管、放管服、党建 4 项国资层面改革和产权、治理、用人、激励 4 项国企层面改革，共同支撑着深圳国资国企综改总目标的实现。

深圳市作为我国的一线大都市，经济总量在全国范围内稳居北京和上海后的第三位，领跑粤港澳大湾区城市群，并且在人均和增速上占优势。2019 年深圳实现地区生产总值 26927 亿元，比上年增长 6.7%；2020 年地区生产总值达到 27670.24 亿元，同比增长 3.1%。深圳市战略性新兴产业比重高，信息技术产业、数字经济、高端装备制造、海洋经济、生物医药等产业是深圳市的经济主力。同时深圳市的强劲金融实力、发达外贸、稳定现代服务业增长，共同构成了深圳市经济增长的重要驱动力量。

三、深圳国资系统业务情况

深圳市属国有企业的主营业务包含公共交通系统建设运营、市政建筑工程的开发以及水资源、能源、粮食加工制造等与社会民生息息相关的产业，体现了国资国企的社会责任担当。另外，股权投资基金是深圳国资的一大特色，以深圳市投资控股有限公司、深圳市创新投资集团有限公司、深圳市鲲鹏股权投资管理有限公司为代表的投资公司开展了一系列对外投资，助力深圳市在芯片、生物医药、新材料等战略性新兴领域提前布局，进一步提升城市科技竞争力。深圳市主要市属国企主营业务情况如表 19 – 1 所示。

表 19 – 1   深圳市主要市属国企主营业务情况

企业	主营业务
深圳市投资控股有限公司	股权投资
深业集团有限公司	资产经营、实业投资
深圳市地铁集团有限公司	城市轨道交通建设经营
深圳市机场（集团）有限公司	机场开发与运营、航空运输
深圳市盐田港集团有限公司	港口开发与经营
深圳市水务（集团）有限公司	生产经营自来水、污水处理
深圳市燃气集团股份有限公司	燃气开发经营与服务
深圳市巴士集团股份有限公司	公共交通运营
深圳市深粮控股股份有限公司	批发零售、食品加工制造、租赁及商务服务
深圳市农产品集团股份有限公司	农产品流通、供应链服务、电子商务
深圳市特区建发投资发展有限公司	园区综合开发、地产开发、物业管理
深圳市创新投资集团有限公司	创业投资
深圳市城市公共安全技术研究院	城市公共安全领域综合研究、公共安全产品开发、公共安全领域培训与咨询服务
深圳市人才安居集团有限公司	深圳市人才住房投融资、建设筹集、运营管理、租赁
深圳市国有免税商品（集团）有限公司	免税商品零售业务
深圳市特区建工集团有限公司	市政建筑工程设计、建设、运维
深圳市振业（集团）股份有限公司	房地产开发经营
深圳市特发集团有限公司	旅游产业、房地产开发经营、国内商业、物资供销业、经济信息咨询、经营进出口业务
深圳市资本运营集团有限公司	投资兴办各类实业、投资管理、资产管理
深圳市交易集团有限公司	公共资源交易、阳光采购服务、产权服务、环境权益交易服务、大数据交易服务
深圳市鲲鹏股权投资管理有限公司	基金管理
深圳市东部公共交通有限公司	公共交通运营

资料来源：根据深圳市国资委网站公开信息整理。

　　深圳市创新投资集团有限公司、深圳市投资控股有限公司和深圳市资本运营集团有限公司是深圳市的代表性国有资本投资平台，也是深圳国资系统的标杆性企业。深圳市创新投资集团有限公司于 1999 年由深圳市政府出资并引导社会资本出资设立，以创业投资为主营业务，管理资金规模约 4213 亿元。深圳市创新投资集团有限公司主要投资中小企业、自主创新高新技术企业和新兴产业企业，涵盖信息科技、智能制造、互联网、消费品与现代服务、生物技术与健康、新材料、新能源/节能环保等行业领域。截至 2021 年 7 月末，深圳市创新投资集团有限公司投资企业数量、投资企业上市数量均居全国创投行业第一位，成功投资了潍柴控股集团有限公司、酷狗音乐（腾讯音乐）、烟台睿创微纳技术股份有限公司、西部超导材料科技股份有限公司、深圳迈瑞生物医疗电子股份有限公司、南昌欧菲光科技有限公司、深圳市信维通信股份有限公司、深圳市中新赛克科技股份有限公司、深圳微芯生物科技股份有限公司、深圳普门科技股份有限公司、宁德时代新能源科技股份有限公司、傲基科技股份有限公司、河南金丹乳酸科技股份有限公司、中山康方生物医药有限公司、奇安信科技集团股份有限公司、深圳市柔宇科技有限公司、翱捷科技股份有限公司、北京华大九天科技股份有限公司等众多明星企业。

深圳市投资控股有限公司成立于 2004 年，是以科技金融、科技园区、科技产业为主业的国有资本投资公司试点单位，截至 2020 年末，公司总资产规模达到 8454 亿元，成功跻身"世界 500 强"。深圳市投资控股有限公司立足深圳城市发展战略，围绕"服务大局、服务城市、服务产业、服务民生"的功能定位，聚焦服务科技创新和产业培育，着力推进改革创新、转型发展，为深圳建设全球标杆城市提供了强大支撑。深圳市投资控股有限公司旗下有国信证券股份有限公司、深圳经济特区房地产（集团）股份有限公司、深圳市人才集团有限公司等重要子公司，并参股了中国平安保险（集团）股份有限公司、国泰君安证券股份有限公司、南方基金管理股份有限公司等知名金融机构。

深圳市资本运营集团有限公司成立于 2007 年，是国有资本运营公司的试点企业和国家"双百行动"示范企业。自成立以来，深圳市资本运营集团有限公司围绕着深圳国资国企改革发展，探索以资本运营为内核的业务模式，构建起并购重组、股权投资、产业基金、市值管理四大业务板块，形成了覆盖企业全生命周期的投资并购服务业务体系、以"管资本"为主的投后服务赋能体系。深圳市资本运营集团有限公司是市属国资拓展产业链的重要主体，控参股企业涵盖绿色建筑、智能制造、新能源、证券、保险、基金、担保等诸多领域，已经形成以新兴产业和金融类金融为主的产业布局。

四、深圳国资系统财务状况

深圳市国资系统企业 2020 年实现营业收入 7956.20 亿元，利润总额为 1350.60 亿元。从公开数据来看，深圳市国有经济实现了稳中有进，在新型冠状病毒肺炎疫情的冲击之下仍然有所增长，盈利能力位居全国前列，为深圳市经济增长和财政收入做出了重要贡献。深圳市国资委财务统计快报企业经营情况如图19－1所示。

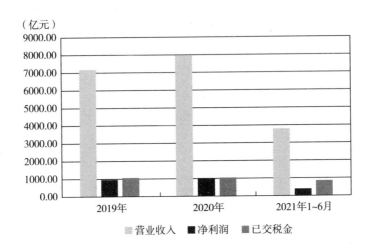

图 19－1　深圳市国资委财务统计快报企业经营情况

资料来源：根据深圳市国资委网站公开信息整理。

第二节　转型发展分析

一、转型特点

（一）功能布局持续优化

近年来，深圳国资国企围绕地区发展的需要，优化国有资本产业布局、空间布局、形态布局。产业布局方面，除落实基础设施公用事业服务这一主要任务外，深圳国资国企的不同之处在于大力发展金融和战略性新兴产业，充分发挥城市产业战略先导作用，助力新兴产业和未来产业在深圳落地和壮大，以提升深圳城市核心竞争力。

截至2020年末，深圳国资77.7%的资产集中在以基础设施公用事业为主体、金融和战略性新兴产业为两翼的"一体两翼"领域。空间布局方面，深圳国资国企坚持"深耕深圳、立足粤港澳大湾区、面向全国、走向世界"的发展目标，在全球 16 个国家和地区、全国 167 个城市投资布局。形态布局方面，深入实施"上市公司＋"和"＋上市公司"战略，推动优质资源向上市公司集中，同时战略性参股中国平安保险（集团）股份有限公司、国泰君安证券股份有限公司、长城证券股份有限公司等上市公司和中国南方航空股份有限公司、南方基金管理股份有限公司、华润深国投信托有限公司等一批知名企业。

（二）对标淡马锡打造国有投资公司

深圳投资控股有限公司是深圳国资系统中十分典型的投资公司，是深圳市第八家进入世界五百强的企业，且入选国家国企改革"双百行动"企业名单。2018年深圳市政府通过了《深圳市投资控股有限公司对标淡马锡打造国际一流国有资本投资公司的实施方案》，学习并实践淡马锡的成功经验。淡马锡是新加坡国有控股的投资公司，于 1974 年成立。市场化运营和全球化是淡马锡的两大特点：《新加坡宪法》规定淡马锡有保护过去积累的储备金的责任，除非关系保护储备金，否则无论是新加坡政府还是新加坡总统，均不参与淡马锡的投资或其他商业决策；截至 2020 年末，淡马锡投资组合净值的地理分布中，24% 分布在新加坡、42% 分布在新加坡以外的亚洲地区、34% 分布在世界其他地区。淡马锡的市场化理念和制度以及全球化视角是深圳市国有资本投资公司的两大对标方向。根据《国企改革三年行动方案》，深圳投资控股有限公司作为开展综合改革的试点企业，在投资、资本运营、担保等方面可获得国资监管机构的更多授权，同时将以并购重组、培育战略性新兴产业、战略性市值管理、发展产业基金为重点，推进市场化股权运作。

（三）积极参与民营企业股权重组

过去几年，深圳国资系统的企业频繁参与大型品牌企业的股权重组，广泛布局通信、互联网、地产等行业。2020 年 11 月，深圳市国资委通过深圳市深国际物流发展有限公司、深圳市鲲鹏股权投资管理有限公司、深圳市资本运营集团有限公司以及深圳市智慧城市科技发展集团有限公司收购由华为剥离出来的荣耀。2020 年 12 月，深圳国资委通过深圳市资本运营集团有限公司及深圳资本集团全资控股公司深圳资本（香港）集装箱投资有限公司受让了中国国际海运集装箱（集团）股份有限公司 29.74% 的股权，一跃成为中国国际海运集装箱（集团）股份有限公司的第一大股东。2021 年 2 月，深圳国资跨省接盘上市公司苏宁易购，深圳市深国际物流发展有限公司、深圳市鲲鹏股权投资管理有限公司收购苏宁易购 23% 的股份。此外，深圳国资还以间接持股的方式参与中国恒大集团债转股，成为恒大的战略投资者。

深圳国资的布局可归纳为两大领域：一是传统国资参与的城市建设、民生保障领域，正如设立了有深圳市地铁集团有限公司、深圳水务（集团）有限公司、深圳市燃气集团股份有限公司、深圳巴士集团股份有限公司、深圳市农产品集团股份有限公司、深圳市人才安居集团有限公司等企业。二是布局战略性新兴领域，为未来长远发展、提高国资竞争能力打基础。通过股权投资的方式积极参与新兴行业、高科技行业的建设进一步体现了深圳国资践行"服务大局、服务城市、服务产业、服务民生"的功能定位。深圳国资国企和苏宁易购的结合对深圳构建国内外双循环的新发展格局具有战略意义，双方可以互相赋能，实现共同发展；投资中国国际海运集装箱（集团）股份有限公司的目的在于培育海工装备领域，服务海洋经济振兴；深圳市人才安居集团有限公司是深圳市委、市政府保障深圳人才安居乐业的平台，与房地产公司的合作空间大、协同作用较为明显，因此投资恒大集团十分契合自身的发展需求。

二、转型路径

（一）依托资本市场加快做大做强

按照《深圳市国民经济和社会发展第十四个五年规划和二〇三五年远景目标纲要》的要求，深圳市正逐步实施"上市公司＋"战略，即依托国内外多层次资本市场，综合运用股权、基金等运作方式，推进资源资产化、资产资本化、资本证券化，大力推动国有企业上市，创造条件实现集团公司整体上市，加大市场化并购上市公司力度，推动国有资产向上市公司集中。在"上市公司＋"战略的推进过程中，深圳国资加速了对优质上市民企的并购整合，通过"国资引入民企"与"国企入主民资"的方式推动混合所有制改革，依托资本市场实现国有资本保值增值。

2021年一季度，深圳国资委通过国有企业投资入股了苏宁易购和中芯国际，还投资了深圳深爱半导体股份有限公司、南京高光半导体材料有限公司、浙江博蓝特半导体科技股份有限公司、北京屹唐半导体科技股份有限公司、深迪半导体（绍兴）有限公司、晶芯半导体（黄石）有限公司等多家半导体企业，意味着其"上市公司＋"战略的稳步推进，也说明该战略正在成为支撑其关键产业发展的有力举措之一。

（二）走市场化、法治化道路

深圳国资遵循市场经济规律和企业发展规律，推动国企成为自负盈亏、自担风险、自我约束、自我发展的市场主体，让国企不再有"等靠要"思想，而是注重创新思路和模式，充分参与市场竞争，走市场化改革的道路。深圳国资国企竞争力的打造离不开在经营机制市场化改革方面的一系列举措，如取消企业行政级别，完成企业改制，实现竞争性领域劣势企业平稳退出，开展国有独资公司董事会建设试点，完成劳动、人事、分配制度改革，商业类企业管理团队整体市场化选聘，建立长效激励约束机制等。深圳国资国企逐步建立了与市场接轨的经营机制，从而激发国企活力、巩固人才吸引力。

同时，深圳市国资委不断推进加强市属国有企业法治国企建设，主要从提高国有企业依法治理能力、依法合规经营能力和依法规范管理能力三方面着手。首先，深圳市国资国企健全依法决策机制，依法参与市场竞争，充分发挥法律审核在规范市场竞争、防止违法违规行为中的重要作用，并依法开展境外投资。其次，完善企业规章制度体系，规范重点领域和关键环节的管理，大力提升法律管理和风险管控水平。最后，加强法治工作队伍建设，深化总法律顾问制度建设，不断完善企业法人治理结构，促使董事会、监事会、管理人依法履职，相互监督。

三、转型效果分析

（一）国资规模、效益、影响力显著提升

自深圳建市以来，深圳国资以年均28.4%的速度实现总规模增长2.64倍。"十三五"期间，深圳市属企业总资产、营业收入、利润总额、上缴税金分别增长3.02倍、4.82倍、2.24倍、3.05倍，年均增速达32.1%、42.2%、26.5%、32.3%。2020年，深圳市属企业资产总额、净资产、营业收入、利润总额、净利润、上缴税金再创"六个新高"，其中净利润1026亿元、增速高出全国地方国资平均水平16.3个百分点；上缴税金1044亿元，为深圳贡献财税收入581亿元，达到历史新高。在全国37个省级监管机构中，深圳市属企业总资产跃居第4位，利润总额、净利润、成本费用利润率、销售利润率跃居第2位，高质量发展基础进一步巩固。

近年来，深圳国资国企改革工作得到中央、省区市的肯定，国企改革经验在全国推广，国务院国企改革领导小组办公室刊发深圳改革成果数量连续3年居全国地方国资首位，深圳市国资委"改革执行与创新成效"指标连续4年获得市政府绩效评估满分，深圳国资系统的影响力逐步提升。

（二）为深圳经济特区发展和现代化建设奠定基础

深圳国有企业的发展是伴随着深圳这座现代化大都市的发展而逐步发展变化的，具有一定的客观必然性。

首先，国资国企的崛起为深圳经济特区现代化建设打下了基础，在改革开放初期，深圳市国资系统为工业、商贸、城市建设发挥支撑作用，也为外资企业和民营企业培育创造了环境，如深圳外资企业最初通过与国企合资的方式在我国顺利落地并快速开拓业务；深圳诸多民营企业家都是20世纪80年代从国企中走出来并成功创业的。其次，国有企业对深圳经济发展和城市建设始终发挥着主要保障功能。现在的深圳已经成为全世界基础设施、公用事业最完善和发达的现代化大都市之一，拥有包括现代化的地铁网、四通八达的高速公路网在内的公共交通系统，全国第四大现代化枢纽机场，全球第三大集装箱港，设施完善、服务优质的燃气和供水等系统，以及充足的粮食储备，丰富的农产品批发市场，不仅为经济发展和城市建设提供了基本保障，也使深圳市民享受较好的公共服务。最后，国有企业是深圳发挥政府引导作用、促进经济发展的主要平台与载体，一方面，在深圳以高科技为主导的现代化产业体系的形成和发展的过程中，国有企业或者通过成立各种风险投资、产业投资、担保机构为高科技企业提供金融服务，或者通过国有企业开发产业园区，为园区内各种所有制企业发展提供全方位的服务；另一方面，政府在一些重大基础设施建设投资、重要行业领域特许经营、重大产业发展项目的建设和运营过程中，都通常通过国有企业的平台来实现。

（三）探索出深圳特色国资监管路径

区域性国资国企综合改革试验启动以来，深圳市国资委按照简政放权的总思路，着力在破除体制性障碍上下功夫，采取加快转变国资监管机构职能、持续完善国有资本投资公司和运营公司功能、构建智慧国资国企管控平台等方式，增强国资监管的针对性、科学性、有效性。

在加快转变国资监管机构职能方面，深圳市国资委紧扣"国企出资人、国资监管人、党建负责人"职责定位，修订国资监管权责清单，强化党建和监督职责，形成8类24项事权，更加凸显企业市场主体地位；出台市属国有控股上市公司、未实际控制上市公司治理办法，修订完善股东事务沟通指引，立足股东身份行权履职；启动国资监管立法工作，推动《深圳经济特区企业国有资产监督管理条例》列入深圳市人大常委会2020年立法项目，为地方国资立法探新路。

在持续完善国有资本投资、运营公司功能方面，深圳市国资委重点强化深圳市投资控股有限公司国有资本投资功能，将境内主业不超过净资产20%、约400亿元的投资决策权授予企业，推动深圳市投资控股有限公司于2020年跻身世界500强；着力提升深圳市资本运营集团有限公司的国有资本运作能力，将多家国企股权整合至资本集团，并将其单笔股权投资决策权限提升至净资产的5%，约10亿元。

在构建智慧国资国企管控平台方面，深圳市国资委全面实施智慧国资国企信息化三年规划，建立信息集成、实时在线、公开透明、协同高效的要素交易综合监管体系，有序推动阳光采购平台、资金融通平台、资产交易平台、资源性资产租赁平台、重大资源开发监管平台、审计大数据平台、国资大数据中心和监督稽查信息系统"六平台一中心一系统"上线运行。

综合改革试验启动以来，深圳市国资委持续推进资源资产化、资产资本化、资本证券化，加快实施"上市公司＋"和"＋上市公司"战略。截至 2020 年末，深圳市属国企资产证券化率达 57.2%。

第三节 转型经验启示

一、构建以管资本为主的国资监管体系

国务院国资委出台以管资本为主、加快国资监管职能转变系列文件，是贯彻落实党的十九届四中全会精神的重要举措，也是在国资领域推进国家治理体系和治理能力现代化的积极探索。构建以管资本为主的国资监管体系，首先要深化产权改革，强化国资委的资本管控能力。公益类、功能类企业原则上保持国有独资，更好发挥承担社会责任、服务发展大局的重要作用；商业类企业作为混合所有制改革重点，应强化其市场主体地位，充分参与市场竞争。其次要进一步优化资本运作，强化国有资本投资、运营公司的资本运作专业平台功能。可借鉴深圳国资系统的"上市公司＋"战略和基金群战略，积极参与资本市场，提高国有资本运营效率。最后要加快激励机制转换，激发资本活力。按照"市场化选聘、契约化管理、差异化薪酬、市场化退出"要求，坚持组织选拔与市场化选聘相结合，分层分类选拔、使用和管理企业负责人，探索建立职业经理人制度。全面落实董事会对管理团队的考核、薪酬分配权利，构建短中长相结合的收入分配和长效激励约束机制。

二、深化国有体制市场化、专业化改革

深圳国资系体制机制创新是其在众多国资系中脱颖而出的重要原因。深圳市作为经济特区和经济体量全国第三发达地区，在资金和政策宽松度上都有较多优势，在经济体制改革、国有企业改革的进程中一直走在全国前列，为深圳国资国企的市场化与专业化转型提供了发展土壤。从深圳市国有资本投资公司对标新加坡淡马锡的改革实践来看，机制体制的突破是激发国资潜能、盘活资源要素的基础。机制改革突破的关键是建立规范的法人治理结构，构建市场化的责权利对等的机制。理顺治理主体关系，建立权责清晰、协调运转、权力制衡的法人治理结构，推动党的领导与公司治理深度融合。采用市场化的人员选聘机制，引入职业经理人、专业投资人员，完善区别于党政领导干部的国企领导人员管理机制，探索建立国企职业经理人制度。构建按要素贡献分配的市场化体系，消除因垄断产

生的薪酬分配不公现象，引入市场化激励方式，建立薪酬与业绩高度挂钩的激励约束机制，全面激发企业活力。

三、打造产业投资生态圈

深圳国资四类功能性基金群带动各类产业发展的历程表明，国有资本通过投资驱动区域产业发展，不仅是靠单纯的投资运营，而应该加强所投企业之间联动合作，形成产业链、生态圈。国有资本投资可针对不同产业类型的各个发展阶段，搭建不同投资载体、设立不同功能基金，整合各类资源，构造一个全方位、立体化的产业驱动生态，从而加速战新产业布局、促进创新创业良性循环。

对于区域性国有资本打造产业投资生态圈而言，首先，应围绕区域主导产业及产业链，建立不同投资平台，合理定位和确立各类投资平台的功能，切实发挥投资平台在产业投资中运行实施的主导作用。其次，要充分发挥国有资本撬动民营资本联合驱动产业发展的作用，结合区域产业发展层次、企业生命周期和特定产业扶持发展的需要进行布局，构建与产业类型匹配的多层次基金。可借鉴深圳国资，依据发展需要，打造功能完善的基金群业态，建立基金服务产业的全链条能力，以促进各类关键产业的升级发展。最后，要充分集聚各方资源和力量，加强与相关产业机构、金融机构、投资机构甚至科研院所的合作，重视市场化运作，提升国有资本在产业资源、金融资源、科技资源的要素配置力，夯实为产业和企业发展赋能的综合实力。

同时，区域产业发展除了产业链的搭建，还需龙头企业带动。深圳国资系统企业主要采取"上市公司＋"战略，通过并购整合来推进优质资源向上市企业推进，同时通过构建强大的科技金融服务体系为企业提供支持，这些措施可为其他地区国资系统转型发展提供一定的借鉴与启示。

参考文献

［1］Borri N. , Shakhnov K. Global Risk in Long – Term Sovereign Debt ［J］. The Review of Asset Pricing Studies, 2021, 11（3）：149 – 166.

［2］Chan J. L. , Zhao X. , Zhang Q. Accounting for China's Government Liabilities：After Much Progress, Great Tasks Remain ［J］. Public Money & Management, 2021, 41（4）：221 – 239.

［3］Han Z. , Xingchi L. , Kaijian L. , et al. . The Influence Mechanism of Compensation Incentive in State – Owned Enterprises on the Realization of Enterprise Strategic Goal：A Case Study of a Petroleum Company in Guangzhou ［J］. International Journal of Frontiers in Sociology, 2021, 3（2）：325 – 342.

［4］Rodden Jonathan A. , Eskeland Gunnar S. , Litvack Jennie. Fiscal Decentralization and the Challenge of Hard Budget Constraints ［M］. Cambridge：The MIT Press, 2003.

［5］Vukovic Darko B. , Rincon Carlos J. , Maiti Moinak. Price Distortions and Municipal Bonds Premiums：Evidence from Switzerland ［J］. Financial Innovation, 2021, 7（1）：125 – 140.

［6］陈先华. 浙江省国有资本运营公司融资创新的探索 ［J］. 财务与会计, 2021（1）：73.

［7］陈颖. 2008 年以来我国地方政府债务政策变迁及逻辑 ［J］. 武汉金融, 2021（4）：83 – 88.

［8］楚尔鸣, 曹策, 李逸飞. 开发区升级与城投债杠杆率：影响机制与异质性 ［J］. 财贸经济, 2021（5）：144 – 160.

［9］崔晓艳, 张蛟, 杨凯旋. PPP 产业投资基金在地铁项目中的运作管理研究——以青岛城市发展 1 号线基金为例 ［J］. 建筑经济, 2021（1）：62 – 65.

［10］范志忠. 流动性视角下地方政府债务风险化解对策 ［J］. 宏观经济管理, 2021（7）：73 – 78.

［11］郭春丽．组建投资运营公司　完善国有资本管理体制［J］．宏观经济管理，2014（11）：49－52.

［12］郭玉清，姜晓妮，刘俊现．体制压力下的城投债扩张机制研究——基于治理转型视角［J］．现代财经（天津财经大学学报），2021（5）：3－18.

［13］郭玉清，刘俊现，姜晓妮．转型视域下的融资平台风险治理：政策评估与战略取向［J］．财政研究，2021（6）：55－69.

［14］韩瑞雪，徐军伟，毛捷．公共债务全口径测算与债务风险特征研究：以北京市为例［J］．现代财经（天津财经大学学报），2021（8）：3－17.

［15］胡恒松，鲍静海．地方政府投融资平台转型发展：指标体系与转型模式［J］．金融理论探索，2017（6）：43－49.

［16］胡恒松，刘浩，王宪明，等．中国地方政府投融资平台转型发展研究2020［M］．北京：经济管理出版社，2020.

［17］胡恒松，孙久文．基于PPP项目构建多层次融资体系［J］．甘肃社会科学，2018（1）：140－145.

［18］黄群慧．新发展格局的理论逻辑、战略内涵与政策体系——基于经济现代化的视角［J］．经济研究，2021（4）：4－23.

［19］孔薇，扈文秀，马晓强．金融制度缺陷与地方融资平台期限错配的实证分析［J］．统计与决策，2021（14）：145－148.

［20］李红娟，刘现伟．优化国有资本布局的思路与对策［J］．宏观经济管理，2020（2）：29－34.

［21］李红强，林倩，林雄斌．债务化解视角下城市基础设施投融资体系重构研究——基于宁波市的调研［J］．金融理论与实践，2021（6）：39－45.

［22］李明，龙小燕．"十四五"时期我国数字基础设施投融资：模式、困境及对策［J］．当代经济管理，2021（6）：90－97.

［23］李升．地方政府隐性债务风险及其治理［J］．地方财政研究，2018（12）：58－65.

［24］梁若冰，王群群．地方债管理体制改革与企业融资困境缓解［J］．经济研究，2021（4）：60－76.

［25］林旭阳，刘佳．构建中央企业向管资本转变的运营体系［J］．宏观经济管理，2020（8）：42－48＋54.

［26］刘红忠，柯蕴含．地方政府隐性债务、规范举债工作目标与PPP项目推行［J］．复旦学报（社会科学版），2021（4）：165－174.

［27］龙小燕，陈旭，黄亦炫．地方政府专项债券拉动基础设施投资的效应［J］．金融论坛，2021（7）：60－69.

［28］马草原，朱玉飞，李廷瑞．地方政府竞争下的区域产业布局［J］．经济研究，2021（2）：141-156.

［29］马惠娴，陈姗姗．城投公司混合所有制改革与债务风险［J］．当代财经，2021（4）：66-77.

［30］毛捷，徐军伟．地方融资平台公司的市场化转型研究——制度溯源、个性刻画与实现路径［J］．财贸经济，2021（3）：28-43.

［31］梅建明，戴琳，吴昕扬．中国地方政府投融资改革70年：回顾与展望［J］．财政科学，2021（6）：26-37.

［32］聂辉华，阮睿，沈吉．企业不确定性感知、投资决策和金融资产配置［J］．世界经济，2020（6）：77-98.

［33］牛霖琳，夏红玉，许秀．中国地方债务的省级风险度量和网络外溢风险［J］．经济学（季刊），2021（3）：863-888.

［34］齐结斌，胡育蓉．地方政府融资平台、货币政策调控与"稳增长、稳杠杆"［J］．上海金融，2021（2）：26-35.

［35］祁玉清．分级分类规范和拓展政府投资方式［J］．宏观经济管理，2020（2）：21-28.

［36］秦龙．地方政府债券流动性指数的构建与分析［J］．金融发展研究，2021（7）：79-83.

［37］荣兆梓，咸怡帆．继续推进国有资本治理体制改革［J］．河北经贸大学学报，2021（3）：56-61.

［38］舒春燕，冷知周．地方政府投融资平台市场化转型的现实困境与路径思考［J］．金融与经济，2018（12）：90-93.

［39］谭静，文宗瑜，范亚辰．国有资本专业化运营绩效评价指标体系构建［J］．中央财经大学学报，2020（9）：14-23.

［40］王东红，刘金林．开发性金融视角的我国地方政府投融资平台产生机理研究［J］．宏观经济研究，2017（1）：19-30+105.

［41］王怀勇，王鹤翔．描述与重构：国有资本投资运营公司外部董事独立性研究［J］．商业研究，2021（3）：102-113.

［42］王曙光，杨敏．地方国有资本投资运营平台：模式创新与运行机制［J］．改革，2018（12）：131-141.

［43］王伟，张常明，王梦茹．中国三大城市群产业投资网络演化研究［J］．城市发展研究，2018（11）：118-124+2+161.

［44］王伟红，苏琪琪，王金磊．国有资本投资运营公司规范发展路径构建［J］．财务与会计，2019（22）：77-78.

［45］王秀丽，贾吉明，李淑静．产融结合、内部资本市场与融资约束——基于中国实体产业投资金融机构的视角研究［J］．海南大学学报（人文社会科学版），2017（1）：23－29．

［46］王莹．预算约束视角下的地方政府债务问题研究［J］．财会通讯，2021（15）：75－78．

［47］王泽彩，郑金宇．新增地方政府专项债券项目绩效管理机制研究［J］．地方财政研究，2021（6）：39－46＋59．

［48］温来成，贺志强．地方政府隐性债务治理重点及改革建议［J］．地方财政研究，2021（3）：10－16＋23．

［49］文凌云，唐孝国．地方基础设施投融资平台转型发展研究［J］．建筑经济，2021（3）：15－18．

［50］吴德胜，曹渊，汤灿，等．分类管控下的债务风险与风险传染网络研究［J］．管理世界，2021（4）：35－54．

［51］吴涛，唐德红，杨继瑞．地方政府债务风险化解的主要模式：特征、困境与破解［J］．金融理论与实践，2021（5）：28－41．

［52］谢光华，韩丹妮，郝颖，等．政府补贴、资本投资与经济增长质量［J］．管理科学学报，2020（5）：24－53．

［53］熊园．政府工作报告的政策基调［J］．中国金融，2021（6）：82－83．

［54］徐文进．"管资本"功能视角下国有资本投资运营公司研究［J］．东吴学术，2020（5）：123－128．

［55］许君如．国有投资公司产业投资市场化初探［J］．经济体制改革，2011（1）：50－54．

［56］杨临明，范泽宇．国有资本运营公司"融投管运"模式［J］．中国金融，2021（9）：99－100．

［57］杨志安，贾波．我国国有资本经营预算的监督问题研究——基于新《预算法》的分析视角［J］．辽宁大学学报（哲学社会科学版），2018（6）：28－35．

［58］姚昊炜，熊晓琳．双循环格局下国有经济布局优化的三维向度——基于国有经济布局效度评价体系的因子分析研究［J］．经济问题探索，2021（8）：1－18．

［59］叶永卫，李增福．国企"混改"与企业金融资产配置［J］．金融研究，2021（3）：114－131．

［60］詹卉，孙征，金殿臣．"堵暗道"奏效了吗？——来自城投债发行市场的证据［J］．经济与管理评论，2021（3）：71－82．

［61］张国建，胡玉梅，艾永芳．地方政府债务扩张会促进产业结构转型升

级吗［J］．山西财经大学学报，2020（10）：69－82．

［62］张果果，郑世林．国家产业投资基金与企业创新［J］．财经研究，2021（6）：76－91．

［63］张宁，才国伟．国有资本投资运营公司双向治理路径研究——基于沪深两地治理实践的探索性扎根理论分析［J］．管理世界，2021（1）：108－127＋8．

［64］张曾莲，王莹．地方政府隐性债务影响金融稳定的空间效应与门槛效应研究［J］．科学决策，2021（6）：20－43．

［65］赵全厚，赵泽明．我国地方政府隐性债务化解再认识与再探讨［J］．地方财政研究，2021（3）：4－9．

［66］赵治纲．我国地方政府债务管理框架的重构与风险防范——基于政府会计和债务管理融合的视角［J］．求索，2021（2）：141－150．

［67］中国社会科学院经济研究所，经济研究杂志社，经济学动态杂志社．新阶段·新理念·新格局　迈向新征程的中国经济［J］．经济研究，2021（5）：209．

［68］朱丹，吉富星．地方政府隐性债务风险评估及应对［J］．地方财政研究，2021（3）：17－23．

［69］诸竹君，宋学印，张胜利，等．产业政策、创新行为与企业加成率——基于战略性新兴产业政策的研究［J］．金融研究，2021（6）：59－75．

后　记

在当前和今后一个时期，我国经济长期向好，但同时不稳定性、不确定性明显增加，新冠肺炎疫情影响广泛深远，给发展大环境带来前所未有的机遇和巨大的挑战。地方政府投融资平台公司有必要在战略方向上纳入关于产业投资与资本运营的思考，不断扩充资产，挖掘适合自身的优势业务，增强自身"造血"能力，加大资产整合力度与市场化运作。同时，结合区域发展战略，把握政策机遇，不断提高自身实力，这也是其"破局"的关键所在。

本书基于产业投资与资本运营的视角，围绕地方政府投融资平台转型发展这一核心问题，从理论、评价、案例三个方面进行论述，理论结合实际，为地方政府投融资平台提供了转型思路和方向，引导地方政府投融资平台转型，为区域经济、实体经济的高质量发展提供有力支撑。

本书具体写作分工如下：第一章，胡恒松、李星霖；第二章，王瑜；第三章，严雨桐；第四章，邓枫、刘政；第五章，薛晓辉、钱文君；第六章，李颖；第七章，成在奕；第八章，谷纯祯；第九章，汤雨萌；第十章，徐荣伟；第十一章，王玺钦；第十二章，罗强、牛津；第十三章，黄雷、宋敏端；第十四章，王笛、卢川；第十五章，宋敏端、陈茜；第十六章，赵思琪；第十七章，刘政；第十八章，钱文君；第十九章，严雨桐。

我国地方政府投融资平台数量较多，债务压力较大，为了使书中所采用的数据更加严谨、完整，我们每年不断对指标评价体系进行完善调整，力求科学性、合理性。不断更新、完善地方政府投融资平台数据库，对每一家平台公司的主营业务、财务报表和融资渠道等相关方面的信息逐一分析并收集汇编。感谢河北金融学院、中国人民大学、中央民族大学等在校研究生在数据库更新完善过程中的辛苦付出，得以让2021年地方政府投融资平台数据库及时更新、不断丰富。

本书写作历时半年之久，期间得到了许多人的指点和支持。感谢河北省证券期货业协会、《证券日报》社、全国经济地理研究会等机构的鼎力支持；感谢中国人民大学应用经济学院孙久文教授、中国人民大学书报资料中心主任张可云教授等专家学者的指点；感谢河北金融学院杨兆廷、韩景旺、田晓丽、郭净等教授的指导；感谢财达证券董事长翟建强、总经理张明等领导的支持，以及财达证券固定收益融资总部韩旭、肖一飞、彭红娟、费超、郝晓姝、付海洋等同仁的相助；感谢各位执笔者的辛勤付出；感谢经济管理出版社的支持，是他们的辛勤付出才使本书顺利出版。

　　《中国地方政府投融资平台转型发展研究》为系列著作，时至今年已经是第五版了，希望读者能从中受益。本书虽然较上一年有所完善，但由于作者的精力和能力有限，书中难免会有疏漏之处，恳请并欢迎各位读者批评指正，共同交流，我们定会再接再厉，不断完善。

　　联系邮箱：386733846@qq.com.

本书作者

2021 年 11 月